Reiseführer Allgäu

W0285159

Ostallgäu:
Aitrang, Buchloe, Eggenthal-Baisweil-Friesenried, Eisenberg, Füssen, Görisried, Günzach, Halblech-Trauchgau-Buching, Hopferau, Irsee, Kaufbeuren, Lechbruck, Lengenwang, Marktoberdorf, Nesselwang, Obergünzburg, Pfronten, Rettenbach am Auerberg,
Rieden am Forggensee, Roßhaupten am Forggensee, Rückholz, Ruderatshofen, Schwangau, Seeg, Stötten am Auerberg, Unterthingau, Untrasried, Wald, **Ausflugsziele Reutte, Lechtal, Zugspitze**

Oberallgäu:
Kempten, Altstädten, Altusried, Bad Hindelang, Balderschwang, Betzigau, Blaichach-Gunzesried, Bolsterlang, Buchenberg, Burgberg, Dietmannsried, Durach, Fischen, Haldenwang, Immenstadt, Lauben, Missen-Wilhams, Obermaiselstein, Oberstaufen, Oberstdorf, Ofterschwang, Oy-Mittelberg, Rettenberg, Sonthofen, Sulzberg, Waltenhofen, Weitnau, Wertach, Wiggensbach, Wildpoldsried, **Ausflugsziele Tannheimer Tal, Jungholz**

Kleinwalsertal
Hirschegg, Mittelberg, Riezlern

Unterallgäu:
Bad Grönenbach, Bad Wörishofen, Memmingen,
Mindelheim, Ottobeuren

Westallgäu:
Lindau, Lindenberg, Maierhöfen, Oberreute, Scheidegg, Stiefenhofen, Wasserburg, Weiler-Simmerberg, **Ausflugsziel Sulzberg**

Württembergisches Allgäu:
Bad Wurzach, Isny, Kißlegg, Leutkirch, Wangen, Wolfegg

Einödsbach bei Oberstdorf
(Bild Tourismus Oberstdorf)

Die Autoren

Gerd Hagedorn
Mara Schön
Brigitte Günther
Hubert Hunscheidt

Gerd Hagedorn, Mara Schön, Brigitte Günther, Hubert Hunscheidt

Reiseführer Allgäu

erschienen im:
Reise-Idee-Verlag Jens Wächtler
Klostersteige 15, D-87435 Kempten
Tel: +49/8 31/9 90 78 15 oder 5 40 64 33
Fax: +49/8 31/5 40 64 35
Mobil: +49/1 79/7 07 64 29
Internet: www.reise-idee.de
E-Mail: redaktion@reise-idee.de

Redaktionelle Koordination und Gesamtkonzept der Reihe Reiseführer
im Reise-Idee Verlag: Roland Dreyer (Redaktionsleitung)

Bildredaktion und Gestaltung: Bernd Helmbrecht, Claus Helmbrecht

Gesamtherstellung:
Holzer Druck und Medien GmbH + Co. KG, D-88171 Weiler im Allgäu

ISBN 978-3-934739-45-1
Printed in Germany, Sommer 2013
3. Auflage

Inhaltsverzeichnis/Ortsverzeichnis

Einleitung

Ostallgäu
Ausflugsziele Naturparkregion Reutte, Lechtal, Zugspitze

Oberallgäu
Ausflugsziele Tannheimer Tal, Jungholz

Kleinwalsertal

Unterallgäu

Westallgäu
Ausflugsziel Sulzberg

Württembergisches Allgäu

Sachwortverzeichnis

Marchspitze 2610 m
Gr. Krottenkopf 2657 m
Kratzer 2424 m
Mädelegabel 2645 m
Hohes Licht 2652 m
Biberkopf 2600 m
Trettach 2595 m
Kanzelwand 2059 m
Höfats 2258 m
Einödsbach
Fellhorn 2037 m
Hochvogel 2593 m
Nebelhorn 2224 m
Kleinwalsertal
Freibergsee
Tiefenbach
Gr. Daumen 2280 m
Schrecksee
Oberstdorf
Rotspitz 2033 m
Langenwang
Schöllang
Fischen
Geishorn 2249 m
Hinterstein
Iseler 1886 m
Altstätten
Ofterschwang
Vilsalpsee
Bad Oberdorf
Hindelang
Spieser 1650 m
Sonthofen
Grünten 1738 m
Köllespitze 2240 m
Oberjoch
B 19
Aggenstein 1987 m
Sorgschrofen 1636 m
Unterjoch
Burgberg
Jungholz
Breitenberg 1838 m
Kranzegg
Säuling 2047 m
Wertach
Grüntensee
Tegelberg 1720 m
Falkenstein
Pfronten
Faistenoy
B 309
Petersthal
Alpsee
Schwansee
Bad Faulenbach
B 310
Haslach
Mittelberg
Weißensee
Weißensee
Nesselwang
Oy
Hohenschwangau
Füssen
Maria Rain
A 7
Oberzollhaus
B 17
Schwangau
Eisenberg
Hopfensee
Hopferau
Rückholz
Buching
Görisried
Hopfen a. See
Bannwaldsee
Forggensee
Hochgreut
Seeg
Wald
Rieden
Roßhaupten
B 472
Wertach
Lech
Aitrang
Auerberg 1055 m
B 16
Lechbruck
Marktoberdorf
Rettenbach
B 472
Kaufbeuren
Lech
Wertach
Bad Wörishofen
Mindelheim
Buchloe
Landsberg
A 96

Hoher Ifen
2230 m
Kanisfluh
2047 m
Bregenz
Riedberger Horn
1787 m
Balderschwang
Hochgrat
1834 m
Aach
Steibis
Scheffau
Scheidegg
B 309
Oberreute
Oberstaufen
Steifenhofen
Weiler i. Allgäu
B 12
Simmerberg
Lindenberg
Thalkirchdorf
Ellhofen
Ebratshofen
Heimenkirch
Immenstadt
Bühl/Alpsee
Röthenbach
Stein
Gr. Alpsee
Missen-Wilhams
Grünenbach
B 32
Argen
Iller
Gestratz
Maierhöfen
B 12
Martinszell
Weitnau
Niedersonthofener
See
B 19
Argenbühl
Wengen
Isny
Schwarzer Grat
1119 m
B 18
Kißlegg
Waltenhofen
Buchenberg
Kreuzthal-Eisenbach
Kempten
Wiggensbach
Altusried
Legau
Leutkirch
Dietmannsried
A 7
Iller
Bad Wurzach
Bad
Grönenbach
A 96
B 19
Ottobeuren
Memmingen
Erkheim
A 96

Inhaltsverzeichnis

Das Allgäu 20

Ein vielseitiges Urlaubsland 20
Wichtige Adressen
und Telefonnummern 23

Ostallgäu 38

Seen, Berge, Schlösser 42
Zauberhafte Urlaubslandschaft . . 43
Wichtige Adressen
und Telefonnummern 44

Aitrang 46
Kurzer Blick
ins Geschichtsbuch 46
Sehenswürdigkeiten 47
Freizeit und Sport 47
Veranstaltungen 47
Wichtige Adressen
und Telefonnummern 47

Buchloe 48
Kurzer Blick
ins Geschichtsbuch 49
Sehenswürdigkeiten 49
Freizeit und Sport 50
Märkte und Feste 51
Wichtige Adressen
und Telefonnummern 51

Eggenthal-Baisweil-Friesenried . . 54
Freizeit und Sport 55
Wichtige Adressen
und Telefonnummern 55

Baisweil 56
Kurzer Blick
ins Geschichtsbuch 56
Sehenswürdigkeiten 56
Wichtige Adressen
und Telefonnummern 57

Eggenthal 58
Kurzer Blick
ins Geschichtsbuch 58
Freizeit und Sport 58
Wichtige Adressen
und Telefonnummern 59

Friesenried 60
Kurzer Blick
ins Geschichtsbuch 60
Sehenswürdigkeiten 61
Wichtige Adressen
und Telefonnummern 61

Füssen 62
Kurzer Blick
ins Geschichtsbuch 63
Sehenswürdigkeiten 63
Freizeit und Sport 64
Veranstaltungen 65
Ortsteile 65
Wichtige Adressen
und Telefonnummern 66
Freizeit und Sport 67
Essen und Trinken 67
Übernachten 67
Schiffsrundfahrten 68

Görisried 74
Kurzer Blick
ins Geschichtsbuch 74
Sehenswürdigkeiten 75
Freizeit und Sport 75
Veranstaltungen 75
Wichtige Adressen
und Telefonnummern 75
Essen und Trinken 75
Übernachten 75

Günzach 80
Kurzer Blick
ins Geschichtsbuch 80
Sehenswürdigkeiten 81
Freizeit und Sport 81
Einkaufen 81
Übernachten 81
Wichtige Adressen
und Telefonnummern 81

Halblech-Trauchgau-Buching . . . 84
Kurzer Blick
ins Geschichtsbuch 84
Sehenswürdigkeiten 84
Freizeit und Sport 85
Veranstaltungen 85
Wichtige Adressen
und Telefonnummern 85
Übernachten 86
Gartenterrasse 86

Irsee 93
Kurzer Blick
ins Geschichtsbuch 94
Sehenswürdigkeiten 94
Freizeit und Sport 94
Veranstaltungen 95
Tagungsmöglichkeiten 95
Wichtige Adressen
und Telefonnummern 95

Kaufbeuren 96
Kurzer Blick
ins Geschichtsbuch 97
Berühmte Persönlichkeiten 98
Sehenswürdigkeiten 98
Museen 102
Veranstaltungen und Feste 104
Freizeit und Sport 104
Wichtige Adressen
und Telefonnummern 105

Lechbruck 110
Kurzer Blick
ins Geschichtsbuch 110
Sehenswürdigkeiten 110
Freizeit und Sport 111
Veranstaltungen 111
Wichtige Adressen
und Telefonnummern 111
Essen und Trinken 112
Übernachten 112

Lengenwang 118
Kurzer Blick
ins Geschichtsbuch 118
Sehenswürdigkeiten 118
Freizeit und Sport 119
Veranstaltungen 119
Wichtige Adressen
und Telefonnummern 119

Marktoberdorf 120
Kurzer Blick
ins Geschichtsbuch 120
Sehenswürdigkeiten 121
Freizeit und Sport 123
Veranstaltungen 124
Wichtige Adressen
und Telefonnummern 124

Nesselwang 126
Kurzer Blick
ins Geschichtsbuch 126
Kunst, Kultur und Brauchtum . . . 127
Freizeit und Sport 128
Familienspaß 130
Romantisches 131
Wichtige Adressen
und Telefonnummern 131

Obergünzburg 134
Kurzer Blick
ins Geschichtsbuch 135
Sehenswürdigkeiten 136
Museen 136
Wichtige Adressen
und Telefonnummern 137

Pfronten 138
Kurzer Blick
ins Geschichtsbuch 138
Sehenswürdigkeiten 139
Museen 139
Kirchen und Kapellen 140
Freizeit und Sport 141
Gesundheit und Wellness 143
Veranstaltungen 143
Wichtige Adressen
und Telefonnummern 143
Übernachten 144

Ruderatshofen 148
Kurzer Blick
ins Geschichtsbuch 148
Sehenswürdigkeiten 148
Freizeit und Sport 149
Veranstaltungen 149
Wichtige Adressen
und Telefonnummern 149

Schwangau 150
Kurzer Blick
ins Geschichtsbuch 150
Sehenswürdigkeiten 151
Freizeit und Sport 152
Veranstaltungen 153
Wichtige Adressen
und Telefonnummern 153
Essen und Trinken 154
Übernachten 154

Unterthingau 164
Kurzer Blick
ins Geschichtsbuch 164
Sehenswürdigkeiten 165
Freizeit und Sport 165
Veranstaltungen 165
Wichtige Adressen
und Telefonnummern 165

Untrasried 166
Kurzer Blick
ins Geschichtsbuch 166
Sehenswürdigkeiten 166
Wichtige Adressen
und Telefonnummern 166

Wald 168
Kurzer Blick
ins Geschichtsbuch 168
Sehenswürdigkeiten 168
Freizeit und Sport 169
Veranstaltungen 169
Wichtige Adressen
und Telefonnummern 169

Auerberg

Rettenbach am Auerberg 170
Freizeit und Sport 170
Einkaufen, Essen und Trinken . . 171
Wichtige Adressen
und Telefonnummern 171

Stötten am Auerberg 174
Kurzer Blick
ins Geschichtsbuch 174
Sehenswürdigkeiten 174
Freizeit und Sport 175
Veranstaltungen 175
Wichtige Adressen
und Telefonnummern 175

Tourismusverband Südliches Allgäu
Kurzer Blick
ins Geschichtsbuch 178
Sehenswürdigkeiten 178
Freizeit und Sport 178
Veranstaltungen 179
Wichtige Adressen
und Telefonnummern 179

Eisenberg 180
Kurzer Blick
ins Geschichtsbuch 180
Sehenswürdigkeiten 180
Freizeit und Sport 181
Veranstaltungen 181
Wichtige Adressen
und Telefonnummern 181

Hopferau 182
Kurzer Blick
ins Geschichtsbuch 182
Sehenswürdigkeiten 182
Freizeit und Sport 182
Veranstaltungen 183
Wichtige Adressen
und Telefonnummern 183
Essen und Trinken 184
Gartenterrasse 184
Übernachten 184
Tagungsmöglichkeiten 184

Rieden am Forggensee 188
Kurzer Blick
ins Geschichtsbuch 188
Sehenswürdigkeiten 189
Freizeit und Sport 189
Veranstaltungen 189
Wichtige Adressen
und Telefonnummern 189
Essen und Trinken 190
Übernachten 190

Roßhaupten am Forggensee 192
Kurzer Blick
ins Geschichtsbuch 192
Sehenswürdigkeiten 193
Freizeit und Sport 193
Wichtige Adressen
und Telefonnummern 193

Rückholz 194
Kurzer Blick
ins Geschichtsbuch 194
Sehenswürdigkeiten 195
Freizeit und Sport 195
Wichtige Adressen
und Telefonnummern 195

Seeg 198
Kurzer Blick
ins Geschichtsbuch 198
Sehenswürdigkeiten 199
Freizeit und Sport 199
Wichtige Adressen
und Telefonnummern 199

Ausflugsziele

Naturparkregion Reutte 200
Besonere Highlights der Region 201
Burg entdecken 201
Freizeit 204
Lech erleben 206
Via Claudia 207
Wichtige Adressen
und Telefonnummern 207

Lechtal 212
Runter zum Fluß 212
Der Naturpark in seiner
ganzen Artenvielfalt 216
Kunstschatzfundus Lechtal 217
Land und Leute 218
Der Lechweg 218
Eine Welt zum
Wandern und Wohlfühlen 220
Klettersteige
und Sportklettergärten 220
Rad fahren und
Mountainbike fahren 220
Fun-Sportarten für Jung und Alt . 221
Vierzehn Gemeinden 222
Wichtige Adressen
und Telefonnummern 223

Zugspitze 226

Oberallgäu 230

**Der südlichste Landkreis
Deutschlands** 234
Urlaubsgebiet
für die ganze Familie 234
Wichtige Adressen
und Telefonnummern 235

Kempten 252
Kurzer Blick
ins Geschichtsbuch 253
Sehenswürdigkeiten 254
Museen 254
Freizeit und Sport 255/258
Kultur und Tradition,
Festivals und Feste 257
Einkaufen 257/258
Wichtige Adressen
und Telefonnummern 257
Essen und Trinken 259
Gartenterrasse 259
Übernachten 259

Altstätten 267
Freizeit und Sport 267
Veranstaltungen 267
Wichtige Adressen
und Telefonnummern 267

Altusried 268
Freizeit 268
Kultur 269
Wichtige Adressen
und Telefonnummern 271

Bad Hindelang 272
Bad Hindelang PLUS 272
Kurzer Blick
ins Geschichtsbuch 273
Sehenswürdigkeiten 254
Freizeit und Sport 273/276
Veranstaltungen 274
Ortsteile 274
Wichtige Adressen
und Telefonnummern 274
Einkaufen 276
Essen und Trinken 276
Übernachten 278
Wellness 278
Tagungsmöglichkeiten 279

Betzigau 298
Freizeit und Sport 298
Veranstaltungen 299
Wichtige Adressen
und Telefonnummern 299

Blaichach-Gunzesried 300
Freizeit und Sport 300
Veranstaltungen 301
Wichtige Adressen
und Telefonnummern 301
Übernachten 301

Burgberg 302
Erzgruben-Erlebniswelt
am Grünten 302
Freizeit und Sport 302
Feste und Feiern 303
Wichtige Adressen
und Telefonnummern 303
Essen und Trinken 304
Übernachten 304

Dietmannsried 310
Kurzer Blick
ins Geschichtsbuch 310
Sehenswürdigkeiten 311
Freizeit und Sport 311/312
Veranstaltungen 311
Wichtige Adressen
und Telefonnummern 311
Essen und Trinken 312

Durach 314
Kurzer Blick
ins Geschichtsbuch 314
Freizeit und Sport 314
Wichtige Adressen
und Telefonnummern 314

Haldenwang 316
Kurzer Blick
ins Geschichtsbuch 316
Sehenswürdigkeiten 317
Freizeit und Sport 317
Kultur und Tradition. 317
Wichtige Adressen
und Telefonnummern 317
Essen und Trinken 318
Übernachten 318

Immenstadt 320
Kurzer Blick
ins Geschichtsbuch 321
Sehenswürdigkeiten 321
Freizeit und Sport 322/323
Wichtige Adressen
und Telefonnummern 322
Essen und Trinken 323
Übernachten 323

Lauben 328
Freizeit und Sport 328
Wichtige Adressen
und Telefonnummern 328

Missen-Wilhams 329
Urlaub in Missen-Wilhams 329
Freizeit und Sport 330
Veranstaltungen 331
Wichtige Adressen
und Telefonnummern 331

Oberstaufen 332
Kurzer Blick
ins Geschichtsbuch 333
Sehenswürdigkeiten 334
Freizeit und Sport 334
Veranstaltungen 335
Wichtige Adressen
und Telefonnummern 335
Bergbahnen 336
Wellness 336
Schrothkur 337

Oberstdorf 344
Sehenswürdigkeiten 345
Freizeit und Sport 345/347
Wichtige Adressen
und Telefonnummern 346
Einkaufen 347
Essen und Trinken 347
Übernachten 347

Oy-Mittelberg 354
Kurzer Blick
ins Geschichtsbuch 354
Sehenswürdigkeiten 355
Freizeit und Sport 355
Kunst und Kultur 357
Wichtige Adressen
und Telefonnummern 357
Essen und Trinken 358
Gartenterrasse 258

Rettenberg 360
Kurzer Blick
ins Geschichtsbuch 360
Sehenswürdigkeiten 361
Freizeit und Sport 361
Wichtige Adressen
und Telefonnummern 361

Sonthofen 364
Kurzer Blick
ins Geschichtsbuch 365
Sehenswürdigkeiten 365
Freizeit und Sport 365
Veranstaltungen 366
Wichtige Adressen
und Telefonnummern 366

Wertach 368
Sehenswürdigkeiten 368
Freizeit und Sport 369/370
Wichtige Adressen
und Telefonnummern 369
Einkaufen 370
Essen und Trinken 370
Übernachten 370
Tagnungen 370

Wiggensbach 376
Kurzer Blick
ins Geschichtsbuch 376
Sehenswürdigkeiten 376
Freizeit und Sport 377
Veranstaltungen 377
Wichtige Adressen
und Telefonnummern 377

Wildpoldsried 380
Kurzer Blick
ins Geschichtsbuch 380
Sehenswürdigkeiten 381
Freizeit und Sport 381
Wichtige Adressen
und Telefonnummern 381

Hörnerdörfer

Balderschwang 382
Freizeit und Sport 382
Volkstümliche Bräuche 382
Übernachten 382
Wichtige Adressen
und Telefonnummern 382

Bolsterlang 384
Freizeit und Sport 384
Volkstümliche Bräuche 384
Wichtige Adressen
und Telefonnummern 384

Fischen 388
Freizeit und Sport 388
Volkstümliche Bräuche 388
Wichtige Adressen
und Telefonnummern 388

Obermaiselstein 389
Freizeit und Sport 389
Volkstümliche Bräuche 389
Wichtige Adressen
und Telefonnummern 389
Einkaufen 390
Übernachten 390

Ofterschwang 393
Freizeit und Sport 393
Wichtige Adressen
und Telefonnummern 393

Allgäuer Seenland 396
Eschacher Weiher 396
Moorweiher 396
Niedersonthofener See 396
Rottachsee 397
Sulzberger See 397
Widdumer Weiher 397
Wichtige Adressen
und Telefonnummern 397

Buchenberg 398
Kurzer Blick
ins Geschichtsbuch 398
Sehenswürdigkeiten 399
Freizeit und Sport 399/401
Veranstaltungen 400
Wichtige Adressen
und Telefonnummern 400
Essen und Trinken 401
Übernachten 401

Sulzberg 408
Kurzer Blick
ins Geschichtsbuch 408
Sehenswürdigkeiten 408
Freizeit und Sport 410
Veranstaltungen 410
Wichtige Adressen
und Telefonnummern 410

Waltenhofen 411
Brauchturm und Tradition 412
Kurzer Blick
ins Geschichtsbuch 412
Freizeit und Sport 412
Wichtige Adressen
und Telefonnummern 413

Weitnau 414
Kurzer Blick
ins Geschichtsbuch 414
Sehenswürdigkeiten 415
Freizeit und Sport 415
Veranstaltungen 416
Wichtige Adressen
und Telefonnummern 416

Ausflugsziele

Tannheimer Tal 418
Nesselwängle-Haller 418
Grän-Haldensee 418
Tannheim 419
Zöblen 419
Schattwald 419
Jungholz 419
Im Sommer 420
Aktiv am Berg 420
Sportlich im Tal 423
Familie 426
Wellness 426
Kneippen 426
Jährliche Events 427
Kulur 428
Im Winter 430
Aktiv am Berg 430
Sportlich im Tal 432
Tierisch gut 433
Jährliche Events 434
Wichtige Adressen
und Telefonnummern 437
Essen und Trinken 438
Übernachten 438
Wellness 438

Grän-Haldensee 442
Wichtige Adressen
und Telefonnummern 443

Jungholz 444
Kurzer Blick
ins Geschichtsbuch 445
Sehenswürdigkeiten 445
Veranstaltungen 445
Freizeit und Sport 446
Wichtige Adressen
und Telefonnummern 448

Kleinwalsertal 450

**Hirschegg, Mittelberg, Riezlern –
inmitten majestätischer Gipfel** . 450
Geschichte 452
Kulturelles 453
Wanderparadies
Kleinwalsertal 454
Bike-Paradies
Kleinwalsertal 454
Skispaß pur
im Kleinwalsertal 455
Winterwandern 455
Wichtige Adressen
und Telefonnummern 455
Essen und Trinken 456
Gartenterrasse 456
Übernachten 456

Unterallgäu 468

Kneippland® Unterallgäu
Der Geheimtipp im Allgäu 469
Wichtige Adressen
und Telefonnummern 473

Bad Grönenbach 474
Kurzer Blick
ins Geschichtsbuch 474
Sehenswürdigkeiten 475
Freizeit und Sport 475
Kunst und Kultur 475
Wichtige Adressen
und Telefonnummern 475

Bad Wörishofen 476
Wichtige Adressen
und Telefonnummern 477

Memmingen 478
Kurzer Blick
ins Geschichtsbuch 478
Sehenswürdigkeiten 479
Freizeit und Sport 479
Veranstaltungen 479
Wichtige Adressen
und Telefonnummern 479

Mindelheim 480
Kurzer Blick
ins Geschichtsbuch 480
Sehenswürdigkeiten 480
Freizeit und Sport 481
Kultur und Tradition 481
Wichtige Adressen
und Telefonnummern 481

Ottobeuren 482
Kurzer Blick
ins Geschichtsbuch 483
Sebastian Kneipp 483
Sehenswürdigkeiten 484
Diether Kunerth Museum 485
Freizeit und Sport 486
Veranstaltungen 486
Wichtige Adressen
und Telefonnummern 486
Essen und Trinken 486
Übernachten................ 487

Westallgäu 492

Sonnenbalkon zwischen
Alpen und Bodensee 495
Wichtige Adressen
und Telefonnummern 497

Lindau 500
Kurzer Blick
ins Geschichtsbuch 500
Sehenswürdigkeiten 502
Freizeit und Sport 503
Veranstaltungen 503
Wichtige Adressen
und Telefonnummern 503

Lindenberg 504
Kurzer Blick
ins Geschichtsbuch 506
Sehenswürdigkeiten 506
Kultur, Feste und Veranstaltungen 507
Freizeit und Sport 507
Wichtige Adressen
und Telefonnummern 507

Maierhöfen 510
Sehenswürdigkeiten 511
Freizeit und Sport 512
Kultur und Tradition 513
Wichtige Adressen
und Telefonnummern 513

Oberreute 514
Kurzer Blick
ins Geschichtsbuch 514
Sehenswürdigkeiten 515
Freizeit und Sport 515
Kultur und Veranstaltungen 515
Wichtige Adressen
und Telefonnummern 515

Scheidegg 516
Mehrfach ausgezeichneter
Kurort 516
Vorreiter in Sachen
glutenfreie Ernährung 518
Kurzer Blick
ins Geschichtsbuch 518
Sehenswürdigkeiten 519
Museen 520
Kunst und Kultur 520
Feste und Veranstaltungen 521
Volkstümliche Bräuche 521
Freizeit und Sport 522
Kapellenweg 524
Essen und Trinken 527/528
Wichtige Adressen
und Telefonnummern 527
Einkaufen 528
Übernachten. 528

Stiefenhofen 534
Sehenswürdigkeiten 534
Freizeit und Sport 534
Wichtige Adressen
und Telefonnummern 535
Einkaufen 535
Essen und Trinken 535

Wasserburg 538
Sehenswürdigkeiten 538
Freizeit und Sport 538
Essen und Trinken 539
Wichtige Adressen
und Telefonnummern 539

Weiler-Simmerberg 540
Sehenswürdigkeiten 540
Freizeit und Sport 541
Veranstaltungen 541
Wichtige Adressen
und Telefonnummern 541

Ausflugsziele

Sulzberg 544
Wichtige Adressen
und Telefonnummern 544

Württembergisches Allgäu 546

Beliebte Ferienregion in reizvoller Kulturlandschaft . . 549
Wichtige Adressen und Telefonnummern 551

Bad Wurzach 552
Kurzer Blick ins Geschichtsbuch 552
Sehenswürdigkeiten 552
Freizeit und Sport 553
Wichtige Adressen und Telefonnummern 553

Isny 554
Kurzer Blick ins Geschichtsbuch 554
Sehenswürdigkeiten 555
Freizeit und Sport 555
Veranstaltungen 256
Wichtige Adressen und Telefonnummern 256
Übernachten 257

Kißlegg 560
Kurzer Blick ins Geschichtsbuch 560
Sehenswürdigkeiten 560
Freizeit und Sport 561
Veranstaltungen 561
Wichtige Adressen und Telefonnummern 561

Leutkirch 562
Kurzer Blick ins Geschichtsbuch 562
Sehenswürdigkeiten 562
Freizeit und Sport 563
Veranstaltungen 563
Wichtige Adressen und Telefonnummern 563

Wangen 564
Kurzer Blick ins Geschichtsbuch 564
Sehenswürdigkeiten 565
Freizeit und Sport 566
Veranstaltungen 566
Wichtige Adressen und Telefonnummern 566
Essen und Trinken 567
Übernachten 567

Wolfegg 570
Kurzer Blick ins Geschichtsbuch 570
Sehenswürdigkeiten 570
Freizeit und Sport 571
Veranstaltungen 571
Wichtige Adressen und Telefonnummern 571

Sachwortverzeichnis 572

Ortsverzeichnis

Aitrang 46
Altstädten 267
Altusried 268
Bad Grönenbach 474
Bad Hindelang 272
Bad Wörishofen 476
Bad Wurzach 552
Balderschwang 382
Baisweil 56
Betzigau 298
Blaichach 300
Bolsterlang 384
Buchenberg 398
Buchloe 48
Burgberg 302
Dietmannsried 310
Durach 314
Eggenthal 58
Eisenberg 180
Fischen 388
Friesenried 60
Füssen 62
Görisried 74
Grän 442
Günzach 80
Halblech-Trauchgau-Buching . . . 84
Haldenwang 316
Hirschegg 452
Hopferau 182
Immenstadt 320
Irsee 93
Isny 554
Jungholz 444
Kaufbeuren 96
Kempten 252
Kißlegg 560
Lauben 328
Lechbruck 110
Lechtal 212
Lengenwang 118
Leutkirch 562
Lindau 500
Lindenberg 504

Maierhöfen 510
Marktoberdorf 120
Memmingen 478
Mindelheim 480
Missen-Wilhams 329
Mittelberg 452
Nesselwang 126
Obergünzburg 134
Obermaiselstein 389
Oberreute 514
Oberstaufen 332
Oberstdorf 344
Ofterschwang 393
Ottobeuren 482
Oy-Mittelberg 354
Pfronten 138
Rettenbach am Auerberg 170
Rettenberg 360
Reutte Naturparkregion 200
Rieden am Forggensee 188
Riezlern 452
Roßhaupten am Forggensee . . . 192
Rückholz 194
Ruderatshofen 148
Scheidegg 516
Schwangau 150
Seeg 198
Sonthofen 364
Stiefenhofen 534
Stötten am Auerberg 174
Sulzberg 408
Sulzberg (A) 544
Tannheimer Tal 418
Unterthingau 164
Untrasried 166
Wald 168
Waltenhofen 411
Wangen 564
Wasserburg 538
Weiler-Simmerberg 540
Weitnau 414
Wertach 368
Wiggensbach 376
Wildpoldsried 380
Wolfegg 570
Zugspitze 226

Das Allgäu

Ein vielseitiges Urlaubsland

Das Allgäu zählt zu den beliebtesten Ferienregionen in Deutschland. Die abwechslungsreiche Landschaft bietet alles, was ein Urlauber sich wünscht: Hohe Berge, stille Seen, saftige Wiesen mit glücklichen Kühen, Wälder, sanfte Hügel, romantische Schluchten, beschauliche historische Städte, zahlreiche Kulturdenkmäler, Burgruinen, Schlösser und freier Blick auf die grandiose Alpenkette am südlichen Horizont. Das Allgäu ist zu jeder Jahreszeit ein Freizeitparadies und wird von Wanderern, Radfahrern, Skifahrern und anderen Sportbegeisterten gleichermaßen geschätzt.

Es liegt im südwestlichen Teil Bayerns und zu einem kleinen Teil im Südosten von Baden-Württemberg. Die Allgäuer Voralpenlandschaft zwischen Lech und Bodensee ist ein aus Moränenwällen bestehendes Berg- und Hügelland, das vor 20.000 Jahren von der letzten Eiszeit geschaffen wurde. Seen, Hochmoore und Tobel sind ein wesentliches Merkmal dieser Moränenlandschaft.

Die Gebirgsgruppe der Allgäuer Alpen im Süden mit vielen markanten Gipfeln wie dem Großen Krottenkopf, mit 2.657 Metern der höchste Berg der Allgäuer Alpen, dem Hochvogel, der Trettachspitze, der Mädelegabel, dem Widderstein und dem Hohen Ifen befindet sich an der deutsch-österreichischen Grenze. Die Allgäuer Alpen, das artenreichste Gebirge Deutschlands, sind berühmt für ihre Bergblumenpracht. Eine Reihe von Bergbahnen wie die Nebelhornbahn in Oberstdorf oder die Hochgratbahn bei Oberstaufen führen tausende Feriengäste in hochalpine Regionen und dienen als Aufstiegshilfe für Bergwanderungen. Im ausgedehnten Gebiet sind mehrtägige Hüttenwan-

Bild Gästeinformation Bad Hindelang

derungen ohne Abstieg ins Tal möglich. Auch das hügelige Alpenvorland wird von Wanderern sehr geschätzt. Im Allgäu findet man eine große Anzahl von Naturschutzgebieten, vom Hochgebirge bis zu den einzigartigen Hochmoorlandschaften. In den letzten Jahren ist durch grenzübergreifende Zusammenarbeit der vorbildliche Naturpark Nagelfluhkette im westlichen Allgäu entstanden.

Funde belegen, dass bereits vor 9.000 Jahren Steinzeitmenschen im Allgäu lebten. Bis zum Mittelalter besiedelten nacheinander Kelten, Römer, Alemannen und Franken die Region.

Im 8. und 9. Jahrhundert wurden die ersten Klöster in Ottobeuren, Kempten und Füssen gegründet. Vom Mittelalter bis zu Napoleons Verwaltungsreformen waren der Bischof von

Kühberg
(Bild Tourismus Oberstdorf)

Basilika Ottobeuren

Augsburg, der Fürstabt von Kempten, mehrere Reichsstifte, Reichsstädte, Grafen und Ritter Herren im Gebiet des heutigen Allgäu. Seit der Säkularisation 1802/03 gehört der größte Teil des Allgäus zu Bayern. Mitte des 19. Jahrhunderts löste der Agrarreformer Carl Hirnbein den Anbau des blau blühenden Flachses im „blauen Allgäu" durch die einträglichere Grünlandwirtschaft mit Milcherzeugung und der Hartkäserei ab. Neben der lebensmittelverarbeitenden Industrie, der Verpackungswirtschaft und dem Maschinenbau bildet heute der Tourismus einen bedeutenden Wirtschaftszweig. Hierfür stehen die zahlreichen heilklimatischen Kurorte und Bäder. Klassifizierte Hotels, qualitätsgeprüfte Bergschulen, Bergbahnen und Freizeitanbieter stehen für das hohe Niveau.

Das Allgäuer Straßennetz sorgt durch die A 7 von Ulm nach Füssen, die A 96 von München nach Lindau und die Bundesstraßen 12 und 19 für eine schnelle Erreichbarkeit. Die Deutsche Alpenstraße ab Lindau führt entlang der Nordseite der Alpen über Oberstaufen, Oberstdorf und Bad Hindelang bis nach Füssen. Ein gut geknüpftes Nahverkehrsnetz auf bayerischer und württembergischer Seite ist mit dem Deutschen Schienennetz verbunden.

Das Allgäu mit seiner vielfältigen Natur- und Kulturlandschaft zieht nicht nur im Sommer Millionen Gäste an, es ist auch Deutschlands größtes Wintersportzentrum. Deutschlands größtes Skigebiet wurde durch den Liftpass „Superschnee Allgäu-Tirol-Kleinwalsertal" gegründet. Mit einer einzigen Skikarte sind acht Skiregionen, damit 35 Bergbahnen, über 200 Liftanlagen und 500 Pistenkilometer befahrbar. Zudem wird Schneesicherheit von Anfang Dezember bis Ende April garantiert. Das weitverzweigte Loipennetz ist ein Paradies für Skilangläufer, sportlich ambitionierte Winterfans zieht es auf die Skatingbahnen.

Kulturbegeisterte Feriengäste finden im Allgäu eine Fülle von sehenswerten Ausflugszielen. Neben dem weltberühmten Schloss Neuschwanstein und der Burgenregion Allgäu zeugen prachtvolle Barockkirchen, malerische Altstadtgassen und eine breitgefächerte Museumslandschaft vom kulturgeschichtlichen Reichtum der Region.

Schloss Neuschwanstein

Das große Angebot an Hotels und Gasthöfen jeder Kategorie schätzen Urlauber ebenso wie die gastronomische Vielfalt mit urgemütlichen Wirtshäusern, in denen schmackhafte regionale Spezialitäten wie die berühmten Kässpatzen gereicht werden.

Brauchtum und Tradition werden im Allgäu von örtlichen Vereinen sehr gepflegt. Die beliebten traditionellen Feste vor allem zur Faschingszeit und zur Viehscheid im September ziehen Tausende von Besucher an.

Für einen nachhaltig erlebbaren Urlaub steht die Marke Allgäu: wo immer das Zeichen – blaues Quadrat mit weißer Schrift – auftaucht, kann sich der Urlauber sicher sein, qualitätsgeprüfte Angebote zu finden: bodenständig, inspirierend, echt – aber offen für Neues!

Willkommen im schönen Allgäu!

Wichtige Adressen und Telefonnummern

Allgäu GmbH
Allgäuer Straße 1
D-87435 Kempten/Allgäu
Tel. +49 (0)831 575 37 30
Tel. 0800 257 36 78
Fax +49 (0)831 575 37 33
info@allgaeu.info
www.allgaeu.info

Allgäuer Frühlingslandschaft
(Bilder Tourismusverband Allgäu/Bayerisch Schwaben)

Die Allgäu-Walser-Card

Urlaubsvergnügen zu ermäßigten Preisen

Gäste in einem der vielen schönen Ferienorte im Oberallgäu und Kleinwalsertal haben es gut: Sie bekommen die „Allgäu-Walser-Card"! Mit dieser Gästekarte haben Urlauber vom ersten Tag an vielfältige Vorteile.
Die Karte gibt es bei der Anreise kostenlos direkt vom jeweiligen Gastgeber in der Region. Bei über 100 Freizeitpartnern hat der Besitzer der Karte erhebliche Vergünstigungen.
Überall können sich Feriengäste über ermäßigte Preise freuen: Im Erlebnis- oder Freibad, in Museen, bei Bergbahnen und Liften, bei Outdoor- und Freizeit-Einrichtungen, geführten Wanderungen oder bei Naturerlebnissen wie der Breitachklamm. Für Shopping-Fans ist der zusätzliche Rabatt in zwei Outdoorgeschäften in Immenstadt und Sonthofen attraktiv! Besonders erfreulich: Vielerorts kann man mit der Card günstiger oder sogar kostenfrei parken.
Skifahrer können sich ihren Skipass direkt auf die Allgäu-Walser-Card buchen lassen.
So kann die Karte als Ticket für Bergbahnen und Skilifte benutzt werden. Das erspart lange Wartezeiten an der Kasse, man kann direkt durch das Drehkreuz gehen.
Zudem bietet die Allgäu-Walser-Card die Möglichkeit, mit der ÖPNV-Urlaubskarte zum günstigen Preis alle Bus- und Bahnlinien im südlichen

Oberallgäu und im Kleinwalsertal zu benutzen.
Der Tourismusverband bietet noch weitere günstige Pakete zum Aufbuchen auf die Allgäu-Walser-Card an. Da gibt es ein Bergbahn-Paket für Gipfelstürmer, ein Paket für freien Eintritt in Freizeiteinrichtungen im Gebiet Alpsee-Grünten, das grenzenlose Urlaubsticket für Fahrten im Gebiet Oberstdorf-Kleinwalsertal und viele weitere spannende Angebote. Besonders für Familien eignet sich das Allgäu Max Paket, das stark er-

mäßigten Eintritt für die einmalige Nutzung einer Anzahl von Freizeiteinrichtungen wie die Breitachklamm in Oberstdorf, die „Hörnerbahn Bolsterlang“ und das Erlebnisbad Wonnemar in Sonthofen ermöglicht.

Auskunft erteilen gerne die örtlichen Tourismusbüros. Dort sind auch die Informationsbroschüre und die Freizeitkarte der Allgäu-Walser-Card erhältlich.

Vorteile auch für Einheimische

Auch Einheimische können in den Genuss der Vorteile der Karte kommen. Für einen günstigen Preis können Oberallgäuer Bürger für einen ausgewählten Tag die Allgäu-Walser-Fan-Card erwerben!

Vorteile der Allgäu-Walser-Card auf einen Blick:

- Ermäßigter Eintritt bei vielen Freizeiteinrichtungen
- Einkaufen mit Preisvorteil
- Ermäßigter Eintritt bei Veranstaltungen
- Günstige Parkmöglichkeiten
- Interessante Paketangebote
- Leistungen des Urlaubsortes (Auskunft erteilt die örtliche Gästeinformation)

Viele weitere Informationen sind auf der Interseite www.oberallgaeu.de zu finden.
Besonders interessant ist hier der interaktive Tourenplaner für Wander-, Berg- oder Radtouren. Im Oberallgäuer Kalender finden sich viele lohnende Veranstaltungen. Die traditionelle Viehscheid im September sollte man auf keinen Fall versäumen.

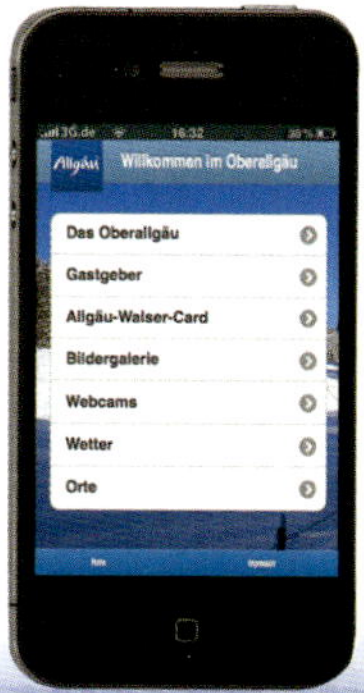

Oberallgäu Tourismus Service GmbH

Jahnstraße 6
D-87509 Immenstadt
Tel. +49 (0)8323 9949-0
Fax +49 (0)8323 9949-112
info@oberallgaeu.de
www.oberallgaeu.de

Allgäu Skyline Park

Höher, schneller, weiter

Höher, schneller, weiter... So heißt es im Allgäu Skyline Park, dem Freizeit- und Familienpark direkt an der A96 zwischen München und Lindau, Ausfahrt Bad Wörishofen. Vor beeindruckender Alpenkulisse wartenüber 60 Attraktionen und Fahrgeschäfte auf die ganze Familie. Jede Menge Action und Adrenalin pur wird für die mutigen Besucher geboten, z.B. im Sky Wheel, der höchsten Überkopfachterbahn der Welt und dem Sky Shot, der die Besucher 90m in den Himmel katapultiert. Nostalgische Fahrgeschäfte für Romantiker und frisch Verliebte wie das Riesenrad oder die Krinoline laden zum „Knutschen" ein. Kinderspaß für die Kleinenin der Kindereisenbahn, den Kinderkanus, im Streichelzoo und in der Baustellenbahn ist garantiert. Und Unterhaltung für die ganze Familie im Autoscooter, der Schiffschaukel und in der Wildwasserbahn. Die liebevoll angelegte Parkanlage mit Alleen und Gewässern, Blumen und Spielwiesen lädt zum gemütlichen Verweilen ein. Der Magier Steve Waite beeindruckt mit der Stunt- und Illusionsshow „Dangerous". Das alles macht Bayerns besten Freizeitpark aus.

2013 ist der Park vom 23.3. bis 20.10. geöffnet. Öffnungszeiten siehe www.skylinepark.de

Allgäu Skyline Park
Im Hartfeld 1
D-86825 Bad Wörishofen
Tel. +49 (0)1805 88 48 80
Fax +49 (0)8245 96 69 12
info@skylinepark.de
www.skylinepark.de

Hier erhalten Sie die Leistungen der Allgäu-Walser-Card (siehe Seite 26)

Die KönigsCard

Allgäu - Tirol - Ammergauer Alpen

Die märchenhaften Gegend rund um die Städte Pfronten, Füssen und Schwangau bietet schier unendliche Freizeitmöglichkeiten. Wer im „Königswinkel" Urlaub macht, möchte am liebsten alles: Schlösser besuchen, Bergbahn fahren, im Sommer mit dem Schiff den Forggensee überqueren, faszinierende Wanderungen und Radtouren unternehmen, im Winter sämtliche Wintersportarten in der Wintersportarena ausprobieren, danach im Wellnessbad entspannen – und das jeden Tag. Wer kann sich dieses königliche Vergnügen leisten? Mit der KönigsCard jeder!

Was ist die KönigsCard?

Die KönigsCard ist eine All-Inklusive-Karte, die den kostenfreien Zugang zu interessanten Ausflugszielen und Freizeiteinrichtungen ermöglicht. Wer einen Aufenthalt in einem der 350 KönigsCard-Partnerbetriebe bucht, bekommt sie geschenkt. Ein Reiseführer mit ausführlicher Beschreibung aller Leistungen wird vom Gastgeber zusammen mit der KönigsCard bei Anreise ausgehändigt. Für die gesamte Aufenthaltsdauer inklusive An- und Abreisetag können über 200 Gratisleistungen größtenteils beliebig oft benutzt und ganz nach Wunsch und Zeitbudget zusammengestellt werden. Die Bereiche Bäder, Schifffahrt und Bergbahn sind jeweils einmal täglich gratis benutzbar, eine Kombination der drei Bereiche ist täglich möglich. Die KönigsCard sorgt das ganze Jahr über für ultimativen Spaß in einem der schönsten Urlaubsgebiete Deutschlands- und somit für glückliche Urlauber und entspannte Heimkehrer.

Wo ist die KönigsCard gültig?

Die reizvolle Umgebung hat einiges zu bieten. Deshalb ist die KönigsCard grenzüberschreitend gültig. Vom Allgäu über die Ammergauer Alpen bis zum österreichischen Reutte/Tirol kann die traditionelle, kulturelle und landschaftliche Vielfalt in ihrer ganzen Bandbreite gratis erforscht werden. Familien werden zu königlichen Abenteurern, bereichert durch neue, spannende Erfahrungen. Abendliche Fackelwanderungen, Ponyreiten, im Hochseilgarten klettern, die Welt der Ritter erleben, Kartfahren, Minigolfspielen, mit der Sommerrodelbahn den Berg hinunter sausen, Rotwild füttern, auf einem echten Holzfloß den Lech entlang fahren, Eisstockschießen, Puppentheater besuchen, und viele Angebote mehr machen den Aufenthalt im Königswinkel zum unvergesslichen Erlebnis. Auch Sportler können ungehindert aktiv sein. Im Winter beinhaltet die KönigsCard eine 3-Stunden-Skikarte für Bergbahnen, Lifte und Seilbahnen, die Wintersportlern auf rund 120 km überwiegend beschneiten Pisten hervorragende Voraussetzungen für verschiedene Aktivitäten eröffnet. Im Trendsportzentrum werden beim Schnupper-Biathlon wertvolle Tipps ausgetauscht. Gäste sind vom umfangreichen Freizeitangebot begeistert. Ob Fahrradverleih, Museumsbesuche, Käseverkostung,

Seifenherstellung, Schlittschuhverleih, Schifffahrten, Kräuterwanderungen, Wellnessangebote - mit der KönigsCard gibt es alles zum Nulltarif! Unglaublich? Aber wahr.

Wissenswertes rund um die KönigsCard

- Sie ist nicht im Freiverkauf, sondern nur bei Partnergastgebern erhältlich.
- Sie kann nicht übertragen werden.
- Sie enthält keine personenbezognen Daten.
- Sie beinhaltet die bisherige Gästekarte und schließt diese Leistungen mit ein (Gäste erhalten keine zusätzliche Gästekarte).
- Sie bleibt Eigentum des Gastes und kann bei jedem weiteren Aufenthalt bei einem der Partnergastgeber wieder aktiviert werden.
- Sie ist gültig für Menschen ab sechs Jahren (Kinder bis einschließlich fünf Jahren erhalten ebenfalls eine KönigsCard).

- Sie kann im Leistungsumfang witterungs- und betriebsbedingt unter Umständen eingeschränkt sein (bitte vor Inanspruchnahme einer Leistung bei den Leistungspartnern informieren).

KönigsCard-Orte

Bernbeuren/Eisenberg/Füssen/Görisried/Halblech-Buching-Trauchgau/Hopferau/ Jungholz/ Lechbruck am See/Lengenwang/Marktoberdorf/Nesselwang/Oy-Mittelberg/Pfronten/Reutte/Rieden am Forggensee/Roßhaupten/Rückholz/Schwangau/Seeg/Stötten am Auerberg/Unterthingau/Wald/Ammergauer Alpen

Weitere Informationen zur KönigsCard sind bei den Tourist-Informationen der beteiligten Orte erhältlich (Adressen Allgäu siehe unter entsprechendem Ort).

KönigsCard Betriebs GmbH
Schwabenstraße 11
D-87616 Marktoberdorf
Tel: +49-(0)8342 911-331
Fax +49-(0)8342 911-437
info@koenigscard.com
www.koenigscard.com

Business for Textil GmbH

Hersteller von textiler Sportbekleidung in Lizenz und aus eigenen Marktrechten

Funktionelle Sportbekleidung bietet beim Bergsteigen, Wandern, Biken, Skilaufen und allen anderen Sportarten den besten Komfort und ist wichtiger Bestandteil jeder Ausrüstung. Die Herstellerfirma in Lizenz und aus eigenen Marktrechten Business for Textil GmbH vertreibt ihre Artikel der Top-Marken Alaskan, Bergson, Dachstein, Kamik, H.I.S., Arqueonautas und Joy unter anderem in eigenen Allgäuer Outlet-Centern: in Sonthofen-Sigishofen direkt an der B19 und jetzt auch in Oberstaufen im ehemaligen Postgebäude sowie in Bad Hindelang und Schwangau.

Große Auswahl zu Tiefstpreisen

Ob Sommer oder Winter – in den großen, übersichtlich gestalteten Verkaufsräumen findet jeder Kunde die passende saisonale Sportbekleidung. „ Die Auswahl ist einmalig, wir kaufen hier regelmäßig für die ganze Familie ein" sagt ein Kunde und seine Frau schwärmt: „So viele modische Teile zu Schnäppchenpreisen, da macht das Einkaufen richtig Spaß!" Neben Damen und Herren-Sportswear sind ebenso Textilien für Kinder im Angebot. Das breit gefächerte Sortiment macht den Besuch des Outlet-Centers zu einem wahren Shopping-Erlebnis und mancher Kunde nimmt dafür auch einen längeren Anfahrtsweg in Kauf. Gut, dass es inzwischen mehrere Outlet-Center der Business for Textil GmbH mit einem überaus attraktiven und vielfältigen Warenangebot im Allgäu gibt.

Mode und Sport – ein unschlagbares Team

Sport macht Freude und hält fit. Moderne Sportfunktionsbekleidung verstärkt diesen Effekt, denn sie bringt Farbe ins Leben und wirkt sowohl un-

terstützend als auch schützend bei verschiedenen Bewegungsarten und Wetterverhältnissen. Und wer freut sich nicht, wenn er beim Sport besonders gut aussieht? Fazit: Sportbekleidung zum Schnäppchenpreis vom Outlet-Center der Business for Textil GmbH macht glücklich – ein Besuch lohnt sich immer!

Business for Textil GmbH

Brunnenstr. 12
D-72202 Nagold
Tel. +49 (0)7452 84 53 0
Fax +49 (0)7452 84 53 26
bft@edi-mail.de
www.herstellerverkauf.eu

Adressen Herstellerverkauf:

Sonthofen/ Sigishofen:
Ausfahrt Weltcup Express
Sigishofen 43
D - 87527 Ofterschwang
Tel. +49 (0)8321 675 58 70.
Öffnungszeiten:
Montag bis Freitag 9:00 bis 19:00 Uhr,
Samstag 9:00 bis 17:00 Uhr

Bad Hindelang:
Am Bauernmarkt 1
D - 87541 Bad Hindelang
Tel. +49 (0) 8324 973 84 84.
Öffnungszeiten:
Montag bis Freitag 9:00 bis 18:00 Uhr,
Samstag 9:00 bis 15:00 Uhr

Oberstaufen/Sport:
Bahnhofsplatz 2,
D - 87534 Oberstaufen
Tel. +49 (0)8386 99 15 795.
Öffnungszeiten:
Montag bis Freitag 10:00 bis 18:00 Uhr,
Samstag 9:30 bis 16:00 Uhr.

Oberstaufen/Wäsche:
Schloßstraße 2 A
D - 87534 Oberstaufen
Tel.: +49(0)8386 99 15 795
Öffnungszeiten:
Montag bis Freitag 10:00 bis 18:00 Uhr,
Samstag 9:30 bis 16:00 Uhr.

Schwangau:
König - Ludwig Str. 2
D - 87645 Schwangau,
Tel. +49(0)8362 930 277
Öffnungszeiten:
Montag bis Freitag 9:00 bis 18:30 Uhr,
Samstag 9:00 bis 16:00 Uhr.

Neuschwanstein und Hohenschwangau
(Bild Füssen Tourismus)

Ostallgäu — Königsschlösser
(Füssen)

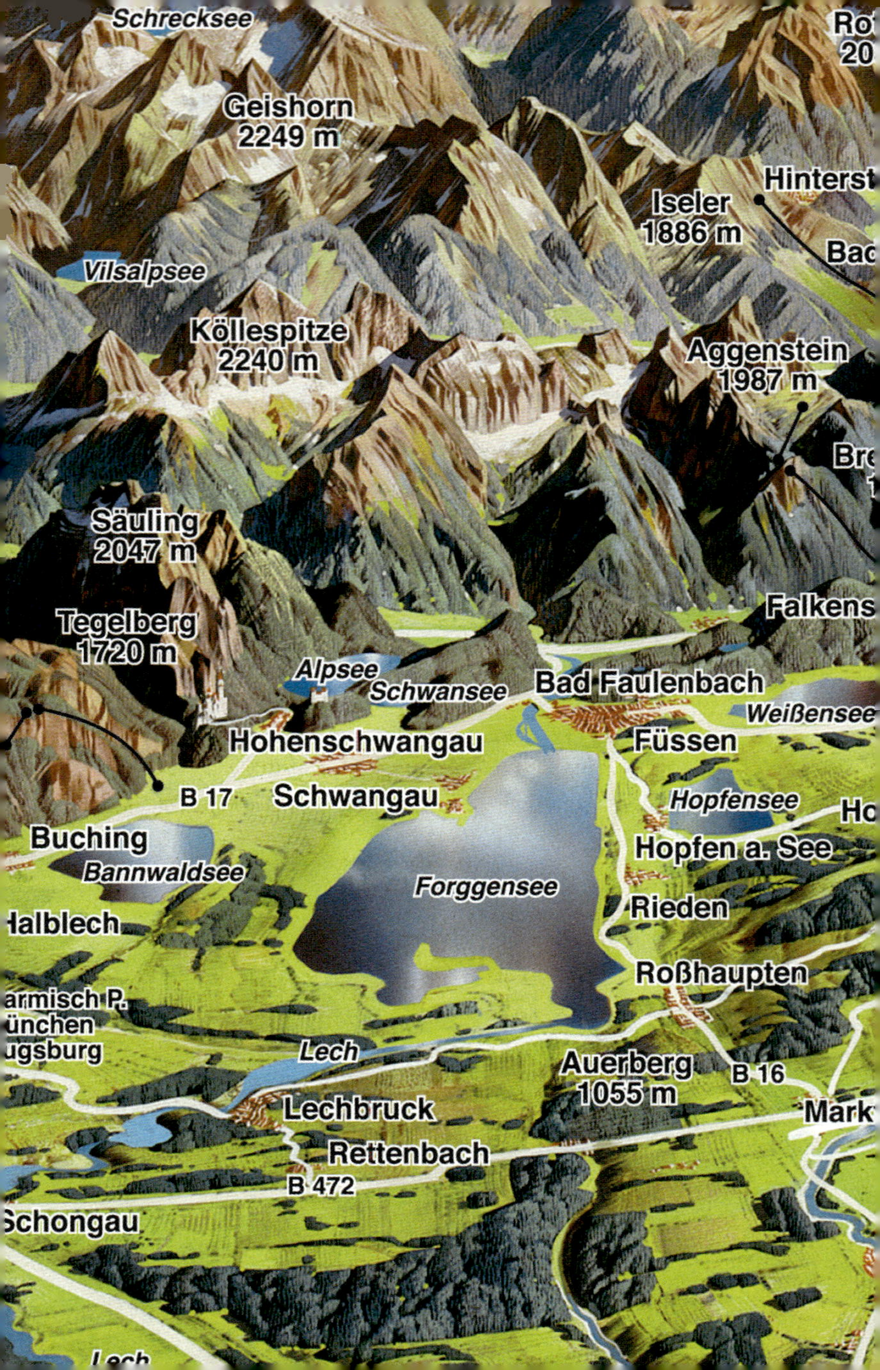
Schrecksee
Rot
20
Geishorn
2249 m
Hinterst
Iseler
1886 m
Bad
Vilsalpsee
Köllespitze
2240 m
Aggenstein
1987 m
Bre
Säuling
2047 m
Falkens
Tegelberg
1720 m
Alpsee
Schwansee
Bad Faulenbach
Weißensee
Hohenschwangau
Füssen
B 17
Schwangau
Hopfensee
Ho
Buching
Hopfen a. See
Bannwaldsee
Forggensee
Rieden
Halblech
Roßhaupten
armisch P.
ünchen
ugsburg
Lech
Auerberg
1055 m
B 16
Lechbruck
Mark
Rettenbach
B 472
Schongau
Lech

Langenwang
Schöllang
Fischen
Altstätten
Sonthofen
Ofterschwang
Hindelang
Spieser
1650 m
Oberjoch
Grünten
1738 m
B 19
Sorgschrofen
1636 m
Unterjoch
Burgberg
Jungholz
Kranzegg
Wertach
Grüntensee
Faistenoy
Pfronten
Petersthal
B 309
B 310
Haslach
Mittelberg
Weißensee
Nesselwang
Oy
Maria Rain
A 7
Eisenberg
Rückholz
Görisried
Hochgreut
Seeg
Wald
B 472
Wertach
Aitrang
Kaufbeuren

Das Ostallgäu

Seen, Berge Schlösser

Der Landkreis Ostallgäu im Südosten des bayerischen Regierungsbezirks Schwaben hat ca. 134.000 Einwohner in 45 Gemeinden, davon 3 Städte und 7 Märkte. Die kreisfreie Stadt Kaufbeuren (ca. 41.750 Einwohner) liegt mitten im Landkreis Ostallgäu. Die Kreisverwaltung hat ihren Sitz in der Stadt Marktoberdorf.

Das Gebiet des Landkreises mit rund 1.400 km² erstreckt sich von den Alpen im Süden mit dem höchsten Punkt auf der Hochplatte in den Ammergauer Alpen auf 2082 m über das Voralpenland mit rund 800 m Höhe bis zur schwäbisch-bayerischen Hochebene im Norden mit dem niedrigsten Punkt bei Lamerdingen auf 578 m.

Im Südosten fließt der Lech durch das Kreisgebiet, in der Mitte die Wertach, ein Nebenfluss des Lechs. Im Voralpengebiet findet man zahlreiche Seen, der größte ist der Forggensee mit 16 km², ein vom Lech durchflossener Stausee.

Der Landkreis ist durch die Autobahn 7 bis Füssen an das Autobahnnetz angeschlossen. Im Norden quert die A 96 bei Buchloe das Kreisgebiet.

Mehrere Bahnlinien sorgen für Anschluss an das deutsche Schienennetz: die Strecke von Augsburg über Kaufbeuren nach Kempten mit einer Abzweigung nach Marktoberdorf, die Linie von München über Buchloe nach Memmingen und im Süden die Strecke von Kempten über Pfronten nach Reutte in Tirol.

Zauberhafte Urlaubslandschaft

Das Ostallgäu ist durch seine einmalige landschaftliche Vielfalt ein Paradies für Erholungssuchende zu jeder Jahreszeit. Hier finden Feriengäste alles, was man sich vom Urlaub wünschen kann: hohe Berge, liebliche Hügellandschaften, stille Wälder, saftige Weiden, eine Vielzahl von kristallklaren Seen, eine weitentwikkelte touristische Infrastruktur mit zahlreichen Freizeiteinrichtungen, gastfreundliche Unterkünfte jeder Kategorie und gastronomische Angebote für jeden Geschmack. Von vielen Punkten aus, vor allem im Voralpenland, kann man den traumhaften weiten Blick auf das majestätische Alpenpanorama genießen. Besucher mit Interesse für Kunst und Geschichte finden eine Fülle von sehenswerten Kulturdenkmälern, Museen und Kirchen, vor allem die berühmten Königschlösser Neuschwanstein und Hohenschwangau. Das Ostallgäu besitzt einige der schönsten Burgruinen im Allgäu, z.B. Eisenberg und Hohenfreyberg.

Aggenstein
(Bild Pfronten Tourismus)

Urlauber können zwischen zahlreichen Freizeitmöglichkeiten wählen. Von der gemütlichen Wanderung in der Ebene bis zur anspruchsvollen Bergtour - vielleicht beim Aufstieg unterstützt durch eine Bergbahn - finden hier Wanderer jede Art von Tour. Die Einkehr auf einer zünftigen, bewirtschafteten Berghütte gehört dazu. Das Ostallgäu ist ein Paradies für Wassersportler. Das Baden in einem der kristallklaren Seen ist ein Genuss.

Im Winter tummeln sich Skifahrer, Langläufer und Schlittschuhläufer in der herrlichen Schneelandschaft. Besonders empfehlenswert: Eine romantische Pferdeschlittenfahrt.

Die Ferienregion Ostallgäu hat noch vieles mehr zu bieten und ist eine Reise wert.

Wichtige Adressen und Telefonnummern

Tourismusverband Ostallgäu
Schwabenstraße 11
87616 Marktoberdorf
Tel. +49 (0)8342 911-313
Fax +49 (0)8342 911-544
tourismus@ostallgaeu.de
www.ostallgaeu.de

Winterfreuden
(Bild Pfronten Tourismus, E. Reiter)

Choucas – Kletter- und Bergschule

Bergsteigertradition im Füssener Land

Das Füssener Land ist eingerahmt von den Ammergauer Alpen im Osten, den Lechtalern im Süden und den Allgäuer Alpen im Westen. Es war nur natürlich, dass sich im südlichen Allgäu eine Bergsteigertradition entwickelte. Diese Tradition aufrechterhalten und mit Leben erfüllen – das ist der Anspruch der Kletter- und Bergschule Choucas in Füssen. Die Begeisterung für die Natur und die Berge tragen die Mitarbeiter um Christoph Gotschke, den Inhaber, als Bergführer, Ausbilder, Trainer und Routensetzer nach außen. Das zeigt sich dann auch im Konzept der Schule.

Man möchte eine authentische Kletter- und Bergschule sein, die einen hohen Anspruch auf Qualität, Individualität und Kundennähe sucht.
Das Konzept präsentiert eine Vielseitigkeit, die seinesgleichen sucht. Vom Kindergeburtstag in der Riedener DAV-Kletterhalle über alpine Klettereien bis hin zum Klettersteig vor der Haustüre am Tegelberg, von der anspruchsvollen Führungstour am Berg oder im Schnee bis hin zum Eisklettern oder zu geführten Skitouren im gesamten Alpenraum. Über das gesamte Programm der Schule informiert man sich am besten auf der Website: www.choucas.de.
Der Bergfreund, der mit Sicherheit die vielfältigen Sportmöglichkeiten in den Bergen erlernen möchte wird sich hier bestens aufgehoben fühlen.

Choucas Kletter- und Bergschule

Christoph Gotschke
Schwangauer Str. 13
D-87629 Füssen
Tel. +49 (0)8362 50 71 88
Fax +49 (0)3212 12 59 939
info@gotschke@web.de
www.choucas.de

Aitrang

Erholung in reizvoller Landschaft

Inmitten von Wiesen und Wäldern in der Ostallgäuer Voralpenlandschaft liegt der anerkannte Erholungsort Aitrang (2.000 Einwohner) im Kirnachtal westlich von Marktoberdorf und Kaufbeuren. Im landwirtschaftlich geprägten Dorf betreiben mehr als die Hälfte der Bauern ihren Hof nach den Grundsätzen des biologischen Landbaus. Hier kann man Landwirtschaft noch hautnah erleben, und mit Kindern im Urlaub auf gastfreundlichen Bauernhöfen gerne beim Melken oder bei der Heuernte mithelfen. Die ursprüngliche Landschaft mit Moor- und Naturschutzgebieten, die Nähe zu den Alpen und attraktiven Städten wie München, Kempten oder Füssen mit seinen Königsschlössern ist ein idealer Standort und erholsames Umfeld für einen erlebnisreichen Urlaub. Die Gemeinde besteht aus den Ortsteilen Aitrang, Huttenwang, Wenglingen, Binnings, Görwangs, Krähberg, Neuenried, Wolfholz, Münzenried und Umwangs sowie zahlreichen Einödhöfen.

Im Ortskern gibt es alle Geschäfte des täglichen Bedarfs, Gasthöfe im Ort und im nahen Umkreis laden zu typischen Allgäuer Schmankerln ein.

Mit dem Auto erreicht man Aitrang am besten über die A7, Ausfahrt Kempten oder die B12.

Der Bahnhof Kaufbeuren ist 12 km, Bahnhof Marktoberdorf 10 km, der Flughafen Memminger Berg 40 km entfernt.

Kurzer Blick ins Geschichtsbuch

Erstmals urkundlich erwähnt wurde Aitrang bereits im 8. Jahrhundert. Im Mittelalter war der Ort Reichsvogtei des Klosters St. Mang in Füssen. Seit 1524 gehörte Aitrang zum Fürststift

Kempten. Im Zuge der Verwaltungsreformen Anfang des 19. Jahrhunderts kam der Ort zu Bayern und wurde eine eigenständige Gemeinde.

Sehenswürdigkeiten

Eine Sehenswürdigkeit ersten Ranges ist die um 1700 erbaute Wallfahrtskirche St. Alban auf einem Hügel nahe Görwangs. Die Wanderung dorthin wird belohnt mit einem atemberaubenden Blick bis zur Zugspitze. Im prachtvoll geschmückten Innenraum treffen sich Orgelfreunde bei den Sommerkonzerten.

Ebenfalls sehenswert sind die Pfarrkirchen St. Ulrich in Aitrang und St. Johannes d.T. (Huttenwang), einige Kapellen, die 450 Jahre alte Dorflinde mitten im Ort und zahlreiche alte Bildstöcke im gesamten Gemeindegebiet.

Freizeit und Sport

Wanderer, Urlauber mit Hund und Radfahrer finden in Aitrang ein gut ausgebautes Wegenetz für Unternehmungen in der ursprünglichen Natur. Einen Fahrradverleih gibt es im Ort. Das Landschaftsschutzgebiet des Elbsees bietet außer einem 2-stündigen Naturwanderweg rund um den Moorsee ein Strandbad, einen Ruderbootverleih und gemütliche Einkehrmöglichkeiten.

Im Winter trifft man sich zum Eislaufvergnügen auf dem Elbsee oder unternimmt genussvolle Skiwanderungen auf bis zu 45 km gepflegten Langlaufloipen.

Veranstaltungen

Die 20 traditionsreichen Vereine in der Gemeinde wie die Musikkapelle und der Schützenverein bilden mit ihren beliebten Festen einen Schwerpunkt des abwechslungsreichen Veranstaltungskalenders: Maifeuer, Maibaumaufstellen mit Kesselfleisch, Entenrennen, Kunst- und Kulturfest, Sau-Fest, Theateraufführungen, Adventsmarkt, Klausentreiben um nur einige Höhepunkte des Jahres zu nennen.

Wichtige Adressen und Telefonnummern

Touristikverein Aitrang
Lindenstraße 30, D-87648 Aitrang
Tel. +49 (0)8343 2 18
Fax +49 (0)8343 13 08
info@aitrang.de
www.aitrang.de

Buchloe

Das Tor zum Allgäu

Mit 47 km ist die Gennach der längste Fluss im Ostallgäu. An einem ehemals bewaldeten Höhenzug im Gennachtal liegt die mit rund 12.100 Einwohnern drittgrößte Stadt des Landkreises Ostallgäu. Der vermutlich aus dem Althochdeutschen stammende Name Buchloe bedeutet „Bei den lichten Buchenwäldern". Klingt einladend und hält, was er verspricht. Die freundliche Atmosphäre der Stadt mit ihren Ortsteilen Lindenberg, Honsolgen und Hausen wirkt wohltuend auf Körper, Geist und Seele. Nach bewegter Vergangenheit hat sich die Gemeinde zu einem lebendigen und wohnlichen Ort entwickelt, der zahlreiche Freizeitmöglichkeiten bietet. Das Tor zum Allgäu ist durch seine bevorzugte zentrale Lage idealer Ausgangspunkt für Ausflüge. Dank zwei direkten Anschlüssen an die Autobahn A 96 (München-Lindau) sowie einem bedeutenden Eisenbahnknotenpunkt gelangt man in kürzester Zeit in die nähere und weitere Umgebung. Ob Sightseeing in den nahe gelegenen Städten Memmingen, Augsburg, Füssen, Kaufbeuren und Kempten oder eine herrliche Bootsfahrt über den Bo-

Rathaus
(Bild Stadt Buchloe)

densee, ob ein Ausflug nach München oder zu anderen attraktiven Ausflugszielen im benachbarten Oberbayern wie Starnberger See, Ammersee und Wörthsee - es macht Spaß von Buchloe aus Neues zu entdecken. Auch nach Österreich und in die Schweiz ist es nicht weit. Somit steht selbst ausgedehnten Rad-, Wander- und Klettertouren nichts im Wege.

Zurück in Buchloe kann man sich ganz dem Charme der Stadt hingeben, durch den idyllischen Immle-Park und über die zentrale Einkaufsstraße bummeln, ein Eis essen oder sich in einem der gemütlichen Cafés oder Restaurants stärken.

Kurzer Blick ins Geschichtsbuch

Buchloe wurde um 800 nach Christus auf einem bewaldeten Höhenweg am östlichen Gennachtal von Welfen gegründet. Weitere Grundherren waren die Staufer, das Kloster Stams in Tirol und ab 1311 das Hochstift Augsburg. König Rudolf von Habsburg erhob zwischen 1273 und 1283 den Ort zur Stadt. Seit 1803 ist Buchloe bayerisch. Nach dem zweiten Weltkrieg verdoppelte sich durch den Zuzug von Heimatvertriebenen aus den ehemaligen deutschen Ostgebieten die Einwohnerzahl. Aufgrund dieses Bevölkerungswachstums und seiner Bedeutung als Eisenbahnknotenpunkt wurde Buchloe am 20. April 1954 durch das Bayerische Staatsministerium des Innern wieder die Bezeichnung „Stadt" verliehen.

Sehenswürdigkeiten

Heimatmuseum

Das 1997 eröffnete Heimatmuseum auf dem Rathausplatz 9 beherbergt zahlreiche Originalgegenstände aus der Buchloer Geschichte, außerdem eine sudetendeutsche Heimatstube und Sonderausstellungen. Ein eigenes Kabinett ist Erwin Neher, dem Nobelpreisträger für Medizin und Physik 1991, gewidmet. Er wuchs in Buchloe auf und ist heute Ehrenbürger der Stadt.
Öffnungszeiten: Jeden 1. Sonntag im Monat von 14.00 Uhr bis 17.00 Uhr, Sonder- und Gruppenführungen auf Anfrage.

Kath. Stadtpfarrkirche

Patrozinium „Mariä Himmelfahrt", im Grundbau etwa aus der Zeit um 1400 stammend, ist ein unverputzter Backsteinbau im ummauerten Friedhof.

Stephanskirche

Älteste Buchloer Kirche. Bereits 1299 und 1311 wird ein Kirchherr zu St. Stephan genannt.

Schloss Rio

1901-1903 auf einer Anhöhe Richtung Lindenberg erbaut, befindet sich heute in Privatbesitz.

Ortsteil Honsolgen

Auf Grund von Ausgrabungen in Honsolgen wird vermutet, dass die Geschichte des Dorfes bis in die Römerzeit zurückreicht. Die Pfarrkirche St. Alban wurde im 15. Jahrhundert erbaut. Einige der in der Kirche ausgestellten Holzplastiken stammen aus der Werkstatt Jörg Lederers, des berühmten und in Kaufbeuren verstorbenen Holzbildhauers.

Ortsteil Lindenberg

Der Ortsteil Lindenberg ist ein beliebtes und attraktives Wohngebiet. Den Namen hat der Stadtteil von einer Erhebung im Ortskern, der auch schon zu früheren Zeiten mit Linden bewachsen war. Die erhöht stehende Pfarrkirche St. Georg und Wendelin ist sehenswert.

Freizeit und Sport

Jeden Dienstag findet in der Sternwarte Buchloe eine Himmelsbeobachtung für die Öffentlichkeit statt, Anmeldung nicht erforderlich. Führungsbeginn: Oktober bis März: 19.30 Uhr, April, September: 21.00 Uhr, Mai, Juni, Juli, August: 22.00 Uhr . Eine Führung dauert etwa 2 Stunden. Die Beobachtungsabende finden nur bei klarem Himmel statt! Richtung: Waldstraße > Ortsausgang > Hinweisschild

Wandern

Der Stadtwald südöstlich von Buchloe ist hervorragend zum Wandern sowie für Nordic-Walking und Jogging geeignet. Verschiedene Runden sind dafür jeweils eigens gekennzeichnet. Der grüne Punkt markiert die südliche Stadtwaldrunde in beide Laufrichtungen. Der große Stadtwaldrundweg ist mit einem roten Punkt in beide Laufrichtungen beschildert und führt über den Stadtwald hinaus bis zu den Ortsteilen Honsolgen und Hausen. Rastplätze und eine Naturkneippanlage werden passiert.

Immlepark
(Bild Stadt Buchloe)

Baden

Im Sommer zieht es Einheimische wie Auswärtige ins solarbeheizte Freibad. Das ‚Badeland Buchloe' bietet Sport-, Kinder- und Erlebnisbecken mit Riesen-Wasserrutsche, Sitz- und Sprudelnischen, Bodensprudel, Massagedüsen, Wildwasserkanal und Wasserwerfern, Kiosk.
Öffnungszeiten: Täglich von 08.00 Uhr bis 20.00 Uhr, Einlassschluss: täglich um 19.30 Uhr.

Tennis

Tennisplätze, eine Schießanlage, eine Reitanlage, Fußballplätze, zahlreiche Sporthallen und ein Trimm-Dich-Pfad runden das Sportangebot ab. Hinzu kommt ein dichtes Netz an gut ausgebauten Radwegen.

Winter

Im überdachten Kunsteisstadion können Wintersportler eislaufen oder sich an der frischen Luft auf gespurten Loipen sportlich betätigen. Daneben bietet das Hallenbad an der Münchner Straße auch in der kalten Jahreszeit die Möglichkeit zum Schwimmen.

Märkte und Feste

Bauernmarkt - jeden Samstag auf dem Immleplatz

Kleintiermarkt - Sonntag von 7 Uhr bis 11.30 Uhr im Kleintierzüchterheim

Frühjahrsmarkt – Ostermontag

Stadtfest: 1. Samstag im Juli

Herbstmarkt - 3. Sonntag im Oktober

Christkindlmarkt - 2. Advent, Kirchparkplatz. Weithin beliebter Weihnachtsmarkt. Vorwiegend Kunsthandwerk!

Wichtige Adressen und Telefonnummern

Stadt Buchloe
Rathausplatz 1, D-86807 Buchloe
Tel. +49 (0)8241 50 01-0
Fax +49 (0)8241 50 01-40
stadt@buchloe.de
www.buchloe.de

Alp-Villa

Alpenländisch essen, trinken und genießen

Das Allgäu steht für urige Gemütlichkeit. In der Alp-Villa in Buchloe wurde Traditionelles neu inszeniert: behaglicher Landhausstil, viel duftendes Holz in lichten Räumen, kreative Dekoration mit Gebrauchsgegenständen aus dem bäuerlichen Alltag, dazu ein herrlicher Biergarten – fertig ist ein kultiges Wirtshaus, das seinesgleichen sucht.
Bereits zum Frühstück ab neun Uhr können Gäste eine reichhaltige Auswahl an Frühstücksvariationen genießen.

Wechselnde leichte Mittagsgerichte, das frische Salatbüffet und die deftig schwäbisch-bayerische Küche lassen keine kulinarischen Wünsche offen. Am Nachmittag werden Naschkatzen vom köstlichen Kuchen aus der hauseigenen Konditorei angelockt. Dazu gibt es guten Seeberger-Kaffee – und das einzigartige Ambiente der Alp-Villa. Hochzeiten und andere Feierlichkeiten werden in der Alp-Villa zu einem unvergesslichen Erlebnis. Alpenländische Gastfreundlichkeit können auch große Reisegruppen (nach Anmeldung) genießen, das Wirtshaus bietet Platz für bis zu dreihundert Personen. Für ein gemütliches Beisammensein im kleineren Kreis eignet sich die Skihütte. Vom eigenen Weingut aus der Süd-Pfalz wird jeweils ein wechselnder Wein des Monats angeboten und für Bier-Liebhaber Biere der Aktienbrauerei Kaufbeuren ausgeschenkt. Die schme-

cken im idyllischen Biergarten besonders gut. Für kleine Gäste gibt es einen Spielplatz mit Rutsche, Hüpfburg und Schaukel. Übrigens: Auch Biker sind herzlich willkommen!

Alp Villa

Familie Knie, Münchener Str. 44
D-86807 Buchloe
Tel. +49 08241/996 09 30
Fax +49 08241/996 09 31
www.alp-villa.de

Stadthotel

***Superior

Komfort in bester Lage

Das 3-Sterne-Superior Stadthotel in Buchloe direkt am Tor zum malerischen Allgäu ist idealer Ausgangspunkt für zahlreiche Aktivitäten. Dank der ausgezeichneten Verkehrsanbindung sind die bayerischen Städte Augsburg und München mit dem Auto oder per Bahn vom nahegelegenen Bahnhof aus bequem zu erreichen.

1991 neu erbaut, bietet das privat geführte, familienfreundliche Stadthotel seinen Gästen vierundvierzig geräumige Zimmer, die mit modernstem Komfort ausgestattet sind, inklusive kostenfreier LAN-Internetverbindung. Die angenehme Atmosphäre des Nichtraucherhauses ist geprägt durch helle Farben und liebevoll arrangierte Details.

Auf Feiern und Tagungen werden Gäste mit leckeren regionalen und internationalen Spezialitäten und hausgemachtem Kuchen aus der eigenen Konditorei verwöhnt. Das reichhaltige Frühstücksbuffet kann man bei schöner Witterung auf der Terrasse genießen. Hochzeit geplant? Hochzeiten und andere Feierlichkeiten sind beim kompetenten Stadthotel-Team in guten Händen. Für erfolgreiche Tagungen stehen drei Konferenzräume mit Tageslicht für bis zu hundert Personen zur Verfügung.

Entspannung nach einem erlebnisreichen Tag finden Gäste des Stadthotels im hoteleigenen Fitnessraum, der Sauna oder im gehobenen Ambiente der angesagten Casino-Sportsbar.

Stadthotel

Familie Knie

Bahnhofstr. 47, D-86807 Buchloe

Tel. +49 (0) 8241 506-0

Fax +49 (0) 8241 506-135

info@stadthotel-buchloe.de

www.stadthotel-buchloe.de

Verwaltungsgemeinschaft Eggenthal, Baisweil und Friesenried

Im Nordwesten des Landkreises Ostallgäu haben sich die Gemeinden Baisweil, Eggenthal und Friesenried 1978 zu einer Verwaltungsgemeinschaft zusammengeschlossen.

Die Orte liegen abseits der großen Verkehrsströme im Gebiet zwischen Obergünzburg, Kaufbeuren, Bad Wörishofen und Mindelheim. Die Römerstraße führte von Kempten nach Augsburg durch die drei Gemeindegebiete.

Neben der kommunalen Zusammenarbeit gehen die Kinder in eine gemeinsame Grund- und Mittelschule. Auch gibt es das Angebot für Kinder und Jugendliche zur gemeinsamen Ferienfreizeit, zum Musizieren bei den Mühlbachtaler Jungmusikanten oder zum Fußballspielen bei der Jugendfördergemeinschaft Mühlbachtal.

Die idyllische Umgebung mit Wäldern, Wiesen, stillen Tälern und sanften Hügeln mit Panoramablick auf die Alpenkette sorgen für einen hohen Freizeit- und Erholungswert.

In den ländlich strukturierten Gemeinden mit regem Vereinsleben und gemütlichen Gasthöfen fühlen sich Bewohner und Feriengäste wohl. Für

Familien mit Kindern empfiehlt sich ein abwechslungsreicher Urlaub auf dem Land, wie er in den Dörfern angeboten wird.

Die ruhige, aber verkehrsgünstige Lage nahe der B16 mit Anschluss an die A96 und A7 garantiert schnelle Erreichbarkeit und gute Ausflugsmöglichkeiten zu den attraktiven Zielen in den Orten und der Umgebung. Die Allgäuer Alpen mit den Königsschlössern, die zahlreichen Seen im Ostallgäuer Urlaubsgebiet, die reichen Kulturdenkmäler und die nahen Einkaufszentren wie Kaufbeuren, Marktoberdorf und Kempten ermöglichen ein vielfältiges Ausflugsprogramm.

Kapelle St. Wendelin

Freizeit und Sport

Der 88 km lange Crescentia-Pilgerrundweg von und nach Kaufbeuren führt durch Baisweil und Eggenthal.

Bei Aktivitäten in der Natur wie beim Wandern oder Radfahren auf markierten Wegen gibt es viel Interessantes zu entdecken. Auf Ferien- und Bauernhöfen sind Kinder begeistert, wenn sie Kühe, Schweine, Schafe, Ziegen, Enten und Hühner beobachten dürfen. Auf zwei Reiterhöfen im Gebiet wird Ponyreiten angeboten.

Vogellehrpfad Friesenried
(Bilder Verwaltungsgemeinschaft Eggenthal)

Im Winter gehören Rodelvergnügen, genussvolles Wandern oder Schneeschuhwandern und Skilanglaufen in der romantischen Schneelandschaft zu einer interessanten Freizeitgestaltung.

Wichtige Adressen und Telefonnummern

Verwaltungsgemeinschaft
Römerstr.12
D-87653 Eggenthal
Tel. +49 (0)8347 92 00-0
Fax +49 (0)8347 92 00-30
rathaus@vgem-eggenthal.bayern.de
www.vgem-eggenthal.de

Baisweil

Die Gemeinde Baisweil (1300 Einwohner) im Nordwesten des Landkreises Ostallgäu liegt 680 m über Meereshöhe im Dreieck zwischen Kaufbeuren, Mindelheim und Bad Wörishofen. Baisweil besteht aus den Ortsteilen Baisweil, Lauchdorf und Großried.

Der Ort hat durch die nahe B16 mit Anschluss an die A96 gute Verkehrsverbindungen.

Der Zusammenhalt und das Miteinander in der kleinen Gemeinde garantieren Zufriedenheit für Bewohner und Gäste.

Kurzer Blick ins Geschichtsbuch

Durch das Tal verliefen zwei Römerstraßen von Kempten nach Augsburg und Epfach. Aus dieser Zeit stammen Spuren früher Besiedelungen. Erstmals urkundlich erwähnt wurde Baisweil 919 als „Baizwil“ und Lauchdorf 1123 als „Dorf in der Lohe“. Die Reichsabtei Irsee übernahm im 15. Jahrhundert das Gebiet. Seit der Säkularisierung 1803 gehört Baisweil zu Bayern.

Sehenswürdigkeiten

Die Pfarrkirche St. Johannes Baptist in Baisweil wurde nach dem Einsturz

Mariengrotte
(Bild Verwaltungsgemeinschaft Eggenthal)

Pfarrkirche in Lauchdorf
(Bild Verwaltungsgemeinschaft Eggenthal)

Äußerer Friedhof Lauchdorf

des Kirchturms Ende des 19. Jahrhundert im neuromanischen Stil wiederaufgebaut. Die 14 Kreuzwegstationen wurden von Pfarrer Sebastian Kneipp aus Bad Wörishofen gestiftet. Erhalten blieb unter anderem ein Sandsteinrelief einer stehenden Madonna aus dem 16. Jahrhundert.

Die neu restaurierte Pfarrkirche Maria Himmelfahrt in Lauchdorf aus dem 17. Jahrhundert bietet Besuchern einen hellen Innenraum, barocke Deckenfresken und kunstvolle Statuen. Der „Alte" oder auch „Äußere Friedhof" ist ein Kleinod, das seines gleichen sucht.

In beiden Gemeindeteilen findet man abgelegene Marien-Grotten.

Ein Besuch der Heilig-Kreuz-Kapelle in Großried ist ebenfalls zu empfehlen.

Wichtige Adressen und Telefonnummern

Rathaus Baisweil
St.-Anna-Straße 24, D-87650 Baisweil
Tel. +49 (0)8340 221
Fax +49 (0)8340 978 98 77
gemeinde@baisweil.de
www.baisweil.de

Eggenthal

Die Gemeinde Eggenthal (1300 Einwohner) liegt 710 m über Meereshöhe, besteht aus den Ortsteilen Bayersried, Eggenthal, Romatsried, Holzstetten und mehreren Weilern und ist Sitz der Verwaltungsgemeinschaft mit Baisweil und Friesenried.
Der ruhiggelegene Ort abseits der großen Hauptstraßen ist durch die Nähe zu Obergünzburg und Kaufbeuren leicht zu erreichen. Das lebendige Dorf- und Vereinsleben und die idyllische Umgebung sorgen für hohe Lebensqualität. Laut einer Umfrage lebten 2005 in Eggenthal die zufriedensten Frauen Deutschlands.

Kurzer Blick ins Geschichtsbuch

Die Besiedlung des Gemeindegebiets begann schon vor Christi Geburt mit einer keltischen Siedlung. Im Jahre 15 wurde das Gebiet römische Provinz. Die Römerstraße von Mailand über Kempten nach Augsburg durchquerte Eggenthal. Im 12. Jahrhundert beherrschte das Rittergeschlecht „von Egginthale" das Dorf von seiner Burg auf dem Seelenberg. Ab 1370 gehörte Eggenthal zum Kloster Irsee. Im 30-jährigen Krieg hatten die Bewohner unter Kriegswirren, Hungersnot und Pest zu leiden. Seit der Säkularisation Anfang des 19. Jahrhunderts ist Eggenthal selbstständige Gemeinde und gehört zu Bayern.

Sehenswürdigkeiten

Drei Kreuzwegstationen führen vom Dorf zur Maria-Seelenkapelle auf einer Anhöhe, das Wahrzeichen von Eggenthal. Im 17. Jahrhundert in der Nähe des

Eggenthal-Bayersried
(Bilder Verwaltungsgemeinschaft Eggenthal)

Seelenkapelle

Pestfriedhofes wurde sie errichtet und wurde bald zur Wallfahrtskapelle. Die prachtvolle Ausmalung des Innenraums erfolgte im 18. Jahrhundert durch den Eggenthaler Maler Franz Xaver Bernhard. In der Mitte des Doppelaltars ist die Madonna mit Kind zu sehen, eine Holzfigur aus dem 15. Jahrhundert.
Der obere Altar zeigt das Wallfahrtsthema: Maria, die Gottesmutter, Christus im Grab und die armen Seelen im Fegefeuer.

Neben weiteren Kapellen im Gemeindegebiet finden kunstinteressierte Besucher die Pfarrkirchen St. Nikolaus in Bayersried aus dem 15. Jahrhundert mit prächtiger barocker Innenausstattung aus dem 17./18. Jahrhundert und St. Afra in Eggenthal aus dem 15./16. Jahrhundert.

Wichtige Adressen und Telefonnummern

Gemeinde Eggenthal
Römerstr. 12, D-87653 Eggenthal
Tel. +49 (0)8347 92 00-20
Fax +49 (0)8347 92 00-30
gemeinde@eggenthal.de
www.eggenthal.de

Pfarrkirche St. Afra

Friesenried

Die Gemeinde Friesenried (1500 Eiwohner) liegt 736 m über Meereshöhe und besteht aus den Ortsteilen Blöcktach, Friesenried und Salenwang sowie zahlreichen Weilern und Einzelgehöften. Friesenried liegt an der Staatsstraße 2055 von Kaufbeuren nach Kempten, von dort besteht über die B 12 bzw. die A 7Anschluss ans bundesweite Fernstraßennetz. Das abwechslungsreiche Dorfleben mit seinen Festen und Veranstaltungen im Jahresrhythmus wird von den Kirchengemeinden, den Vereinen und Musikkapellen gestaltet. Friesenried ist außerdem Schulstandort mit Grund- und Mittelschule und Sitz des Schulverbandes Friesenried.

Kurzer Blick ins Geschichtsbuch

Beim Ortsteil Blöcktach ist auf dem dortigen Burgbichel eine befestigte Höhensiedlung aus der Bronzezeit (1800-1200 v.Chr.) nachgewiesen, die älteste bekannte Siedlung im Allgäu.

Auf dem Höhenzug westlich von Blöcktach wurden Reste eines römischen Gutshofes aus dem 3. Jahrhundert entdeckt. Auf dem Burgbichel befand sich von 1230-1408 die Stammburg der Herren von Schwarzenburg. Friesenried gehörte bis zur Neuregelung durch den Reichsdeputationshauptschluss zum Fürststift

Kirche St. Wolfgang

Kirche St. Bartholomä

Kempten. Seit 1803 gehört der Ort zu Bayern und ist seit 1818 selbständige Gemeinde, der Ortsteil Blöcktach war ebenfalls selbstständige Gemeinde und wurde 1978 eingemeindet.

Sehenswürdigkeiten

Die markant auf einer Anhöhe zwischen Friesenried und Salenwang gelegene St. Bartholomä-Kirche (Friedhofskirche) wurde im 15.Jahrhundert errichtet und im 17. und 18. Jahrhundert barockisiert. Die Pfarrkirche St. Josef in Friesenried wurde 1929 neu erbaut und ist mit von Professor Karl Baur kunstvoll geschnitzten Holzfiguren modern gestaltet. Die Pfarrkirche St. Wolfgang in Blöcktach, erbaut 1494, wurde 1934 um das Emporenjoch verlängert. Das Kircheninnere prägt eine moderne Kreuzigungsgruppe des Bildhauers Otto Kobel aus Waal - rechts Hl. Maria Magdalena um 1490, über dem Ambo Hl. Anna „selbdritt“ um 1500, über dem Seitenaltar Muttergottes um 1420 (mit moderner Krone).

Schon von weitem kann man die südöstlich von Friesenried auf dem Riedberg gelegene, der Schmerzhaften Muttergottes geweihte Riedkapelle, sehen. Es lohnt sich auch eine Besichtigung der Kapelle Hl. Drei Könige in Salenwangoder der neugotischen Kapelle St. Wendelin in Aschthal. Alle Friesenrieder Kirchen und Kapellen liegen am ausgeschilderten Wanderweg „Kapellenweg“.

Unmittelbar neben der Kapelle in Aschthal beginnt auch der Vogellehrpfad des Landesbundes für Vogelschutz durch den Königsberger Forst. Schaukästen und ein Infopavillon informieren hier über die gefiederten Bewohner des Waldes.

Wichtige Adressen und Telefonnummern

Gemeinde Friesenried
Hauptstr. 40, D-87654 Friesenried
Tel. +49 (0)8347 920-50-0
Fax +49 (0)8347 920-50-15
gemeinde@friesenried.de
www.friesenried.de

Pfarrkirche St. Josef mit Gemeindeamt

Füssen

Romantik zwischen Bergen und Seen

Füssen im Allgäu, mit 800 – 1200 Metern ü. NN die höchst gelegene Stadt Bayerns, besteht aus den Ortsteilen Füssen, Bad Faulenbach, Weißensee und Hopfen am See. Der international bekannte Urlaubsort, in dem sich die Romantische Straße und die Deutsche Alpenstraße kreuzen, hat 14.500 Einwohner. Durch die Stadt fließt der Lech, der am südlichen Stadtrand das Naturschauspiel des Lechfalls bietet.

In der Umgebung von Füssen bilden die sanfte Allgäuer Hügellandschaft, idyllische Seen, wie der Forggen-, der Weißen- und der Hopfensee und die wilde Bergwelt der Ammergauer, Lechtaler und Allgäuer Alpen eine harmonische Einheit. Selten trifft man eine derart vielfältige Urlaubslandschaft an, die kulturelle Tradition, Kur- und Wellnessangebote ideal mit herrlicher Natur verbindet. Erlebnisreiche Ferien für jeden Geschmack sind garantiert, Unterkünfte für jeden Geldbeutel und gastfreundliche Wirtshäuser und Restaurants sind reichlich vorhanden.

Durch die guten Verkehrsanbindungen der A7 und der B16 und 17 und die Bahnverbindungen nach Augsburg und München lässt sich Füssen problemlos erreichen. Die Besucher haben zahlreiche Ausflugsmöglichkeiten, zum Beispiel zu den nahegelegenen Königschlössern Neuschwanstein und Hohenschwangau und ins grenznahe Tirol.

Füssen
(Bild Füssen Tourismus)

Kurzer Blick ins Geschichtsbuch

Schon in der Römerzeit gab es im Füssener Gebiet eine Siedlung, die an der „Via Claudia Augusta“ von Norditalien nach Augusta Vindelicum (Augsburg) lag. Das Mitte des 9. Jahrhunderts entstandene Benediktinerkloster St. Mang war kultureller Mittelpunkt der Umgebung. Ende des 13. Jahrhunderts erhielt Füssen das Stadtrecht. Seit 1313 unterstanden Kloster und Stadt den Augsburger Bischöfen, die das Hohe Schloss zur Sommerresidenz ausbauten. Kaiser Maximilian besuchte Anfang des 16.Jahrhunderts den bedeutenden Handelsplatz fast vierzig Mal. 1562 wurde in Füssen die erste Lautenmacherzunft Europas gegründet, bis heute lebendige Tradition. Im Zuge der Säkularisation fiel Füssen 1802 an Bayern. 1921 wurden Bad Faulenbach, 1978 Hopfen am See und Weißensee eingemeindet.

Sehenswürdigkeiten

Kloster St. Mang
(Bild Füssen Tourismus)

Die Museen in Füssen haben viel Sehenswertes zu bieten. In der prächtigen Barockanlage des ehemaligen Klosters St. Mang ist das Museum der Stadt Füssen untergebracht. Schwerpunkte der Ausstellung sind die reich ausgestatteten Barockräume (Kaisersaal, Klosterbibliothek u.a.), historische Lauten und Geigen sowie der Füssener Totentanz, ein 400 Jahre

Hohe Schloss
(Bild Füssen Tourismus)

alter Gemäldezyklus in der Annakapelle.

Im Hohen Schloss befinden sich die Filialgalerie der bayerischen Staatsgemäldesammlungen und die Städtische Gemäldegalerie. In den sehenswerten Innenräumen, wie z.B. dem Rittersaal mit geschnitzter Kassettendecke, sind Kunstwerke der Spätgotik und Renaissance sowie Münchener Maler des 19.Jahrhunderts (u.a. Spitzweg und Defregger) ausgestellt.

Ein Bummel durch die verwinkelten Gassen der historischen Altstadt mit schönen alten Gebäuden, kleinen Geschäften und gemütlichen Straßencafés lohnt sich immer. Der Baumgarten am Hohen Schloss und andere Parks laden zum Spaziergang und zum Verweilen ein.

Reichenstraße
(Bild Füssen Tourismus)

Der Füssener Kalvarienberg mit seinen 14 Stationskapellen aus dem 19. Jahrhundert gehört zu den schönsten seiner Art in Süddeutschland. Der Panoramablick auf die Stadt vom Gipfel des Kalvarienberges ist überwältigend.

Freizeit und Sport

Füssen und Umgebung bieten vielfältige Freizeitmöglichkeiten. Wanderer haben die Auswahl von der gemütlichen Talwanderung bis zur anspruchsvollen Bergtour. Füssen ist Drehscheibe für bekannte Fernwanderwege: Hier treffen sich der Maximiliansweg, der König-Ludwig-Weg, der Lechweg, die Via Claudia Augusta und die Fernwanderroute Romantische Straße.

Radeln am Forggensee
(Bild Füssen Tourismus)

Auch für Radler und Mountainbiker bietet Füssen eine Fülle von Touren. Radwanderer erreichen die Stadt über den Bodensee-Königsee-Radweg, die Radrunde Allgäu sowie die Radfernrouten Romantische Straße und Via Claudia Augusta.

In den Seen der Füssener Umgebung ist jede Art von Wassersport möglich. Im Winter bietet die herrliche Schneelandschaft um Füssen ein reiches Betätigungsfeld für Wintersportler. Besonders empfehlenswert: eine romantische Pferdeschlittenfahrt.

Veranstaltungen

Höhepunkte im Jahreslauf sind das beliebte Jazzfestival „Füssen goes Jazz" und das große Stadtfest im August, das Musikfestival „Vielsaitig" Anfang September und der Füssener Adventsmarkt an zwei Dezemberwochenenden.

Ortsteile

Weißensee

Von fast jedem der 23 Weiler des ländlich geprägten Ortsteils Weißensee hat man einen prachtvollen Blick auf den gleichnamigen See und die Alpenkette. Weißensee mit seinem Wanderinformationszentrum ist ein

St. Walburga, Weißensee
(Bild Füssen Tourismus)

Paradies für Wanderer und Radfahrer. Familien mit Kindern finden zahlreiche Angebote für einen Erlebnisurlaub auf dem Bauernhof

Bad Faulenbach

Wiedemannsweiher Bad Faulenbach (Bild Füssen Tourismus)

Der versteckt gelegene Ortsteil Bad Faulenbach ist Moorheilbad und Kneippkurort. Im nahezu autofreien Faulenbacher Tal, auch als „Tal der Sinne" bezeichnet, reihen sich sechs idyllische Seen aneinander, von denen der sagenumwobene Alatsee am Talschluss der bekannteste ist.

Hopfen am See

Der Kneipp- und Luftkurort Hopfen am See wird auch die Riviera des Allgäus genannt.

Erholungssuchende finden ein großes Angebot an Kurhotels. Den zweistündigen Rundweg um den See mit grandiosen Ausblicken auf das Alpenpanorama sollte man sich nicht entgehen lassen. Der Hopfensee ist einer der wärmsten Voralpenseen und somit hervorragend geeignet für Wassersportler aller Art.

Wichtige Adressen und Telefonnummern

Füssen Tourismus und Marketing
Kaiser-Maximilian-Platz 1
D-87629 Füssen
Tel. +49 (0)8362 93 85-0
Fax +49 (0)8362 93 85-20
torurismus@fuessen.de
www.fuessen.de

Hopfen am See (Bild Füssen Tourismus)

Freizeit und Sport

Wie wäre es mit einem Kindergeburtstag in der DAV-Kletterhalle oder einer geführten Klettersteigtour auf den Tegelberg? Die Kletter- und Bergschule Choucas garantiert Sicherheit und Sachverstand bei alpinen Aktivitäten. Choucas Kletter- und Bergschule, Schwangauer Str. 13, D-87629 Füssen, Tel. +49 (0)8362 50 71 88, Fax +49 (0)3212 12 59 939, cgotschke@web.de, www.choucas.de

Essen und Trinken

In dem gemütlichen Restaurant des Camping Hopfensee mit Kachelofenstube und Wintergarten lässt sich gut speisen. Camping Hopfensee, Fischerbichl 17/Uferstraße, D-87629 Füssen im Allgäu, Tel. +49 (0)8362 91 77 10, Fax +49 (0)8362 91 77 20, info@camping-hopfensee.com, www.camping-hopfensee.com

Übernachten

Zimmer mit Dusche und WC in gemütlichen Landhausstil eingerichtet, komfortabel ausgestattet mit Telefon, Kabel-TV und zum Teil Balkon, bietet im Faulenbacher Tal das Hotel Frühlingsgarten, Alatseestr. 8, D-87629 Füssen-Bad Faulenbach, Tel. +49 (0)8362 91 730, Fax +49 (0)8362 91 73 40, info@hotel-fruehlingsgarten.de, www.hotel-fruehlingsgarten.de

Schloss Hohenschwangau
(Bild Füssen Tourismus)

Schiffsrundfahrten auf dem Forggensee

Der Forggensee - mit zwölf Kilometern Länge und drei Kilometern Breite der größte See im Allgäu - gehört zu den beliebtesten Wassersport- und Freizeitgebieten im Voralpenland. In den 1950er Jahren als Lechstausee entstanden, hat der See nur von Juni bis Mitte Oktober die volle Stauhöhe. Im Winter kann man im leeren See die Überreste der römischen Militärstraße Via Claudia Augusta entdecken.

Auf den beiden Schiffen „MS Füssen" und „MS Allgäu", die vom 1. Juni bis 15. Oktober zwischen dem Bootshafen Füssen und dem Staudamm am Nordufer verkehren, kann man herrlich entspannte Ausflugsrundfahrten unternehmen. Die „Kleine Rundfahrt" im südlichen Seebereich dauert 55 Minuten und wird sechsmal täglich angeboten. Die zweistündige „Große Rundfahrt" startet dreimal täglich und verbindet als Linienschifffahrt die acht Anlegestellen rund um den See miteinander. Der Aus- und Zustieg ist an jeder Haltestelle möglich. So kann man die Schifffahrt mit einer Teiletappe zu Fuß oder mit einer Pause auf einer Restaurantterrasse verbinden.

Je weiter sich das Schiff bei dieser faszinierenden „Sehreise" vom Südufer entfernt, desto eindrucksvoller wird der Panoramablick auf die Alpenkette, die Königsschlösser Neuschwanstein und Hohenschwangau sowie auf Füssen.

Besonders zu empfehlen sind die wöchentlichen Abendfahrten im Juli und August mit den drei Varianten: Romantische Abendfahrt, Abendfahrt mit Live-Musik und König-Ludwig-Abendfahrt. Die zweistündigen Sonnenuntergangstouren sind an Romantik nicht zu überbieten.
Informationen:
www.forggenseeschifffahrt.de

Forggensee
(Bild Füssen Tourismus)

Hotel Frühlingsgarten

Im Faulenbacher Tal mit allen Sinnen genießen

Wie wäre es heute mit einem kleinen Menü? Als Vorspeise wird eine Zwiebelsuppe mit Käse-Gewürzstangerl serviert. Fangfrisch aus einem unserer Seen bildet Zander, Renke oder Hecht die Hauptspeise, die mit marktfrischen Gemüsen und Duftreis auf einem feinen Zitronensößchen gereicht wird. Abgerundet wird das Essen mit einem Parfait von Haselnussnougat und Früchte-Melissen-Cappucino.

In den 150 Jahren, in denen das Hotel Frühlingsgarten bewirtschaftet wird, legte man schon immer Wert darauf, die Gäste zu verwöhnen. Der Küchenchef, Bruno Weyerer, führt zusammen mit seinem Sohn, Timotheus, die Küche. Es wird bodenständig gekocht - das Handwerk wurde zum Hobby gemacht. Das äußert sich in der Speisekarte, der man den Enthusiasmus der Köche anmerkt. Regionale, frische Produkte werden zu hochwertigen Speisen verarbeitet, die einem auf der Zunge zergehen. Dazu genießt man, ob in der gemütlichen Gaststube oder in dem großen, schattigen Biergarten die Ruhe, die das Faulenbacher Tal verströmt.

Einmal im Jahr laden die Gastgeber zu einer Weindegustation ein. Festlich umrahmt von einem Feinschecker-menü werden etliche Weine gereicht – ein Genusserlebnis, das sich der Gourmet nicht entgehen lassen sollte.

Wer vom gelungenen Essen müde geworden ist, kann gleich in einem der gemütlichen, im Landhausstil eingerichteten Zimmer übernachten. Die Räume sind großzügig und komfortabel mit Telefon, Kabel-TV und teilwei-

se mit Balkon ausgestattet. Natürlich sind in jedem Zimmer Dusche und WC vorhanden. Die Fenster geben den Blick frei in die Wälder des Faulenbacher Tales. Und nach einer gut durchgeschlafenen Nacht wartet ein gesundes Frühstücksbuffet auf den Gast, mit dem er gestärkt in einen erlebnisreichen, neuen Ferientag starten kann.

Die Wirtsleute bieten während der Vor- und Nachsaison interessante Urlaubspauschalen, über die man sich informieren sollte.

Hotel Frühlingsgarten

Alatseeestr. 8
D-87629 Füssen-Bad Faulenbach
Tel. +49 (0)8362 91 73 0
Fax +49 (0)8362 91 73 40
info@hotel-fruehlingsgarten.de
www.hotel-fruehlingsgarten.de

Camping Hopfensee

Allgäuer Gastfreundschaft am See erleben

Bereits beim Empfang in der Rezeption spürt der Gast, dass dieser Platz ein ganz besonderer ist. Die Mitarbeiter sind freundlich, der Service ist zuvorkommend. Während der Blick über das Campingareal schweift, das hier direkt am Hopfensee liegt, genießt man bereits die Ruhe, die die Umgebung vermittelt. Wo sind die Kinder? Das Lachen kommt aus dem Spielhaus, einem 1000 Quadratmeter großen Gebäude mit einem Zwergerlpavillon und der Babbelbox. Dieses Haus wurde ausschließlich zum Wohl der kleinen und jungen Gäste eingerichtet. Natürlich gehört ein Bolz- und Tennisplatz ebenso dazu, wie eine Golfakademie, wo der Gast den Umgang mit Golfschläger und Ball erlernen kann. Das weitläufige Gelände erstreckt sich sanft am Ufer des Hopfensees entlang und bietet komfortable Stellplätze für Wohnwagen und Reisemobile sowie ein luxuriöses Hallenbad. Ein großer Kur- und Wellnessbereich, ein SB-Laden und ein heimeliger Innenhof, der zu Gesprächen und geselligen Zusammentreffen einlädt, trägt ebenso zur gehobenen Ausstattung des Platzes bei.

Bereits seit 1982 ist der mit fünf Sternen ausgezeichnete Camping Hopfensee als Superplatz vom ADAC prämiert und ist Mitglied im exquisiten „Leading Campings of Europe". Hier wird man richtig verwöhnt: In der Praxis für physikalische Therapie werden kassenärztliche, ambulante Badekuren angeboten. In dem Wellness-Spa „1001 Nacht" kommt man mit den verschiedensten Massagen, Rasul- und Kosmetikbesuchen sowie einem Abstecher in die Zirbelholz-Sauna wieder so richtig auf die Beine. In den liebe- und geschmackvoll eingerichteten Räumen zeigt sich das Bemühen der Inhaberfamilie Mayr, dass ihnen vorrangig das Wohlergehen der Gäste seit der Gründung des Campingplatzes 1954 am Herzen liegt.

Die Komfortstellplätze sind mit Wasser-, Abwasser-, Strom-, TV- und WLAN-Anschluss ausgestattet, was nicht eigens erwähnt werden muss. Natürlich findet der Gast auf dem Platz

ein Restaurant mit Kachelofenstube und Wintergarten, wo er die Gaumenfreuden des Allgäus genießen kann.
Im Sommer lädt die große Badewiese mit Badestegen zu einem erfrischenden Bad im Hopfensee ein und während des Winters stehen ein Rodelhang, ein Skilift und die Langlaufloipe zur Verfügung, um erholsame Tage zu verbringen.
Erwähnenswert sind natürlich auch die Urlaubsprogramme, die die Familie Mayr und ihre Mitarbeiter jahreszeitlich passend zusammenstellen. Ganzjährig finden Kinovorführungen, Vorträge und Bastelkurse statt. Während des Winters werden Skikurse abgehalten und im Sommer kann der Gast an Kräuter- und Moorwanderungen teilnehmen oder das Nordic Walking erlernen, um nur wenige Beispiele aus dem reichhaltigen Angebot zu nennen.

Camping Hopfensee

Fischerbichl 17/Uferstraße
D-87629 Füssen im Allgäu
Tel. +49 (0)8362 91 77 10
Fax +49 (0)8362 91 77 20
info@camping-hopfensee.cm
www.camping-hopfensee.com

Görisried

Kinderfreundliches Dorf mit Herz

Mitten im Allgäuer Voralpenland (830 – 950 m), abseits vom Massentourismus, liegt die Gemeinde Görisried (1.300 Einwohner) am Rande des Kempter Waldes. Hier finden Feriengäste Ruhe und Erholung in unberührter Natur. Auf den zahlreichen Bauernhöfen können Urlauberfamilien Vieh- und Landwirtschaft hautnah erleben. Bewirtschaftete Alpen und Gasthöfe laden zur gemütlichen Einkehr ein.

Die zentrale Lage zwischen Kempten, Marktoberdorf und Nesselwang bietet zahlreiche attraktive Ausflugsmöglichkeiten mit kurzen Anfahrtswegen, die A7 zwischen Kempten und Füssen ist nicht weit entfernt.

Kurzer Blick ins Geschichtsbuch

Im frühen Mittelalter begann vermutlich die planmäßige Rodungsarbeit im Gemeindegebiet von Görisried. 1375 wurde der Ort erstmals urkundlich erwähnt. Im Mittelalter verfügten das Fürststift Kempten, das Hochstift Augsburg und das Füssener Kloster St. Mang über Grundbesitz in der Gemeinde.

Wie viele andere Orte gehörte Görisried seit dem Reichsdeputationshauptschluss im Jahre 1803 zu Bayern. Seit 1818 bildet das Dorf mit den Weilern Stadels und Wildberg eine selbstständige Gemeinde.

Görisried
(Bilder Gemeinde Görisried)

Sehenswürdigkeiten

Die Katholische Pfarrkirche St. Oswald in Görisried wurde im 19. Jahrhundert nach einem Brand im neugotischen Stil wiederaufgebaut. Der schön gestaltete Innenraum mit Kassettendecke ist einen Besuch wert. Im Ort und in den umliegenden Weilern finden Besucher einige sehenswerte Kapellen.

Im 19. Jahrhundert entstand der Kalvarienberg mit Kreuzwegstationen, Kapelle und Lourdesgrotte. Der Weg beginnt bei der Ölbergkapelle im Ort.

Die Kapelle St. Ursula und die Wallfahrtskapelle St. Petrus von Alcantara aus dem 17. Jahrhundert beeindrucken mit prachtvollen Deckenfresken.

Freizeit und Sport

Naturfreunde finden in der Umgebung von Görisried ein Wanderparadies mit einem ausgedehnten Rad- und Wanderwegenetz. Ob im riesigen Kempter Wald, in den Moorreservaten mit versteckten Weihern oder im Naturschutzgebiet Wertachtal mit dem abenteuerlichen Hängesteg, der Wanderlust sind keine Grenzen gesetzt. Der Naturerlebnispfad macht Kindern Spaß. Im Sommer sorgt das Naturfreibad für willkommene Abkühlung.

Jede Jahreszeit hat in Görisried ihre besonderen Reize: Im Frühling präch-

tige Löwenzahnwiesen, im Sommer duftende Heuluft, im Herbst bunte Wälder und im Winter Skilanglauf oder Schneeschuhwandern durch verschneiten Zauberwald.

Veranstaltungen

Traditionelles Brauchtum wird bei zahlreichen Festveranstaltungen im Jahreslauf wie beim Nikolausmarkt, beim Maibaumaufstellen oder beim Hopfenzupfmarkt im August gepflegt. Für Unterhaltung und Abwechslung im Urlaubsprogramm ist gesorgt.

Ein besonderer Höhepunkt ist das alljährlich im April stattfindende Rockfestival gotoGö.

Wichtige Adressen und Telefonnummern

Gemeinde Görisried
Kirchplatz 8
D- 87657 Görisried
Tel. +49 (0)8302 97 23
Fax +49 (0)8302 97 24
info@goerisried.de
www.goerisried.de

Essen und Trinken

Regionaltypische Spezialitäten in traditionellem Allgäuer Ambiente. Großer Biergarten, Kegelbahn. Casthof zum Hirsch, Familie Knüsli, Kirchplatz 6, D-87657 Görisried, Tel. +49 (0)8302 249, Fax +49 (0)8302 92 10 84, info@hirsch-goerisried.de, www.hirsch-goerisried.de

Übernachten

Gemütliche Gästezimmer (Bad, Dusche, WC, TV) mit Frühstück oder Halbpension. Ferienwohnungen in unmittelbarer Umgebung zum Gasthof vermittelbar. Zimmeranreise jederzeit möglich Gasthof zum Hirsch, Familie Knüsli, Kirchplatz 6, D-87657 Görisried, Tel. +49 (0)8302 249, Fax +49 (0)8302 92 10 84, info@hirsch-goerisried.de, www.hirsch-goerisried.de

Stadels bei Görisried
(Bilder Gemeinde Görisried)

Gasthof zum Hirsch

Gepflegte Tradition in urigem Ambiente

Echte Allgäuer lieben die prachtvolle Landschaft, in der sie aufgewachsen sind, deshalb fühlen sie sich den alten Traditionen mit ganzem Herzen verpflichtet. Als Urlauber spürt man die Hingabe und ist fasziniert von den ursprünglichen Ritualen, dem herzlichen Miteinander der Menschen und der kulinarischen Vielfalt. Wer das Allgäu mit allen Sinnen erleben möchte, ist im Gasthof zum Hirsch in Görisried genau an der richtigen Stelle. Der historische Gasthof wird seit 1973 von Familie Knüsli/Besserer bewirtschaftet. Großen Wert legen die Wirtsleute dabei auf die original Allgäuer Wirtshauskultur. Am Stammtisch in der traditionell eingerichteten Allgäuer Stube treffen sich Junge und Ältere zum Schafkopfen (Kartenspiel) und reden über Gott und die Welt.
Spätestens wenn die Musik zünftig aufspielt, ist sie da, diese unvergleichliche Allgäuer Magie!

"An Guate" oder Guten Appetit!

So mancher Gast wird durch den köstlichen Duft in die heimelige Gaststu-be gelockt. Auf der Speisekarte stehen regionale Spezialitäten wie Hirschrücken oder Rumpsteak vom Allgäuer Jungbullen und typische Gerichte wie Kesselfleisch oder die beliebten Allgäuer Kässpatzen. Alles wird mit einheimischen Produkten zubereitet und schmeckt einfach lecker. Im Sommer wird zusätzlich im idyllischen Biergarten serviert. Hier ticken die Uhren langsamer, man lehnt sich zurück und entspannt. Wie wär's mit einem guten Glas Wein? Ob warme Speise, deftige Brotzeit oder hausgemachter Kuchen und Eis, im Gasthof zum Hirsch bekommt man von morgens bis abends garantiert das Beste aus Küche und Keller.

Feste feiern

Gutgelaunte Menschen jeden Alters treffen sich in der urigen Pilsbar im ersten Stock des Hauses zum Feiern, Musizieren und Singen. Feierlichen Festivitäten bietet das stilvolle Neben-

Hier erhalten Sie die Leistungen der KönigsCard (siehe Seite 31)

zimmer mit den gemütlichen Ecknischen einen passenden Rahmen. Es gibt außerdem eine Hobby-Kegelbahn und eine Kinderkegelbahn im Haus.

Gästezimmer zum Wohlfühlen

Gäste, die noch länger die herzliche Gastfreundschaft im Gasthof zum Hirsch genießen möchten, haben Glück: Es stehen mehrere behagliche, komfortabel eingerichtete Zimmer zur Verfügung, reichhaltiges Frühstück inklusive, auf Wunsch auch mit Halbpension. In direkter Umgebung werden geräumige Ferienwohnungen angeboten. Gute Voraussetzungen für unbeschwerte Urlaubstage in ruhiger zentraler Lage am Rande des Kempter Waldes, fernab vom Massentourismus. Im Zimmerpreis enthalten ist die KönigsCard mit über 180 Gratis-Freizeitangeboten. Berühmte Sehenswürdigkeiten der Region sind nur einen Katzensprung entfernt. In Görisried gibt es mehrere Spielplätze, einen Naturerlebnispfad, Sportplätze, ein Natur-Freibad und herrliche Wander- und Radwege Richtung Berge und Seen oder zum bekannten Hängesteg über die nahegelegene Wertach.

Öffnungszeiten Restaurant:

Freitag bis Sonntag von 10:00 bis 01:00 Uhr, Montag, Dienstag, Donnerstag von 11:00 bis 14:00 Uhr und 17:00 bis 24:00 Uhr, Mittwoch Ruhetag. Zimmeranreise jederzeit möglich

Gasthof zum Hirsch

Familie Knüsli
Kirchplatz 6, D-87657 Görisried
Tel. +49 (0)8302 2 49
Fax +49 (0)8302 92 10 84
info@hirsch-goerisried.de
www.hirsch-goerisried.de

Günzach

Idyllisch an der Günz gelegen

Die Gemeinde Günzach (1500 Einwohner) mit den Ortsteilen und Weilern Sellthüren, Mittelberg, Albrechts, Thal, Autenried, Rohr, Upratsberg, Immenthal, Stockach, Eggenbühl, Heimenhalden, Schöllhorn und Rudwarz gehört zur Verwaltungsgemeinschaft Obergünzburg.

Die idyllische Voralpenlandschaft der Umgebung bietet ideale Voraussetzungen für erholsame Ferien. Beliebt ist bei Familien mit Kindern der Urlaub auf dem Bauernhof.

Die Anreise ist vor allem für Zugreisende problemlos; Günzach besitzt den höchstgelegenen (801 m ü.d.M.) Durchfahrtsbahnhof Deutschlands. Von hier aus lassen sich die Allgäuer Metropolen Kaufbeuren, Kempten, Memmingen, Oberstdorf und Lindau schnell erreichen.

Kurzer Blick ins Geschichtsbuch

Günzach wurde um 1730 vom Kemptener Fürstabt Anselm von Reichlin-Meldegg gegründet, der im Tal an der Günz ein fürstliches Gebäude erbauen ließ. Seit dem Reichsdeputationshauptschluss von 1803 gehört der Ort zu Bayern. Im Zuge der Verwaltungsreformen in Bayern entstand mit dem Gemeindeedikt von 1818 die heutige Gemeinde.

Günzquelle
(Bild Gemeinde Günzach)

Sehenswürdigkeiten

Sehenswert ist die Günzquelle im südlichen Günztal mit neu angelegtem Kneippschen Wassertretbecken.
Neben der 1952 erbauten Kirche Mariä Himmelfahrt in Günzach sind die zahlreichen, zum Teil aus dem 17. Jahrhundert stammenden Kapellen in den Ortsteilen einen Besuch wert. Bemerkenswert ist die Kapelle in Mittelberg mit einem Flügelaltar aus dem 16. Jahrhundert.
Für das Dorfmuseum wurden Gegenstände aus der Dorfgeschichte zusammengetragen und liebevoll aufgebaut. Besichtigungstermine können telefonisch mit Herrn Georg Häring (08372 395) oder Herrn Paul Lang (08372 2959) vereinbart werden.

Freizeit und Sport

Günzach ist Ausgangspunkt des 100 km langen Günztalradweges, der bis zur Einmündung der Günz in die Donau bei Günzburg führt. Durch den Bahnhof im Ort und die günstige Übernachtungsmöglichkeit im Gasthaus Hirsch ist Günzach der ideale Stützpunkt für Radwanderer.
200 km ausgeschilderte Wanderwege bieten reichliche Betätigungsmöglichkeiten für Erholungssuchende. Das Gillenmoos, ein 86 ha großes Hochmoor südöstlich von Günzach, ist ein Paradies für Naturfreunde mit seltenen Schmetterlingsarten wie Hochmoor-Gelbling und Feuerfalter und botanischen Kostbarkeiten wie Fieberklee, Sumpf-Dreizack, Mehlprimel und Schwalbenwurz-Enzian. In der Umgebung bieten das Freibad Hagenmoos und das Moorbad Elbsee Abkühlung und Badefreuden an warmen Tagen. Sportplatz, Tennisplätze und Kinderspielplatz stehen ebenfalls zur Verfügung. Im Winter führen Winterwanderwege und 30 km Langlaufloipen durch die traumhafte Schneelandschaft.

Einkaufen

Leckere Käsesorten frisch aus der Sennerei können Besucher im gemütlichen Laden der Sellthürner Käskuche kaufen, geöffnet Mo-Sa 8.30-12, 17.30-19 Uhr, Fr 8.30-12, 15-19 Uhr, So 17.30-19 Uhr. Sellthürn 11, 87634 Günzach, Tel. +49 (0)8372 28 64, Fax +49 (0)8372 8334, kaeskuche@t-online.de, www.kaesealp.de

Übernachten

Eine gemütliche, gepflegte Übernachtungsmöglichkeit bietet das Gasthaus Hirsch, Hauptstraße 4, D-87634 Günzach, Tel. +49 (0)8372 427 98 60, Fax +49 (0)8372 427 98 59, info@hirsch-guenzach.de, www.hirsch-guenzach.de

Wichtige Adressen und Telefonnummern

Gemeindeverwaltung Günzach
Hauptstraße 9
87634 Günzach
Tel. +49 (0)8372 345
Fax +49 (0)8372 83 54
info@guenzach.de
www.guenzach.de

Gasthaus Hirsch

Übernachten am Startpunkt des Günztalradweges

Mitten im Zentrum der Gemeinde Günzach in der Nähe des Rathauses befindet sich das Gasthaus Hirsch. Radtouristen, die am Günzacher Bahnhof angekommen sind, und eine Übernachtungsmöglichkeit suchen, bevor sie den Günztalradweg in Angriff nehmen, sowie Feriengäste, die die Allgäuer Voralpenlandschaft erleben möchten, finden hier eine angenehme, gepflegte Unterkunft. Die 8 modern eingerichteten, hellen Gästezimmer sind mit Dusche/WC, LCD-Fernseher und Internetzugang ausgestattet.

In der romantischen Landschaft der Umgebung haben Urlauber vielfältige Möglichkeiten für Wanderungen, z.B. zum nahegelegenen Hochmoor Gillenmoos. Erlebnisreiche Ausflüge nach Kaufbeuren oder Kempten, zu den berühmten Königsschlössern oder in die Allgäuer Alpen sind ebenfalls möglich.

Nach einem schönen Ferientag freuen sich die Gäste über ein leckeres Essen in der gemütlichen Gaststube. Hier werden schmackhafte Gerichte aus der gutbürgerlichen Küche und Spezialitäten aus der Region serviert. Ob Allgäuer Käsespätzle, hausgemachte Rindsroulade in Kräutersenfsoße oder Zwiebelrostbraten in Dunkelbiersoße, alle Speisen werden von Andreas Brenner, dem Küchenchef und seinem Team frisch zubereitet und stellen auch anspruchsvolle Gaumen zufrieden. Dazu schmecken ein frisch gezapftes Allgäuer Bier und ein zünftiger Obstler zur Verdauung.

Das freundliche Team des Gasthauses steht auch für die Ausrichtung von privaten und geschäftlichen Feiern oder kleineren Tagungen zur Verfügung und sorgt mit liebevollem Service, festlichen Speisen und geschmackvollen Ambiente für ein gelungenes Fest.

Gasthaus Hirsch

Hauptstraße 4, D-87634 Günzach
Tel. +49 (0)8372 42 79 860
Fax +49 (0)8372 42 79 859
info@hirsch-guenzach.de
www.hirsch-guenzach.de

Sellthürner Käskuche

Köstlicher Käse direkt aus der Sennerei

Wer durch das herrliche Allgäuer Alpenvorland wandert, erblickt immer wieder saftige Weiden mit Kühen, denen man es ansieht, wie wohl sie sich fühlen. Auf den sieben Bio-Bauernhöfen, die die **Sellthürner Käs-kuche** täglich mit 4000 Litern melkfrischer Milch beliefern, werden die Kühe nur mit frischem Gras und Heu gefüttert. Nach altbewährten Verfahren entsteht dann in der Sennerei in sorgfältiger Handarbeit Rohmilchkäse. In Gewölbekellern reift der Käse mehrere Monate und entwickelt das unvergleichliche Aroma, Rezept wird nicht verraten.
Jeden Donnerstag um 11 Uhr können interessierte Besucher an einer Besichtigung mit Käseprobe teilnehmen. Im gemütlichen Verkaufsladen kann man wählen zwischen Bergkäse, Bio-Bärlauchkäse, dem kräftig-würzigen 20 Monate gereiften Hartkäse „Bio-Älplerglück" und vielen weiteren leckeren Sorten. Der Ziegenfrischkäse erhielt schon zweimal bei der Schweizer Käseolympiade die Goldmedaille. Guten Appetit!

Öffnungszeiten:
Montag – Samstag:
8.30–12.00 Uhr u. 17.30 –19.00 Uhr,
Freitags:
8.30 –12.00 und 15.00 –19.00 Uhr.
Sonn- u. Feiertags: 17.30 – 19.00 Uhr.

Sellthürner Käskuche
Sellthüren 11, 87634 Günzach
Tel. (0)83 72 28 64
Fax. (0)83 72 83 34
kaeskuche@t-online.de
www.kaesealp.de

Halblech - Buching - Trauchgau

Wanderfreuden in traumhafter Voralpenlandschaft

Halblech ist flächenmäßig die größte Gemeinde des Ostallgäu mit 32 Ortsteilen und 3400 Einwohnern. Das weite Tal von Halblech mit seinen romantischen Seen bietet Wanderern auf bequemen, ebenen Wegen faszinierende Panoramablicke auf die Allgäuer und Tiroler Alpen. Im Naturschutzgebiet Ammergebirge, das zu Halblech gehört, finden Bergwanderer ein reiches Betätigungsfeld. Das Tal des nur 15 km langen Halblechs, dem kleinen Bruder des Lechs, ist im oberen, wildromantischen Teil mit seinen ausgedehnten Bergblumenwiesen ein Fest für Naturfreunde. Das Tal wird vom imposanten Geiselstein, dem „Allgäuer Matterhorn" beherrscht, für geübte Kletterer eine interessante Herausforderung.

Die Anreise nach Halblech vom Ende der Autobahn 7 bei Füssen oder auf der Bundesstraße 17, der sogenannten Romantischen Straße, von Norden ist problemlos. Die günstige Lage bietet hervorragende Ausflugsmöglichkeiten zu den Königsschlössern, zur Wieskirche oder nach Oberammergau.

Kurzer Blick ins Geschichtsbuch

Das Gebiet von Halblech gehörte zur Herrschaft Hohenschwangau und ist seit 1567 ein Teil Bayerns. Mit dem Gemeindeedikt von 1818 entstanden im Rahmen der Verwaltungsreform die Gemeinden Buching und Trauchgau. 1976 schlossen sich die beiden Gemeinden zur heutigen Gemeinde Halblech zusammen.

Sehenswürdigkeiten

Im Dorfmuseum Trauchgau erfahren Besucher viel Wissenswertes über die Geschichte der Landschaft und das Leben der Einwohner in vergangenen Zeiten. Informationen über Öffnungszeiten gibt es bei der Gästeinformation.

Trauchgau
(Bild Gästeinformation Halblech)

Sehenswert sind auch die Kirchen St. Andreas in Trauchgau, die Kirche St. Michael im Ortsteil Bayerniederhofen und die St. Peter Kapelle in Berghof.

Freizeit und Sport

Die malerischen Seen wie Illasbergsee, Hegratsriedsee, Bannwaldsee und Forggensee mit schönen Badeplätzen laden zum Baden, Angeln, Surfen und Entspannen ein. Für Wassersportfreunde und Familien mit Kindern ein Paradies.

Viele Kilometer gut beschilderter Rad- und Wanderwege führen durch die liebliche Landschaft. Für Bergwanderungen können als Aufstiegshilfen die Sesselbahn auf den Buchenberg oder der Wanderbus zur Kenzenhütte genutzt werden.

Im Winter bietet Halblech mit Skiliften und beleuchteter Rodelbahn unbeschwertes Freizeitvergnügen. Gespurte Langlaufloipen und geräumte Winterwanderwege ermöglichen erholsame Wanderungen in bezaubernder Schneelandschaft.

Nach erlebnisreichen Ferientagen bieten gemütliche Gasthäuser am Abend Gaumenfreuden mit Allgäuer Spezialitäten wie den berühmten Kässpatzen.

Veranstaltungen

Die Termine der traditionellen Feste sind im Veranstaltungskalender der Gästeinformation ersichtlich. Das beliebte Kalkofenfest im August und den Buchinger Viehmarkt mit festlichem Einzug des geschmückten Alpviehs sollte man nicht versäumen.

Auch Heimatabende und Konzerte der Alphornbläser finden regelmäßig statt.

Wichtige Adressen und Telefonnummern

Gästeinformation Halblech
Bergstraße 2 a
D-87642 Halblech
Tel. +49 (0)8368 285
Fax +49 (0)8368 72 21
info@halblech.de
www.halblech.de

Übernachten

Vom Balkon genießt der Gast einen einmaligen Blick auf die gesamte Allgäuer Bergwelt. Gemütlich eingerichtete Zimmer für Einzelreisende und Gruppen und eine Küche, in der die Chefin noch selber kocht, bietet das Hotel Alpenblick-Berghof, Moorbadstraße 21, D-87642 Halblech-Berghof, Tel. +49 (0)83 68 91 48 99-0, info@hotel-alpenblick-berghof.de, www.hotel-alpenblick-berghof.de

Gartenterrasse

Ein herrliches Alpenpanorama eröffnet sich dem Gast des Hotel Bannwaldsee auf der Terrasse des Restaurants. Hier kann er sich, umgeben von den Berghängen und -wiesen des Ammergebirges, die bayerisch-schwäbischen Schmankerl schmecken lassen.

Hotel Bannwaldsee, Sesselbahnstr. 10, D-87642 Halblech, Tel. +49 (0)8368 90 00, Fax +49 (0)8368 90 01 50, info@bannwaldseehotel.de, www.bannwaldseehotel.de

Hegratsrieder See
(Bild Gästeinformation Halblech)

Urlaub im Hotel Bannwaldsee

Erholung für Körper, Geist und Seele

In lieblicher Landschaft die Seele baumeln lassen – entspannen. Einfach nur für sich da sein, sich etwas Gutes tun. Wo gelingt das besser als am Bannwaldsee im Königswinkel?

Im Hotel Bannwaldsee kann sich der Gast mit aromatischen Essenzen aus eigener Herstellung

massieren lassen. Reiki- und Kosmetikbehandlung werden ebenso angeboten wie Peeling, Maniküre und Pediküre. Für das Wohlergehen sorgen aber auch ein großzügig angelegtes Hallenbad, die Sauna, ein Dampfbad sowie Tauchbecken und eine Schwalldusche. Daneben findet der Gast einen Ruheraum. Doch wie heißt es so schön: „Die Liebe geht durch den Magen". Daher kann der Gast ein regionales, hausgemachtes Frühstück genießen und das Restaurant weist eine Speisekarte mit bayerisch-schwäbischen Schmankerln und hausgemachtem Kuchen auf. Der Genuss wird perfekt, wenn man im Biergarten oder auf der Sonnenterrasse den Blick in die Alpen genießen kann. Natürlich kommt bei diesem Angebot der Komfort in den Zimmern nicht zu kurz, die alle mit Dusche oder Bad und WC, SAT-TV, Minibar und Balkon ausgestattet sind. Das gesamte Haus ist rollstuhlfreundlich mit einem Aufzug eingerichtet und bietet daneben noch einen Tagungsraum mit modernster Technik sowie zwei Nebenräume für Familienfeiern. Kinder fühlen sich auf dem Kinderspielplatz des von Tatjana und Klaus Rehklau geführten Hauses besonders wohl. Es versteht sich von selbst, dass im gesamten Hotelkomplex W-LAN-Empfang besteht, der kostenlos genutzt werden kann

Hotel Bannwaldsee

D-87642 Halblech
Tel. +49 (0)83 68 90 00
Fax +49 (0)83 68 90 01 50
info@bannwaldseehotel.de
www.bannwaldseehotel.de

Hier erhalten Sie die Leistungen der KönigsCard (siehe Seite 31)

Hotel Alpenblick-Berghof

Allein der Blick auf die Allgäuer Alpenkette ist eine Reise wert

„Geht nicht, gibt´s nicht...“ ist das Motto der Betreiberfamilie, Uli und Micha Siebert. Getreu diesem Leitsatz werden die Gäste umsorgt, damit sie sich rundum wohlfühlen. Das beginnt bei den Zimmern, die gemütlich und wohnlich eingerichtet sind. Von den Balkonen genießt man einen traumhaften Blick auf die gesamte Allgäuer Bergkulisse. Das Haus bietet sich auch hervorragend für die Unterbringung von Reisegruppen an.

Mit der Bewirtschaftung des Café Pension Sonne in Halblech-Buching machten sich die Gastgeber bereits viele Freunde. Das drückt sich in der Bewertung bei „TripAdvisor“ aus, wo man von Platz 11 im Jahr 2012 bereits in 2013 auf dem 6. Platz landete. Auf diese Auszeichnung sind die Siebert´s stolz – äußert sich darin doch die hohe Zufriedenheit der Gäste.

Neben den behaglichen Zimmern, die dem Gast zur Verfügung stehen, wird auch auf diverse Gaumenfreuden Wert gelegt: Das beginnt mit einem reichhaltigen Frühstücksbüffet, an dem sich die Gäste für den Ferientag stärken können. Ein Lunchpaket für Ausflüge wird liebevoll zusammen gestellt. Am Abend wartet dann eine Auswahl von drei- oder mehrgängigen Menüs auf die hungrigen Hausgäste. Hin und wieder oder auf Wunsch der Gäste werden auch Themenbüffets oder Grillabende veranstaltet. Alle Speisen werden frisch und liebevoll von der Chefin selbst zubereitet. Für Tipps und Anregungen, vor allem für Biker, ist Micha Siebert immer zu haben. Er freut sich, wenn er den Gästen mit Rat und Tat zur Seite stehen kann und begleitet sie gerne auf einer Tour.

Hotel Alpenblick-Berghof

Moorbadstraße 21, D-87642 Halblech-Berghof, Tel. +49 (0)8368 91 48 99-0

info@hotel-alpenblick-berghof.de, www.hotel-alpenblick-berghof.de

Kloster Irsee

Modernes Tagungszentrum in historischen Räumen

Die faszinierende Hügellandschaft in der Umgebung des Marktes Irsee ist ein Geschenk für jeden Naturliebhaber. Hier gründeten Benediktiner im Jahre 1182 Kloster Irsee. Nach einer wechselhaften Geschichte erfuhr das freie Reichsstift im 18. Jahrhundert seine Blütezeit. Kunst, Musik, religiöses Leben und Wissenschaft wurden gepflegt. Durch kluges Wirtschaften der Mönche war es möglich, die herrliche barocke Kirche samt imposanter Klosteranlage zu errichten. Nach der Säkularisierung im 19. Jahrhundert war im Gebäude ein Hospital untergebracht. 1981 wurde das Schwäbische Tagungs- und Bildungszentrum im Kloster eröffnet und der weltoffene Geist des 18. Jahrhunderts kehrte zurück. Heute besuchen jährlich 20.000 Tagungsgäste das Bildungszentrum.

„Die Tür steht offen, mehr noch das Herz" - diesem alten Mönchsgruß fühlt sich das Team des Tagungszentrums bis heute verpflichtet und sorgt bestens für seine zahlreichen Gäste. Schöpferische Konzentration, heitere Gelassenheit, Toleranz und Geborgenheit bestimmen das Leben im international geschätzten, mehrfach ausgezeichneten Tagungsort. Die 40 freundlichen Mitarbeiter und Mitarbeiterinnen haben eine Menge Erfahrung in der erfolgreichen Organisation von Veranstaltungen aller Art.

Besucher sind beim Betreten des geschmackvoll gestalteten Gebäudes sofort gefangen von der einzigartigen Atmosphäre. Ein Rundgang durch die weiten Kreuzgangflure, die auch für Ausstellungen genutzt werden, vermittelt einen ersten Eindruck. Die 15 Tagungsräume unterschiedlicher Größe, vom kleinen Besprechungszimmer bis zum Festsaal für bis zu 200 Personen, sind mit modernster Konferenztechnik ausgestattet und genügen höchsten Ansprüchen. Sind die Teilnehmer in den 81 komfortablen, behaglichen Gästezimmern gut untergebracht, kann eine erfolgreiche Tagung beginnen. Auch für das leibliche Wohl der Tagungsgäste ist gesorgt. Das erstklassige Küchenteam bringt frisch zubereitete, leicht bekömmliche Speisen im ehemaligen Refektorium auf den Tisch. Abends ist das rustikale Buffet im Stiftskeller ein beliebter Treffpunkt. Nach dem konzentrierten Arbeiten während der Tagung entspannen sich die Teilnehmer gerne bei einem Spaziergang im Klostergarten. Wundervolle alte Bäume, Brunnen, einladende Bänke und eine Orangerie versprechen Ruhe und Erholung. In Tagungspausen wird auf Wunsch zum Beispiel Yoga zur Regeneration angeboten. Die hauseigene Sauna ist abends geöffnet. Sportlich Interessierte finden im Freizeitraum Tischtennis, Tischfußball und Poolbillard. Gerne wird von den Gästen auch die Besichtigung der nahen Klosterbrauerei mit Bierprobe wahrgenommen.

Für Feste, Bankette und Empfänge stehen prachtvolle Räume wie das ehemalige Mathematische Kabinett oder die frühere Bibliothek zur Verfügung. Der Kapitalsaal mit einem Deckengemälde von Pater Magnus Remy aus dem 18. Jahrhundert und das reich geschmückte Empfangszimmer des Reichsprälaten bilden einen stimmungsvollen Rahmen für besondere Anlässe. Der Küchenchef berät gerne bei der Zusammenstellung von festlichen Menüs. Die Schwabenakademie mit einem reichhaltigen Seminarprogramm zur kulturellen Bildung und das Bildungswerk der Bayrischen Bezirke für die berufliche Fort- und Weiterbildung haben heute ebenfalls ihre Heimat in Kloster Irsee.

Der Veranstaltungskalender hat einige Höhepunkte zu bieten:

Beim neuen Musikfestival „Tonspuren" erwarten den Besucher neue Klangerlebnisse und musikalische Spurensuchen. Der „Schwäbische Kunstsommer, Kunst leben" bietet international besuchte Meisterkurse in bildender Kunst, Literatur und Musik an, und trägt zum hervorragenden Ruf des Hauses als kulturelles Zentrum von Rang bei. Der Süddeutsche Autorentreff „Irseer Pegasus" im Januar markiert ein weiteres Highlight im Jahresverlauf.

Abseits der großen Verkehrswege gelegen, ist das idyllische Irsee dennoch gut zu erreichen. Mit dem Auto gelangt man von der Ausfahrt der A96 Bad Wörishofen bequem über das 9 km entfernte Kaufbeuren zum Ziel. Der Bahnhof in Kaufbeuren verfügt über direkte Bahnverbindungen nach München, Zürich und Augsburg. Der Flughafen Memmingen ist weniger als eine Autostunde entfernt.

Kloster Irsee
Schwäbisches Tagungs- und Bildungszentrum
Klosterring 4, 87660 Irsee, Tel. +49 (0)8341 906-00, Fax +49 (0)8341 74278
hotel@kloster-irsee.de, www.kloster-irsee.de

Irsee

Kulturtradition in idyllischer Landschaft

Der Markt Irsee liegt in der malerischen Voralpenlandschaft nordwestlich von Kaufbeuren und besteht neben der Marktgemeinde Irsee aus den Weilern Oggenried, Wielen, Eiberg, Haslach, Bickenried und Alm.

Das Dorfbild wird vom ehemaligen Kloster Irsee geprägt, heute eine Tagungs- und Bildungsstätte von internationalem Ruf. Irsee ist durch die Nähe zum 8 km entfernten Kaufbeuren leicht zu erreichen und bietet bequeme, vielfältige Ausflugsmöglichkeiten zu sehenswerten Zielen im Allgäu wie den Füssener Königsschlössern.

Der Ort liegt umgeben von einem Waldgürtel auf einem Höhenrücken über dem Wertachtal. Die Häuser reihen sich am Hang in einer Höhe von 740 bis 790 Metern vom Kloster im Tal bis hoch zur Friedhofskirche mit freiem Blick auf die Allgäuer Alpenkette. Die ca. 1400 Einwohner leben im partnerschaftlichen Miteinander mit dem heutigen „Klosterviertel" und seinen zahlreichen Besuchern. Durch das Kloster entstand eine besondere Siedlungsstruktur für Handwerker und Arbeiter des Klosters. Auch heute findet man im Ort noch Häuser, die in der Klosterzeit erbaut wurden. Mit einem ausgewogenen zukunftsorientierten Konzept, welches das geschichtliche Erbe und die intakte Natur der Umgebung berücksichtigt, wurden in den vergangenen Jahren etliche Projekte verwirklicht, wie die Schaffung eines Dorfplatzes mit Neubau des Rathauses oder die Wiedererrichtung des Klosterbrunnens. Irsee wurde für die beispielhafte Ortsentwicklung in Berlin mit der Goldmedaille ausgezeichnet und war 1995 Bundessieger im Wettbewerb „Unser Dorf soll schöner werden".

Irsee
(Bild Markt Irsee)

Kurzer Blick ins Geschichtsbuch

Kloster Irsee
(Bild Markt Irsee)

Im Jahre 1182 wurde das Kloster Irsee, um das sich im Lauf der Jahrhunderte das Dorf entwickelte, von Benediktinermönchen mit Unterstützung von Markgraf Heinrich von Ronsberg gegründet. Vom Mittelalter bis 1803 waren Habsburger die Hauptvögte des Klosters. Während der Bauernkriege und des 30-jährigen Krieges hatten Kloster und Dorf oft schwere Zeiten zu bestehen. 1782 wurde der erste Viehmarkt in Irsee abgehalten. Seit dieser Zeit führt Irsee den Titel „Markt". Im Zuge der Säkularisation durch Napoleon 1802 wurde das Kloster aufgelöst und diente ab 1849 als Heil- und Pflegeanstalt, bis 1981 das Schwäbische Tagungs- und Bildungszentrum seinen Platz im Kloster fand.

Sehenswürdigkeiten

Die prachtvoll ausgestattete barocke Klosterkirche ist tagsüber für Besucher geöffnet. Das sehr sehenswerte Kloster kann nur nach Voranmeldung besichtigt werden.

Die 2005 umfangreich restaurierte Friedhofskirche St. Stephan im oberen Dorf am Ort einer früheren Burg ist ebenfalls sehr sehenswert. Von hier hat man einen wundervollen Blick auf Kloster und Wertachtal.

Das interessante Brauereimuseum in der Klosterbrauerei lohnt einen Besuch. Öffnungszeiten: täglich von 9-19 Uhr.

Freizeit und Sport

Bei Wanderungen in der abwechslungsreichen, intakten Naturlandschaft der Umgebung kann man an vielen Stellen die Aussicht auf die Allgäuer Alpenkette genießen. Der Schwäbisch-Allgäuer Wanderweg von Augsburg nach Oberstdorf sowie der Crescentia-Pilgerweg von Kaufbeuren nach Ottobeuren verlaufen durch Irsee.

Im Sommer lädt der Oggenrieder Weiher am westlichen Ortsrand von Irsee zum Schwimmen und Baden ein.

Oggenrieder Weiher
(Bild Markt Irsee)

Klosterbräu (Bild Markt Irsee)

Im Winter locken gespurte Langlaufloipen und präparierte Wanderwege in die romantische Schneelandschaft.

Veranstaltungen

Außer den zahlreichen kulturellen Höhepunkten im Kloster während des Jahres bietet der Veranstaltungskalender von Irsee beliebte Märkte:

Der Töpfer- und Kunsthandwerkermarkt an einem Wochenende im Juni mit Bewirtung und Live-Musik.

Der Kirchweihmarkt am ersten Sonntag im Oktober mit buntem Markttreiben.

Das Schwäbische Adventssingen in der ehemaligen Klosterkirche am 3. Adventssonntag und Weihnachtsmärkte sowie Ausstellungen am gleichen Wochenende.

Der Biomarkt an jedem Freitagnachmittag beim Stadel des ehemaligen Gasthauses „Zur Post".

Tagungsmöglichkeiten

Das weithin bekannte und vielfach ausgezeichnete Tagungszentrum Kloster Irsee bietet auf höchstem Niveau den Rahmen für Kongresse, Tagungen und Festlichkeiten. Kloster Irsee, Schwäbisches Tagungs- und Bildungszentrum, Klosterring 4, D-87660 Irsee, Tel. +49 (0) 8341 906-00, Fax +49 (0) 8341 74 278, hotel@kloster-irsee.de, www.kloster-irsee.de

Wichtige Adressen und Telefonnummern

Markt Irsee
Gemeindeverwaltung
Meinrad-Spieß-Platz 1
D-87660 Irsee
Tel. +49 (0)8341 22 14
Fax +49 (0)8341 10 15 29
info@irsee.de
www.irsee.de

Kaufbeuren

Traditionsbewusste Stadt mit Charme

Inmitten von bewaldeten Hügeln und der idyllischen Landschaft des Allgäuer Alpenvorlandes liegt die ehemalige freie Reichsstadt Kaufbeuren. Die drittgrößte kreisfreie Stadt des bayrischen Regierungsbezirks Schwaben hat ca. 43.000 Einwohner. Die traditionsbewussten Bürger sind stolz auf das mittelalterliche Stadtbild der historischen Altstadt. Besucher erfreuen sich an den romantischen Gassen mit prächtigen Bürgerhäusern, sehenswerten Kirchen und malerischen Plätzen mit kunstvollen Brunnen. Ein Besuch dieser sympathischen Stadt mit ihren interessanten Sehenswürdigkeiten lohnt sich, besonders bei den alljährlichen traditionellen, prächtigen Festveranstaltungen.

Beim Bummel durch das lebhafte Treiben in der Fußgängerzone laden vielfältige Geschäfte zum Einkauf ein. Gern verweilen die Besucher in einem der zahlreichen traditionellen Wirtshäuser und Cafés und fühlen sich in längst vergangene Zeiten versetzt. Das reiche kulturelle Leben der Stadt wird bestimmt durch Musikveranstaltungen und Ausstellungen. Im Stadttheater hängt der älteste noch genutzte Theatervorhang Deutschlands.

Der junge Stadtteil Neugablonz mit seiner durch Vertriebene aus dem Sudetenland aufgebauten Industrie hat sich zu einem Zentrum für Modeschmuck entwickelt. Interessierte Besucher finden dort auf Rundgängen und in Ausstellungen reichhaltige Informationen.

Durch seine günstige Lage ist Kaufbeuren problemlos zu erreichen und bietet hervorragende Ausflugsmöglichkeiten. München und Augsburg

sind nur ca. eine Autostunde entfernt. Ein Tagesausflug zum Bodensee oder zu den Königschlössern bei Füssen zählt zu den Höhepunkten eines Urlaubs im Allgäu. Feriengäste schätzen die zahlreichen Gelegenheiten zu schönen Wanderungen in der vielfältigen Allgäuer Landschaft.

Kurzer Blick ins Geschichtsbuch

Kaufbeuren entstand im Jahre 740 aus einem fränkischen Königshof, der als Verwaltungssitz und militärisches Rückzugsgebiet an der Grenze zum Herzogtum Bayern gegründet wurde. Gegen Ende des 11. Jahrhunderts übernahmen die Herren von Beuren, Gefolgsleute der Welfen den Hof als Adelssitz. Im Jahre 1126 wurde Kaufbeuren erstmals urkundlich erwähnt. Nach dem Aussterben des Beuren-Geschlechts und dem Tod des Welfenherzogs nahmen im Jahr 1191 die Staufer die Stadt in Besitz. Sie sorgten für den Ausbau und die intensive Entwicklung der Stadt. Im Jahre 1286 erhielt Kaufbeuren von König Rudolf von Habsburg den Status als freie Reichsstadt, den es bis 1802 behielt. Im 14. Jahrhundert überstand Kaufbeuren erfolgreich mehrere Belagerungen.

Der stetige wirtschaftliche Aufschwung wurde durch die Bauernkriege und den 30-jährigen Krieg stark gebremst. Davon erholte sich die Stadt nur langsam. Im 18. Jahrhundert erlebte das Weberhandwerk der Stadt eine Blütezeit. Im Jahre 1802 verlor Kaufbeuren im Rahmen der Neuordnung des Reichsdeputationshauptschlusses den Status der freien Reichsstadt und wurde Stadt des Kurfürstentums Bayern.

Im Jahre 1948 wurde Kaufbeuren kreisfreie Stadt. Nach dem Zweiten Weltkrieg entstand im Nordosten der Stadt auf den Trümmern einer ehemaligen Munitionsfabrik der Stadtteil Neugablonz, gegründet von

Panorama Kaufbeuren
(Bild Kaufbeuren Marketing)

sudetendeutschen Vertriebenen aus Gablonz an der Neiße, die dort ihre traditionelle Schmuckindustrie wieder aufbauten. Kaufbeuren ist neben Geretsried, Neutraubling, Traunreut und Waldkraiburg eine von fünf bayrischen Vertriebenenstädten.

Berühmte Persönlichkeiten der Stadt

Kaiser Maximilian der I. (1459-1519), Stammgast in Kaufbeuren, kam sehr gern in die Stadt und kaufte sich hier sogar ein Haus. Die nach ihm benannte Straße ist die bedeutendste und schönste in der Altstadt.

Daniel Hopfer (1470-1536) gilt als der Erfinder der Ätzradierung und war einer der Wegbereiter der Renaissancekunst in Deutschland.
Maria Crescentia Höss (1682-1744) war Oberin im nach ihr benannten Crescentia-Franziskanerinnen-Kloster in Kaufbeuren. Sie wurde als Ratgeberin sehr geschätzt und stand mit vielen bedeutenden Persönlichkeiten ihrer Zeit in regem Briefkontakt. Trotz vieler mystischer Erfahrungen blieb sie eine lebenskluge, praktische Persönlichkeit, die ihr Kloster außerordentlich erfolgreich führte. Seit ihrem Tod kommen jährlich tausende Wallfahrer. Im Jahre 1900 wurde sie selig-, im Jahre 2001 heiliggesprochen.

Die Schriftstellerin Sophie von La Roche (1730-1807) verfasste 1771 mit dem empfindsamen Briefroman „Geschichte des Fräuleins von Sternheim" den ersten deutschsprachigen Roman, der von einer Frau geschrieben wurde.

Ludwig Ganghofer (1855-1920) gilt als einer der bedeutendsten Autoren von Heimatromanen. Seine vielfach verfilmten Bücher schildern das Leben in seiner bayrischen Heimat. In der lesenswerten Autobiographie „Lebenslauf eines Optimisten" beschreibt der Autor seine Kinderjahre in Kaufbeuren.

Der 1929 in Kaufbeuren geborene bekannte Schriftsteller und Essayist Hans Magnus Enzensberger wurde mit zahlreichen Literaturpreisen ausgezeichnet.

Sehenswürdigkeiten

Ein Rundgang durch die Stadt

Besuchern fällt beim Betreten der Altstadt das im Jahre 1879 vom bedeutenden Baumeister Georg Hauberrisser im Stil der Neurenaissance erbaute Rathaus am Beginn der Kaiser-Max-Straße ins Auge.

Ein paar Schritte entfernt beeindruckt der 1753 errichtete Neptunbrunnen. Gleich gegenüber ist an der Südostecke des ehemaligen Weberzunfthauses, heute ein Café, die älteste Skulptur Kaufbeurens zu sehen, ein zwischen zwei Löwen hockendes Männlein.

Nicht weit entfernt wartet ein Tastmodell der Altstadt vor allem auf sehbehinderte Besucher. Auch Sehende sind von diesem vorbildlichen Modell fasziniert.

Eine weitere Sehenswürdigkeit in der Kaiser-Max-Straße ist die Evangelisch-Lutherische Dreifaltigkeitskirche mit spätbarocker Innenausstattung. Im Jahre 1821 wurde der 44 Meter hohe Turm errichtet.

Nun geht es weiter zum beschaulichen Crescentiaplatz, wo das Crescentiakloster mit Gedenkstätte und Reliquienschrein auf interessierte Besucher wartet.
Obstmarkt 5, Tel. +49 (0)8341 90 70,
crescentiakloster@web.de,
www.crescentiakloster.de

Im Crescentia-Klosterladen finden Besucher ein reiches Angebot an Literatur, Andenken und Klosterprodukten.
Obstmarkt 3, Tel. +49 (0)8341 90 71 84

Von hier führt der Weg hinauf durch den entzückenden Klosterberggar-

Neptunbrunnen
(Bild Kaufbeuren Marketing)

ten. Er ist ein Besinnungsgarten mit Stationen entsprechend dem Sonnengesang des Heiligen Franziskus nachempfunden. Der Garten ist täglich von 9.00-20.00 Uhr geöffnet, im Winter geschlossen.

Klostergarten (Bild Peter Ernszt)

Oben an der Stadtmauer, die um 1200 errichtet wurde, ist der Weg nicht weit zur stilreinen spätgotischen Kath. St.-Blasius-Kirche aus dem 15. und 16. Jahrhundert. Zu den Schätzen mittelalterlicher Kunst zählen der Altar von Jörg Lederer aus dem Jahr 1518, das Kruzifix an einem Baumkreuz (14. Jahrhundert), Reliquien-Altärchen aus dem 15. Jahrhundert und 66 Bildtafeln.

Vorbei am Blasiusturm wandern die Besucher entlang der Mauer zum im Jahre 1420 erbauten Fünfknopfturm, dem Wahrzeichen der Stadt.

Mitten im Zentrum der Altstadt gelangen die Gäste zur imposanten Katholischen St.-Martins-Kirche, die im 12. Jahrhundert als romanische Basilika auf den Resten einer Burg erbaut wurde. Das Gotteshaus erfuhr dann im Laufe der Jahrhunderte mehrere Umbauten. Im reich ausgestatteten Innenraum bestechen die ehemaligen Schreinfiguren des Hochaltars von Michael Erhart (um 1480). Im Volksaltar sind im Wechsel die Reliefs „Die Anbetung der Hl. Drei Könige" von Hans Kels d.Ä. um 1520 oder das im Jahre 1990 entstandene Bildwerk von Otto Kobel nach dem Relief „Das Wirken des Hl. Geistes" zu sehen.

Gegenüber befindet sich das Ganghoferhaus, in dem der Schriftsteller Ludwig Ganghofer 1855 geboren wurde.

Vorbei am Münzturm (15. Jahrhundert) geht es zum Obstmarkt mit dem Tänzelfestbrunnen, der zu Ehren des alljährlich stattfindenden historischen Kinderfestes errichtet wurde. Der Brunnen zeigt vier Tänzelfestkinder mit der Anna vom Hof, der Sage nach die Gründerin des Frauenklosters.

Stadtauswärts wandern die Besucher vorbei am Zollhäuschen zum Gerberturm, der um 1420 als Wehrturm der Gerberzunft gebaut wurde. Nach einem Halt am bemerkenswerten Brunnen „Erostische Damen und ihr Voyeur", im Jahr 2000 vom Irseer Künstler Peter Müller geschaffen, geht es weiter zum Ende des Rundgangs.

Der geschmackvoll gestaltete Spitalhof am ehemaligen Spital der Stadt ist wegen des filigranen Stelenbrunnens des Augsburger Architekten Andy Brauneis aus dem Jahre 2008 bemerkenswert. Im Hof finden Besucher die sogenannten Lebensbausteine, Bodenplatten mit den Lebensdaten berühmter Kaufbeurer Persönlichkeiten. Direkt am Spitalhof steht das Haus des Handwerks aus dem 14./15. Jahrhundert mit einer zweischiffigen spätgotischen Halle im Untergeschoss.

Rundgänge durch Neugablonz

Der Bunker-Rundgang führt zu einzelnen Stellen der ehemaligen Munitionsfabrik.
Der Weg des Schmucks verbindet das Isergebirgs-Museum mit der Erlebnisausstellung der Gablonzer Industrie und zeigt auf dem 1 km langen Weg durch das Neugablonzer Zentrum auf zehn Infotafeln die einzelnen Schritte der Schmuckproduktion.

Ebenfalls ausgehend vom Isergebirgs-Museum führt ein Rundgang durch Neugablonz zum Isergebirgsbrunnen aus Sudetengranit aus dem Jahre 1986.

Von dort geht der Weg zur im Jahre 1955 vom Augsburger Architekten Heinz Schenk erbauten Evangelischen Christuskirche, die mit einem Jerusalemleuchter im Innenraum beeindruckt. Er wurde von Gerhard Glüder und Thea Postel aus Materialien der Gablonzer Industrie gefertigt. Die Kirche ist Dienstag bis Sonntag von 9.00-17.00 Uhr geöffnet.
Weiter geht es zum Neugablonzer Ehrenmal aus dem Jahre 1977 von Willi Ernst mit Symbolisierungen von Opfern der Kriege, Vertreibung und Gewalt.

Die Alt-Katholische Christi-Himmelfahrt-Kirche wurde 1953 vom Neu-

Fünfknopfturm und Stadtmauer
(Bild Kaufbeuren Marketing)

gablonzer Architekten Eduard Pietsch erbaut. Im Innenraum ist eine Pietà aus Juramarmor von Otto Kobel sehenswert. Die Kirche ist Dienstag bis Sonntag von 8.00-19.00 Uhr geöffnet.

In Sichtweite erblicken Besucher den Rüdigerbrunnen, seit dem Jahre 1968 Wahrzeichen von Neugablonz, mit Szenen aus der Nibelungensage am Sockel.

Der Sudetenstraße folgend gelangen die Besucher zur imposanten Katholischen Herz-Jesu-Kirche des Baumeisters Thomas Wechs aus den Fünfziger Jahren mit einem 58 Meter hohen Turm. Ein Blickfang ist das frei schwebende Kruzifix von Andreas Bindl im Innenraum.

Gleich daneben wurde das Porsche-Denkmal zu Ehren von Ferdinand Porsche, der aus dem Isergebirge stammte, errichtet.

Vorbei am Vertriebenendenkmal, einer Plastik von Hanne Wondrak aus dem Jahr 1963, und dem Haus der Gablonzer Industrie endet der Rundgang bei der Staatlichen Berufsfachschule für Glas und Schmuck, die im Jahre 1957 eröffnet wurde.

Museen

kunsthaus kaufbeuren

Das Kunsthaus Kaufbeuren ist ein Forum der Auseinandersetzung mit Kunst und Kultur der Vergangenheit und Gegenwart. Als zentraler Ort für das kulturelle Leben der Stadt zeigt es wechselnde Ausstellungen zu kunsthistorischen Themen und zur Kunst des 20. Jahrhunderts und der Gegenwart. Das Haus wurde im Jahr 1996 in Anlehnung an die Form mittelalterlicher Kornstadel erbaut. Auf zwei Etagen stehen 330 qm Ausstellungsfläche zur Verfügung.
Öffnungszeiten: Dienstag bis Freitag 10.00-17.00 Uhr, Donnerstag 10.00-20.00 Uh, Samstag, Sonn- und Feiertage 11.00-17.00 Uhr, Spitaltor 2, Tel. +49 (0)8341 86 44,
www.kunsthaus-kaufbeuren.de

Stadtmuseum

Das 1879 gegründete Stadtmuseum im Kaisergässchen zählt zu den ältesten Museen in Schwaben. Hier sind Sammlungen der „Volkskunst im Allgäu“, die „Ludwig-Ganghofer-Gedächtnisstätte“, die Kruzifix-Sammlung von Pfarrer Wiebel, Allgäuer Holzplastiken seit 1200, protestantische Hinterglasbilder und Zeugnisse der Stadt- und Regionalgeschichte zusammengefasst.
Derzeit geschlossen. Geplante Wiedereröffnung Mitte 2013.
Tel. +49 (0)8341 966 839 10, Di.-So. 10:00 -17:00 Uhr
www.stadtmuseum-kaufbeuren.de

Puppentheater-Museum

Das Puppentheatermuseum wurde im Jahre 1987 vom Puppenspielverein in Zusammenarbeit mit dem Bayrischen Nationalmuseum eröffnet. Die 60-jährige Sammeltätigkeit von Alois Raab (1911-1989) und der

Nachlass des Puppenhistorikers Hans Purschke bildet die umfangreiche Grundausstattung des Museums. Gezeigt werden Drehorgelausstattung, Märchenkutsche, historische Plakate, Theaterpuppen aus aller Welt und vieles mehr.
Öffnungszeiten: Donnerstag bis Samstag 10.00-12.00 und 14.30-17.00 Uhr, Sonntag 10.00-12.00 Uhr Ludwigstr. 41 a, Tel. +49 (0)8341 141 21 oder 143 29,
www.puppenspielverein.de

Feuerwehrmuseum

Die Sammlung des Feuerwehrmuseums in der ehemaligen Spittelmühle zeigt historische Feuerlöschgeräte seit dem Mittelalter. An konkreten Beispielen werden die Gefahren des Feuers im Alltag und die Formen der Brandbekämpfung gezeigt. Im Museum werden viele Sonderführungen vor allem für Schulklassen durchgeführt.
Öffnungszeiten: April bis Dezember jeden 1. Samstag im Monat von 10.00-12.30 Uhr, Am Graben 20, Tel. 08341 96 07 20, www.feuerwehrmuseum-kaufbeuren.de

Isergebirgs-Museum Neugablonz

Im Museum werden 400 Jahre deutsche Kultur- und Industriegeschichte im nordböhmischen Isergebirge, von der Vertreibung der dortigen deutschen Bevölkerung im Jahre 1945 und vom Neubeginn der Neugablonzer Glas- und Schmuckindustrie gezeigt. Ottfried Preußler, Ferdinand Porsche und Daniel Swarovski stammen aus dem Isergebirge.
Öffnungszeiten: täglich außer Montag 14.00-17.00 Uhr
Marktgasse 8, Tel. +49 (0)8341 96 50 18, www.isergebirgs-museum.de

Erlebnisausstellung der Gablonzer Industrie

Die Neugablonzer Glas- und Schmuckindustrie wird in der interessanten, interaktiven Ausstellung in ihrer Leistungsfähigkeit und Vielfalt präsentiert. Freier Eintritt!
Öffnungszeiten: Montag bis Freitag 9.30-12.00 Uhr , Montag bis Donnerstag 14.00-17.00 Uhr, Neue Zeile 11, Tel. +49 (0)8341 989 03,
www.erlebnisausstellung.info

Stadtsaal
(Bild Kaufbeuren Marketing)

Veranstaltungen und Feste

Tänzelfest

(Bild Tourismusverband Allgäu/Bayerisch-Schwaben)

Eine ausführliche Beschreibung des Tänzelfestes finden Sie auf den Seiten 106 und 107.

Im April erleben die Besucher beim Blue Night Musikfestival fabelhafte Live-Bands in verschiedenen Kneipen der Altstadt.

Der beliebte Kunsthandwerkermarkt in der Fußgängerzone findet alljährlich im Mai statt.

Im Juni wird das traditionelle Bürgerfest mit Musik und Kultur in Neugablonz gefeiert.

In der Adventszeit lädt der Kaufbeurer Weihnachtsmarkt auf dem Kirchplatz St. Martin zum Bummeln ein. Am Neptunbrunnen ist der größte echte Adventskranz der Welt zu bestaunen, mit acht Meter Durchmesser und eineinhalb Meter hohen Wachskerzen. Die Fassade des historischen Rathauses verwandelt sich in einen großen Adventskalender mit weihnachtlichen Geschichten in 24 Türchen. Auf dem Kaufbeurer Weihnachtsweg sind die Schaufenster verschiedener Altstadtgeschäfte zum Thema Weihnachtsbrauchtum geschmückt.

Freizeit und Sport

Kaufbeuren und Umgebung bietet eine Fülle an Möglichkeiten der Freizeitgestaltung.

Im Sommer lädt der Jordan Badepark mit großem Schwimmbecken und Sauna/Solarium zur Erholung und Abkühlung ein. Auch das Neugablonzer Erlebnisbad ist einen Besuch wert.

Liebhaber des Tennissports finden in den Tennnisvereinen der Stadt Plätze zum Mieten.

Unterhaltung pur verspricht die Allgäuer Hallenkartbahn im Kaufbeurer Gewerbegebiet.

Im Vereinszentrum des deutschen Alpenvereins im Wertachpark beeindruckt eine imposante Outdoor-Kletterwand.

Rathaus
(Bild Kaufbeuren Marketing)

Naturfreunde finden in der Umgebung zahlreiche Wandermöglichkeiten. Empfehlenswert ist der 88 km lange Crescentia-Pilgerweg. Hier verbinden sich Eindrücke der vielfältigen Allgäuer Landschaft mit der Besichtigung von Kunstdenkmälern ersten Ranges und innerer Einkehr auf den Spuren der hl. Crescentia.

Neben anderen schönen Wanderwegen bietet sich der 7 km lange Naturpfad „Via Aqua" an, der in der Hochfläche westlich von Kaufbeuren zu zahlreichen Quellen mit informativen Schautafeln führt.

Im Winter finden Sportbegeisterte in der herrlichen Winterlandschaft der Umgebung insgesamt 80 km gespurte Langlaufloipen. Alpinski- und Rodelmöglichkeiten sind in der Umgebung ebenfalls vorhanden.

Die Eissporthalle am Berliner Platz ist im Winter ein beliebter Treffpunkt. Hier finden die Wettkämpfe des bekannten Eishockeyvereins ESV Kaufbeuren statt. Ein Besuch der spannenden Ligakämpfe lohnt sich.

Wichtige Adressen und Telefonnummern

Tourist Information
Kaiser-Max-Straße 3 a
D-87600 Kaufbeuren/Allgäu
Tel. +49 (0)8341 43 78 50
Fax +49 (0)8341 43 78 58
tourist-info@kaufbeuren.de
www.kaufbeuren.de/tourismus

Kaiser-Max-Straße
(Bild-Kaufbeuren Marketing)

Tänzelfest in Kaufbeuren

Kinder spielen die Geschichte ihrer Stadt

Im Juli erreicht die jährliche Vorfreude ihren Höhepunkt. Zum Tänzelfest strömen Besucher von Nah und Fern nach Kaufbeuren, um mitzuerleben, wie Kinder historische Ereignisse und Traditionen wiederaufleben lassen. Das Fest geht vermutlich auf einen Besuch Kaiser Maximilians I. im Jahre 1497 zurück, während dem er einen Kaufbeurer Buben als Schützenkönig auszeichnete. Der genaue Ursprung des Tänzelfestes ist jedoch bis zum heutigen Tag ein Geheimnis. Im 16. Jahrhundert als Tänzeltage der Zünfte gefeiert, wurde es in den folgenden Jahrhunderten immer mehr zu einem Fest der Kinder.

Ein Erlebnis für die ganze Familie

Heute begeistert das älteste historische Kinderfest Bayerns Einheimische und Gäste jedes Jahr aufs Neue. Auf den Straßen und Gassen Kaufbeurens hört man fröhliches Lachen und Musik, überall sind Kinder in farbenfrohen historischen Trachten zu sehen, gutgelaunte Menschen flanieren durch die Stadt. Das ganze Jahr über haben alle auf dieses Wochenende im Juli hin gefiebert. Sie sind von verschiedenen Teilen des Landes zusammengekommen, um sich von der ganz speziellen Stimmung verzaubern zu lassen.

Festzug, Markttreiben und mehr

Das Tänzelfest ist eine liebgewonnene Tradition, die in Kaufbeuren von Generation zu Generation weitergetragen wird und nicht nur den Kindern ein Stück Heimat, geschichtliches Wissen und Freude vermittelt. Alljährlich sind etwa 1700 Kinder, 170 Pferde, viele Kutschen, Festwagen und Musikgruppen

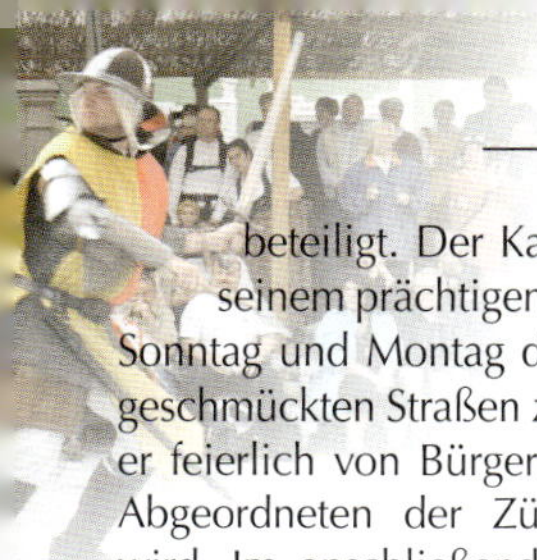

beteiligt. Der Kaiser kommt! Mit seinem prächtigen Gefolge zieht er Sonntag und Montag durch die festlich geschmückten Straßen zum Rathaus, wo er feierlich von Bürgermeister, Rat und Abgeordneten der Zünfte empfangen wird. Im anschließenden Festzug wird die Geschichte Kaufbeurens von der Gründung bis Mitte des 19. Jahrhunderts eindrucksvoll dargestellt. Danach führen Kindergruppen in der Nähe des Tänzelfestplatzes Tänze zu Ehren des Kaisers Maximilian auf, wie den Schwabentanz der Bauern oder die Zunfttänze der Gerber und Brauer. Für musikalische Begleitung sorgen das Kaufbeurer Blechbläserensemble und das Trommlercorps der Tänzelfest-Knabenkapelle Kaufbeuren. An den Vormittagen der Haupttage des Tänzelfestes führen die Kinder in stilechten Kostümen alte Handwerkskünste vor. Wie wird Bier gebraut? Kann man auf einem Webstuhl sitzen? Was macht ein Schmied? Auf dem Häfelesmarkt in der Altstadt rund um Hafenmarkt, Salzmarkt und Obstmarkt erhalten Besucher Antworten auf diese und andere Fragen. Für Hungrige gibt es leckere Schmankerl – einfach den lustigen Sprüchen der Marktschreier folgen! Am Freitag- und Samstagabend zieht das Historische Lagerleben erwachsene Besucher an. Bei Fackelschein und Lagerfeuer in romantischen Hinterhöfen und versteckten Winkeln der Altstadt werden sie in die mittelalterliche Welt der Ritter und Landsknechte versetzt. Verschiedene Artistik- und Musikgruppen zeigen ihre Künste, für das leibliche Wohl ist gesorgt. Am zweiten Tag des Lagerlebens, sowie Sonntag und Montag findet vor dem Rathaus ab 21.30 Uhr der traditionelle Zapfenstreich der Tänzelfest Knabenkapelle Kaufbeuren statt. Wer meint, zu einem richtigen Fest gehören Fahrgeschäfte, Glitzer und Mandelduft, der kann auch dies beim Tänzelfest auf dem Festplatz erleben. Die fleißigen Mitglieder des Tänzelfestvereins haben eben an alles gedacht. Viel Spaß!

Tänzelfestverein e.V. Kaufbeuren
Spitaltor 5, D-87600 Kaufbeuren
Tel. +49 (0)8341 28 28, Fax +49 (0)8341 10 11 78
info@taenzelfest.de, www.taenzelfest.de

***S

Hotel „Grüner Baum“

Urlaub und Seminare in entspannter Atmosphäre

Behagliches Ambiente, helle Farben und ein freundlicher Empfang vom Personal des Hotels „Grüner Baum“ in Kaufbeuren – der Wohlfühl-Urlaub kann beginnen! In der idyllischen Ortsmitte von Oberbeuren ist aus dem ehemaligen Gasthof „Grüner Baum“ mit viel Liebe zum Detail ein hübsches Drei-Sterne-Hotel entstanden, das in harmonischer Weise modernes Design mit Tradition vereint.
Die einunddreißig Komfortzimmer lassen keine Wünsche offen: Ausgestattet mit Bad, Dusche, WC, Safe, Kabel-TV, Telefon mit Voice-Mailbox und Internet sind die stilvoll eingerichteten Entspannungsoasen mit dem Aufzug bequem zu erreichen.
Der Tag beginnt mit einem reichhaltigen Frühstück im gemütlichen Hotel-Restaurant. Hier werden auch Betriebsfeiern und Familienfeste gefeiert. Die reizvolle Umgebung bietet viele Freizeitmöglichkeiten und lädt zu Ausflügen ein. Nach einem ereignisreichen Tag finden Gäste im hoteleigenen Fitnessraum oder in der Sauna den idealen Ausgleich.
Für Seminare bis zu fünfundfünfzig Personen stehen im Hotel „Grüner Baum“ großzügige, natürlich belichtete Tagungsräume und moderne Tagungstechnik zur Verfügung. Erfahrene und kompetente Ansprechpartner sorgen für einen gelungenen Ablauf. Abends lässt man den Tag in angenehmer Atmosphäre an der Hotel-Bar ausklingen.

Hotel „Grüner Baum“

Familie Knie
Obere Gasse 4
D-87600 Kaufbeuren-Oberbeuren
Tel. +49 (0)8341 9 66 11-0
Fax +49 (0)8341 9 66 11-79
info@gruener-baum-hotel.de
www.gruener-baum-hotel.de

Hotel „Goldener Hirsch"

Traditionshaus im Herzen der Stadt

Mitten im verkehrsberuhigten Altstadtbereich von Kaufbeuren steht das Hotel „Goldener Hirsch", dessen Geschichte bis ins 16. Jahrhundert zurückreicht. Das traditionsbewusste, gastfreundliche Haus bietet seinen Gästen gepflegtes Landhausambiente mit allem Komfort. Die 2013 frisch renovierten, gemütlichen, zweiundvierzig Zimmer verfügen über Bad/Dusche/WC, TV, Internet mit WLAN oder Kabelanschluss, Radio und Durchwahltelefon.
Fitnessraum und Sauna sorgen für körperliche Fitness. Vorteil in der Innenstadt: Die Hotel-Tiefgarage erspart Gästen die Parkplatzsuche. Im Hotel-Restaurant werden Gäste mit beliebten Schmankerln aus der regionalen Bayrisch-Schwäbischen Küche und internationalen Spezialitäten verwöhnt. Erlesene Weine runden den kulinarischen Genuss ab. Die modern ausgestatteten Konferenzräume sind ideal für Seminare und Fortbildungen bis hundertfünfzig Personen. Für Festlichkeiten – von der kleinen Familienfeier über Firmenjubiläum bis zur anspruchsvollen Hochzeitsfeier – bietet der „Goldene Hirsch" den idealen Rahmen. Die günstige Lage des Hotels mitten in der Stadt lädt zum ausgiebigen Stadtbummel mit interessanten Besichtigungen und genussvollem Shopping ein.

Hotel „Goldener Hirsch"
Familie Knie, Kaiser-Max-Str. 39-41
D-87600 Kaufbeuren
Tel. +49 (0)8341 430-30
Fax +49 (0)8341 430-375
info@goldener-hirsch-kaufbeuren.de
www.goldener-hirsch-kaufbeuren.de

Lechbruck am See

Die kleine Gemeinde mit gelebter Flößertradition

Lechbruck am See liegt am Lech, dem Schnittpunkt zwischen Königswinkel im Süden und Pfaffenwinkel im Osten. Nicht weit von den Schlössern König Ludwigs II. und der Wieskirche liegt der Ferienort in schönster Allgäuer Voralpenlandschaft. Den Besucher erwarten hier freundliche Gastgeber und eine Fülle von attraktiven Freizeitangeboten.

Kurzer Blick ins Geschichtsbuch

Die Entstehung Lechbrucks, die bereits 1398 erstmals urkundlich erwähnt wurde, ist eng mit dem Lech und dem Leben am und mit dem Fluß verbunden. Bereits im 13. Jahrhundert war der Lech ein wichtiger Handels- und Verkehrsweg. Mutige Flößer transportierten Gebirgshölzer, Lebensmittel und den Lechbrucker Sandstein Richtung Norden, der Donau entgegen.

Aber schon zu Zeiten der Römer war Lechbruck ein wichtiger Warenumschlagplatz, da der Ort direkt an der Via Claudia, der ehemaligen Römerstraße lag, die die Adria mit der Donau verband.

Sehenswürdigkeiten

Das einzigartige Lechbrucker Flößermuseum zeigt sehenswerte Exponate aus der Flößerei und dem Leben der Flößerfamilien.

Die Pfarrkirche Maria Heimsuchung liegt weithin sichtbar auf einem Hü-

Lechbruck
(Bild Klaus Kienberger, Kienberger Verlag)

gel inmitten des Ortes. Sie ist ein frühklassizistisches Kleinod sakraler Baukunst. Besonders sehenswert sind die Reliefs am Hochaltar und zwei Wallfahrtsbilder.

Freizeit und Sport

Die Voralpenlandschaft in der Lechbruck liegt, bietet einen freien Blick auf das Alpenpanorama. Naturliebhaber, Wanderer und Fahrradfahrer haben vielfältige Möglichkeiten für genussvolle Touren. Auf kulturhistorischen Wegen, spannenden Themenwegen und abwechslungsreichen Rundwanderwegen genießt man die einzigartige Landschaft. Ein besonderes Schmankerl bietet der Lech-Erlebnisweg, der sich entlang der Uferlinie des Oberen Lechsees hinzieht.

Die zahlreichen Gewässer der Umgebung, ob der Lech, der Obere Lechsee – eine der südlichsten Staustufen des regulierten Flusses – oder einer der vielen Weiher bieten Wassersportbegeisterten genügend Möglichkeiten, um auf ihre Kosten zu kommen.

Floßfahrten auf einem Lechfloß werden von Mitte Juni bis Ende September angeboten und sind ein spannendes Erlebnis für die ganze Familie.

Im Winter sorgt eine Vielzahl gepflegter Langlaufloipen in traumhafter Voralpenlandschaft, eine kleine Skiliftanlage am nördlichen Ortsausgang, die vielen zugefrorenen Seen und Teiche sowie das Kunsteisstadion für ein ungetrübtes Wintersportvergnügen.

Lechbruck (Bild Andreas Heyl)

Veranstaltungen

Die Pflege von Brauchtum und Tradition ist ein fester Bestandteil der Lechbrucker Dorfkultur, an der auch der Gast teilnehmen darf. Zünftige Dorffeste mit Blasmusik, einzigartige Darbietungen der Alphornbläser auf dem Lechfloß sowie viele kulturelle Veranstaltungen, die sich mit Flößern, dem Lech und seinen Menschen beschäftigen, garantieren unterhaltsame Abwechslung.

Wichtige Adressen und Telefonnummern

Tourist Information
Flößerstraße 1
D-86983 Lechbruck am See
Tel. +49 (0)8862 98 78 30
Fax +49 (0)8862 98 78 20
info@lechbruck.de
www.lechbruck.de

Essen und Trinken

Das inmitten des Feriendorfes Lechbruck gelegene Gasthaus Hochbergle Stuben versorgt nicht nur die Gäste der Ferienhäuser mit Speis und Trank – auch andere Gäste sind dort herzlich willkommen, um regionale Spezialitäten zu genießen.
Hochbergle Stuben im Feriendorf Lechbruck, Hochbergle 2, D-86983 Lechbruck am See, Telefon +49(0)8862/77 13 84, www.hochbergle-stuben.de

Lechbruck
(Bild Feriendorf Lechbruck)

Übernachten

Eine Vier-Sterne-Klassifizierung und damit gehobenen Komfort verspricht der Camping Via Claudia, Via Claudia 6, D-86983 Lechbruck am See, Tel. +49 (0) 8862 8425, Fax +49 (0) 8862 7570, info@camping-lechbruck.de, www.via-claudia-camping.de

Feriendorf Lechbruck

Familienurlaub vom Feinsten

Der Blick schweift vom Feriendorf Lechbruck über das Alpenvorland und die Bergkette der Ammergauer und Lechtaler Alpen. Und man sieht sofort, was diese bezaubernde Landschaft mit ihren Weiden, Wäldern, Seen und Bergen alles zu bieten hat.

Im Sommer lädt die liebliche Landschaft zum gemütlichen Radeln mit der Familie ein. Aber auch sportlich Ambitionierte mit Rennrad oder Mountainbike kommen auf ihre Kosten. Wandern, einfach nur spazieren gehen oder Nordic Walking? Kein Problem. Ein fast unüberschaubares Netz von Wanderwegen und Bergpfaden bietet für jeden die passende Herausforderung. Die zahlreichen Seen und Bäder in und um Lechbruck laden zum erfrischenden Bad oder einer Bootstour ein: Rudern, Tretbootfahren, Segeln oder eine Rundfahrt auf dem nahen Forggensee bieten enorme Abwechslung. Dafür, dass bei den sportlichen Aktivitäten die Kultur nicht zu kurz kommt, sorgen die vielen Sehenswürdigkeiten: Lechbruck liegt am Schnittpunkt vom Königswinkel mit seinen Schlössern und Burgen und dem Pfaffenwinkel mit all seinen Kirchen und Klöstern.

Natürlich ist auch im Winter etwas geboten. Wenn sich die Landschaft in glitzerndes Weiß hüllt, sind die Loipen in und um Lechbruck gespurt. Die Pisten und Rodelbahnen in den nahegelegenen Skigebieten sind schon bald präpariert und versprechen Winterfreuden vom Feinsten.

Und inmitten dieses Urlaubparadieses liegt oberhalb des Lechsees das Feriendorf Lechbruck. In den 146 Häusern mit verschiedenen Grundrissen und Größen finden jeweils zwischen fünf und sieben Personen

Hier erhalten Sie die Leistungen der KönigsCard (siehe Seite 31)

Platz, um sich nach einem erlebnisreichen Urlaubstag Ruhe „in den eigenen vier Wänden" zu gönnen. In den Ferienhäusern stehen den Gästen neben gemütlich eingerichteten Wohnräumen voll ausgestattete Küchen mit Kaffeemaschine, Mikrowelle und Wasserkocher zur Verfügung. Alle Häuser verfügen über Telefon, Fernsehgerät und kostenlosen WLAN-Anschluß. Auch Gartenmöbel werden gestellt, damit der Gast das grandiose Panorama auf sich wirken lassen kann, wenn er auf der Terrasse seines Ferienhauses sitzt.

Das Feriendorf ist autofrei, da die Anlage nur für die An- und Abreise befahren werden darf. Es verfügt aber über ausreichend Parkraum. Dass sich die Kleinen in autofreier Zone wohl fühlen, liegt auf der Hand, zumal Bolz- und Kinderspielplatz für ausreichend Beschäftigung sorgen.

Natürlich sind auch Hundebesitzer willkommen, die direkt vom Feriendorf mit ihren Lieblingen im Grünen spazieren gehen können.

Feriendorf Lechbruck

Hochbergle 2, D-86983 Lechbruck am See, Tel. +49 (0)8862 7711, Fax 771387
info@feriendorf-lechbruck-am-see.de, www.feriendorf-lechbruck-am-see.de

Via Claudia Camping

Urlaubsvergnügen in traumhafter Seelage

Direkt an der Via Claudia Augusta, der einstigen römischen Kaiserstraße über die Alpen, liegt der gleichnamige, ganzjährig geöffnete, Campingplatz. Der erst vor wenigen Jahren renovierte Platz ist komfortabel eingerichtet und mit vier Sternen klassifiziert. Das weitläufige Gelände erstreckt sich malerisch entlang der Uferlinie des Oberen Lechsees, dessen Wasser smaragdgrün schimmert. Nur wenige Fußminuten entfernt findet der Gast oberhalb des Areals einen kleinen Badesee – den „Baderwäldlesee" mit seinem angenehm warmen Moorwasser.

Der „Freiluft-Tourist" findet garantiert sein persönliches Lieblingsareal: Das Angebot reicht vom separaten Wohnmobilstellplatz über zauberhafte Panoramaplätze direkt am See bis hin zu wahrlich königlichen Komfortstandplätzen. Im Bereich dieser exklusiv gehaltenen „KönigsCard-Komfortzone" sind über 200 Leistungen im Preis enthalten. So können Bergbahnen, Bäder und Museen, um nur einige Einrichtungen zu nennen, kostenlos genutzt werden.

Die komfortable und hochwertige Ausstattung beginnt bei den modernen Sanitäranlagen. Auch zeigt sie sich in zahlreichen Bolz- und Spielplätzen und einem Spielzimmer, wo die kleinen Gäste auf Ihre Kosten kommen. Gemütlich eingerichtete Grillhütten findet man auf dem Gelände ebenso wie einen Internetraum und eine Leihbücherei.

„Ferienwohnungen" der ganz besonderen Art

Für den Liebhaber des Camperlebens, der nicht mit dem eigenen Campinggefährt anreist, aber gerne ein festes Dach über dem Kopf hat, bietet Via Claudia Camping die Übernachtung im kultigen Pod. Das sind eiförmige Behausungen aus Holz. In dem kuriosen Schlaf-Fass, der urigen Holzhütte oder in der lauschigen Kuschelkota duftet es nach Holz und man freut sich auf ein urgemütliches Übernachtungsvergnügen.

Unvergessliche Erlebnisangebote

Direkt auf dem Platz werden dem Gast zahlreiche Aktivitäten geboten. Neben Bogenschießen und Geocaching kann er Yoga betreiben oder an einer geführten Wanderung teilnehmen. Oder wie wäre es mit einer Floßfahrt auf dem Lech? Bei knisternder Lagerfeuerromantik werden Anekdoten über die Besonderheiten der Region erzählt; es finden Kunstausstellungen statt und sogar eine professionelle Burn-out-Präventation wird angeboten.

Für das leibliche Wohl ist gesorgt

In dem platzeigenen „Via-Claudia-Restaurant" mit seinem schattigen Biergarten läßt sich der Gast mit wechselnden regionalen Spezialitäten verwöhnen. Und der Einkaufsladen direkt an der Rezeption bietet alles Sonstige für den „kleinen Einkauf zwischendurch".

Via Claudia Camping
Via Claudia 6
D-86983 Lechbruck am See
Tel. +49 (0)8862 84 26
Fax +49 (0)8862 75 70
info@camping-lechbruck.de
www.via-claudia-camping.de

Hier erhalten Sie die Leistungen der KönigsCard (siehe Seite 31)

Lengenwang

Herzliche Gastlichkeit ist Trumpf

Die ländlich ruhige Gemeinde Lengenwang (1360 Einwohner) in schönster Allgäuer Voralpenlandschaft besteht aus den Ortsteilen Albisried, Aleuthen, Außerlengenwang, Bethlehem, Bichels, Enisried, Frödenberg, Hennenschwang, Lengenwang, Luttenried, Pflaubaumen, Reuthe, Ried, Sigratsbold und Weg.

Gemütliche Unterkünfte, freundliche Menschen, herrliche Natur und freier Blick auf die Alpenkette sorgen für Urlaubsgenuss pur.

Der Bahnhof des Ortes an der Bahnlinie Kaufbeuren - Füssen und die Nähe der A7 sorgen für leichte Erreichbarkeit und vielfältige Ausflugsmöglichkeiten zu den nahegelegenen Sehenswürdigkeiten, vor allem zu den Allgäuer Alpen und den Königsschlössern.

Kurzer Blick ins Geschichtsbuch

Lengenwang wurde 1386 erstmals urkundlich erwähnt. Im Mittelalter gehörte das Gemeindegebiet den Freiherren von Freyberg bzw. dem Hochstift Augsburg. Anfang des 19. Jahrhunderts fiel Lengenwang im Rahmen der Neuregelung des Reichsdeputationshauptschlusses an Bayern und wurde 1818 selbstständige Gemeinde.

Sehenswürdigkeiten

Die Katholische Pfarrkirche St. Wolfgang in Lengenwang aus dem frühen 16. Jahrhundert begeistert Besucher mit farbenprächtig geschmückter Innenausstattung.

Mehrere schöne Kapellen in den Ortsteilen sind ebenfalls sehenswert.

Freizeit und Sport

Die idyllischen Moorseen ohne kaltes Schmelzwasser laden an heißen Sommertagen zum Badespaß ein. Wer gern mit dem Rad unterwegs ist (Fahrradverleih im Ort) kann die 43 km lange „10 Seen-Radtour" in Angriff nehmen. Wanderer erfreuen sich an den Wanderwegen durch die romantische Naturlandschaft mit duftenden Wiesen und stillen Wäldern. Der kulturhistorisch interessante „Kapellenweg" führt auf 23 km gut markierten Wegen zu elf Kapellen.
Im Winter sorgen gespurte Langlaufloipen, Skatingspur und gebahnte Winterwanderwege für Erholung in paradiesischer Schneelandschaft. Jung und Alt treffen sich zum Eislaufvergnügen auf den zugefrorenen Weihern.

Veranstaltungen

Brauchtumsfeste, Dorfabende, Weinfest, Moorwanderung, Mühlenführungen Wolfgangsfest mit Tiersegnung, Bethlehemer Dorfweihnacht und vieles mehr sorgen für abwechslungsreiche Unterhaltung der Feriengäste.

Wichtige Adressen und Telefonnummern

Gemeinde Lengenwang
Bahnhofstraße 8
D-87663 Lengenwang
Tel. +49 (0) 8364 3 07
Fax +49 (0) 8364 16 21
info@lengenwang.de
www.lengenwang.de

Marktoberdorf

Städtische Vielfalt im Herzen des Allgäus

Mitten in der herrlichen Voralpenlandschaft des Ostallgäus liegt die Kreisstadt Marktoberdorf (18.150 Einwohner). Zum staatlich anerkannten Erholungsort gehören auch die Stadtteile Bertoldshofen, Geisenried, Leuterschach, Rieder, Sulzschneid und Thalhofen a. d. Wertach.

Marktoberdorf ist mit seinem vielseitigen Freizeit- und Kulturangebot bei Einwohnern, Besuchern und Urlaubern gleichermaßen beliebt. Es gibt gastfreundliche Hotels und Gasthöfe für jeden Geschmack und Geldbeutel. Das abwechslungsreiche gastronomische Angebot mit zünftigen Biergärten und Allgäuer Spezialitäten sorgt für zufriedene Feriengäste.

Die verkehrsgünstige Lage mit direkten Verbindungen zu den Bundesstraßen 12, 16, und 472 und Anschluss an die A7 und A96 garantieren gute Erreichbarkeit und hervorragende Ausflugsmöglichkeiten in alle Himmelsrichtungen. München, Bodensee, die Allgäuer Alpen mit den Königsschlössern und vielen weiteren attraktiven Zielen, sowie die herrliche Umgebung mit Hügeln, Wiesen, Seen, Wäldern und idyllischen Dörfern sind greifbar nah.

Marktoberdorf liegt an der Bahnstrecke Biessenhofen-Füssen mit Anschluss an die Bahnstrecke Kempten – Kaufbeuren und weiter nach Augsburg oder München.

Kurzer Blick ins Geschichtsbuch

Die ersten Besiedlungen im Gebiet von Marktoberdorf fanden durch Kelten, Römer und Alamannen statt. Ab dem Mittelalter gehörte das so genannte Oberdorf zum Hochstift Augsburg. 1453 wurden dem Ort Marktrecht und eigene Gerichtsbarkeit verliehen. Durch die Förderung der Augsburger Fürstbischöfe, unter anderem durch den Bau der Salzstraße von Oberdorf nach Schongau, konnte sich der Markt wirtschaftlich gut entwickeln.

Marktoberdorf, Stadtpfarrkirche St. Martin
(Bild Stefan Schmid)

Marktplatz (Bild Nicole C. Becker)

Seit der Neuregelung durch den Reichsdeputationshauptschluss 1803 kam Oberdorf zu Bayern. 1953 wurde Marktoberdorf zur Stadt erhoben. Zu den wichtigsten Persönlichkeiten der Stadt gehört der bedeutende Barockbaumeister Johann Georg Fischer (1673–1747). Er baute unter anderem den Dom St. Jakob in Innsbruck, das Fürstbischöfliche Schloss und die Kirche St. Martin in Marktoberdorf.

Sehenswürdigkeiten

Das eindrucksvolle ehemalige Fürstbischöfliche Schloss aus dem 18. Jahrhundert ist heute u. a. Sitz der Bayerischen Musikakademie. Von hier führt die fast 2 km lange Lindenallee, ein geschütztes Naturdenkmal mit 620 Linden, zum Waldberg nahe Bertoldshofen.

Von den zahlreichen sehenswerten Kirchen und Kapellen im Stadtgebiet sind vor allem zwei Kirchen für Besucher interessant:

Die Stadtpfarrkirche St. Martin auf dem Schlossberg in Marktoberdorf geht in ihrem Ursprung auf das 8. Jahrhundert zurück. Nach einigen Umbauten im Lauf der Jahrhunderte wurde an gleicher Stelle eine prachtvolle Rokokokirche errichtet, an der die 1823 errichtete Grabkapelle des letzten Fürstbischofs Clemens Wenzeslaus (1739-1812) liegt. Im Innenraum faszinieren vor allem der kunstvoll verzierte Figurenschmuck, die Gemälde und das großartige Deckenfresko.

Die ebenfalls von Baumeister Fischer erbaute Pfarrkirche St. Michael in Bertoldshofen glänzt im lichtdurch-

Anton-Schmid-Hallen- und Freibad
(Bild Stadt Marktoberdorf)

fluteten Innenraum mit farbenprächtiger barocker Ausstattung.

Im Stadtmuseum wird die Früh- und Stadtgeschichte von Marktoberdorf und seiner Bewohner anhand eines interessanten Rundgangs lebendig. Eberle-Kögl-Str. 11, 87616 Marktoberdorf, Tel. +49 (0)8342 419 820 oder +49 (0)8342 40 08-81, Öffnungszeiten: Mittwoch 14.00 – 16.00 Uhr, Sonntag 10.00 – 12.00 Uhr, 14.00 – 16.00 Uhr sowie nach Vereinbarung.

Das Heimatmuseum im Hartmannhaus zeigt zahlreiche, liebevoll gesammelte Antiquitäten aus dem bäuerlichen Alltagsleben der Allgäuer Bevölkerung.
Meichelbeckstr. 16, 87616 Marktoberdorf, Tel. +49 (0)8342 15 01 oder +49 (0)8342 40 08-45
Öffnungszeiten: Jeden 2. und 4. Sonntag im Monat von 14.00 – 16.00 Uhr sowie nach Vereinbarung.
Weitere interessante Exponate findet man im Riesengebirgsmuseum im Martinsheim und im Römerbad Kohlhunden.

Das Künstlerhaus Marktoberdorf, ein Museum für zeitgenössische Kunst, beherbergt neben Wechsel-Ausstellungen eine Sammlung moderner schwäbischer Kunst. Die jährlich im Herbst stattfindende Ostallgäuer Kunstausstellung zeigt interessante aktuelle Arbeiten Schwäbischer Künstler.
Kemptener Straße 5, D-87616 Marktoberdorf, Tel. +49 (0)8342 91 83 37, Fax +49 (0)8342 91 83 39, mail@kuenstlerhaus-marktoberdorf.de
Öffnungszeiten während des Ausstellungsbetriebs: Dienstag, Mittwoch, Donnerstag, Freitag 15 – 18 Uhr, Samstag, Sonntag, Feiertage 14 – 18 Uhr

Freizeit und Sport

Marktoberdorf und seine schöne Umgebung sind für Radfahrer eine gute Adresse. Beliebt ist die 32 km lange Oberdorfer Radlrunde auf weitgehend ebenen, gut ausgebauten Radwegen durch alle Stadtteile. Die sogenannte „Dampflokrunde" führt über 80 km auf einer ehemaligen Bahntrasse über Lechbruck nach Kaufbeuren und zurück. Fahrradverleihstationen gibt es in Marktoberdorf.

Wanderern steht ein ausgedehntes markiertes Wegenetz durch die reizvolle Landschaft mit Ausblicken auf die Alpenkette zur Verfügung. Der Jakobsweg von München zum Bodensee passiert Marktoberdorf. Der Prälatenweg ist ein Pilgerweg von Marktoberdorf über Stötten am Auerberg und dem Pfaffenwinkel bis zum Kochelsee in Oberbayern. Kleine Wanderer freuen sich über den Klobunzele-Weg, einem Erlebnispfad für Kinder.

Römerbad
(Bild JBC Fischer)

Badespaß garantieren im Sommer das Naturfreibad Ettwieser Weiher und zu jeder Jahreszeit das Anton-Schmid-Hallen- und Freibad in Marktoberdorf.

Warm angezogen lässt sich im Winter die romantische Schneelandschaft auf geräumten Winterwanderwegen oder mit Langlaufskiern auf den gespurten Loipen rund um die Stadt bei herrlich frischer Luft genießen. Eine Loipenkarte mit Langlaufvorschlägen gibt es im Touristikbüro.

Bayerische Musikakademie
(Bild Touristikverein Marktoberdorf)

Veranstaltungen

Der reichhaltige Veranstaltungskalender von Marktoberdorf verzeichnet beliebte traditionelle Brauchtumsfeste und kulturelle Höhepunkte.

Der „Gaudiwurm" am Faschingssonntag, einer der größten Faschingsumzüge in Schwaben, begeistert Besucher aus Nah und Fern. Am 1. Mai wird der prächtige Marktoberdorfer Maibaum mit Figuren aus dem Leben der Region am MODEON aufgestellt.

Das städtische Veranstaltungszentrum MODEON bietet eine Vielfalt von hochwertigen kulturellen Veranstaltungen für jeden Geschmack.

Die Bayerische Musikakademie im Schloss bietet mit 150 Veranstaltungen im Jahr ein breites Spektrum an musikalischen Hochgenüssen.

Alljährlich finden an den Pfingstfeiertagen bedeutende Musikfestivals statt. In geraden Jahren treffen bei „Musica Sacra International" Klänge der Weltreligionen zusammen. In ungeraden Jahren zieht der renommierte „Internationale Kammerchorwettbewerb" Chöre und musikinteressierte Besucher aus aller Welt an.

Wichtige Adressen und Telefonnummern

Touristikbüro Marktoberdorf
Richard-Wengenmeier-Platz 1
D-87616 Marktoberdorf
Tel. +49 (0)8342 40 08-45
Fax +49 (0)8342 40 08-65
touristik@marktoberdorf.de
www.touristik-marktoberdorf.de

MODEON
(Bild Stadt Marktoberdorf)

Ella's Landoase

Die Ferienwohnung mit viel Liebe zum Detail

Die mit vier Sternen klassifizierte, 75 qm große Wohnung präsentiert sich in einer Ausstattung und in Farben, die einen einfangen und sofort für Entspannung sorgen. In familiärer Atmosphäre kann man das Landleben genießen, ohne auf Komfort verzichten zu müssen. Die Ferienwohnung ist im Erdgeschoss untergebracht und bietet Platz für max. zwei Personen. Mit einer Mischung aus Allgäuer Gemütlichkeit und mediterraner Gastfreundschaft sorgen die Gastgeber für das Wohlbefinden der Gäste. Das Haus liegt am südwestlichen Stadtrand in ruhiger Wohnlage. Bei der Ausstattung fehlt es an nichts: Die Wohnküche ist komplett eingerichtet. Das Wohnzimmer präsentiert sich in farbenfrohem Stil. Der Gast kann dort auf einer gemütlichen Couch relaxen oder das Fernsehprogramm auf dem großen Flachbildschirm genießen. Das komfortable Schlafzimmer lässt den Charme

von Landhausromantik verspüren. Im Sanitärbereich befindet sich eine großräumige, begehbare Dusche, WC / Bidet sind getrennt. Eine eigene Terrasse und auch ein großer, gepflegter Garten mit Teich, Liegewiese und Grillmöglichkeit laden zum Verweilen ein. Wer Entspannung, Ruhe, Kultur und Sport kombinieren möchte, ist in Marktoberdorf ganzjährig gut aufgehoben. Außerdem bietet die „Königskarte" über 200 kostenlose Möglichkeiten im Ostallgäu, in Tirol und in den Ammergauer Alpen, um abwechslungsreiche Urlaubstage zu einem Erlebnis werden zu lassen.

Ella's Landoase
Familie Griesmann
Höfatsweg 3
D-87616 Marktoberdorf
Tel. +49 (0)8342 705 21 05
ellas-landoase@gmx.de
www.ellas-landoase.de

Hier erhalten Sie die Leistungen der KönigsCard (siehe Seite 31)

Nesselwang

die Aussichtsterrasse des Allgäus

Nesselwang liegt mittendrin im Allgäu – eingebettet in eine atemberaubende Alpenkulisse. Zwischen Seen, duftenden Wiesen und Wäldern ist dieser Ort ein Sinnbild für das Allgäu. Von hier aus lässt sich die Region auf ihre schönste Weise erkunden: Wunderschöne Themenwanderungen, idyllische Radwege und ein Bad in einer der Naturseen rings um den Ort laden ein, dem Rhythmus der Natur zu folgen. Aber auch für Aktive eröffnet Nesselwang ganz neue Dimensionen, Urlaub zu machen. Viele Gastgeber sind KönigsCard-Betriebe und/oder bieten zusätzlichen Service z.B. für Läufer, Radler oder Wanderer.

Im Winter kleiden Schneekristalle diese Kulisse in ein schillerndes Gewand. Hier wird eine Ursehnsucht erfüllt: Das Eintauchen in eine andere, eine ursprüngliche Welt, die uns zurückführt zu unseren Wurzeln. Das spüren die Menschen, die immer wieder hierher kommen.

Kurzer Blick ins Geschichtsbuch

Besiedelt wurde das Gebiet bereits 500 v. Chr. von den Kelten. Im 11. Jahrhundert wurde die Nesselburg gebaut, von der heute noch die Ruinen stehen. Der Ortsname ist erstmals 1302 belegt, damals als „Nezzelnwach“. „Nessel“ kommt von der Brennnessel und die Heilpflanze ziert auch das Ortswappen, „Wang“ ist eine Wiese am Hang. Da die kleine Siedlung am Fuße der Alpspitze verkehrstechnisch günstig gelegen war,

wurde sie im 15. Jahrhundert zum in sich geschlossenen Markt ausgebaut und hat diesen Charakter bis heute behalten.

Kunst, Kultur und Brauchtum

Klein, aber sehr fein ist das Kulturgut, das es in Nesselwang zu bestaunen gibt. Auf halber Berghöhe steht ein wahres Kleinod: Die bedeutende barocke Wallfahrtskirche Maria Trost vor einer 350 Jahre alten Linde. Die Kirche ist über einen wunderschönen Kreuzweg zu erreichen. Immer am 3. Sonntag im Mai findet die Trachtenwallfahrt des Allgäuer Gauverbandes nach Maria Trost statt. Sehenswert ist auch die neobarocke Ortskirche St. Andreas, die mit ihrem Zwiebelturm das Wahrzeichen von Nesselwang ist. Es werden regelmäßig Führungen angeboten. Liebevoll und einzigartig sind auch die vier Museen, die von

Wallfahrtskapelle Maria Trost

viel persönlichem Engagement der Einheimischen erzählen: Das Skimuseum, das sich den Heldengeschichten widmet, die dieser Ort schon mit seinen Skiathleten geschrieben hat. So u.a. mit Franz Keller, dem Kombinierer, der bei den Olympischen Spielen 1968 in Grenoble siegte und den Namen Nesselwang in alle Welt trug oder zuletzt Biathlet Michael Greis, der 3-fache Olympiasieger von Turin 2006. Das Heimathaus „Beim Glaser" begibt sich auf eine historische

Viehscheid

Reise in das Leben eines „Söldners“. Das war ein früher ein Handwerker, der zur Eigenversorgung noch eine kleine Landwirtschaft betrieb. Im Erdgeschoss gibt es eine volleingerichtete Glaserwerkstatt zu bestaunen, die interessante Einblicke in die Arbeitsweise des späten 19. Jahrhunderts gibt. Das alte Zunfthandwerk der Brauer und Mälzer lebt im Brauereimuseum auf. Und: Es gibt sogar einen Gustav Klimt in Nesselwang – auf einem der 2300 einzigartigen Exponate im Ostereier-Museum.

Echtes Brauchtum wird im Ort groß geschrieben: Auf den Heimatabenden des Trachtenvereins wird gelebte Tradition in ihrer ursprünglichen Form gezeigt: Hier wird Musik gemacht, gesungen und getanzt. So kommen Gäste und Einheimische ganz ungezwungen in Kontakt. Termine jeden Mittwochabend im Juli, sowie weitere Einzeltermine. Ein Festtag ist der traditionelle Viehscheid, der immer Mitte September stattfindet. Besonders schön in Nesselwang ist, dass die ungestüme und laute Ankunft der Kühe schon von weitem zu sehen und zu hören ist.

Freizeit und Sport

Sommerparadies

Idyllische Wander- und Radwege inmitten prachtvoller Natur laden dazu ein, ganz bei sich selbst anzukommen. Die Nesselwanger Symbolwege beschreiben besondere Wege für geübte Wanderer, aber auch für Spaziergänger, die einfach erholsame Stunden in der Natur verbringen möchten. Der Besinnungsweg GE(h)ZEITEN lädt mit sechs Stationen zur inneren Einkehr ein.Ein weitläufiges Tourennetz mit unterschiedlichen Schwierigkeitsgraden beschreibt die Rad- und Mountainbike Arena Allgäu. Mittels modernster GPS-Technik werden Genussradler wie anspruchsvolle Mountainbiker durchs Tal oder über die Berge geführt.

Wunderschön gelegene Naturbadeseen inmitten von duftenden Blumenwiesen laden zum Erfrischen und Faulenzen ein. Durch den flachen Einstieg sind die Seen auch optimal für Kinder geeignet, die hier nach Herzenslust planschen und am Ufer seltene Blumen und Libellen, Muscheln und Frösche beobachten können.

Trailrunning
(Bild Salomon)

Wer seinen Urlaub ganz aktiv verbringen möchte, hat in Nesselwang zahlreiche Möglichkeiten, auch Neues auszuprobieren: So z. B. die moderne Biathlon-Anlage im Trendsportzentrum, das Bogenschießen im 3D- Bogenparcours, die Laufarena mit Sportcoach, den großen Nordic Walking-Park oder Golfen auf der 9-Loch-Anlage mit Panoramablick. Großen Adrenalinkick verspricht der neue, insgesamt 1,2 Kilometer lange Zipliner an der Alpspitzbahn. Mit über 120 Stundenkilometern geht es rasant vom Berg zur Mittelstation.

Winterparadies

Wenn die Winterkälte die Berge dick mit Schnee bestäubt und Eislichter wie Regenbogen magische Momente zaubern, beginnt die zweite Saison in Nesselwang. Hier ist der Skitourismus zu Hause. Deutsche Meister, Weltmeister und Olympiasieger haben auf den Pisten des Hausberges, der Alpspitze mit 1575 Metern, ihre Karriere begonnen. Hier herrschen optimale Bedingungen für den Wintersport: So hat Nesselwang als erster Ort Deutschlands zwei hochmoderne Kombibahnen mit Sesseln und Gondeln an einem Seil gebaut: 8 Kilometer bestens präparierte Pisten von leicht bis schwer, die auch abends von 18 – 21 Uhr geöffnet sind und ein Flutlicht-Funpark der Extraklasse – so ist der Ort zu einem Magneten in der Region und weit darüber hinaus geworden.

Schneeschuhwandern

Pistenspaß an der Alpspitze

Trainieren wie die Olympioniken: Auch außerhalb der Skipisten bietet Nesselwang viele Möglichkeiten, Wintersport in einer neuen Dimension zu erleben. Im modernen Trainingsareal für Biathlon im Trendsportzentrum kann Wettkampfatmosphäre pur erlebt werden. Rund um den Ort gibt es viele Loipenkilometer für klassische Läufer und Skater. Sie führen an tiefverschneiten Wäldern und zugefrorenen Seen vorbei.Wer lieber auf zwei Kufen unterwegs ist, der kann auf der 4 km langen Naturrodelbahn mit abenteuerlichen Kurven und Kehren ins Tal sausen oder ganz gemütlich eine romantische Pferdeschlittenfahrt durch die Natur- und Landschaftsschutzgebiete rings um Nesselwang genießen. Für Winterwanderer gibt es 50 km geräumte Wege und die Möglichkeit, bei einer Schneeschuhtour in unberührter Natur den Gipfel zu erklimmen.

Familienspaß

Im Sommer wie im Winter gibt es zahlreiche Angebote für Familien. Viele Gastgeber bieten Urlaub auf dem Bauernhof und machen damit Kindern eine große Freude, wenn sie Hasen füttern oder bei der Stallarbeit mithelfen können. Die Sommerrodelbahn, das Ferienprogramm mit Kinder-Canyoning im Wasserfall, Erlebnisnachmittag mit der Bergwacht oder Pizza backen und das große Spielhaus im Feriendorf Reichenbach lassen auf keinen Fall Langeweile in den Ferien aufkommen. Auch im Winter sorgt das Angebot mit Skifahren im Kinderland und am Familienlift, Schneeballschlacht und Schlittenfahren für erlebnisreiche Tage.

Kinder-Canyoning

Romantisches

Die Berghochzeit – heiraten auf 1500 Metern mit einen 300-Gipfelblick und Rundum-Service vom köstlichen Festmenü bis zur traditionellen Musik mit Alphornbläsern.

Ausführliche Informationen dazu gibt es in der Tourist-Information.

Wichtige Adressen und Telefonnummern

Tourist-Information Nesselwang
Hauptstrasse 20
D-87484 Nesselwang
Tel. +49 (0)8361 923040
Fax +49 (0)8361 923044
info@nesselwang.de
www.nesselwang.de

Berghochzeit

Landhaus Ohnesorg

Sorglos genießen im schönen Allgäu

In einem ruhigen Wohngebiet des Ferienortes Nesselwang gelegen, bietet das Landhaus Ohnesorg alles, was ei-

nen erholsamen Urlaub ausmacht. Die einladende Fassade des Hauses mit seinen leuchtend blauen Fensterläden, großzügigen Balkonen und gepflegter Außenanlage macht bereits auf den ersten Blick einen guten Eindruck.

Direkt vom Haus führen Spazierwege zu Wiesen, Wäldern, Bächen und Seen. Der nur wenige Minuten entfernte Hausberg Alpspitz kann zu Fuß, mit dem Mountainbike, per Sessellift oder mit der Gondel erobert werden. Natur pur! Darüber freuen sich auch tierische Familienangehörige: Hunde, Katzen, Hasen oder Meerschweinchen sind im Landhaus Ohnesorg ebenso willkommen wie ihre zweibeinigen Besitzer.

Gemütliche Gästezimmer und Ferienwohnungen

Zum perfekten Urlaubsglück gehört eine komfortable Unterkunft, in der man sich wohlfühlt. Die einundzwanzig gemütlichen 3- bis 5-Sterne-Nichtraucher-Gästezimmer und -Ferienwohnungen des Landhauses Ohnesorg sind auf Grund ihrer heimeligen Atmosphäre ideal zum Entspannen. Viel Holz und liebevoll arrangierte Details vermitteln ein wohltuendes Zuhause-Gefühl.

In den 3-Sterne Einzel- und Doppelzimmern gibt es eine Besonderheit: Kochen ist erlaubt! Die kleine Kochnische mit Kühlschrank macht es möglich. Familien und Gruppen finden in den 1- bis 3-Zimmer-Ferienwohnungen ausreichend Platz. Wohnbereich, Schlafzimmer, voll eingerichtete Küchenzeile, Essecke, SAT-TV, Radio, Telefon und kostenloses WLan stehen zur Verfügung. Alle Wohnungen haben Balkon und Badezimmer (inkl. Haarfön und Frotteetücher). Wer sich etwas ganz Besonders gönnen möchte, logiert in der 5-Sterne-Ferienwohnung „Alpenblick", die – wie der Name schon sagt – einen herrlichen Blick auf das Allgäuer Alpenpanorama gewährt.

Wohlfühlambiente mit umfassendem Service

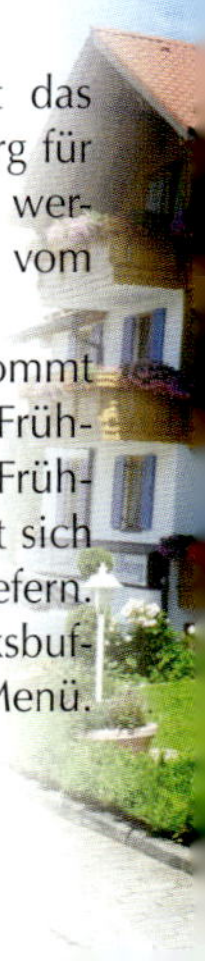

Freundlich und kompetent sorgt das Personal des Landhauses Ohnesorg für das Wohl der Gäste. Auf Wunsch werden diese bei Anreise per Bahn vom Bahnhof in Nesselwang abgeholt.

Im hauseigenen Restaurant bekommt man täglich ein reichhaltiges Frühstücksbuffet geboten. Wer sein Frühstück lieber selbst zubereitet, lässt sich frische Brötchen vom Bäcker liefern. Halbpension beinhaltet Frühstücksbuffet und Abendessen 3-Gänge-Menü.

Hier erhalten Sie die Leistungen der KönigsCard (siehe Seite 31)

Das Küchenteam bietet regionale Spezialitäten und Speisen mit karibischem Flair sowie eine große Auswahl an laktosefreien Gerichten. Auch außerhalb der Restaurant-Öffnungszeiten können sich durstige Gäste am Getränkekühlschrank bedienen.

Familienparadies

Gäste des Landhauses Ohnesorg haben unzählige Freizeitmöglichkeiten bei jedem Wetter. Im Haus gibt es einen großen Raum mit Tischtennisplatte, Kicker, Dart und kleinem Fitnessbereich, Solarium und Familiensauna, sowie ein hervorragend ausgestattetes Spielzimmer für die Kleinen. Im Außenbereich stehen ein neu gestalteter Spielplatz mit Outdoor-Tischtennisplatte, Liegewiese und Grillplatz zur freien Verfügung. Und es gibt noch ein besonderes Highlight´: Mit der Allgäuer Königscard, die jeder Gast des Landhauses Ohnesorg kostenlos erhält, können bis zu 200 Einrichtungen für Sport, Spaß und Freizeit ohne Zusatzkosten erlebt werden. Viele Allgäuer Sehenswürdigkeiten und Ausflugsziele sind in der Nähe: Sommerrodelbahnen, Schloss Neuschwanstein, Freizeitparks, Klettergärten, Museen – und nicht zuletzt die unvergleichliche Allgäuer Naturlandschaft.

Landhaus Ohnesorg

Jupiterstr. 7
D-87484 Nesselwang
Tel. +49 (0)8361 92 01-0
Fax +49 (0)8361 92 01-64
info@landhaus-ohnesorg.de
www.landhaus-ohnesorg.de

Obergünzburg

Marktgemeinde in idyllischer Landschaft

Etwas abseits der großen Verkehrsströme, im Herzen des Allgäus zwischen Kempten und Kaufbeuren, liegt inmitten von sanften Hügeln, saftigen Weiden und dichten Wäldern der Markt Obergünzburg (6500 Einwohner). Der malerische Ort mit historischen Gebäuden in günstiger Lage bietet dem Urlauber Ruhe und Erholung ohne Touristenrummel. In den gemütlichen traditionsbewussten Gasthäusern wird vorwiegend regionale Küche angeboten.

Die Anreise mit dem Auto ist durch die Nähe der Autobahnen Ulm-Kempten und München-Lindau problemlos. Der Flughafen Memmingen liegt ebenfalls nicht weit entfernt. Ausflugsmöglichkeiten in die nähere Umgebung sind reichlich vorhanden. In knapp einer Autostunde lassen sich die Königsschlösser nahe Füssen erreichen. Wer Lust auf einen Einkaufsbummel hat, fährt in einer halben Stunde nach Kempten, Memmingen oder Kaufbeuren.

Die romantische Umgebung bietet dem Wanderer auf 200 km markierten Wegen alles, was das Herz des Naturliebhabers begehrt, unter anderem im beschaulichen Günztal.

Das Felsengewirr der „Teufelsküche" ca. 3 km nördlich von Obergünzburg gehört mit seinen wild gestapelten großen Blöcken aus verfestigten Schottern zu den schönsten Geotopen Bayerns. Die Blöcke lösten sich nach der Eiszeit aus dem darüber liegenden Hang. In dieser sehenswerten, wildromantischen Landschaft

Marktbrunnen
(Bild Heidi Sanz)

wurden vor einiger Zeit Szenen des ersten Kluftinger-Krimis gedreht.

Im Winter erfreuen 30 km präparierte Langlaufloipen durch die herrliche Winterlandschaft den sportlich Interessierten. Hallenbad und Naturfreibad, Tennisplätze und eine Reithalle mit Ponyreiten runden das Freizeitangebot ab.

Kurzer Blick ins Geschichtsbuch

Die Wurzeln von Obergünzburg reichen bis in das 1. Jahrhundert nach Christus zurück. Hier hatten die Römer ein befestigtes Anwesen an der Straße von Kempten nach Augsburg auf dem sogenannten Nikolausberg gebaut. Im Mittelalter entfalteten die Bewohner vielfältige Aktivitäten in Handwerk und Handel. Besondere Handwerkszweige wie Wachszieher, Gerber, Färber, Leineweber und Schindelmacher entwickelten sich. 1407 wurde dem Ort das Marktrecht für zwei Jahrmärkte und einen Wochenmarkt verliehen. Heute finden in Obergünzburg viermal jährlich beliebte Krämermärkte statt.

1525 stiftete der Fürstabt Wolfgang von Grünenstein ein Volks- und Schützenfest, das sogenannte „Freischießen“, welches Ende August von Schützenvereinen in der Gemeinde gefeiert wird. Der farbenprächtige Festumzug in historischer Tracht ist einer der größten regelmäßig stattfindenden Schützenumzüge im Regierungsbezirk Schwaben.

Sehenswürdigkeiten

Der historische Marktplatz von Obergünzburg mit Marktbrunnen und „Mohrebuale", spitzgiebeligen Häusern und dem imposanten Rathaus von 1570 gehört zu den schönsten in ganz Schwaben. Hier steht auch die Pfarrkirche St. Martin aus dem 15. Jahrhundert. Der prachtvoll ausgestattete Innenraum ist eine Besichtigung wert. Zur Filialkirche St. Nikolaus auf dem Nikolausberg führt ein Stationenweg mit herrlichen, alten Bäumen.

Museen

Historisches Museum

Seit 1961 ist das erstmals als Heimatmuseum eröffnete Historische Museum des Marktes Obergünzburg im Pfarrhof aus dem 18. Jh. untergebracht. Den Grundstock der Sammlungen bilden die Nachlässe zweier ortsansässiger Maler, des „Kunst- und Historienmalers" Johannes Kaspar (1822-1885) und des Benedikt Kiechle (1805-1834). In dem barocken Haus werden gezeigt: Ortsgeschichte beginnend bei den Römern über das Hochmittelalter bis zur stiftskemptischen Zugehörigkeit mit niederer und hoher Gerichtsbarkeit (Richtschwert), sakrale Kunst, Wallfahrtswesen, Zünfte, Handwerk (Strumpfwirkerstuhl), Marktwesen, historische Kleidung, Musikinstrumente (u.a. türkische Musik, Landwehrbatallion, Pyramidenflügel), Vereinsleben und Sonderausstellungen.

Südsee-Sammlung Obergünzburg

Seit 2009 ist die umfangreiche Südsee-Sammlung des „Obergünzburger Seefahrers" Kapitän Karl Nauer in einem eigenen neuen Museumsbau untergebracht.

Karl Nauer (1874-1962) sammelte in den zehn Jahren, in denen er als Kapitän in den deutschen Südseekolonien seinen Liniendienst versah, Gebrauchsgegenstände und kunsthandwerkliche Arbeiten der Eingeborenen Melanesiens sowie naturkundliches Anschauungsmateri-

Museum
(Bild Heidi Sanz)

al. 1913 übergab er seine ethnographische Sammlung der Marktgemeinde. Quantitativ und qualitativ gehört dieser Bestand zu den größten und geschlossensten völkerkundlichen Sammlungen aus Melanesien im Süddeutschen Raum.

Ein besonderes Ereignis war der Besuch von vier Männern aus Bunlap (Vanuatu) im Mai 2009, bei dem ein seit 22 Jahren bewohntes Südseehaus mit vollständiger Einrichtung im Museum errichtet wurde. Öffnungszeiten: Mittwoch 10-12 Uhr, Samstag und Sonntag 14-17 Uhr und nach Vereinbarung.

Wichtige Adressen und Telefonnummern

Museum Obergünzburg
Unterer Markt 2
D-87634 Obergünzburg
Tel. +49 (0)83 72 82 39
Fax +49 (0)83 72 92 00-40
museum@oberguenzburg.de

Markt Obergünzburg
Marktplatz 1, D-87634 Obergünzburg
Tel. +49 (0)8372 92 00-0
Fax +49 (0)8372 92 00-40
info@oberguenzburg.de
www.oberguenzburg.de

Pfronten

Der Bergwiesenort

Die Gemeinde Pfronten (7950 Einwohner) im südlichen Ostallgäu nahe der Grenze zu Tirol zwischen Nesselwang und Füssen ist mit seinen 13 Ortsteilen eine der größten Streusiedlungen im Allgäu. Die 13 Dörfer der Gemeinde bilden schon seit dem Spätmittelalter eine einzige Pfarrgemeinde, wobei jeder Ortsteil seinen eigenen Charakter bewahrt hat. Das Gemeindegebiet wird von der Vils durchflossen und erstreckt sich von einer Höhe von 853 m ü. NN bis zum Breitenberg mit einer Höhe von 1838 Metern.

Pfronten ist mit dem PKW leicht über die A7 zu erreichen. Die drei Bahnhöfe Pfrontens haben Verbindung zu den Strecken nach Kempten-Ulm-Augsburg und nach Garmisch-Partenkirchen.

Kurzer Blick ins Geschichtsbuch

Durch Pfronten führte eine römische Nachschubstraße vom Süden ins heutige Kempten.

Im frühen Mittelalter siedelten im Gemeindegebiet Alemannen, Pfronten wurde fränkisch-karolingisches Gebiet. Ab dem 14. Jahrhundert gehörte Pfronten zum Hochstift Augsburg.

Seit der Säkularisierung 1803 ist Pfronten ein Teil Bayerns.

In früheren Zeiten war die Pfrontener Wirtschaft durch die Landwirtschaft mit Viehzucht und Flachsanbau geprägt, auch Holz- und Salzhandel spielten eine Rolle. Nach der Einführung der einträglicheren Milch- und

Pfronten und der Breitenberg

Käsewirtschaft durch den Agrarreformer Carl Hirnbein im 19. Jahrhundert wurde der blau blühende Flachs durch grüne Wiesen ersetzt.

In dieser Zeit hielt auch die Industrialisierung in Pfronten Einzug. Pfronten wurde zu einem Zentrum der feinmechanischen Industrie und des Maschinenbaus. Auch heute noch spielt die Metallverarbeitung in Pfronten eine große Rolle. Ein weiterer wichtiger Wirtschaftszweig ist der Tourismus.

Sehenswürdigkeiten

Burgruine Falkenstein

Der Falkenstein ist Deutschlands höchstgelegene Burgruine (1277m ü.NN) und eines der eindrucksvollsten Machtsymbole Mitteleuropas. Die Burgruine liegt 400 m über dem Vilstal direkt am Rand einer senkrechten Bergwand. König Ludwig II plante die Burgruine durch ein noch impo-

Falkenstein

santeres Burgschloss als Neuschwanstein zu ersetzen. Heute ist die Ruine bequem vom unterhalb gelegenen Burghotel in wenigen Minuten zu erreichen. Eine Aussichtsplattform ermöglicht einen spektakulären Weitblick – bis hin zum Märchenschloss Neuschwanstein.

Museen

Das Burgmuseum Falkenstein wurde im Mai 2008 unterhalb der Burgruine in 1267 m Höhe eingeweiht. Die großen Panoramascheiben des Mu-

seums bieten dem Besucher einen unvergesslichen Ausblick. Schaukästen, Modelle und Originalexponate informieren über die wechselvolle Geschichte der Burg. Das Museum ist täglich geöffnet. Eintritt frei.

Das Heimathaus Pfronten im Ortsteil Berg beherbergt eine heimatkundliche Sammlung von Werkzeugen und Hausrat aus dem 19./20. Jahrhundert. Eintritt frei. Geöffnet Montag 14:00-17:00 Uhr und Donnerstag (nur im Sommer) 16:00-18:00 Uhr.

Das Privatmuseum der Allgäuer Kristallwelt im Dorf Kappel bietet faszinierende Einblicke in die farbige Welt der Kristalle. Öffnungszeiten Montag, Mittwoch, Freitag 15:30 - 18:30 Uhr. Der Eintritt ist kostenlos.

Im ganzjährig geöffneten Schmetterlingshaus in Weißbach kann man ausgiebig farbenprächtige Schmetterlinge aus aller Welt bestaunen, für Kinder und Erwachsene ein beeindruckendes Erlebnis. Öffnungszeiten Dienstag-Sonntag 10:00 - 16:30 Uhr. Ermäßigte Eintrittspreise für Kinder.

Im Heumuseum am Bergwiesenpfad zwischen Röfleuten und Kappel kann man sich während der Sommermonate anhand von ausgestellten alten Fotografien, Handwerks- und Erntegeräten über die mühevolle Arbeit der Bergbauern informieren. Eintritt frei.

Kirchen und Kapellen

Im Pfrontener Tal gibt es für interessierte Besucher viele bemerkenswerte Kirchen und Kapellen zu entdecken, die überwiegend von einheimischen Künstlern ausgeschmückt wurden.

In Berg liegt das Wahrzeichen von Pfronten, die weithin sichtbare Pfarrkirche St. Nikolaus. Der Grundstein zur sehenswerten Kirche wurde 1687 gelegt. Die heutige prachtvolle Innenausstattung im frühklassizistischen Stil aus dem 18. Jahrhundert beeindruckt mit schönen Fresken und Altären.

Der festlich geschmückte Innenraum der Kirche St. Leonhard in Heitlern wurde von Pfrontener Barockkünstlern ausgestaltet.

Die Kapelle St. Koloman in Pfronten-Ösch zeigt bemerkenswerte Fresken von Bartholomäus Stapf.

In der Kirche St. Michael in Steinach (von 1635) kann man einen prachtvollen Hochaltar bewundern.

Die Kirche St. Martin in Kappel mit Innenausstattung im Spätrokokostil ist für Kunstfreunde von Interesse.

Freizeit und Sport

Der Kurpark in Heitlern, im Tal der Vils bietet mit seinen gepflegten Parkanlagen Erholung für Jung und Alt. Für Abwechslung sorgen viele Ruhebänke, Kneippanlage, Wasserspiele, Bocciabahn und Biergarten. Seit 2003 laden im Park Skulpturen regionaler Künstler zur Auseinandersetzung mit moderner Kunst ein.

Naturliebhaber erfreuen sich an der bunten Blumenpracht des Alpengartens in Steinach. Der kostenlos zugängliche Park umfasst mehr als 450 Pflanzenarten des Alpenraums.

Das Alpenbad in Meilingen bietet ganzjährigen Wasserspaß mit einzigartigem Alpenpanorama. Eine Großwasserrutsche, ein Wildwasserkanal und andere Attraktionen lassen keine Langeweile aufkommen. Freibadsaison ist von Anfang Juni bis Anfang September.

12 Themenspielplätze sind über die Ortsteile verstreut und setzen der kindlichen Phantasie keine Grenzen. Gut ausgebaute und kinderwagentaugliche Spazier- und Wanderwege führen z.B. zu einem Märchenspielplatz, einer Schatzinsel, einem Regenbogenspielplatz oder einem Ritterspielplatz.

Im Waldseilgarten Höllschlucht, im Ortsteil Kappel, können sich Abenteuerlustige von Baum zu Baum schwingen, über Netze, Brücken oder schwankende Baumstämme balancieren und in rasanter Fahrt mit Seilrutschen einen Wildbach überqueren. 8 Parcours mit 75 abwechslungsreichen Aufgaben garantieren ein unvergessliches Erlebnis. Öffnungszeiten: 24. März bis 03. November täglich geöffnet (08. bis 30.04. Sa, So, Feiertag).

In Pfronten-Ried findet man mit Rathaus, Haus des Gastes, Bahnhof, Post, Polizei und Krankenhaus die wichtigsten Einrichtungen und zahlreiche Einkaufsmöglichkeiten.

Rast über dem Pfrontener Tal

Wandern

Winterwandern

Die abwechslungsreiche Landschaft von Pfronten mit beschaulichen Tälern, wildromantischen Schluchten, saftigen Bergwiesen, Aussichtsgipfeln und stillen Seen eignet sich für Wandergenuss vom gemütlichen Spaziergang mit zünftiger Einkehr bis zur anspruchsvollen Bergwanderung auf rund 200 km beschilderten Wanderwegen.

Der Besuch des Pfrontener Hausberges, dem Breitenberg (1838 m) beschert ungetrübtes Gipfelglück mit phantastischer Aussicht. Wer diesen grandiosen Ausblick schneller genießen möchte, steigt in die Breitenbergbahn, die den Wanderer in gut einer Viertelstunde bequemer Gondelfahrt auf den Berg bringt. Fünf Naturerlebnispfade vermitteln Wissenswertes über Natur und Landschaft. Eine besonders schöne und besinnliche Wanderung ist der 8 km lange Kappeler Kapellenweg, ein Rundwanderweg von 2,5 Stunden mit neun Stationen an interessanten Kapellen und Bildstöcken. Ausführliches Informationsmaterial über die Fülle an Wandermöglichkeiten ist bei der Touristinformation erhältlich.

Radfahren

Die Auswahl an Möglichkeiten für Radtouren ist ebenfalls groß. Alles ist möglich, vom genussvollen Radeln in der Ebene bis zur Mountainbiketour auf der ganzjährig ausgeschilderten MTB-Marathonstrecke. Durch Pfronten verläuft auch ein Abschnitt des neuen, 400 Kilometer langen Allgäuer Fernradwegs. Die „Radrunde Allgäu" wird am 02. Juni 2013 eröffnet. Fahrradverleiher und Fahrradfachgeschäfte gibt es in Steinach, Ried, Kreuzegg und Ösch.

Genussradeln

Wintersport

In Pfronten winkt das Wintersportvergnügen in vielfältigen Formen. Über 22 km Pisten für Alpinskifahrer und Snowboarder am Breitenberg, dem Skizentrum Pfronten-Steinach und dem Sonnenlift in Röfleuten stehen zur Verfügung. 65 km Langlaufloipen in unterschiedlichen Schwierigkeitsgraden ermöglichen Langlaufgenuss in herrlicher Schneelandschaft. Wintersportgeräteverleih wird in mehreren Ortsteilen angeboten. Die Eissporthalle in Heitlern ist von September bis März geöffnet. Weitere Wintersportmöglichkeiten: Rodelnauf der längsten Naturrodelbahn im Allgäu (6,5 km Länge), eine romantische Pferdeschlittenfahrt, Schneeschuhwanderungen oder Wandern auf 40 km geräumten Winterwanderwegen.

Gesundheit und Wellness

Pfronten ist ein anerkannter Luftkurort, mit einem reichhaltigen Angebot für einen Gesundheits- und Wellnessurlaub.

In Pfronten wird insbesondere die Heilkraft des Bergwiesenheus für Anwendungen genutzt. Die bei Bergbauern seit langem bekannten Heilwirkungen des Heus werden in der Heukur durch Heuwickel eingesetzt. Die über 70 verschiedenen Kräuter des Bergwiesenheus entfalten ihre Wirkung bei Schlafstörungen, Verspannungen, Gelenkschmerzen und anderen Beschwerden.

Veranstaltungen

Der Pfrontener Veranstaltungskalender bietet ein vielfältiges Programm. Konzerte, zünftige Dorffeste, Bauerntheater, Brauchtumsfeste und Märkte

Viehscheid

sorgen für abwechslungsreiche Unterhaltung. Besonders beliebt sind die „Pfrontar Viehscheid-Däg" vom 09. bis 21. September und der Trachtenmarkt, am 10. und 11. August 2013. Höhepunkte im Winter sind der romantische Weihnachtsmarkt am 15. Dezember und das traditionelle Hörnerschlittenrennen, immer am Faschingssamstag.

Wichtige Adressen und Telefonnummern

Pfronten Tourismus
Vilstalstraße 2
D-87459 Pfronten
Tel. +49 (0)8363 698-88
Fax +49 (0)8363 698-66
info@pfronten.de
www.pfronten.de

 Aussichtsplattform am Breitenberg
(Bilder Pfronten Tourismus, E. Reiter)

Übernachten

Traditionsgasthof Fallmühle

Zur Ruhe kommen, abschalten und Kräfte für neue Taten tanken: Das bietet die Wirtsfamilie mit ihrem idyllisch gelegenen Gasthaus im Achtal bei Pfronten. Gemütlich eingerichtete Gästezimmer mit Dusche und WC und eine Gruppenunterkunft im Obergeschoß des Anwesens findet man im Traditionsgasthof Fallmühle, Achtalstr. 62, D-87459 Pfronten, Tel. +49 (0)8363 481, Fax +49 (0)8363 55 62, info@fallmuehle.de, www.fallmuehle.de

Haus Grietje

Eine großzügige Ferienwohnung für 5 Personen am Ortsrand von Pfronten bietet
Haus Grietje, Familie Hoek, Öscher Weg 16, D-87459 Pfronten, Tel. +31 (0)317 45 29 89, info@pfronten.nl, www.pfronten.nl

(Bild Pfronten Tourismus, E. Reiter)

Traditionsgasthof Fallmühle

Ruhe und Erholung kombiniert mit regionaler Küche

Wenn man Pfronten in südwestlicher Richtung verlässt, erreicht man nach etwa fünf Kilometern den Traditionsgasthof Fallmühle. Idyllisch gelegen auf dem Weg zwischen dem Allgäu und dem Tannheimer Tal in Tirol liegt das Gasthaus etwas abseits der Straße inmitten des wildromantischen Achtales. Hier hat die Wirtsfamilie ein kleines Paradies für Jung und Alt geschaffen.

Regional, frisch und hochwertig müssen die Produkte sein, die in der Küche verarbeitet werden. Liebhaber gutbürgerlicher Speisen kommen ebenso auf den Geschmack, wie Gourmets, die erlesene Gerichte auf der Speisekarte suchen. Zwei Mal im Jahr wird in der Fallmühle diniert: Ein festliches 6-Gänge-Menü lädt kulinarische Genießer zum ausgiebigen Schlemmen ein.

Im Gasthof sind Übernachtungsmöglichkeiten in gemütlich eingerichteten Zwei- bis Vierbettzimmern mit Dusche und WC vorhanden. Der Dachstuhl wird ausgebaut und kann als Gruppenunterkunft gemietet werden – ideal an diesem Standort, wo sich Holzer und Fernwanderer ebenso treffen wie Biker, Bergsteiger und Mountainbike-Freaks.

Während die Eltern im sonnigen Biergarten sitzen, können sie das Treiben ihrer Kleinen auf dem Spielplatz oder im gegenüberliegenden Streichelzoo verfolgen. Hinter dem Haus lädt ein kleiner Wasserfall zum Meditieren ein.

Direkt neben dem Haus ist eine Sauna geplant. Oberhalb eines Schwimmteiches gelegen, der von einem kristallklaren Bergbach gespeist wird. Aber nicht nur im Sommer fühlt man sich hier wie im Paradies: Wenn die Wälder tief verschneit sind, kann man direkt am Gasthof in die Langlaufloipe „Pfronten“ einsteigen.

Traditionsgasthof Fallmühle
Achtalstr. 62
D-87459 Pfronten
Tel. +49 (0)8363 4 81
Fax +49 (0)8363 55 62
info@fallmuehle.de
www.fallmuehle.de

Haus Grietje

Geräumige Ferienwohnung in günstiger Lage

Urlaub in der vielfältigen Landschaft des Allgäus mit zahlreichen Freizeitmöglichkeiten ist für Familien mit Kindern ideal. Am Ortsrand von Pfronten in ruhiger Lage mit Blick auf den Pfrontener Breitenberg und die Zugspitze bietet Familie Hoek im Haus Grietje eine gemütliche, preisgünstige Ferienwohnung mit 120 qm an. Die Wohnung im Obergeschoß eines Wohnhauses verfügt über zwei große Balkone, drei Schlafzimmer, Bad, separates WC, Küche und ein großes Wohnzimmer. Sie ist mit allem modernen Komfort ausgestattet: Kabel-TV, DVD, CD, Radio, WIFI, Herd, Backofen, Spülmaschine, Kühlschrank mit Gefrierfach, Waschmaschine im Keller und Garage neben dem Haus. Bis zu fünf Personen können sich hier wohlfühlen, Haustiere sind nicht erlaubt. Die gastfreundlichen holländischen Vermieter und der hilfsbereite Hausmeister stehen bei Fragen gerne zur Verfügung.

Das Zentrum von Pfronten mit guten Einkaufsmöglichkeiten und Freizeiteinrichtungen wie Berglift und Skipiste sind nur wenige Minuten vom Haus entfernt. Bei den vielen Möglichkeiten zum Wandern, Radfahren, Schwimmen, Skifahren und vielem mehr ist Urlaubsspaß zu jeder Jahreszeit garantiert. Viele nahegelegene attraktive Ausflugsziele wie das Tannheimer Tal in Tirol und die Königsschlösser sind leicht erreichbar. Gäste im Haus Grietje sind glückliche Besitzer der „Königscard“, die viele Vergünstigungen und Gratisleistungen in den umliegenden Freizeiteinrichtungen bietet.

Haus Grietje
Familie Hoek
Öscher Weg 16
D-87459 Pfronten
info@pfronten.nl
www.pfronten.nl
Tel. +31 (0)317 45 29 89

Hier erhalten Sie die Leistungen der KönigsCard (siehe Seite 31)

Ruderatshofen

Gastfreundliches Dorf mit historischen Sehenswürdigkeiten

Die Gemeinde Ruderatshofen (1750 Einwohner) besteht aus den Ortsteilen Apfeltrang, Ruderatshofen, Elbsee, Geisenhofen, Heimenhofen, Hiemenhofen, Immenhofen und Leichertshofen. Ruderatshofen liegt zwischen Kaufbeuren und Marktoberdorf und hat gute Verkehrsanbindungen. Für Urlauber gibt es zahlreiche Ausflugsmöglichkeiten z.B. zu den Königsschlössern und in die Allgäuer Alpen.

Angebote für Familienurlaub auf dem Bauernhof, ein vielfältiges gastronomisches Angebot in traditionellen Allgäuer Gasthäusern, zum Teil mit eigener Brauerei, und die weithin bekannte Feinkäserei des Ortes erfreuen sich bei Feriengästen großer Beliebtheit.

Kurzer Blick ins Geschichtsbuch

839 erstmals urkundlich erwähnt, gehörte Ruderatshofen im Mittelalter zum Hochstift Augsburg. Mit dem Reichsdeputationshauptschluss von 1803 kam der Ort zu Bayern.

Sehenswürdigkeiten

Die Pfarrkirche St. Jakobus in Ruderatshofen aus dem 15. Jahrhundert wurde mehrfach umgestaltet. Der schön geschmückte Innenraum ist sehenswert.

Die in den Jahren 1701/02 errichtete Pfarrkirche St. Michael in Apfeltrang beeindruckt durch eine kunstvolle barocke Innenaustattung.

Viehscheid in Apfeltrang
(Bild Gemeinde Ruderatshofen)

Neben der Filialkirche St. Nikolaus in Immenhofen sind auch einige Kapellen, historische Wegkreuze und Denkmäler in den Ortsteilen sehenswert.

Weitere Sehenswürdigkeiten sind die historische Mühle und die Alte Schmiede in Ruderatshofen, der Mammutbaum in Apfeltrang und die Bauernfliehburg nahe der Bergmangalpe.

Die Alte Schmiede
(Bild Gemeinde Ruderatshofen)

Freizeit und Sport

Die zahlreichen markierten Wanderwege der Umgebung führen den Wanderer durch eine romantische Landschaft mit saftigen Wiesen und schattigen Wäldern. Der beliebte Allgäu-Schwäbische-Fernwanderweg passiert das gesamte Gemeindegebiet.

Die abwechslungsreiche 17 km lange Route Ruderatshofen des „Sagenhaften Weges“ mit Anschluss an 70 km Wegenetz der Verwaltungsgemeinschaft Biessenhofen bietet interessante Stationen mit Bildtafeln zu Sagen der Region wie z.B. der „Kopflose Pudel“ oder der „Blauhösler“. Zahlreiche Einkehrmöglichkeiten entlang des Weges machen die Wanderung zum reinen Vergnügen.

Der nahegelegene idyllische Elbsee ermöglicht Badespaß in herrlicher Natur. Ein schöner Wanderweg führt rund um den Moorsee.

Auch im Winter lohnt es sich, die romantische Landschaft zu Fuß oder mit Langlaufskiern zu erwandern.

Veranstaltungen

Die traditionellen Brauchtumsfeste im Jahreslauf (siehe Veranstaltungskalender) gehören zum abwechslungsreichen Programm eines Urlaubs in der Gemeinde.

Ein besonders schöner Brauch ist im Ortsteil Ruderatshofen mit dem „Klopferstag“ erhalten geblieben. Am Donnerstag vor dem ersten Advent gehen die Grundschulkinder des Ortes von Haus zu Haus, um die bevorstehende Adventszeit anzukündigen. Sie erhalten nach dem Aufsagen des traditionellen Spruches Süßigkeiten geschenkt. Dieser Brauch ist vor allem bei den Kindern wegen der Geschenke und den älteren Bewohnern wegen ihrer Erinnerungen an früher sehr beliebt.

Wichtige Adressen und Telefonnummern

Gemeinde Ruderatshofen
Marktoberdorfer Straße 7
D-87674 Ruderatshofen
Tel. +49 (0) 8343 306
Fax +49 (0) 8343 14 77
info@ruderatshofen.de
www.ruderatshofen.de

Schwangau

Dorf der Königschlösser

Schwangau
(Bild Tourist Information Schwangau)

Entlang saftig-grüner Allgäuer Wiesen und sanfter Hügel führt die Romantische Straße Richtung Süden nach Schwangau am Fuße der weltberühmten Märchenschlösser Neuschwanstein und Hohenschwangau. 3.400 Einwohner leben in den Ortsteilen Alterschrofen, Brunnen, Hohenschwangau, Horn, Mühlberg, Schwangau und Waltenhofen mit Blick auf die prächtigen Schlösser und majestätischen Alpengipfel. „Dieser Punkt ist einer der schönsten, die zu finden sind, heilig und wunderbar" schwärmte bereits Bayernkönig Ludwig II. vor der Erbauung Neuschwansteins. Jenseits von Alltagshektik findet sich hier inmitten der fantastischen Naturlandschaft eine einzigartige Lebensfülle, die Schwangau zu einem der schönsten Urlaubsziele Bayerns macht.

Kurzer Blick ins Geschichtsbuch

Wie Ausgrabungen zeigen, war Schwangau schon in der mittleren Steinzeit besiedelt Während der Römerzeit gehörte das Gebiet zur Provinz Raetia. In Waltenhofen wurde 746 vom Allgäuer Apostel Magnus die erste Kirche gebaut. Ab dem 8. Jahrhundert waren zuerst Welfen und Staufen, danach Wittelsbacher die Grundherren von Schwangau. Durch den dreißigjährigen Krieg und die verheerende Pestepidemie 1635/36 wurde die Bevölkerung stark dezimiert. 1832-36 errichtete Kronprinz Maximilian von Bayern auf der Burgruine Hohenschwangau eine neue Burg im neugotischen Stil. Sein Sohn Ludwig II., der seine Kindheit auf Hohenschwangau verbrachte, ließ ab 1869 auf den aus dem 16. Jahrhundert stammenden Burgruinen Vorder- und Hinterschwangau das Schloss Neuschwanstein erbauen. Um 1900 entwickelte sich der Fremdenverkehr. Schwangau ist seit 1926 Luftkurort, seit 1985 heilklimatischer Kurort.

Sehenswürdigkeiten

Die traumhafte Kulisse der beiden Königsschlössern Hohenschwangau und Neuschwanstein vor dem eindrucksvollen Alpenpanorama lockt jährlich mehr als eine Million Besucher aus aller Welt an.

Die Besichtigung von Schloss Hohenschwangau ist vor allem wegen der unveränderten Inneneinrichtung lohnend. Imposante Wandmalereien mit Szenen aus der Wagner'schen Opernwelt, prächtige Dekorationen sowie faszinierende Sehenswürdigkeiten wie das Orientzimmer der Königin Marie oder das Hohenstaufenzimmer,

Schloss Neuschwanstein
(Bild Tourismusgemeinschaft Südliches Allgäu)

in dem König Ludwig II. und Richard Wagner zusammen musizierten, zeugen von vergangenen Zeiten.

Auch das Märchenschloss Neuschwanstein kann im Rahmen einer Führung besichtigt werden. Angefangen von reich verzierten Wandmalereien, die Geschichten von Liebe, Schuld, Buße und Erlösung erzählen, über prachtvolle Innenräume wie den doppelstöckigen Thronsaal, bis hin zu einer romantischen Grotte erhalten Besucher überwältigende Einblicke in die sagenhafte Traumwelt des König Ludwig II. Im Sängersaal, dem größten Saal des Schlosses, finden einmal im Jahr im September klassische Konzerte statt.

Das im Jahre 2011 eröffnete Museum der bayerischen Könige zur Geschichte der Wittelsbacher Dynastie in der Nähe von Schloss Hohenschwangau, direkt am Alpsee gelegen, präsentiert eindrucksvoll die Historie der Königsschlösser und ihrer Erbauer bis heute. Viele kostbare Originalexponate und interessante Ausblicke in die umgebende Landschaft begeistern Jung und Alt.

1934 wurden erstmals Spuren einer Römervilla am Tegelberg entdeckt. Neben der ausgeklügelten Bautechnik des Römerbades können gut erhaltene Fresken bewundert werden.

Die Ursprünge der Pfarrkirche St. Maria und Florian in Waltenhofen reichen bis ins Jahr 746 zurück. 1520 wurde der Erweiterungsbau vollendet. Der reich geschmückte Innenraum lohnt eine Besichtigung. Dies gilt auch für die Kirche St. Georg in Schwangau.

Die Wallfahrtskirche St. Coloman wurde im späten Mittelalter im freien Feld bei Schwangau an der Stelle erbaut, wo im Sommer 1012 der irische Pilger und Heilige Coloman gerastet haben soll. Sie war bald als Wallfahrtsort bekannt. Hier wurden 1635 die Pesttoten des Dorfes beerdigt. Im Innenraum mit spätbarocker Ausstattung beeindrucken Stuckverzierungen, kunstvolle Schnitzfiguren und Wandmalereien. Jedes Jahr am zweiten Oktobersonntag wird im Rahmen des Colomanfestes die Segnung der Pferde gefeiert.

St. Coloman
(Bild Ostallgäu Tourismus)

Freizeit und Sport

Die Gegend um Schwangau ist reich an Naturschätzen, die auf 120 Kilometer Wander- und 90 Kilometer Radwegen für Abwechslung sorgen. Von der gemütlichen Talwanderung zum romantischen Alpsee bis zur anspruchsvollen Bergwanderung im Naturschutzgebiet Ammergebirge bietet der Ausgangspunkt Schwangau eine Fülle von Möglichkeiten. Im Bergsportzentrum am Fuße des Tegelsberges erhalten Besucher Informationen und Kletter-Schulungen. Geübten Bergsportlern stehen anspruchsvolle Klettersteige zur Auswahl. Mit Hilfe der Tegelbergbahn werden auch große Höhen (Bergstation auf 1730 Meter) mühelos überwunden. Für Drachenflieger ist der Tegelberg einer der schönsten Flugberge im Allgäu. Vom Gipfel aus hat man einen wundervollen Blick auf die Umgebung. Vier unterschiedliche Seen mit exzellenter Wasserqualität laden zum Baden, Segeln und Angeln ein. Gemütliche Dampferfahrten auf dem größten See im Allgäu, dem Forggensee, sind ein Riesenspaß für die ganze Familie. Radler verbinden die Schifffahrt gerne mit einer kleinen Tour, oder gönnen sich das sportliche Vergnügen und radeln 32 Kilometer rund um den See.

Im Winter gleicht Schwangau einem weißen Märchenland, das mit dem Pferdeschlitten erobert werden kann und auf romantischen Winterwanderungen auf rund 50 km geräumten Spazierwegen bezaubert. Winterfrischler zieht es zur Wintersportarena. Sie schätzen die große Auswahl an Aktiv- und Wellnessangeboten wie Langlauf und Skaten auf 32 km zertifizierten Loipen, kilometerlange alpine Ski-Abfahrten mit Blick auf die Schlösser Neuschwanstein und Hohenschwangau, familiäre Rodelpartien, Relaxen in der Königlichen Kristall-Therme mit 12% Thermalsolewasser und Saunazentrum, und vieles mehr. Für kulinarischen Genuss sorgen Bierspezialitäten und regionale Schmankerl im Schlossbrauhaus Schwangau.

Veranstaltungen

Bei dem Viehscheid im September wird das festlich geschmückte Vieh von den Almen ins Tal getrieben.

Jährlich am zweiten Oktobersonntag wird das Colomansfest mit einem traditionellen Pferdeumritt zur Colomanskirche und Segnung der Pferde gefeiert.

Weitere Festveranstaltungen im Jahreslauf finden sich im Veranstaltungskalender der Tourist Information.

Wichtige Adressen und Telefonnummern

Tourist Information Schwangau
Münchener Straße 2
D-87645 Schwangau
Tel. +49 (0)8362 81 98-0
Fax +49 (0)8362 81 98-25
info@schwangau.de
www.schwangau.de

Schloss Hohenschwangau
(Bild Ostallgäu Tourismus)

Essen und Trinken

Camping Bannwaldsee

Allgäuer Schmankerl und frische Fischspezialitäten direkt aus dem See geniesst der anspruchsvolle Gast im Restaurant Bannwaldsee mit seiner Caféterrasse und dem Biergarten im Camping Bannwaldsee, Münchner Str. 151, D-87645 Schwangau, Tel. +49 (0)8362 93 00-0, Fax +49 (0)8362 93 00-20 , info@camping-bannwaldsee. de, www.camping-bannwaldsee.de

Übernachten

Gästehaus „Beim Schelle"

Ruhige und doch zentral gelegene Übernachtsmöglichkeiten in familiärer Atmosphäre - nach dem Motto: „Wohlfühlen im Dorf der Königsschlösser" - bietet das Gästehaus „Beim Schelle", Familie Köpf, Moarweg 3, D-87645 Schwangau, Tel. +49 (0)83 62 8791, Fax +49 (0)83 62 98 72 92, info@beimschelle.de, www. beimschelle.de

Camping Brunnen

Einen komfortablen Stellplatz für Caravan und Reisemobil oder einen Zeltplatz direkt am See in ruhiger Lage und traumhafter Kulisse findet man unweit von Schwangau und den Königsschlössern im Camping Brunnen am Forggensee, Seestr. 81, D-87645 Schwangau, Tel. +49 (0)83 62 8273, Fax +49 (0)83 62 8630, info@camping-brunnen.de, www.camping-brunnen.de

Schloss Neuschwanstein
(Bild Tourismusverband Allgäu/Bayerisch-Schwaben)

Villa Ludwig

Romantisches Boutiquehotel mit königlichem Flair

Am Fuße des Märchenschlosses Neuschwanstein bietet das Boutiquehotel Villa Ludwig ausgezeichneten Wohnkomfort und vollendeten Service. Das charakteristische Flair – eine gelungene Design-Kombination aus klaren Linien, verspielten Winkeln und wohnlichen Details – findet sich auch in den achtzehn komfortabel ausgestatteten Suiten wieder. Individuelle Themenwände, die das Leben und Wirken König Ludwigs darstellen und der majestätische Schlossblick, den Gäste von den Suiten aus genießen, unterstreichen das königliche Ambiente. Großzügig ausgestatte Badezimmer sowie modernste Kommunikations- und Unterhaltungselektronik sorgen für Entspannung. Spätestens abends, wenn man gemütlich im flauschigen Villa Ludwig-Bademantel bei einem Glas Wein aus der gut sortierten Minibar auf dem Balkon sitzt und die illuminierte Schlosssilhouette betrachtet, spürt man die einzigartige Magie dieses Ortes. Morgens beginnt der Tag mit einem umfangreichen Frühstücksbüffet. Bei der Tagesplanung ist das freundliche Concierge-Team gerne behilflich. Auf Wunsch werden Golf- und Fahrradausflüge organisiert, Kosmetikbehandlungen und Massagen im hoteleigenen Private Spa gebucht oder Tische in einem der umliegenden Restaurants reserviert. Eine spezielle Inklusivleistung ist die beliebte Tea Time zwischen 16:00 und 18:00 Uhr mit Kaffee, ausgewählten Teesorten, frischem Quellwasser, Gebäck und kleinen Snacks in eleganter Atmosphäre bei klassischer Musik. Pauschalen für Romantik-, Kultur- und Aktivurlaube werden angeboten. Gratis WLAN steht den Gästen zur Verfügung.

Villa Ludwig
Familie Schönauer-Wacker
Colomanstraße 12
D-87645 Hohenschwangau
Tel. +49 (0)8362 92 99 20
Fax +49 (0)8362 92 99 240
info@villa-ludwig.de
www.villa-ludwig.de

Hotel Restaurant Alpenstuben

Familienfreundliches Hotel-Restaurant im bayerischen Stil

Wenige Gehminuten von den beiden Schlössern Neuschwanstein und Hohenschwangau entfernt genießen Gäste die herzliche Atmosphäre im geschichtsträchtigen Hotel Restaurant

Alpenstuben. Das ehemalige Bauernhaus war bereits 1805 in Familienbesitz und eines der ersten Häuser in Hohenschwangau. Daraus wurde Anfang der 1970er Jahre ein Gasthof mit Andenkenladen. Neben Restaurant und Souvenirshop stehen den Gästen heutzutage behagliche, komfortabel eingerichtete Romantik- und Familienzimmer sowie großzügige Appartements zur Verfügung. Alle haben einen Berg- oder Schlossblick, sind frisch renoviert und mit Dusche, WC, Kabel-TV sowie Telefon, gratis WLAN ausgestattet. Im neu angelegten Alpingarten können Kinder die Spielmöglichkeiten und Erwachsene die Aussicht abseits vom Touristenrummel genießen. Tipp: Die Zwei-Personen-Pauschalangebote „Schlösser-Spezial" und „Romantik-Schlösser-Spezial" beinhalten jeweils zwei Übernachtungen, Begrüßungssekt, Frühstücksbüffet, das Königstikket für einen Besuch beider Schlösser und ein Überraschungsgeschenk. Für das leibliche Wohl wird im gemütlichen Restaurant bestens gesorgt. Auf der umfangreichen Speisekarte stehen typisch bayerische Gerichte und internationale Spezialitäten, die auch im sonnigen Biergarten serviert werden. Das Hotel Restaurant Alpenstuben ist idealer Ausgangspunkt für zahlreiche Freizeitaktivitäten und Ausflüge in die herrliche Umgebung. Andenken an unbeschwerte Urlaubstage gibt es unter anderem im Schönauer Souvenirshop.

Hotel Alpenstuben
Familie Schönauer-Wacker
Alpseestraße 8
D-87645 Hohenschwangau
Tel. +49 (0) 8362 98 240
Fax +49 (0) 8362 81 798
info@alpenstuben.de
www.alpenstuben.de

Gästehaus „Beim Schelle“

Am Fuß von Schloss Neuschwanstein in familiärer Atmosphäre übernachten

Sich in der Fremde wie zu Hause fühlen – das steht für einen Urlaubsaufenthalt, wo die Gastgeber einen willkommen heißen, umsorgen und dem Gast jeden Wunsch von den Augen ablesen. Im Schwangauer Ortsteil Waltenhofen, direkt am Forggensee, liegt das Gästehaus **„Beim Schelle“**. Die Inhaberfamilie Köpf sorgt sich dort um das Wohl der Gäste und stellt mit drei Sternen zertifizierte Balkonzimmer und eine Ferienwohnung zur Verfügung.

Die Räume bieten jeden Komfort, wie Radio, Fernsehen, Bettwäsche und Handtücher. Sich wie zu Hause fühlen, ist auch hier der Leitfaden für die Gastgeber. Das zeigt sich in den weiteren Einrichtungen im Haus, wo ein gemütlicher Aufenthaltsraum mit einer voll ausgestatteten Küche ebenso genutzt werden kann, wie eine Terrasse mit Gartenmöbeln und einem Grillplatz. Da bekanntlich „die Liebe durch den Magen geht“,

Hier erhalten Sie die Leistungen der KönigsCard (siehe Seite 31)

können die Übernachtungsgäste sich an einem reichhaltigen Frühstücksbuffet bedienen. Dort werden vorwiegend regionale Produkte präsentiert, die einen gestärkt in den Tag blicken lassen. Natürlich beinhalten die umfassenden Serviceleistungen auch Getränke im Haus, einen Fahrdienst zum Bahnhof oder zu Ausflugszielen und eine abschließbare Fahrradgarage. Abgerundet wird das Angebot „Beim Schelle" durch einen mit viel Liebe zum Detail eingerichteten Massageraum. Dort kann man sich mit Ayurveda-Behandlungen, Wohlfühlmassagen oder Kosmetikanwendungen verwöhnen lassen.

Gästehaus „Beim Schelle"

Familie Andrea und Richard Köpf
Moarweg 3
D-87645 Schwangau
Tel. +49 (0)8362 87 91
Fax +49 (0)8362 98 72 92
info@beimschelle.de
www.beimschelle.de

Camping Bannwaldsee

Direkt am See mit dem Blick auf die Königsschlösser

Leise plätschern die Wellen ans Südufer des Bannwaldsee. Dort, inmitten eines Naturschutzgebietes, liegt der Vier-Sterne-Campingplatz direkt am See. In einer Landschaft, in die man sich sofort verliebt, breitet sich der See vor den Augen des Gastes aus und, wenn er sich umblickt, entdeckt er die Schlösser von König Ludwig II., die majestätisch vor der Bergkulisse des Ammergebirges liegen.

Erholung pur oder grenzenlos scheinende Freizeitaktivitäten stehen dem Campingurlauber zur Verfügung, sodass er sich manches Mal fragt, worauf er sich an dem noch jungen Urlaubstag konzentrieren soll.

Das freundliche Team vom Camping Bannwaldsee gibt gerne den einen oder anderen Tipp. Und auf dem Platz mit seinen komfortablen Stellplätzen kann man sich nur wohlfühlen und entspannte Ferientage erleben. Dazu trägt nicht nur der direkte Zugang zum See mit Badesteg, Liegewiese und Kinderspielplatz bei, sondern auch das Angebot der Betreiber, sich ein Fahrrad für eine Besichtigungstour oder ein Boot zu mieten, mit dem man unvergessliche Stunden auf dem See erlebt.

Die Ausstattung des Platzes lässt keine Wünsche offen: Die Sanitärgebäude sind gepflegt und entsprechen den neuesten Standards; alle Einrichtungen sind barrierefrei zugänglich; es gibt eine Internetecke oder Hotspots; die Kinder kommen in der „Räuberhöhle“ auf ihre Kosten und der Schwangauer Bauernmarkt lädt zu einem Einkauf von regionalen Köstlichkeiten ein. Diese werden auch im „Restaurant Bannwaldsee“ angeboten, das der Gast gerne aufsucht, wenn ihm mal die Lust zum Selberkochen fehlt. Aber allein schon die Caféterrasse und der gemütliche Biergarten lohnen einen Besuch. Den Genuss der bayerischen Küche

und die frischen Fischspezialitäten aus dem See sollte man sich nicht entgehen lassen. Auf dem ganzjährig geöffneten Platz gibt es die „Pizzeria Madeleine“, die von Mai bis September bewirtschaftet ist. Dort werden italienische Spezialitäten und viele Pizza- und Salatvariationen kredenzt. Den Espresso oder Cappuccino nimmt man auf der sonnigen Terrasse zu sich.

Ein besonderes Schmankerl bieten die Gastgeber mit dem „Bannwaldsee Stadl“: In dem Saal finden über 300 Gäste Platz und auf der Freifläche mit Biergartenbetrieb fühlt sich der Gast bei Bayerischen Stimmungs- oder Allgäuer Unterhaltungsabenden wohl animiert, das Tanzbein zu schwingen.

Der Wohnmobilpark des Campingplatzes bietet 24 Mobilen komfortable Plätze mit Stromversorgung, Frisch- und Abwasseranschluss. Die Benutzung der sanitären Einrichtungen, der Zugang zum Badestrand und zu den gastronomischen Angeboten ist in der Stellplatzgebühr enthalten.

Fazit: Der mobile Reisegast, egal ob er mit Caravan, Zelt oder Reisemobil unterwegs ist, verbringt erholsame Tage in einmaliger Umgebung.

Camping Bannwaldsee

Münchner Str. 151
D-87645 Schwangau
Tel. +49 (0)8362 93 00-0
Fax +49 (0)8362 93 00-20
info@camping-bannwaldsee.de
www.camping-bannwaldsee.de

Camping Brunnen

Ein Campertraum direkt am See und nah an den Bergen

„Superplatz, megaruhig, tolle Sanitäranlagen, wunderschöne Landschaft und ein traumhafter See ...Wir kommen wieder..." So, oder so ähnlich, klingen die Stimmen auf der Fanseite des Camping Brunnen auf Facebook. Diese oder ähnliche Erfahrungen macht auch der Camper, der mit Caravan, Wohnmobil oder Zelt ins Allgäu reist und dem Geheimtipp folgt, auf einer Landzunge im Forggensee sein Lager aufzuschlagen. Ruhige und entspannende Urlaubstage in traumhafter Kulisse erwarten ihn.

Der, u.a. vom ADAC seit vielen Jahren ausgezeichnete, Platz bietet direkt an dem von Mai bis Oktober aufgestauten Forggensee, Komfort und Ruhe, die man sich für die wichtigste Zeit des Jahres gönnen sollte. Auf der einen Seite schweift der Blick über den viertgrößten See Bayerns, auf der anderen Seite liegen die Schlösser König Ludwig II beeindruckend vor dem erstaunten Besucher. Eingerahmt wird das Bild von der Allgäuer Alpenkette, die den Blick bis in die Tiroler Bergwelt erschließt.

Die Ausstattung des Campingareals ist gehoben: Von Komfortstellplätzen mit Strom, Frisch- und Abwasser bis hin zu einfachen Zeltplätzen auf dem Zelthügel, findet jeder Gast einen Platz, der seinen Anforderungen entspricht. Modernste Sanitäranlagen sowie Spül- und Waschküche mit Waschmaschine und -trockner runden den Komfort ab. Natürlich sind alle Einrichtungen behindertengerecht ausgestattet.

In einem kleinen SB-Laden findet man Allerlei für den kleinen Einkauf zwischendurch.

Auf dem Gelände bietet ein großer Spielplatz und eine Liegewiese direkt

am See Abwechslung bei schönem Wetter, und wenn die Sonne mal nicht scheinen sollte, steht den kleinen Gästen ein Spielstadel zur Verfügung. In der neu errichteten Wellnessoase kann man es sich in einer der drei Saunas, dem Whirlpool oder dem Ruheraum mit Kaminfeuer so richtig gut gehen lassen. Regionale Schmankerln genießt man am besten in der gemütlichen Gaststätte Brunnenstüberl, wo auch Speisen zum Mitnehmen auf dem Programm stehen.

Camping Brunnen am Forggensee
Seestr. 81, D-87645 Schwangau
Tel. +49 (0)8362 82 73
Fax +49 (0)8362 86 30
info@camping-brunnen.de
www.camping-brunnen.de

Unterthingau

Idyllisches Dorf mit großer Geschichte

Eingebettet in die hügelige Allgäuer Voralpenlandschaft mit Wiesen, Wäldern und Aussicht auf die Alpenkette liegt der Markt Unterthingau (2750 Einwohner) zwischen Kempten und Marktoberdorf. Zur Marktgemeinde gehören die Ortsteile Oberthingau und Reinhardsried. Die Kirnach fließt seit Urzeiten durch den Ort, der bereits nachweislich im Neolithikum besiedelt war. Feriengäste schätzen die ausgezeichnete Infrastruktur mit Geschäften, gastfreundlichen Unterkünften, vielfältigen gastronomischen Angeboten, und die zahlreichen markanten geschichtlichen Ausflugsziele.

Die Anreise mit dem Auto auf der nahegelegenen B12 ist problemlos. Ausflugsziele wie die Allgäuer Hochalpen, Bodensee oder München sind innerhalb einer Stunde erreichbar.

Kurzer Blick ins Geschichtsbuch

943 erstmals anlässlich einer Schenkung Ottos des Großen urkundlich erwähnt, gehörte Unterthingau im Mittelalter dem Kloster Kempten. 1485 wurde dem Ort von Kaiser Friedrich III. das Marktrecht zugesprochen. Während der Bauernkriege, dem 30-jährigen Krieg und der Pestepidemie 1628-30 hatten die Einwohner oft unter schweren Entbehrungen zu leiden. Im Lauf der Jahrhunderte kam es zu Einquartierungen fremder Armeen im Gemeindegebiet. Mit der Verwaltungsreform des Reichsdeputationshauptschlusses kam Unterthingau zu Bayern, 1818 wurde der Ort selbständig. Die bewegende und facettenreiche Geschichte des Ortes kann bei einer geführten Wanderung (ab 5 Personen) erlebt werden.

Unterthingau
(Bild Markt Unterthingau)

Sehenswürdigkeiten

Das Schloss Unterthingau aus dem 15. Jahrhundert steht in seinem vollen Glanz inmitten des Ortes. Seit 1485 diente es als Sitz der Stiftkemptischen Vögte, überstand 1525 unbeschadet den Bauernkrieg und wurde von 1805 – 1976 als Gasthof „Zum Schwanen" geführt. Heute ist es Sitz der Gemeindeverwaltung.

Um das Schloss herum gruppiert sich das kurz vor der Wiederherstellung stehende Häringerhaus aus dem 17. Jahrhundert und das neu renovierte Schapfhaus (ehemalige Löwenwirtschaft seit 1661), weitere vorbildlich restaurierte Gebäude am Marktplatz runden das stimmige Ortsbild ab.

Die Pfarrkirche St. Nikolaus in Unterthingau gibt es urkundlich seit dem 8.Jahrhundert, sie wurde 963 von Bischof Ulrich geweiht. Außer der Pfarrkirche St. Stephan in Oberthingau aus dem 14. Jahrhundert und der Filialkirche St. Anna in Reinhardsried aus dem 16. Jahrhundert findet man in der Umgebung etliche Kapellen, die mit ihrer schönen Innenausstattung kulturinteressierte Besucher anziehen. Im gesamten Gemeindegebiet stößt man auf Steinkreuze und Gedenktafeln, die von mittelalterlichen Bauten und Fliehburgen Zeugnis ablegen.

Freizeit und Sport

Das Wanderwegenetz in der Umgebung von Unterthingau reicht bis zum riesigen Kemptener Wald, ein grünes Paradies mit zahlreichen Wander- und Radwegen. Durch den Ort verläuft der Allgäu-Radweg. Außerdem kann man auf dem Jakobsweg bis Kempten und weiter zum Bodensee pilgern. Im Sommer sorgt das Freibad im Ort für Erfrischung. Tennisplätze und Gelegenheiten zum Reiten stehen ebenfalls zur Verfügung. Eine gut sortierte Bücherei im Schloss lädt zum Verweilen an Schlechtwettertagen ein. Ständig wechselnde Bilderausstellungen im Schloss (Festsaal) zeigen die künstlerische Vielfalt der Hobbykünstler des Ortes und der Umgebung, auch verschiedene Konzerte im Schloss laden in die Schlossgemäuer ein. Im Winter garantieren gepflegte Langlaufloipen Skiwandergenuss durch die verschneite Natur.

Veranstaltungen

Der jährlich erscheinende Veranstaltungskalender zeigt das rege kulturelle Leben am Ort auf. So sind die örtlichen Vereine und die Musikkapellen aktiv und sorgen mit ihren Festveranstaltungen für abwechslungsreiche Unterhaltung. Ferner wird ein Frühjahrs- und Herbstmarkt, im November ein Kultursonntag sowie alle 3 Jahre ein Mittelaltermarkt veranstaltet.

Wichtige Adressen und Telefonnummern

Markt Unterthingau
Marktplatz 9, D-87647 Unterthingau
Tel. +49 (0)8377 92 01 17
Fax +49 (0)8377 92 01 99
info@unterthingau.de
www.unterthingau.de

Untrasried

In einer malerischen Hügellandschaft

Untrasried im Günztal (1520 Einwohner), die westlichste Gemeinde des Landkreises Ostallgäu, besteht aus den Ortsteilen Untrasried, Hopferbach und Eschers und ist mit über 800 m ü. NN einer der höchstgelegenen Orte im Allgäu. Die malerische Hügellandschaft der Umgebung mit Wiesen und Wäldern ist ein ideales Erholungsgebiet für Wanderer und Naturfreunde. Für Familien mit Kindern bieten sich Möglichkeiten für Ferien auf dem Bauernhof. Die Anreise ist durch die guten Straßenverbindungen zu den nahen Städten Kempten, Kaufbeuren, Marktoberdorf und Memmingen problemlos. Die Gemeinde ist ein guter Ausgangspunkt für Ausflüge zu den Königsschlössern, den Allgäuer Alpen und zu den zahlreichen idyllischen Seen der Umgebung.

Das Freizeit- und Tagungshaus des Kreisjugendrings im Ortsteil Eschers ist ein freistehender ehemaliger Bauernhof mit vielfältigen Freizeitmöglichkeiten. Es eignet sich als gut ausgestattetes Selbstversorgerhaus für Ferienaufenthalte, Wochenendfreizeiten, Seminare und Tagungen.

Kurzer Blick ins Geschichtsbuch

Untrasried, im Jahre 1358 erstmals urkundlich erwähnt, gehörte seit dem Mittelalter zum Fürstbistum Kempten. Seit der Neugliederung durch den Reichsdeputationshauptschluß 1803 gehört Untrasried zu Bayern. 1974 erfolgte die Zusammenführung der Ortsteile zur Gemeinde Untrasried.

Sehenswürdigkeiten

In der Pfarrkirche St. Sebastian in Untrasried, die nach der Zerstörung im 30-jährigen Krieg wieder aufgebaut wurde, ist die Innenausstattung aus dem 18. Jahrhundert im barocken Stil sehenswert. Die Kirche St. Bartholomäus in Hopferbach, ein neugotischer Backsteinbauvon 1870, ist ebenfalls eine Besichtigung wert.

Wichtige Adressen und Telefonnummern

Gemeindeverwaltung Untrasried
Dorfstraße 30
D-87496 Untrasried
Tel. +49 (0)8372 97 376
info@untrasried.de
www.untrasried.de

Untrasried
(Bild Gemeinde Untrasried)

Kirche und Pfarrhof in Wald
(Bild Gemeinde Wald)

Wald

Sympathisches Dorf in ruhiger Lage

Der staatlich anerkannte Erholungsort Wald (1050 Einwohner) liegt mit seinen 21 Weilern mitten im idyllischen Allgäuer Voralpenland auf einer aussichtsreichen Höhe von 750 – 860 Metern. Gastfreundliche Unterkünfte, gepflegte Gastronomie und ein vielfältiges Freizeitangebot sorgen für die Zufriedenheit der Feriengäste.

Nicht weit entfernt von Marktoberdorf, der A7 und B12 ist Wald mit dem Auto leicht zu erreichen. Die attraktiven Ausflugsziele in den Allgäuer Alpen sind in greifbarer Nähe.

Kurzer Blick ins Geschichtsbuch

Das Gemeindegebiet war bis zum Anfang des Mittelalters eine ausgedehnte Waldfläche, die im Lauf der Zeit von Siedlern gerodet wurde. Urkundlich erwähnt wurde der Ort erstmals 1397 anlässlich des Kirchenbaus, um den sich der Dorfmittelpunkt bildete. Zunächst im Besitz der Ritter von Kemnat, gehörte Wald seit 1493 zum Hochstift Augsburg. 1803 kam der Ort zu Bayern und wurde 1818 selbständige Gemeinde.

Sehenswürdigkeiten

Die Katholische Pfarrkirche St. Nikolaus in Wald aus dem 14. Jahrhundert wurde um 1670 im barocken Stil umgestaltet. Der reich verzierte Innenraum mit barocken Altären, bedeutenden Gemälden und einem prächtigen Deckenfresko bezaubert kulturgeschichtlich interessierte Besucher. Anfang 2012 brannte nach einem Blitzschlag die Turmspitze ab. Auch die schön gestalteten Kapellen in den Weilern Bergers, Klosterhof und Kippach lohnen einen Besuch.

Im Walder Museumsstadel sind bäuerliche und handwerkliche Geräte aus der Dorfgeschichte liebevoll ausgestellt.

Freizeit und Sport

Die Umgebung des Dorfes mit Wiesen, Wäldern, Bächen und Weihern lädt zu ausgedehnten, genussvollen Wanderungen zu Fuß oder mit dem Rad auf 45 km markierten Wegen ein, z.B. zum wildromantischen Hängesteg im Landschaftsschutzgebiet Wertachtal. Baden im Walder Weiher, Angeln in den fischreichen Gewässern der Umgebung, Reiten und Tennis sind weitere Freizeitmöglichkeiten im Sommer.

Im Winter erschließen geräumte Winterwanderwege und 50 km gespurte Loipen die traumhafte Schneelandschaft.

Veranstaltungen

In Wald wird von lebendigen Vereinen das traditionelle Brauchtum gepflegt und mit Veranstaltungen wie Funkenfeuer, Kräuterweihe und Krippenausstellung mit Weihnachtsmarkt gefeiert.

Walder Weiher
(Bilder Gemeinde Wald)

Im Kulturzentrum „WaldHalla“ finden im Jahreslauf Konzerte, Theateraufführungen, Sportwettkämpfe und Märkte statt.

Wichtige Adressen und Telefonnummern

Gästeinformation Wald
Nesselwanger Straße 4
D-87616 Wald
Tel. +49 (0)8302 473
Fax +49 (0)8302 14 20
info@wald-allgaeu.de
www.wald-allgaeu.de

Rettenbach am Auerberg

Willkomen im Sonnendorf

Die Gemeinde Rettenbach am Auerberg (831 m. ü. M.)am östlichen Rand des Landkreises Ostallgäu hat ca. 800 Einwohner und besteht aus den Ortsteilen Rettenbach, Birkenberg, Frankau, Ober- und Unterlöchlers sowie den Einödhöfen Weichberg und Rupprechts. Die höchste Erhebung ist die Kappelhöhe (967 Meter) am Weichberg.

Im staatlich anerkannten Erholungsort werden Umweltschutz und Einsatz von alternativen Energien groß geschrieben. Mehrere große und kleine Photovoltaikanlagen sorgen dafür, das Rettenbach seit Jahren das führende Solardorf in Bayern ist und in der Solarbundesliga schon viermal Meister war.

Einwohner wie Feriengäste fühlen sich in dem ruhig gelegenen, ländlichen Dorf mit gastfreundlichen Wirtshäusern in idyllischer Voralpenlandschaft wohl. Viele aktive Sport- und Brauchtumsvereine versprechen Abwechslung im Jahresveranstaltungsprogramm.

Die Anreise ist durch die Nähe zur B 472 von Marktoberdorf nach Schongau problemlos.

Freizeit und Sport

Beim Rundgang durchs Dorf lohnt die Besichtigung der Pfarrkirche St. Vitus aus dem 16. Jahrhundert. In der Naturlandschaft der Umgebung sind viele erholsame Wanderungen möglich. Eine der schönsten Wanderungen führt durch stille Waldwege auf die Kappelhöhe. Dort kann man sich an der herrlichen Aussicht auf die Alpenkette erfreuen und die Kapelle besuchen.

Der traumhaft schöne Naturweiher westlich des Dorfes lädt im Sommer zum Baden ein.

Einkaufen, Essen und Trinken

Der im Jahre 2007 eröffnete Dorfmarkt in der Weichberghalle hat sich zum beliebten Treffpunkt für Einheimische und Besucher entwickelt. Hier finden Radwanderer das einzige Café zwischen Lechbruck, Schongau und Marktoberdorf. Im Café genießen Gäste italienische Kaffeespezialitäten, selbst gemachte Kuchen und leckere Eisbecher.

Im Lebensmittelmarkt werden regionale und biologische Lebensmittel vom freundlichen Serviceteam angeboten. Der Gast hat die Auswahl zwischen Käse- und Milchspezialitäten, Obst und Gemüse, Tiefkühlkost und Konserven, Getränken von Anbietern aus der Region, Blumen und Geschenkartikel. An der Heißen Theke gibt es täglich frische und warme Gerichte zum Mitnehmen oder zum Verzehr im Markt.
Öffnungszeiten:
Mo. - Fr. 07.00 - 19.00 Uhr und
Sa. 07.00 - 14.00 Uhr

Wichtige Adressen und Telefonnummern

Gemeinde Rettenbach a. A.
Dorfstraße 1
D-87675 Rettenbach am Auerberg
Tel. +49 (0)8860 86 16
Fax +49 (0)8860 84 15
info@rettenbach-am-auerberg.de
www.rettenbach-am-auerberg.de

Gästehaus Lindenhof

**Mitten im Ostallgäu
und doch abseits des Trubels**

Ruhe und Erholung verspricht ein Urlaubsaufenthalt im Gästehaus Lindenhof. Im kleinen Weiler Oberlöchlers, oberhalb der Gemeinde Rettenbach am Auerberg, abseits von Straßenlärm und Hektik, liegt die gemütlich eingerichtete Unterkunft. Das von der Familie Harm liebevoll geführte Haus bietet mit seinen Zimmern mit Dusche/WC viel Platz für Einzelreisende, Familien, Gruppen und Seminare. Daneben bieten die Betreiber 10 Ferienwohnungen mit Wohn- und Schlafraum, Kinderzimmer sowie komplett eingerichteter Kochnische an. Natürlich verfügen alle Wohnungen über Telefon und Fernsehen. Die verschiedenen Aufenthaltsräume, Sauna, Kinderspielzimmer und die Panorama-Caféteria bieten vielfältige Möglichkeiten der Freizeitgestaltung.

Der großzügig angelegte Garten lädt zum Entspannen ein und bietet ein wunderschönes Panorama weit über das Ostallgäuer Voralpenland bis hin zu den Allgäuer Alpen und dem Ammergebirge. Auf der Terrasse genießt der Gast die Ruhe bei einem Cappuccino oder ein Glas Wein zum Sonnenuntergang. Von Mai bis September lädt ein solarbeheiztes Freibad zum Schwimmen ein, während die kleinen Gäste das ganze Jahr hindurch auf dem Abenteuerspielplatz oder in dem kleinen Streichelzoo bestens aufgehoben sind.

Mit Gaumenfreuden locken die Gastgeber bereits zum Frühstück, wo sich der Gast an einem reichhaltigen Buffet für den Tag stärken kann. Zur Mittagszeit ist das 3-Gänge-Menü und am Abend das warm-kalte Buffet zu empfehlen. Gerne nimmt die Küche Sonderwünsche für Vegetarier, Allergiker oder Diabetiker entgegen.

Gästehaus Lindenhof

Oberlöchlers 7
D-87675 Rettenbach am Auerberg
Tel. +49 (0)8860 91 30 00
Fax +49 (0)8860 82 14
info@lindenhof.com
www.lindenhof.com

Stötten am Auerberg

Liebenswerter Erholungsort

Die Gemeinde Stötten am Auerberg (1830 Einwohner) besteht aus dem Hauptort Stötten am Auerberg und den Ortsteilen Steinbach und Remnatsried und weiteren 28 Weilern und Einöden. Der 1.055 m hohe Auerberg östlich des Dorfes und das Stöttener Hochmoor im Geltnach-Tal im Westen kennzeichnen das Landschaftsbild von Stötten.

Das idyllische Dorf im malerischen Voralpenland ist landwirtschaftlich geprägt und bietet viele Möglichkeiten für abwechslungsreiche Ferien. Durch die Lage an der Bundesstraße 16 zwischen Marktoberdorf und Füssen ist Stötten leicht erreichbar. Attraktive Ausflugsziele wie die Königsschlösser bei Füssen oder die Wieskirche sind nicht weit entfernt.

Kurzer Blick ins Geschichtsbuch

Spuren einer Besiedlung schon in vorchristlicher Zeit wurden im Gemeindegebiet nachgewiesen. Auf dem Auerberg wird eine Keltenfestung vermutet. Im 1. Jahrhundert errichteten die Römer einen militärischen Stützpunkt mit einer Siedlung auf dem Auerberg.

Nach der Völkerwanderung lebte im frühen Mittelalter im Gemeindegebiet eine keltisch-alemannisch-römische Mischbevölkerung. Im Mittelalter gehörte Stötten zum Hochstift Augsburg. 1314 wurde es erstmals urkundlich erwähnt. Seit den Gebietsreformen Anfang des 19. Jahrhunderts gehört Stötten zu Bayern. In dieser Zeit wurde der große Stöttener See trockengelegt. Dort ist heute das „Stöttener Moos" zu finden.

Sehenswürdigkeiten

Die malerisch gelegene Pfarrkirche St. Peter und Paul in Stötten wurde 1314 erstmals urkundlich erwähnt. Im 17. und 18. Jahrhundert wurden Erweite-

Stötten am Auerberg
(Bild Gemeinde Stötten)

rungsbauten durchgeführt. Der Chor wurde von Johann Schmuzer, dem berühmten Gipsmeister von Wessobrunn, mit einer prächtigen Stuckdecke versehen. Beeindruckend ist ein riesiges Deckenfresko des Pfrontener Malers Joseph Keller aus dem Jahre 1780. Eine Kreuzigungsgruppe von 1525 und eine spätgotische Anna Selbdritt schmücken den Altar.

Neben zahlreichen Kapellen in den verschiedenen Weilern ist die katholische Pfarrkirche St. Thomas und Afra in Remnatsried aus dem 15. Jahrhundert mit ihrem kunstvoll ausgestatteten Innenraum sehenswert.

Freizeit und Sport

Auf gut beschilderten Wander- und Radwegen können Feriengäste die herrliche Natur in der Umgebung erkunden. In 1 ½ Stunden kann man auf den Spuren der Römer den Auerberg erwandern und der grandiose Rundblickt auf die Alpenkette genießen.

Der Moos-Erlebnis-Pfad führt an 13 Erlebnis-Stationen mit Schautafeln in die geheimnisvolle Welt des Stöttener Moos.

Durch Stötten führt eine Etappe des Jakobus-Pilger-Weges.

Im Winter ist eine Wanderung durch die paradiesische Schneelandschaft bei herrlich frischer Luft besonders genussvoll. Sportliches Vergnügen wird auf dem Natureisplatz und den Langlaufloipen geboten.

Veranstaltungen

Der Georgsritt zu Ehren des Heiligen Georg wird immer am letzten Sonntag im April mit festlich geschmückten Pferden gefeiert und lockt jährlich viele Besucher an.

Wichtige Adressen und Telefonnummern

Tourismusbüro Stötten am Auerberg
Füssener Straße 11
D-87675 Stötten am Auerberg
Tel. +49 (0) 8349 92 04-0
Fax +49 (0) 8349 92 04-20
info@stoetten.de, www.stoetten.de

Ideale Urlaubslandschaft vor grandioser Kulisse

Tourismusgemeinschaft Südliches Allgäu

Selten findet man ein Urlaubsgebiet mit einer solchen Fülle an Freizeitmöglichkeiten wie in der Region der Tourismusgemeinschaft Südliches Allgäu. Die sechs Orte Rückholz, Seeg, Eisenberg, Hopferau, Rieden am Forggensee und Roßhaupten am Forggensee haben sich zu einer Gemeinschaft zusammengeschlossen, um den Feriengästen ein umfassendes Urlaubsprogramm bieten zu können.

Das gesamte Gebiet ist geprägt von sanften Hügeln, grünen Weiden, zahlreichen Seen, Weihern und stillen Wäldern. Sehenswerte Kulturdenkmäler findet man in jedem Dorf der

Bilder Tourismusgemeinschaft Südliches Allgäu

Gemeinschaft.Zahlreiche Aussichtspunkte laden zum Verweilen ein, die Kette der Ammergauer und Allgäuer Alpen mit dem imposanten Säuling ist beeindruckend.

Das Südliche Allgäu bietet für jeden Urlauber die passende Unterkunft. Urlaub auf dem Bauernhof ist hier bei Familien mit Kindern besonders beliebt.Während sich die Eltern erholen, können die begeisterten Kinder im Heu Versteckspielen, Tiere streicheln oder den freundlichen Gastgebern bei der Arbeit helfen, für Kurzweil ist gesorgt. Aber auch komfortable Hotels der gehobenen Kategorie warten auf erholungssuchende Gäste.

Die Restaurants der Region bieten ein breites Spektrum an leckeren Speisen, typische Allgäuer Spezialitäten wie Kässpatzengehören unbedingt dazu. Ein Besuch in einer der vielen Käsereien vermittelt interessante Eindrücke über die Produktion der leckeren Allgäuer Käsesorten.

Die Autobahn 7 von Ulm nach Füssen erleichtert die Anreise. Ausflugsmöglichkeiten in alle Himmelsrichtungen stehen zur Verfügung, ob zur Shoppingtour nach Kempten oder Kaufbeuren, zur Schifffahrt auf dem Forggensee, zur Besichtigung der Königsschlösser, alle Ziele sind in kurzer Zeit zu erreichen.

Kurzer Blick ins Geschichtsbuch

Schon aus der Jungsteinzeit (ca. 4000 bis 2000 v.Chr.) finden sich erste Zeugnisse menschlichen Lebens im Gebiet. Wahrscheinlich haben in der Völkerwanderungszeit (seit ca. 400 n.Chr.) die Alemannen Wälder gerodet und die Grundlage erster Besiedlungen geschaffen. Im Mittelalter und während des 30-jährigen Krieges war das Südliche Allgäu umkämpftes Gebiet zwischen verschiedenen Herrschaftshäusern. Durch die Neugliederung des Reichsdeputationshauptschlusses kam das Gebiet 1803 zum Königreich Bayern.

Sehenswürdigkeiten

In der Region gibt es zahllose Sehenswürdigkeiten zu entdecken. Malerische Burgruinen in Eisenberg, prachtvoll ausgestattete Kirchen wie in Seeg und in Eisenberg-Speiden und interessante Museen lassen das Herz jeden Kunstfreundes höher schlagen.

Pfarrkirche St. Ulrich

Ruinen Hohenfreyberg und Eisenberg

Freizeit und Sport

Naturfreunde finden ein reiches Betätigungsfeld im gesamten Gebiet. Es gibt nichts Schöneres, als im Frühsommer durch blumenübersäte Wiesen und durch schattige Wälder zu wandern und den Duft frischer Kräuter einzuatmen.

Angebote von geführten Wanderungen sorgen für interessante Einblicke in die Natur und das Leben der Bewohner. Die vielfältigen Wassersportmöglichkeiten in den Gewässern des Gebietes sorgen für Badefreuden und willkommene Abkühlung an heißen Tagen. Einsame kleine Weiher sind für Angler ein Paradies. Radfahrer erfreuen sich an den gut ausgebauten, abwechslungsreichen Radwegen durch die herrliche Natur, egal ob mit dem Trekkingrad, E-Bike, Mountainbike oder Rennrad. In vielen Orten gibt es einen Radverleih.

Bilder Tourismusgemeinschaft Südliches Allgäu

Eine romantische Pferdekutschenfahrt zählt zu den bleibenden schönen Urlaubserinnerungen.
Im Winter können die Feriengäste auf gespurten Loipen und gebahnten Wanderwegen die faszinierende Schneelandschaft erkunden. Jegliche Art von Wintersport wie Skilauf, Rodeln, Eislauf oder Schneeschuhwandern sind in der Region und der Umgebung möglich.

Das Südliche Allgäu ist für Familien, Sportbegeisterte und Erholungssuchende durch seine Vielfalt ein Urlaubsparadies ohnegleichen.

Veranstaltungen

Tradition und Brauchtum wird im Allgäu sorgfältig gepflegt. Ein Besuch eines Bauerntheaters oder eines Heimatabends sorgt für vergnügliche Abwechslung. Der Almabtrieb im September, die sogenannte Viehscheid, ist eines der schönsten der zahlreichen Feste im Jahreslauf. Der Bummel über einen der romantischen Advents-und Weihnachtsmärkte ist besonders empfehlenswert. Informationen über die Termine der Festveranstaltungen erhält man bei den örtlichen Tourismusbüros.

Rodeln am Salober

Baden am forggensee

Wichtige Adressen und Telefonnummern

Tourismusgemeinschaft Südliches Allgäu
Hauptstraße 33
D-87637 Seeg
Tel. +49 (0)8364 98 73 20
Fax +49 (0)8364 98 73 15
info@suedliches-allgaeu.de
www.suedliches-allgaeu.de

Eisenberg

Zu Füßen von zwei Burgen

Umgeben von der sanften Hügellandschaft des Allgäuer Alpenvorlandes liegt die Gemeinde Eisenberg (1200 Einwohner) mit ihren 17 Weilern und Ortsteilen. Leicht erreichbar durch die nahegelegene Autobahn 7 von Ulm nach Füssen bietet der Ort eine Fülle von Ausflugsmöglichkeiten, vor allem zu den Allgäuer Bergen und den Königsschlössern.

Kurzer Blick ins Geschichtsbuch

Im Mittelalter gehörte das Gebiet von Eisenberg den Herren von Hohenegg. Sie erbauten im Jahre 1315 die Burg Eisenberg. 1418-32 kam dann die Burg Hohenfreyberg hinzu. Im 30-jährigen Krieg wurden beide Burgen im Jahre 1646 von den Burgherren selbst in Brand gesteckt, damit sie nicht dem Feind als Stützpunkte in die Hände fielen.

Sehenswürdigkeiten

Die beiden gut erhaltenen Burgruinen Eisenberg und Hohenfreyberg auf dem Schloßberg oberhalb des Eisenberger Ortsteils Zell ziehen viele Besucher in ihren Bann. Nach einem halbstündigen Aufstieg von der Schloßbergalm aus kann man die herrliche Aussicht auf die Alpenkette genießen und die malerischen Ruinen erforschen. Die Besichtigung kann an Wochenenden mit einem infor-

Eisenberg mit den beiden Ruinen
(Bild Tourismusgemeinschaft Südliches Allgäu)

mativen Besuch des nahegelegenen Burgenmuseums (geöffnet von 14-17 Uhr) in Zell verbunden werden.

Die Pfarrkirche St. Moritz beeindruckt durch ihren Saalbau.

Die weithin bekannte Wallfahrtskirche Maria Hilf im Ortsteil Speiden ist jährlich das Ziel tausender Besucher und Pilger. Das im 17. Jahrhundert vom Baumeister Johann Jakob Herkomer im Rokokostil erbaute Gotteshaus besticht durch den prächtig ausgestatteten Innenraum. Wertvolle Fresken,kunstvoll gestaltete Heiligenfiguren und beeindruckende Altäre begeistern kunstinteressierte Besucher.

An der Südseite der Kirche findet man die ältere Gnadenkapelle, das ursprüngliche Wallfahrtsziel, die durch den starken Andrang rasch zu klein geworden war. Barocke Wessobronner Stuckdekorationen schmücken den Innenraum.

Freizeit und Sport

Zu jeder Jahreszeit finden die Eisenberger Feriengäste vielfältige Freizeitmöglichkeiten. Wandern oder Radfahren auf dem ausgebauten Wegenetz durch die idyllische Natur oder ein Bad in einem der zahlreichen Seen und Weihern der Umgebung sorgen für abwechslungsreiche Ferien. Bewegung auf den 16 km Langlaufloipen und auf den gebahnten Wanderwegen in der klaren, kalten Winterluft ist besonders erholsam.

Burgruine Eisenberg
(Bild: Tourismusgemeinschaft Südliches Allgäu)

Veranstaltungen

Im Jahreslauf sorgen traditionelle Feste und Veranstaltungen für abwechslungsreiche Unterhaltung der Gäste. Beliebt sind im August das Ritterspektakel auf der Burg Hohenfreyberg und die Viehscheid im September.

Wichtige Adressen und Telefonnummern

Touristikbüro Eisenberg
Pröbstener Str. 9
D-87637 Eisenberg
Tel. +49 (0)8364 12 37
Fax +49 (0)8364 98 71 54
info@eisenberg-allgaeu.de
www.eisenberg-allgaeu.de

Hopferau

Erlebnisurlaub in prächtiger Voralpenlandschaft

Schloss Hopferau
(Bild Tourismusgemeinschaft Südliches Allgäu)

Die sonnige Gemeinde Hopferau (1100 Einwohner) bietet alle Voraussetzungen für gelungene Ferien. Unterkünfte in allen Kategorien sind vorhanden. Besonders beliebt ist für Familien mit Kindern der Urlaub auf dem Bauernhof. Die Eltern können sich richtig erholen, während die Kinder begeistert auf dem Bauernhof mithelfen dürfen und liebevoll von den Gastgebern betreut werden. Die Anreise ist durch die Nähe von Füssen und der Autobahn kein Problem. Ausflugsgelegenheiten sind reichlich vorhanden, vor allem zu den Königsschlössern.

Kurzer Blick ins Geschichtsbuch

Hopferau gehörte bis 1800 zum Besitz des Freiherrn Freyberg-Hopferau. Mit der Rheinbundakte aus dem Jahre 1806 kam die Gemeinde zum Königreich Bayern.

Sehenswürdigkeiten

Die im 15. Jahrhundert errichtete schön ausgestattete Pfarrkirche St. Martin und Sebastian ist sehenswert. Das Kleinod des Ortes, das 1468 erbaute Schloss Hopferau beeindruckt durch seinen einmaligen Anblick. Das sorgfältig restaurierte Gebäude liegt mitten im Ort und kann auf Anfrage besichtigt werden. Heute sind im Schloss ein Hotel, Restaurant, Gartencafé und ein herrlicher Schlossbiergarten untergebracht.

In der Schaukäserei des Ortes erfährt man Wissenswertes über die Käseherstellung.

Freizeit und Sport

Hopferau mitseinen zahlreichen Wanderwegen ist Ausgangspunkt für den Bier-Käse-Wanderweg, der durch die idyllische Hügellandschaft mit Wäldern und saftigen Wiesen von der Käserei zum Sudhaus führt. Ein besonders schöner Weg führt in Richtung Seeg auf den Beichelstein mit prachtvoller Aussicht auf die Alpenkette. Viele Seen und Weiher, vor allem der warme Hopfensee laden zum Angeln, Bootsfahrten oder Badevergnügen ein. Neben dem Bodensee-Königsee-Radweg führt auch der Emmentaler-Radweg durch das Gebiet von Hopferau.

Im Winter freuen sich die Gäste auf Wanderungen in der romantischen Winterlandschaft.

Skilangläufer auf gespurten Loipen und Schlittschuhläufer auf den zugefrorenen Teichen kommen voll auf ihre Kosten.

Veranstaltungen

Traditionsreiche Feste und Brauchtumsveranstaltungen bieten den Feriengästen willkommene Abwechslung mit Bauerntheater, Heimatabenden und Blaskonzerten und Alphornblasen.

Die Fackelwanderungen auf den Beichelstein sind ein Erlebnis für Jung und Alt.

Wichtige Adressen und Telefonnummern

Gästeinformation Hopferau
Hauptstraße 8
D-87659 Hopferau
Tel. +49 (0)8364 85 48
Fax +49 (0)8364 98 70 93
info@hopferau.de
www.hopferau.de

Garten Schloss Hopferau
(Bild Tourismusgemeinschaft Südliches Allgäu)

Essen und Trinken

Zünftige Allgäuer Kässpätzle, feine Wildbraten an Holundersauce, köstliche Desserts wie Champagner-Beerenterrine mit Vanilleschaumhaus, gemachte Kuchen und Eis, vegetarische Gerichte wie Gemüsebandnudeln mit Schafskäse und vieles mehr zaubert die kreative Küchencrew des einzigartigen Schlosses zu Hopferau, dem ältesten Schloss des Ostallgäus. Drinnen oder draußen im Schlossgarten genossen, sind die Gerichte aus frischen Zutaten ein Gaumenschmaus in stilvollem Ambiente.
Schloss zu Hopferau, Schlossstraße 9, D-87659 Hopferau, Tel. +49 (0)8364 98 48 90, Fax +49 (0)8364 98 48 944, info@schloss-hopferau.com, www.schloss-hopferau.com

Gartenterrasse

Auf einer Allee gelangt man zu einem der schönsten Biergärten im Allgäu. An drei Seiten von Schlossmauern umgeben, lässt es sich hier herrlich schlemmen und genießen. An manchen Abenden, wenn das in den Steinen gespeicherte Sonnenlicht seine Wärme abgibt, wird der Garten zur allgäuerischen Toskana. Im Schlossgartencafé gibt es in den Sommermonaten hausgemachten Kuchen, Torten und Eis.
Schloss zu Hopferau, Schlossstraße 9, D-87659 Hopferau, Tel. +49 (0)8364 98 48 90, Fax +49 (0)8364 98 48 944, info@schloss-hopferau.com, www.schloss-hopferau.com

Übernachten

Vierzehn ruhige Zimmer, 2012 aufwändig renoviert, sind im Schloss zu Hopferau für Gäste reserviert. Durch harmonische Farbgestaltung, hochwertigen Materialien sowie modernen Komfort auf hohem Niveau mit LED-TV, WLAN, Badezimmer mit Dusche und Föhn wurden die Räume zu Oasen der Entspannung im stilvollen Ambiente des 1468 erbauten Schlosses.
Schloss zu Hopferau, Schlossstraße 9, D-87659 Hopferau, Tel. +49 (0)8364 98 48 90, Fax +49 (0)8364 98 48 944, info@schloss-hopferau.com, www.schloss-hopferau.com

Tagungsmöglichkeiten

Im ältesten Schloss des Ostallgäus wurde 1946 der erste leistungsfähige Computer in Betrieb genommen. Der Schöpfergeist Konrad Zuses inspiriert heute die Seminar- und Tagungsteilnehmer in einem der modernsten Tagungszentren Deutschlands. Die Seminarräume sind mit modernster Technik ausgestattet und lassen keine Wünsche offen.
Schloss zu Hopferau, Schlossstraße 9, D-87659 Hopferau, Tel. +49 (0)8364 98 48 90, Fax +49 (0)8364 98 48 944, info@schloss-hopferau.com, www.schloss-hopferau.com

Leovinus
Spagyrische Natur- & Badekosmetik

„Gläserne Seifenmanufakatur" – Original „Füssener Pflanzenseifen"
Spezialitäten und Köstlichkeiten aus der Amphore

Alchemie (Spagyrik) ist die Kunst, mit Hilfe chemischer Verfahrenstechniken Zutaten aus der Natur in kostbare Essenzen und Heilmittel zu verwandeln. Wer das heimelige und wohlriechende Geschäft in der Hauptstraße 17 in Hopferau betritt, wird von den Künsten des Seifensieders Dietrich Zarnack verzaubert sein. Mit Ruhe und Geduld stellt der Kräuterkundige Seifen und Körperpflegeprodukte aus rein natürlichen Zutaten her. Kunden können ihm bei seiner Arbeit hinter einer verglasten Front zusehen. „Jeder, der sich für traditionelle Seifenherstellung interessiert, kann mir zuschauen und Fragen stellen. Über die hochwertigen Inhaltsstoffe und Zutaten bis hin zur Färbung gebe ich gerne Auskunft", so Dietrich Zarnack. Die „Gläserne Seifenmanufaktur" ermöglicht bisher verborgene Einblicke in die Herstellung von außergewöhnlichen Seifenkreationen wie Zahnputzseife und verlockend duftenden Kreationen wie Rosen-Honig-Seife oder Granatapfelseife. Ein Geschmackserlebnis für verwöhnte Gaumen sind die verschiedenen Liköre, Essige und Öle, die aus stilvollen Amphoren nach Wunsch in Flaschen abgefüllt werden. Ein Besuch bei „Leovinus" ist wie eine Reise durch die Welt der Düfte und Farben! Alle Produkte können auch über den Internetshop bestellt werden.

Öffnungszeiten: Montag bis Donnerstag 10:00 bis 12:00 Uhr und 14:00 bis 18:00 Uhr, Freitag bis Sonntag 14:00 bis 18:00 Uhr. Produktions-Termine für das „Schauseifensieden" siehe Homepage.

Leovinus Naturkosmetik

Dietrich Zarnack
Hauptstraße 17
D-87659 Hopferau
Tel. +49 (0)173 77 60 011
Fax +49 (0)3212 12 97 845
info@spagyrischenaturkosmetik.de
www.spagyrischenaturkosmetik.de

Schloss zu Hopferau

Ältestes Jagdschloss im Ostallgäu interessanter Historie

Etwa 8 km von Füssen, vor majestätischem Bergpanorama, gelangen Gäste auf der Ortsdurchfahrt von Hopferau zu einer kleinen Allee, die direkt zum Schloss führt. Das 1468 erbaute Schloss zu Hopferau wurde 1830 von Domenico Quaglio, dem Baumeister von Schloss Hohenschwangau, in den neugotischen Stil versetzt und verbreitet einladenden Charme in historischem Ambiente, umrahmt von der gepflegten, parkähnlichen Außenanlage. Im Inneren des Gebäudes geht es stilvoll weiter: Zum Beispiel mit einem romanischen Taufbecken aus dem 12. Jahrhundert aus „Benkener Marmor" oder vier Skulpturen, gestaltet von Bildhauer Georg Halbich, einem ehemaligen Schlossbesitzer. Jeder Raum erzählt seine eigene Geschichte. Das nette Begrüßungskomitee besteht aus Schlosshund Amelie und einem überaus herzlichen Personal.

Für jeden Anlass der richtige Raum. Bereits im 15. Jahrhundert eilte dem Erbauer des Schlosses zu Hopferau, Ritter Sigmund von Freyberg-Eisenberg zu Hopferau, der Ruf eines guten Gastgebers voraus. Im ältesten erhaltenen Schloss des Ostallgäus ist das bis heute so geblieben. Kombiniert mit moderner Eleganz, verleiht dieses Schmuckstück privaten Festlichkeiten und offiziellen Anlässen einen besonderen Rahmen. Räumlichkeiten für bis zu 95 Personen stehen bereit, beispielsweise der **historische Tafelsaal** mit in sich durchgehender, handkolorierter Tapete aus der Zeit um 1800 und original Möbeln im Stil des Ulmer Barock von 1900 und den beiden italienischen Kachelöfen von 1520. Im prächtigen

Hier erhalten Sie die Leistungen der KönigsCard (siehe Seite 31)

Rittersaal finden jährlich etwa 70 Trauungen statt. Der Traum vom schönsten Tag im Leben wird hier Wirklichkeit. Außerhalb der Festivitäten stehen die Räume allen Gästen zur Verfügung. Im historischen Rittersaal sind sowohl die spätgotische Holzdecke als auch die Wandvertäfelung noch aus den Gründerjahren. Von dort aus gibt es einen kleinen Eingang zur **Marienkapelle,** eine ursprünglich begehbare Ganzjahreskapelle. Diese ist die neugestaltete Hauskapelle mit einem schönen Flügelaltar nach Vorbild von Tillmann Riemenschneider.

Vielschichtig und vielseitig

Kulinarisch wird im Schloss zu Hopferau etwas für jeden Geschmack geboten: Zünftiges in der Burgwache, dem ehemaligen Aufenthaltsraum der Schlosswache, regionale Spezialitäten in der gemütlichen Schlossküche, gehobene internationale Küche im Schlossrestaurant und romantische Candle-Light-Dinner im Segisser-Zimmer. Im Schlossgartencafé, dem ehemaligen Gesindehaus, gibt es in den Sommermonaten hausgemachte Kuchen und Torten. Lust auf draußen macht auch der wohl schönste Biergarten des Ostallgäus. Wer seinen Single Malt Whiskey lieber drinnen genießt, dem sei ein Besuch der modern gestalteten Schloss-Bar ans Herz gelegt.

Komfortable Unterkunft und Tagungszentrum

Alle 14 Zimmer wurden 2012 komplett mit hochwertigen Materialien neu gestaltet und eingerichtet, inklusive Löwe-LED-TV, kostenlosem WLAN, Badezimmer mit WC, Dusche und Föhn. Sie vermitteln Wärme und Geborgenheit und eignen sich ideal zum Entspannen und Genießen. 1946 wurde auf Schloss zu Hopferau der erste vollautomatische und programmierbare Computer von Erfinder Konrad Zuse in Betrieb genommen. Sein Schöpfergeist inspiriert bis heute die vielen Seminarteilnehmer in einem der modernsten Tagungszentren Deutschlands, begleitet von hochwertiger Technik. Im Haus befindet sich zudem das Erste Deutsche Zentrum für Leistungsmanagment und Burnout-Prävention.

Kunst und Kultur vom Feinsten

Auch Kultur kommt im Schloss zu Hopferau nicht zu kurz: Legendär sind die monatlichen Treppenhauskonzerte mit klassischer Musik. Außerdem im Programm: Kabarett, Theater und Musicals sowie Schlossparkfeste, Oster- und Weihnachtsmärkte.

Schlossbesichtigung:
Täglich von 11 Uhr bis 22 Uhr kostenlose Schlossführung donnerstags um 17 Uhr, Anmeldung erforderlich.

Schloss zu Hopferau

Schloßstraße 9-11, D-87659 Hopferau
Tel. +49 (0)8364 98 48 90
Fax +49 (0)8364 98 48 944
info@schloss-hopferau.com
www.schloss-hopferau.com

Rieden am Forggensee

Urlaub machen wie ein König

Wer als Feriengast in Rieden ankommt, ist tief beeindruckt von der überwältigenden Kulisse der idealen Urlaubslandschaft rund um den Ort. Man kann sich gar nicht sattsehen am malerischen Forggensee mit der imposanten Kette der Allgäuer Alpen im Hintergrund.

Die Gemeinde Rieden (1275 Einwohner) grenzt mit 8 km Ufer an den Forggensee und bietet beste Voraussetzungen für einen gelungenen Urlaub. Der Ort ist über die Bundesstraße von Marktoberdorf nach Füssen leicht erreichbar. Attraktive Ausflugsziele vor allem in die Berge und zu den Königsschlössern sind reichlich vorhanden. Eine beschauliche Schiffstour auf dem Forggensee sollte im Ausflugsprogramm nicht fehlen.

Kurzer Blick ins Geschichtsbuch

Rieden gehörte seit dem Mittelalter zum Hochstift Augsburg. Nach der Säkularisation 1802 kam Rieden mit dem gesamten Gebiet des Bistums Augsburg zum Kurfürstentum Bayern, das 1806 Königreich wurde. Ab 1867 gehörte Rieden zum Bezirksamt Füssen. Wie so viele andere Dörfer, geriet Rieden in den Sog der schnellen Aufwärtsentwicklung der Landwirtschaft im 19. Jahrhundert. Das landwirtschaftliche Genossenschaftswesen brachte dem einzelnen Bauern Hilfe und vermittelte neue Methoden der Milchwirtschaft. Die 1860 in Füssen gegründete Seilerwarenfabrik gab auch den Riedener Kleinbauern die Möglichkeit zu arbeiten, um ihren Lebensstandard zu verbessern.

Rieden am Forggensee
(Bild Tourismusgemeinschaft Südliches Allgäu)

Das bis zum Bau des Forggensees abseits gelegene Dorf wurde an die neu gebaute Straße, heute B 16, angebunden. Nach der Fertigstellung der Straße 1953 und der Aufstauung des Forggensees 1954 nahm der Fremdenverkehr in Rieden einen riesigen Aufschung. Fast das ganze westliche Ufer des Sees wird von der Riedener Flur begrenzt und bietet unzählige Möglichkeit der Freizeitgestaltung. Nun folgte eine rasche Aufwärtsentwicklung vom einfachen Bauerndorf zur blühenden Gemeinde mit gutem Nebeneinander von Land- und Forstwirtschaft, Fremdenverkehr, Handwerk, Handel und Gewerbe (Zentrum für Metallbearbeitung) als Erwerbsquellen.

Sehenswürdigkeiten

Die Pfarrkirche zu den heiligen fünf Wunden ist durch ihren reich ausgestatteten Innenraum sehr sehenswert. Im ersten Bauabschnitt entstand 1687 der Chor einer Kapelle.Im Jahr 1721 erfolgte eine Erweiterung und 1894 bis 1896 der Bau des Langhauses und des Turmes. Blickpunkt der Kirche ist der aus dem Ende des 17. Jh. stammende Säulen-Hochaltar mit dem Tabernakel, der auf einer geschnitzten Darstellung die fünf Wunden Christi zeigt.

Der mächtige quadratische Turm der Filialkirche St. Urban aus romanischer Zeit beherbergt drei Glocken, die älteste aus dem Jahre 1523. Im Innenraum kann man wertvolle Kunstwerke aus verschiedenen Epochen bewundern.

Auf einem schönen Aussichtsplatz südwestlich vom Ort lädt eine Votivkapelle aus dem Jahre 2005 zur Einkehr und zum Verweilen ein.

Das Puppenmuseum in Rieden begeistert mit seinen 600 verschiedenen Puppen vor allem Kinder.

Freizeit und Sport

Angler und Wassersportler kommen bei den 40 Seen und Weihern der näheren Umgebung voll auf ihre Kosten. Wanderer und Radfahrer haben die Auswahl an unzähligen angelegten Rad- und Wanderwegen. In einer der modernsten Kletterhallen Bayerns gibt es regelmäßig Kletterkurse in unterschiedlichen Schwierigkeitsgraden. Die Gleitschirmschule von Rieden führt Anfänger behutsam und kompetent in dieses aufregende Vergnügen ein.

Veranstaltungen

Die traditionsbewussten Bewohner feiern jährlich fünf Dorffeste und ein Waldfest. Außer den wöchentlichen Standkonzerten sorgen die Aufführungen des Bauerntheaters für kulturelle Abwechslung.

Wichtige Adressen und Telefonnummern

Gästeinformation Rieden
Lindenweg 4
D-87669 Rieden am Forggensee
Tel. +49 (0)8362 370 25
Fax +49 (0)8362 396 25
info@rieden.de, www.rieden.de

Essen und Trinken

Die Atmosphäre ist spannend, wenn man in der DAV-Kletterhalle seinen Cappuccino oder ein kühles Cola genießt. Man blickt von der Cafeteria hinüber auf die Kletterwand, in der Kletterer und Bolder ihre Griffe üben. Die Cafeteria im DAV Kletterzentrum Allgäu, Dietringer Str. 50, D-87669 Rieden am Forggensee, Tel. +49 (0)8362 50 71 88, Fax +49 (0)3212 12 59 939, info@kletterzentrum-allgaeu.de, www.kletterzentrum-allgaeu.de

Bergsicht im südlichen Allgäu
(Bild Tourismusgemeinschaft Südliches Allgäu)

Übernachten

Allgäuer Ferienhof****

Vier komfortable, liebevoll bis ins Detail eingerichtete Ferienwohnungen für zwei bis acht Personen mit Badezimmer, Balkon oder Terrasse. Kühlschrank, Mikrowelle, Kaffeemaschine, Spülmaschine, Sat-TV, E-Mail- und Internetanschluss, Bettwäsche und Handtuchservice.
Herrliches Alpenpanorama, eigene Badewiese am Schwaltenweiher. Großzügiges Grundstück mit Kinderspielplatz und sonniger Südterrasse. Urlaub auf dem Bauernhof der Extraklasse!
Allgäuer Ferienhof****, Gabi Paulsteiner, Goldhasen 59, 87494 Rückholz, Tel. +49 (0)8369 247, Fax+41 (0)8369 92 66 86, paulsteiner.goldhasen@googlemail.com,www.paulsteiner-goldhasen.de

Bauern- und Ferienhof Hirsch

Ferien auf dem ökologisch geführten Bauernhof! Fünf großzügige Ferienwohnungen mit 4-Sterne-Komfort (Balkon, WLan) für zwei bis 8 Personen, ein Doppelzimmer mit Dusche/WC. Große Wiese, Kinderspielplatz, Grill- und Feuerstelle, Brötchenservice auf Wunsch, KönigsCard gratis. Sehr gutes Preis-Leistungsverhältnis!
Bauern- und Ferienhof Hirsch, Familie Eberle, Holzleuten 32, D - 87494 Rückholz im Allgäu, Tel. +49(0)8369 209, Fax +49(0)8369 926708, info@hirsch-allgaeu.de, www.hirsch-allgaeu.de

DAV Kletterzentrum Allgäu

Klettern lernen mit Netz und doppeltem Boden

Von außen sieht man der Kletterhalle nicht an, welche Höhe die Wand erreicht, die von Kletterenthusiasten erklommen werden kann. Zunächst unscheinbar erreicht man über eine Treppe die Cafeteria des Kletterzentrums. Dort ist der Blick auf die Wand zwar spannend, weil man die Kletterer in Aktion sieht. Doch unten, in der eigentlichen Kletterhalle, fühlt man sich wie in einem Dom, der einem die wahren Ausmaße der 880 Quadratmeter großen Halle und der 15 Meter hohen Kletterwand darin vor Augen führt.

Sportler, die das Klettern erlernen möchten, sind hier genauso gut aufgehoben, wie Geübte, die ihre Kenntnisse und Fertigkeiten in winzigen Tritten und dynamischen Griffen weiter vertiefen möchten. An der Wand sind fast alle Schwierigkeitsgrade zu finden. Dort lässt sich auch in gesichertem Rahmen üben, was man in der freien Natur, am Berg, braucht. Zahlreiche Kurse werden veranstaltet, in denen man von erfahrenen Kletter- und Bergsportprofis angeleitet, den Umgang mit Seil und Haken erlernen kann. Natürlich stehen auch Leihgeräte, wie Kletterschuhe und -gurte, Seile und Sicherungen zur Verfügung. Nachdem der Gast gefahrlos und gut gesichert die Herausforderungen gemeistert hat, genießt er die Cola oder den Cappuccino in der Cafeteria des Kletterzentrums.

DAV Kletterzentrum Allgäu
Dietringer Str. 50
D-87669 Rieden am Forggensee
Tel. +49 (0)8362 50 71 88
Fax +49 (0)3212 12 59 939
info@kletterzentrum-allgaeu.de
www.kletterzentrum-allgaeu.de

Roßhaupten

Entspannte Ferien am Forggensee

Die Gemeinde Roßhaupten (2100 Einwohner) am Forggensee erfreut Urlauber mit der einzigartigen Kombination von Badefreuden im glasklaren Wasser des Forggensees, dem größten Stausee Deutschlands, idyllischer natürlicher Voralpenlandschaft und Panoramablick auf die Ammergauer Alpen mit dem imposanten Säuling. Das beschauliche Leben im Dorf und der schön angelegte Kurpark mit biologischem Kneippnaturteich garantieren einen erholsamen Urlaub.

Die Anreise über die Bundesstraße von Marktoberdorf oder dem nahegelegenen Füssen ist kein Problem. Die attraktiven Ausflugsmöglichkeiten vor allem in die nahegelegene Berglandschaft mit den Königsschlössern sorgen für angenehme Abwechslung.

Kurzer Blick ins Geschichtsbuch

Seinen Namen verdankt die Gemeinde der Legende des Hl. Magnus. Im 8. Jahrhundert soll er einen Drachen getötet haben, der den Ort heimsuchte, mit Vorliebe Pferde verschlang und nur den Kopf übrigließ. Seit dem 13. Jahrhundert gehörte Roßhaupten zum Herrschaftsgebiet des Hochstifts Augsburg. 1803 kam die Gemeinde dann durch den Reichsdeputationshauptschluß zu Bayern.

Radeln am Forggensee
(Bild Tourismusgemeinschaft Südliches Allgäu)

Kurpark Roßhaupten
(Bild Tourismusgemeinschaft Südliches Allgäu)

Sehenswürdigkeiten

Im Ortsteil Sameister ist die kostbar ausgestattete Kapelle Mariä Sieben Schmerzen des Roßhauptener Baumeisters Johann Jakob Herkomer sehenswert. Auch die imposante katholische Pfarrkirche St. Andreas aus dem 17. Jahrhundert, die Maria Steinach Kapelle und die St. Ulrichs Kapelle in Fischhaus sind eine Besichtigung wert. Im Informationszentrum des Wasserkraftwerks kann man Interessantes über die Geschichte des Staudamms erfahren. Im Dorfmuseum im Pfannerhaus sind wissenswerte Zeugnisse aus dem Dorfleben vergangener Tage ausgestellt.

Freizeit und Sport

Die Spielgolfanlage neben dem Kurpark verspricht Unterhaltung für alle Altersgruppen. Gleich nebenan freuen sich Kinder über den Abenteuerspielplatz. Der ortseigene Badestrand am Forggensee bietet an warmen Tagen erfrischendes Badevergnügen. Auf den gut ausgebauten Wander- und Radwegen können die Feriengäste die herrliche Umgebung erkunden. Im Winter ist eine Langlauftour auf den gespurten Loipen durch die romantische Schneelandschaft ein besonders schönes Erlebnis.

Wichtige Adressen und Telefonnummern

Tourist Information
Roßhaupten am Forggensee
Hauptstraße 10
D-87672 Roßhaupten
Tel. +49 (0)8367 364
Fax +49 (0)8367 642
info@rosshaupten.de
www.rosshaupten.de

Rückholz

Liebenswerte ländliche Idylle

Wer Ruhe und Erholung sucht, ist mit einem Urlaub in Rückholz(800 Einwohner) gut beraten. Die traditionsbewussten gastfreundlichen Bewohner haben den ländlichen Charakter des sympathischen Dorfes und der insgesamt 24 Weiler bewahrt. Bei Familien mit Kindern ist ein Urlaub auf einem der Bauernhöfe des Dorfes sehr beliebt. Die herrliche Natur der Umgebung mit sieben Weihern, sanften Hügeln, saftigen Weiden und stillen Wäldern ist ein Paradies für Naturfreunde und Angler. Der größte Weiher, der idyllisch gelegene Schwaltenweiher bietet Bademöglichkeiten, große Liegewiesen, Spielplätze zum Herumtollen und einen Ruderbootverleih.

Die Anreise ist dank der nahen Autobahn 7 von Ulm nach Füssen problemlos. Zahlreiche attraktive Ausflugsziele wie die Königsschlösser sind leicht erreichbar.

Kurzer Blick ins Geschichtsbuch

Im Mittelalter war Rückholz im Besitz des Füssener Klosters St.Mang. Der Abt des Klosters übte von 1474 bis 1803 die Gerichtsbarkeit aus. Kaiser Maximilian erwarb im Jahre 1512 die Herrschaft Falkenberg, zu der auch Teile des Gemeindegebiets von Rückholz gehörten. 1803 fiel das Gebiet im Rahmen der Neugliederung durch den Reichsdeputationshauptschluss

an die Fürsten Oettingen-Wallerstein. Seit 1806 gehörte der Ort zum Königreich Bayern.

Sehenswürdigkeiten

Beim Spaziergang durch das Dorf fällt ein kleines Schild am Straßenrand auf, das auf den Weg zur romantischen Mariengrotte verweist. Sie liegt beschaulich am Waldrand und wird von zwei Engelsfiguren bewacht. Eine Bank lädt ein zum Verweilen, um den herrlichen Panoramablick zu genießen.

Hoch über den Häusern des Dorfes auf einem Hügel thront die sehenswerte Pfarrkirche St. Georg aus dem 15. Jahrhundert.

Alle zwei Wochen findet eine Bauernhofführung statt, (siehe Veranstaltungskalender).

Einmal pro Woche kann man an einer Käsereibesichtigung teilnehmen, (siehe Veranstaltungskalender).

Freizeit und Sport

Auf den gepflegten Wanderwegen der Umgebung sind ausgedehnte Wanderungen durch abwechslungsreiche Landschaft möglich. Auch mit dem Rad kann man das Gebiet erkunden, im Ort gibt es einen Fahrradverleih. Badegelegenheiten an den natürlichen Weihern sind reichlich vorhanden.
Im Winter führen gebahnte Langlaufloipen durch ein verschneites Paradies. Auch eine Winterwanderung in der herrlich klaren Luft ist sehr zu empfehlen.

Wichtige Adressen und Telefonnummern

Verkehrsamt Rückholz
im Gemeindeamt, Ortsstraße 10
D-87494 Rückholz
Tel. +49 (0)8369 227
Fax +49 (0)8369 92 66 01
rueckholz-gemeinde@t-online.de
www.rueckholz.de

Schwaltenweiher bei Rückholz
(Bild Tourismusgemeinschaft Südliches Allgäu)

Bauern- und Ferienhof Hirsch

Großzügiges Paradies für Familien

Kinder lieben Ferien auf dem Bauernhof. Tiere streicheln und das abendliche Füttern im Stall, Kühe melken, dem Bauern bei der Heuernte helfen und sogar auf dem Traktor mitfahren – für interessante Tätigkeiten, die Spaß machen, ist auf dem ökologisch geführten Bauern- und Ferienhof Hirsch gesorgt. Auf den Wiesen rund ums Haus hört man fröhliches Kinderlachen. Toben und Spielen ist hier ausdrücklich erlaubt, ein Spielplatz, das Riesentrampolin und viele Tretfahrzeuge stehen zur Verfügung. Während die Kinder ihrer Phantasie freien Lauf lassen, können Eltern auf der Terrasse des einladenden Gartenhäuschens entspannen. Unvergesslich bleiben die Grillabende und Lagerfeuer in romantischer Allgäu-Atmosphäre. Nach einem ereignisreichen Tag freuen sich alle auf ihr bequemes Bett, entweder im Doppelzimmer oder in einer der fünf geräumigen Ferienwohnungen für zwei bis acht Personen, die mit 4-Sterne-Komfort ausgestattet sind, WLan inklusive. Viel Holz und warme Farben machen die Räume gemütlich, vom Balkon aus hat man einen weiten Blick bis zum Horizont. Auch viele Paare schätzen die absolut ruhige Lage des Hofes. Die frischen Frühstücks-Semmeln liefert täglich der hauseigene Brötchenservice und auch Milch, Eier und Honig gibt's direkt vom Hof. So gestärkt geht es vom zentral gelegenen Bauernhof auf Entdeckungsreise ins liebliche Allgäu. Die KönigsCard mit kostenfreiem Zugang zu zahlreichen bekannten Ausflugszielen und Freizeiteinrichtungen macht's möglich, denn die bekommen Gäste auf dem Ferienhof Hirsch von Familie Eberle gratis. Fröhliche Ferien!

Bauern- und Ferienhof Hirsch
Familie Eberle
Holzleuten 32
D - 87494 Rückholz im Allgäu
Tel. +49(0)8369 209
Fax +49(0)8369 926708
info@hirsch-allgaeu.de
www.hirsch-allgaeu.de

Hier erhalten Sie die Leistungen der KönigsCard (siehe Seite 31)

**** Allgäuer Ferienhof Paulsteiner

Komfort-Urlaub auf dem Bauernhof

Bilderbuchpanorama auf die Allgäuer Alpen und Schloss Neuschwanstein, komfortabel und liebevoll eingerichtete Ferienwohnungen für zwei bis acht Personen mit Balkon oder Terrasse, gemütliche Doppelzimmer, Bauernhofparadies mit Kühen, Kälbern, Ziegen, Hasen, Hund und Katzen direkt am Schwaltenweiher gelegen, idealer Ausgangspunkt für Wanderungen in die Natur und Ausflüge zu beliebten Allgäuer Sehenswürdigkeiten – der Allgäuer Ferienhof Paulsteiner in Goldhasen, einem Ortsteil der Gemeinde Rückholz, bietet unbeschwertes Urlaubsvergnügen auf typische Allgäuer Art. In klimatisch günstiger Lage auf 900 Metern lassen Gäste die Seele baumeln und genießen alle Annehmlichkeiten, die der 4-Sterne-Hof zu bieten hat. Lebensfreude pur! Der Tag im Allgäuer Ferienhof Paulsteiner beginnt gemütlich. Wer möchte, frühstückt im Aufenthaltsraum oder draußen auf der Südterrasse vor dem Haus. Für Kinder ist die morgendliche Begrüßung ihrer tierischen Freunde ein besonderes Vergnügen, denn Füttern und Streicheln ist erlaubt. Wie funktioniert ein Bauernhof überhaupt? Von der Kunst des Heumachens bis zur Aufzucht kleiner Tierbabys erfahren Kinder allerhand Wissenswertes. Spaß macht es auch, auf dem Spielplatz herumzutoben oder sich mit der ganzen Familie auf der hauseigenen Liegewiese am herrlichen Schwaltenweiher zu sonnen, im Weiher zu baden oder mit dem Schlauchboot hinauszufahren. Angelfreunde fangen ihren Fisch am nahegelegenen Neuweiher und grillen abends auf der Terrasse des Ferienhofs im Licht der untergehenden Sonne. Auch im Winter kommen Gäste auf ihre Kosten: Eine Loipe beginnt gleich hinterm Dorf. Gäste des Ferienhofes bekommen außerdem die Allgäuer Königscard geschenkt und haben damit freien Eintritt zu vielen Sehenswürdigkeiten und Ausflugszielen. Ein kleines Königreich auf dem Bauernhof!

Allgäuer Ferienhof****
Gabi Paulsteiner
Goldhasen 59, D-87494 Rückholz
Tel. +49 (0)8369 247
Fax +49 (0)8369 92 66 86
paulsteiner.goldhasen@googlemail.com
www.paulsteiner-goldhasen.de

Hier erhalten Sie die Leistungen der KönigsCard (siehe Seite 31)

Seeg

Auf dem Weg zum Honigdorf

Der beschauliche Ferienort Seeg (2800 Einwohner) mit ausgeprägter touristischer Infrastruktur liegt in der lieblichen Hügellandschaft des Allgäuer Alpenvorlandes. Moore, viele kleine und mittlere Seen und ausgedehnte Weideflächen prägen das Landschaftsbild.

Die günstige Lage nahe der Autobahn Ulm-Füssen garantiert eine problemlose Anreise mit dem Auto und großartige Ausflugsmöglichkeiten, vor allem zu den nahen Allgäuer Alpen mit den Königsschlössern. Bahnreisende freuen sich über die bequeme Ankunft am Seeger Bahnhof auf der Strecke Marktoberdorf – Füssen.

In Seeg hat die Imkerei eine lange Tradition, schon früh wurde ein Bienenzuchtverein gegründet. Im Frühjahr 2013 wird beim Heimatmuseum eine Erlebnisimkerei und ein Bienenlehrpfad mit 12 informativen Stationen eröffnet, ein Schwerpunkt der zukünftigen Freizeitangebote in Seeg.

Kurzer Blick ins Geschichtsbuch

Seeg wurde im Jahre 1138 erstmals urkundlich erwähnt. Im Mittelalter bewohnte eine Adelsfamilie eine Hügelburg im Ortsteil Burk. Im Jahre 1987 erhielt die Gemeinde das Prädikat „Luftkurort".

Seeg
(Bild Tourismusgemeinschaft Südliches Allgäu)

Sehenswürdigkeiten

Die Pfarrkirche St. Ulrich, entworfen vom berühmten Baumeister Johann Jakob Herkomer (1652-1717), dessen Eltern und Großeltern aus Seeg stammten, gilt als eine der wichtigsten Rokokokirchen Bayerns und wird wegen ihrer großen kulturhistorischen Bedeutung von zahlreichen kunstinteressierten Besuchern sehr geschätzt. Das Kreuzgewölbe und der Turm sind aus romanischer Zeit erhalten. Der Innenraum ist mit prächtigen Stuckaturen geschmückt. Die faszinierenden Fresken und Malereien stammen von den Barockmalern Balthasar Riepp und Johann Baptist Enderle.

Sie befassen sich hauptsächlich mit der Thematik der göttlichen Dreieinigkeit. Im Hauptfresko wird die Seeschlacht von Lepanto dargestellt, bei der im Jahre 1571 das christliche Europa gegen die osmanische Flotte verteidigt wurde. 2004-2007 wurde die Kirche umfassend restauriert.

Am Rande des Weilers Burk erhebt sich mitten in einer Talsenke ein auffälliger, großer runder Erdhügel, eine sogenannte Motte. Auf diesem Erdhügel stand im hohen Mittelalter eine Holzburg, die ehemals den Herren von Seeg als Sitz diente. Um den Erdhügel herum verläuft ein breiter Wassergraben, der dem Schutz der Hauptburg diente. Die Motte ist heute privat überbaut, aber jederzeit von außen zu besichtigen. Sie ist eine der schönsten Erdhügelburgen bzw. Motten Deutschlands.

Das interessante Heimatmuseum zeigt auf einer Fläche von über 800 qm anschauliche Zeugnisse von Leben und Arbeit in der Region in vergangenen Jahrhunderten. Ein Schwerpunkt ist die Darstellung der Kunst der Turmuhrenbauerfamilie Barnsteiner aus Seeg-Kirchthal.
Geöffnet April bis Oktober Donnerstag und Sonntag 14.00-17.00 Uhr
Hauptstraße 66, Tel. 08364 8202

Freizeit und Sport

Seeg ist ein Freizeitparadies. Ein kilometerlanges Wegenetz für Wanderer und Radfahrer bietet wunderbare Panoramablicke zur Kette der Allgäuer Alpen. Nach der Wanderung versprechen die idyllischen Badeseen Abkühlung an heißen Sommertagen.

Eine der schönsten Minigolfanlagen im Allgäu sorgt für weiteres Freizeitvergnügen.

Im Winter garantieren gepflegte Loipen in einer traumhaften Schneelandschaft, ein Skihang mit Schlepplift und Flutlicht sowie Schlittschuhlaufen auf den zugefrorenen Seen erlebnisreiche Ferientage.

Wichtige Adressen und Telefonnummern

Tourist-Information Seeg
Hauptstraße 33
D-87367 Seeg
Tel. +49 (0)8364 98 30 33
Fax +49 (0)8364 98 73 15
info@seeg.de, www.seeg.de

Naturparkregion Reutte

das Tor zu Tirol

Ein grandioses Bergpanorama, unverfälschte Natur und die Verquickung von pulsierendem Leben mit ländlicher Idylle – das sind die Reize, die Reutte und seine Umgebung prägen. Die Naturparkregion Reutte bietet ihren Gästen vielseitige Möglichkeiten für einen abwechslungsreichen Aufenthalt – so stellt man sich Ferien in Tirol vor.

Reutte ist der Hauptort des „Außerfern", wie die westlich des Fernpasses gelegenen Landesteile von Tirol genannt werden. Elf malerische Orte gehören zur Marktgemeinde: Reutte, Breitenwang, Ehenbichl, Höfen, Lechaschau, Musau, Pflach, Pinswang, Vils, Wängle und Weißenbach.

Familien mit Kindern, sporthungrige Besucher und Erholung suchende Naturfreunde kommen gleichermaßen auf ihre Kosten. Der Wassersportler begeistert sich beim Schwimmen, Surfen, Tauchen, Segeln oder Angeln an einem der vier Seen in der unmittelbaren Umgebung. Für den Berg- und Wanderfreund bietet sich das reinste Eldorado mit herrlichen Touren, die ihm unvergessliche Erlebnisse bescheren. Geführte Wanderungen und Kletterkurse stehen auf dem Programm. Kinder sind beim Ponyreiten voll in ihrem Element oder erleben auf dem Bauernhof unvergessliche Stunden. Und wer einfach nur ausspannen möchte, erlebt die Natur als Quelle der Kraft.

Blick auf Reutte
(Bild Robert Eder)

Verschneite Täler, tiefblauer Himmel, klare Bergluft und majestätische Gipfelaussichten erwarten den Besucher im Winter, märchenhaft und einzigartig. Vom Alpinski bis zur romantischen Pferdeschlittenfahrt – die Naturparkregion Reutte bietet einen abwechslungsreichen, erholsamen Aufenthalt.

Die deutsche Autobahn A7 wurde 2009 bis zum Grenztunnel Reutte/Füssen erweitert. Durch diesen Anschluss an das deutsche Autobahnnetz liegt Reutte sehr verkehrsgünstig. Der Straßenverkehr in das restliche Tirol bzw. nach Italien fließt über den nahen Fernpass.

Besondere Highlights der Region

Burg entdecken – Burgenwelt Ehrenberg

Burgruine Ehrenberg

Graf Meinhard II. von Tirol, ein reicher Fürst und Bundesgenosse Rudolfs von Habsburg, gab der Festung Ehrenberg den Namen und baute diese als nördlichstes Bollwerk seines Landes aus. Ihre Geschichte reicht zurück bis ins Jahr 1293. Bedeutung erlangte sie auch in den Schmalkaldischen Kriegen. Nach bewegten Jahrhunderten wird die Festung schließlich den Reformen Kaisers Josef II. geopfert und am 28. März 1782 samt Klause und Vorwerken versteigert und ausgeplündert.

Festung am Schlosskopf (Bild TVB Reutte)

Ehrenberger Klause

Im Jahre 15 v. Chr. überschritt Drusus mit seinen Legionen die Alpen. Anschließend wurde die Via Claudia Augusta gebaut, die eine 700-jährige Entwicklung im Festungsbau einleitete (siehe Text Homepage oder Flyer). Damit gehört die Klause mit den sie umgebenden Burgen und Festungen wohl zu den ältesten und wichtigsten historischen Festungsanlagen im nördlichen Tiroler Voralpenland.

Ritterspiele
(Bild TVB Reutte)

Fort Claudia

Die strategische Bedeutung des Ehrenberg gegenüber liegenden Bergrückens war lange bekannt. Von 1639 bis 1645 wurde unter der namensgebenden Regentin Erzherzogin Claudia das Fort Claudia erbaut. 1703 wurde das Fort Claudia von den Bayern eingenommen, die von hier aus die Besetzung von Ehrenberg einleiteten. 1782 wurde die Festung aufgelassen.

Festung am Schlosskopf

Die jüngste und zugleich mächtigste aller Anlagen ist die Festung Schlosskopf. 1733 begann man mit dem Festungsbau, der nach modernsten militärischen Erkenntnissen 1741 vollendet wurde. 1782 wurde sie wie alle anderen Bauwerke aufgelassen. Die beeindruckenden Reste lassen noch heute die Festung erahnen, die in ihrer Zeit als uneinnehmbar galt.

Multimediale Show Ehrenberg Historical Sound and Vision

Montag bis Freitag ab 13 Uhr begibt sich der Besucher innerhalb der historischen Mauern der Ehrenberger Klause auf eine Zeitreise durch 700 Jahre Geschichte, wo der Turmwächter Ambrosius Hölzl, die Wirtin Maria und der fahrende Dichter und Sänger Caspar von Allenthalben in eine Welt aus Sound und Visionen entführen. Eine Lichtinstallation schafft faszinierende Atmosphäre, hörspielähnliche Dialoge, Soundcollagen und die in allen Epochen gegenwärtige Stimme des

Turmwächters schlagen einen weiten Bogen von der Römerstraße Via Claudia bis heute und lassen dem Betrachter ganz spektakulär die Geschichte lebendig werden, versetzen ihn in den Mittelpunkt des Geschehens. So wird jede Epoche hautnah erlebbar. Montag bis Freitag Vorstellung Englisch um 13 Uhr, Deutsch um 14 Uhr, Sondervorstellungen auf Anfrage.

Ritterspiele Ehrenberg

Auf einem riesigen Festgelände werden Bürger von Reutte und dem Außerfern zu Rittern, Landsknechten, Musikanten und Händlern und präsentieren auf ehrwürdigem Boden eine kulturhistorische Veranstaltung der Spitzenklasse. Kelten & Römer, frühes Mittelalter, Zeit der Gotik und Renaissance werden hier im Sommer lebendig.
Nähere Informationen zu dem Mega-Event „Ritterspiele Ehrenberg" unter www.ehrenberg.at

Kaiser und Könige

nahmen den Weg durch die Klause: zu Feldzügen nach Oberitalien, zu Kreuzzügen ins Heilige Land und zu Krönungen nach Rom. Der Lebensweg des Kaisers Lothar III. endete unweit der Klause in Breitenwang. Heere eroberten die Festungen und zogen auch manchmal unverrichteter Dinge wieder ab. Eroberungszüge der Römer gegen die Likatier, Schlachten der Appenzeller, der Schmalkalden oder das Morden und Brennen der schwedischen Soldateska, Erbfolgekriege und der Freiheitskampf der Tiroler gegen ihre Unterdrücker hinterließen ihre Spuren.

Ritterturniere

Die Besucher erleben das aufregende Spektakel donnernder Hufe und blitzender Schwerter, wenn die Ritter in der Turnier-Arena um Ehre und Sieg streiten.

Schlacht um Ehrenberg

Kanonen krachen und Fanfaren ertönen, wenn die Landsknechte und Ritter in der Schlacht aufeinanderprallen und wenn die Musikanten im Schein der Fackeln ihre Trommeln schlagen, verwandelt sich die Klause in einen wahren Hexenkessel.

Grenz-Markt

Zum Hochgenuss für alle Sinne wird das Feilschen der Händler, wenn der Duft von gebratenen Hühnerschenkeln und Bier in die Nase steigt, einkaufen wird zum königlichen Erlebnis.

Bild TVB Reutte

Freizeit

Plansee

Plansee
(Bild Robert Eder)

Fast möchte man den Atem anhalten beim Blick auf das tiefgrüne Wasser, bei der Schönheit dieses Sees, in den sich die schroffen Berghänge stürzen. Tirols zweitgrößter See zieht sich an den dunklen Nadelwäldern entlang wie ein norwegischer Fjord. Der Sportler bleibt hier zum Surfen, Segeln, Schnorcheln, Tauchen, Baden und Fischen. Der Erholung suchende Feriengast genießt beim Wandern die Ruhe mit dem verträumten Blick auf das schier unergründliche Wasser.

Alpenblumengarten

Einmalig in Tirol ist der Alpenblumengarten auf der Höfener Alm, eine botanische „Arche Noah", 1976 von Idealisten der Bergwacht gegründet. Auf einem Areal von über 1,5 Hektar in einer Höhe von 1700 m kann man 600 Pflanzenarten bewundern, zum Teil Alpenblumen, die sehr selten und vom Aussterben bedroht sind. Blumenfreunde und Hobbyfotografen erfreuen sich an dieser Artenvielfalt.
Von Mitte Juni bis Ende September werden bei jeder Witterung von der

Bergwacht Reutte täglich fachkundige Führungen durch den Alpenblumengarten angeboten. Die Führung dauert ca. eineinhalb Stunden.

Barfußwanderweg

Tirols erster alpiner Barfußwanderweg beginnt ungefähr zehn Gehminuten entfernt von der Bergstation der Hahnenkamm-Bergbahn. Barfuß gehen, die Sinne wecken kann man auf dem Weg zur Höfener Alm, achtzehn Stationen zum Entspannen und Wohlfühlen. Der anschließende Besuch des Alpenblumengartens zeigt die Vielfalt und Schönheit der außergewöhnlichen Flora. Über die Lechaschauer Alm kehrt man zurück zur Bergstation.
Für dieses einzigartige Bergerlebnis kann man sich am Vortag bis 18.00 Uhr beim Bergführerbüro Reutte (Höfen) anmelden, Tel. +43 (0)680 2305097

Hahnenkamm Höfener Alm
(Bild TVB Reutte)

Lech erleben

Der Lechweg

Der Lech ist Namensgeber und Lebensader der Naturparkregion. Auf mehr als 120 Kilometern begleitet der Wanderer den Lech von seiner Quelle nahe des Formarinsees im österreichischen Vorarlberg bis hin zum Lechfall in Füssen im Allgäu. Dabei verbindet er drei Regionen und zwei Länder mit ihren Traditionen und Geschichten. Von Vorarlberg über das Tiroler Lechtal bis hin zum bayerischen Allgäu – alle drei hat der Lech über die Jahrhunderte mit geprägt. Heute ist der Lech Modellprojekt eines europäischen Qualitätslabels für Weitwanderwege.

Radwanderweg Lechtal-Reutte

Ein Tal, ein Fluss, ein Weg: Der Lech-Radweg erschließt eines der schönsten Täler Mitteleuropas. 50 km sind beinahe durchgängig asphaltiert. Der Radweg folgt dem Lech durch die Naturparkregion Lechtal-Reutte von Steeg bis hinunter nach Reutte. Teilweise geht es direkt am Lech entlang und man erlebt dabei den Reiz eines unregulierten Alpenflusses ohne nennenswerte Höhenunterschiede. Naturfreunde genießen hier unvergessliche Eindrücke. Die Wege sind stets gut beschildert.
Als Informations- und Kartenmaterial empfiehlt sich der Rad-& Bike-Atlas Allgäu/Tirol, Vitales Land, sowie www.lechweg.com

Via Claudia – der leichteste Alpenübergang für Radler

Den Radler erwartet auf der Via Claudia Augusta, dem uralten Kultur- und Handelsweg des Römischen Reiches, eine unvergessliche Mischung aus malerischen Landschaften, regen Städtchen, beschaulichen Dörfern, Zeugnissen wechselvoller Geschichte und von ihr geprägter Kultur. Die Strecke führt direkt vorbei an Reutte, wo eine Etappenpause sicher lohnend ist.

Wichtige Adressen und Telefonnummern

Tourismusverband
Naturparkregion Reutte
Untermarkt 34, A-6600 Reutte,
Tel. +43 (0)56 72 62 336
Fax +43 (0)56 72 62 336-40
info@reutte.com
www.reutte.com

(Bild TVB Reutte)

Burgenwelt Ehrenberg

Familien-, Kultur- und Naturerlebnis

Die ehemalige Grenzfestung Ehrenberg ist heute ein Ort der Begegnung und lädt Besucher zu spannenden Erkundungen ein. Auf der Wanderung durch die Burganlagen und den romantischen Klausenwald mit Talsperre, Burgruine, Schaufestung und Fort begibt man sich auf eine interessante Zeitreise. Für junge Besucher gibt es eine besondere Attraktion. Ausgerüstet mit den Schatzkarten „Die Suche nach dem sagenhaften Schlosskopfschatz“ oder „Die Suche nach dem magischen Schwert von Ehrenberg“ durchstöbern die Schatzsucher die Festungsanlagen.

Dem Ritter auf der Spur

Im Erlebnismuseum „Dem Ritter auf der Spur“ steht jeder der 14 Räume für einen Teilabschnitt einer Reise, derenZiel Heinrichs Rückkehr als Ritter in seine Heimat ist. Die Besucher fühlen sich schon sehr bald als Wegbegleiter des Stallburschen und seiner Reisegesellschaft, lernen mit ihm die Strapazen von Pilgern, Kreuzrittern und Kaufleuten, das Leben in einer Burg, die Schrecken von Pest und Belagerung, aber auch die Freuden bei Turnier und höfischem Fest kennen. Eine der drei Ebenen des Museums ist die für Kinder installierte „Ritter Rüdiger Museumsrallye“. Wer seine Aufgaben löst und das richtige Lösungswort nennen kann, wird mit Urkunde und Ritterschlag belohnt. Natürlich freut sich Drache Feuermaul, der beste Freund von Ritter Rüdiger, wenn man ihm am Burgenspielplatz, gegenüber dem Gasthof Klause, einen Besuch abstattet.

Öffnungszeiten: Museum und Museumsshop sind täglich von 10 bis 17 Uhr ganzjährig geöffnet. Das Museum bleibt jedes Jahr von Mitte Nov. bis 26. Dez. geschlossen. Nach so viel Abenteuern kehrt man gern im Landgasthof Klause zur gemütlichen Rast mit Tiroler Spezialitäten ein.

Verein Europäisches Burgenmuseum

Ehrenberg, Klause 1
A-6600 Reutte
info@ehrenberg.at
www.ehrenberg.at
Tel. +43 (0)5672 620 07
Fax +43 (0)5672 620 07-77

Museum im Grünen Haus

Werke von Anna Stainer-Knittel „Geierwally"

Das Museum im Grünen Haus befindet sich im Reuttener Untermarkt. Auf zirka 300 Quadratmeter Ausstellungsfläche geht es um die wechselvolle Geschichte des Marktes Reutte. Salzhandel, Burgenensemble Ehrenberg und Ortsentwicklung sind ebenso Thema wie Geschichte des Franziskanerklosters. Die berühmte Malerfamilie Zeiller ist mit wertvollen Bildern vertreten. Ein besonderes Highlight sind die Werke von Anna Stainer-Knittel, besser bekannt als „Geierwally". Wussten Sie, dass Reutte auf dem Mond liegt? Wie es dazu kam, erfahren Sie auch im Museum.

Zum Abschluss des Rundgangs können sich die Besucher in der gemütlichen „Wirtsstube" eine Rast gönnen. Das Museum von Reutte befindet sich im „Grünen Haus". Das stattliche Bürgerhaus aus dem 16. Jahrhundert hat eine grün gestrichene Fassade mit duftigen Lüftlmalereien. Im zweiten Stock des Gebäudes wurden bei der 1989 durchgeführten Restaurierung einzigartige Renaissancemalereien aus der Bauzeit des Hauses freigelegt. Das Museum ist stolzer Träger des Österreichischen Museumsgütesiegels und des Tiroler Museumspreises.

Führungen für Erwachsene und junge Besucher

Betreut wird das Museum vom Museumsverein des Bezirkes Reutte. Jährliche Sonderausstellungen bringen Abwechslung in das Haus. Das Museum bietet ein schönes Ambiente für Konzerte und Vorträge. Führungen für Erwachsene und junge Besucher sind selbstverständlich mit im Programm.

Museum im Grünen Haus

Untermarkt 25, A-6600 Reutte
Telefon +43(0) 5672 72304
info@museum-reutte.at
www.museum-reutte.at

Hier erhalten Sie die Leistungen der KönigsCard (siehe Seite 31)

Alpentherme Ehrenberg

Badespaß & Saunavielfalt bei jedem Wetter

Egal ob strahlender Sonnenschein oder schlechtes Wetter – in der Alpentherme Ehrenberg inmitten der Naturparkregion Reutte/Tirol gibt es jederzeit Badespaß für die ganze Familie und puren Saunagenuss ab 16 Jahre.

Traumhafte Entspannungsmomente

Mehrere Becken mit unterschiedlich temperiertem Wasser laden Badegäste zum Entspannen oder Bewegen ein. Ein Strömungskanal, Massagedüsen, Sprudelliegen, die kostenlose Wassergymnastik sowie zahlreiche Aquakurse sorgen für Abwechslung. Wer möchte, kann im großen Erlebnisbecken auf 25 Metern Länge seine Bahnen ziehen. Besonders wohltuend ist ein Bad im ganzjährig geöffneten Soleaußenbecken. Was gibt es Schöneres, als im herrlich warmen Wasser zu relaxen? Die gesunde Wirkung des sanften Sole-Wassers auf Körper und Seele ist bekannt. Bequeme Liegen auf der großzügigen Liegewiese laden zum Sonnenbaden und die Thermengalerie mit Ruhezone zum Verweilen ein. Das Bistro bietet neben dem gutem Essen auch die Möglichkeit auf der Terrasse, mit herrlichem Bergpanorama zu verweilen.

Badehits für Kids

Die Alpentherme Ehrenberg ist ein wahres Paradies für Familien mit Kindern. Neben dem Kleinkinderbereich mit Kinderrutsche, einer Ministeilrutsche und Spritzfiguren gibt es im Außenbereich Juhui´s Drachenspiele und einen Kinderspielplatz. Der Kinder Club sorgt zusätzlich für viel Spaß und Begeisterung. Mit Freunden lachen, spielen und im Wasser toben steht bei den Veranstaltungen an erster Stelle. Auch ältere Kinder kommen auf ihre Kosten: Die 120-m-Reifenrutsche „Alpen-Bob" sorgt für rasanten Wasserspaß und der Sommer-Beachvolleyballplatz für sportliche Aktivität. Unterschiedliche Baby- und Kinderschwimmkurse sowie Familienveranstaltungen ergänzen das Angebot.

Saunalandschaft mit Wohlfühlatmosphäre

Die vielfältigen und originellen Saunaangebote begeistern nicht nur wegen der angenehmen Wärme. Das Sole-Dampfbad ist eine Wohltat für Atemwege und Haut. Relax- oder Früchtezauber-Aufgüsse erwartet Gäste in der Alpensauna bei ca. 90°C. Nach dem Saunabesuch in einer der 5 Saunen bieten moderne Duschen, Fußbäder und das Tauchbecken im Außenbereich des Saunagartens eine erfrischende Abkühlung. Erholung findet man im wohlig warmen Wasser des ganzjährig geöffneten Entspannungsbeckens. Abgerundet wird der perfekte Kurzurlaub durch verschiedene Ruheräume und eine großzügige Sonnenterrasse mit traumhaftem Panorama-Bergblick. In der Saunalounge wird zusätzlich der Gaumen mit leckeren leichten Genießergerichten und Erfrischungen verwöhnt. Saunazutritt ab 16 Jahre.

Veranstaltungshinweis

Die Alpentherme Ehrenberg bietet ein buntes Programm: Von Montag bis Freitag ab 11 Uhr findet die kostenlose Wassergymnastik statt. Jeder Montag (außer an Feiertagen) von 10 bis 14 Uhr steht unter dem Motto „Fit ab 55". Bei Eintritt bis 12 Uhr zahlen Badegäste nur zwei Stunden Aufenthalt, können jedoch ganze vier Stunden in der Badewelt entspannen. An einem Samstagnachmittag im Monat gibt es beim beliebten Familientag ein Spiel- und Mitmachprogramm im und am Wasser. An diesem Tag dürfen alle großen und kleinen Gäste den Saunabereich genießen. Spezielle Veranstaltungen wie die Mitternachtssauna oder der Vitamin-Spezial-Aufguss sind feste Termine für Saunafreunde. Verlockend ist außerdem der sonntägliche Saunabrunch – am besten selber testen!

Öffnungszeiten: Badewelt täglich 10-21 Uhr und Sauna von 10-22 Uhr geöffnet.

Alpentherme Ehrenberg

Thermenstraße 10
A-6600 Reutte
Tel. +43 (0)5672 7 22 22
Fax +43 (0)5672 7 22 22 11
info@alpentherme-ehrenberg.at
www.alpentherme-ehrenberg.at

Runter zum Fluss

Der Lech, der letzte Wildfluss der Nordalpen, bahnt sich seinen Weg von Vorarlberg durch Tirol bis über die deutsche Grenze nach Füssen. Gänzlich unberührt sucht er sich seinen Weg und prägt Land und Leute – auf dem Lechweg ist es möglich den Fluss auf seiner Reise von der Quelle bis zum Lechfall in Füssen zu begleiten.Einem ganzen Tal hat der junge Wildfluss Lech seinen Namen gegeben und für eben dieses Tal ist der Fluss nicht nur Markenzeichen, sondern auch Lebensgrundlage. Doch in der langen Geschichte des Tales war es nicht immer leicht an den Ufern eines Wildflusses zu leben. Nicht selten waren Hab und Gut der Lechtaler Bevölkerung durch die Tücken des Flusses bedroht. Die Ernte der Bergbauern, aber auch das Überleben des Viehs stand auf dem Spiel. Immer wieder hatte man mit Hochwasser, Muren und Lawinen zu kämpfen.

Panorama Lechtal
(Bild Tourismus Lechtal)

Eine mythische Gestalt steht sinnbildlich für den Lech und auch für die Gefahren, die er in der Vergangenheit bereithielt – der Bluatschink. Er ist ein blutrünstiger Wassergeist, der nach Belieben Menschen frisst, die es wagen sich dem Fluss, seiner Heimstatt, zu nähern. Zu befürchten hat man nichts vom Lech, den Bluatschink kennt dennoch jedes Kind und jeder Erwachsene in der Umgebung.

Durch die gleichnamige Band um den Liedermacher Toni Knittel hat der Bluatschink noch dazu an Bedeutung gewonnen. Durch seine Lieder wird erkenntlich, dass man nicht nur die Menschen vor dem Fluss, sondern auch den Fluss vor den Menschen schützen muss. Ungestüm, wild und einzigartig kann der Lech nämlich nur dann bleiben, wenn man auf Verbauungen und Wasserkraftwerke weiterhin verzichtet.

Die Botschaft der Lieder ist auf jeden Fall angekommen. Das Lechtal nennt sich nun seit dem Jahr 2000 NATURA 2000 und seit 2004 Naturparkregion Tiroler Lech.

Valluga
Lech
Karhorn
Widderstein
Hohes Licht
Mädelegabel
Gr. Krotte
Arlberg
St. Anton
Kaisers
Steeg
Hägerau
Holzgau
Stockach
Bach
Elbigenalp
Madau
Zams
Gramais
Bergsee
Freibad
Hallenbad
Wasserfall
Radweg
Alpen-
blumengarten
offene
Berghütte
Wildbeobachtungsstand

A L L G Ä U E R A L P E N
Warth 1494 m
Holzgau 1103 m
Steeg
Hägerau
Stockach
Bach
Elbigenalp
OBERGIBLEN
UNTERGIBLEN
Bergrestaurant Jöchelspitze 1768 m
Beschneiung
Ski/Rodel Nachtbeleuchtung
Eislaufplatz Eisstockplatz
offene Berghütte
Rodelbahn
Langlaufloipe
Skischule/ Skiverleih

Tannheimer Gruppe
Gaishorn
Forchach
Vorder-
hornbach
Stanzach
Häselgehr
Elmen
Namlos
Heuberg

Zugspitze
FÜSSEN-ULM
REUTTE
Forchach
Stanzach
Vorder-
hornbach
Hinter-
hornbach
Elmen
Bschlabs
Boden
Namlos
Häselgehr
Heuberg
Gramais

Der Naturpark in seiner ganzen Artenvielfalt

Die weiten und ungestörten Schotterbänke des Lechs, aber auch die lehmigen Stillgewässer und Tümpel, die von Totholz und Gestrüpp umgeben sind, bilden den idealen Lebensraum für zahlreiche Vogel- und Pflanzenarten. Seltene Sumpf- und Wasservögel nisten hier ungestört neben heimischen Singvögeln.

Die inneralpine Flusslandschaft des Lechs ist so vielfältig, dass durch die enge Verzahnung von unterschiedlichen Biotopen und Lebensräumen eine erstaunliche Artenfülle und Naturvielfalt möglich ist.

Doch nicht nur die Fauna ist einzigartig, sondern auch die Flora ist mit mindestens 1160 nachgewiesenen Blütenpflanzen unvergleichbar. An Einzigartigkeit und Schönheit jedoch kaum zu übertreffen ist ein Blumenwunder, das sich jedes Jahr von Mitte Mai bis Mitte Juni im Kiefernwald von Martinau ereignet. Der gelbe Frauenschuh öffnet zu dieser Zeit seine Blüten. Rund 6.000 Orchideen-Pflanzen bedecken dann den Waldboden und verwandeln diesen in ein rötlichgelbes Blumenmeer. Möglich macht dieses einzigartige Schauspiel die Symbiose der Orchidee mit einem speziellen Wurzelpilz, ohne den der Frauenschuh nicht überleben könnte. Doch im Lechtal wachsen die Pflanzen nicht nur um bewundert und bestaunt zu werden. Alles was die Natur in diesem Gebiet zu verschenken hat, wird weiterverarbeitet: das Gras zu Heu und Futter für das Vieh, die Milch zu Käse und die Kräuter zu Schnäpsen, Salben und Heiltoniken. Zeugnis davon liefert der Heilkräutergarten von Josef Wildanger oberhalb von Steeg. Die Lebensgeister, die den Kräutern und Pflanzen innewohnen, werden hier destilliert und in Flaschen und Tuben umgefüllt, so dass auch zu Hause noch die Kraft der Natur für sich genutzt werden kann.

Kunstschatzfundus Lechtal

Die Kraft und das Ungestüm des Lechs kann man sich aber auch auf ganz andere Art und Weise zu Nutze machen, indem man all die Energie kanalisiert und sie in etwas verwandelt, das der Nachwelt erhalten bleibt – in wertvolle Kunstschätze. Die Schnitzschule Elbigenalp versteht sich seit 1983 als Lehranstalt für junge Künstler und Künstlerinnen, die das Material, das ihnen das Tal, der Fluss und die Berge zur Verfügung stellt, formen und bearbeiten. Johann Anton Falger gründete die damalige Zeichenschule, die dann zu einer Schule für Stuckateure wurde und heute weit über die Grenzen des Lechtals und auch weit über die Grenzen Tirols und Österreichs bekannt ist.

Auch die bekannteste und schillerndste Frauenfigur aus dem Tiroler Lechtal, bekannt durch einen Roman aus der Feder der Autorin Wilhelmine von Hillern, war Malerin: Anna Stainer Knittel, besser bekannt unter dem Namen Geierwally. Die echte Geierwally hat mit der Romanfigur jedoch kaum etwas gemeinsam.

Dennoch, auch der Vorarlberger Dramenautor Felix Mitterer hat sich der Geschichte der Geierwally angenommen und eigens für die Bühne in der Bernhardstalschlucht in Elbigenalp ein Theaterstück geschrieben, das 1993 in der Schlucht uraufgeführt wurde. Seither werden auf der Geierwally Freilichtbühne jeden Sommer neue Stücke inszeniert, die zumeist einen unmittelbaren Bezug zu regionalen Begebenheiten und Schicksalen haben.

Geierwally Freilichtbühne
(Bild Tourismus Lechtal)

Land und Leute

Eben diese Geierwally Freilichtbühne ist ein Stück Kultur, auf das die Lechtaler besonders stolz sind – die Schauspieler sind allesamt Laiendarsteller, richtige Lechtaler, die sich mit den Geschichten identifizieren können und ihre Identität leben.

So ungestüm und eigenwillig wie der Fluss, so sind auch die Bewohner des Tales – und tatsächlich haben die Lechtaler erst lernen müssen im Einklang mit dem jungen Wilden zu leben, an dessen Ufern sie sich ihr Leben eingerichtet haben. Neben Schauspielern, Kräuterhexen, Bergbauern, Liedermachern, Malern, Stuckateuren, Blumenliebhabern, Lehrern und vielem anderen sind sie auch immer Lechtaler.

Wenn einem also der Sinn danach steht sowohl Land als auch Leute kennen zu lernen und alle Besonderheiten dieses Tales zu erleben, so sollte man am besten an der Quelle seine Reise beginnen und sich wandernd bis an den Lechfall in Füssen begeben.

Der Lechweg – Stationen einer Sinnes-Wanderung

Elf Stationen machen den Lechweg zu einer eindrucksvollen Sinneswanderung, die Tradition, Land, Leute, Natur und Flusslandschaft zu einem Ganzen verbindet.

Das Lechquellgebiet nahe Zug in Vorarlberg, in unmittelbarer Nähe zum auf 1.789 Meter Seehöhe gelegenen Formarinsee, ist jener Ort, an dem der Lech erstmals entdeckt werden kann. Er hat längst noch nicht die Kraft, die er weiter unten im Tal erreichen wird. Zaghaft scheint der junge Lech hier noch, ruhig tastet er sich bis nach Lech am Arlberg und Warth vor. Hier beginnt jedoch sein Weg ungestümer zu werden und in Steeg ist er schon so, wie ihn die Lechtaler kennen – ein Wildfluss.

Am Lechweg
(Bild Tourismus Lechtal)

Und hier in Steeg wartet nach dem Formarin- und dem Spulersee auch schon die zweite Station – die Käserei der Familie Sojer. Nur frische und gute Bergmilch wird hier verwendet, um den preisgekrönten Käse der Region herzustellen und das schmeckt man sowohl in der Milch als auch im Käse und dem Joghurt der Käserei.

Ebenfalls in Steeg stattet man der Pflanzen und Kräuterschule von Josef und Theresia Wildanger einen Besuch ab, um einen Kräuterschnaps zu erstehen, der kräftigend und wohltuend auf den Körper wirkt. Weiter führt die Wanderung am Ufer des Lechs und über Österreichs längste und wohl spektakulärste Fußgängerhängebrücke in Holzgau. Die 200,5 m lange und 105 m hohe Hängebrücke überspannt die wildromantische Höhenbachtalschlucht und verspricht einen unvergesslichen Panoramablick über die malerische Gemeinde Holzgau und deren Bergkulisse. Am Lechweg entlang geht es dann anschließend nach Bach und Elbigenalp um hier sowohl der Geierwally Freilichtbühne als auch der Schnitschule Elbigenalp einen Besuch abzustatten. Die nächste Station ist ein kurioses Naturphänomen im Weiler von Luxnach, der Tuoser Wasserfall. Wild schäumend tritt hier der „Doserbach" aus einer Felsgrotte und wälzt sich in die Tiefe, wo er früher eine Mühle antrieb. Merkwürdigerweise versiegt das Wasser einmal im Jahr am 11. November zu Martini und tritt erst wieder zu Georgi (23. April) aus dem Berg. Den Lechauen in Martinau sollte man aber am besten zwischen Mitte Mai und Mitte Juni einen Besuch abstatten, denn dann kann der gelb-rötliche Frauenschuh in seiner Blüte bewundert werden.

Lechhängebrücke
(Bild Tourismus Lechtal)

Einen einmaligen Aussichtspunkt stellt in Forchach die Lech-Hängebrücke dar, auf der der Wildfluss aus vollkommen anderer Perspektive betrachtet werden kann. Da das turbulente Leben an den Wildbächen und Wildflüssen Europas der bevorzugte Lebensraum allerlei seltener Vogelarten ist, ist der Vogelbeobachtungsturm und Lehrpfad in Pflach nicht nur für Ornithologen ein Muss.

Ein Schritt nach dem anderen führt den Wanderer im Lechtal von einer Naturschönheit zur nächsten. Es ist kaum möglich all das aufzuzählen, was einen in diesem Tal erwartet. Der Lechwanderweg ist jedoch nur eine von vielen Möglichkeiten das Land und seine Menschen kennen zu lernen.

Eine Welt zum Wandern und Wohlfühlen

Gipfelwanderungen, Almwanderungen und Kletterpartien – auch aus der Vogelperspektive ist das Lechtal unvergleichlich schön. Hohes Licht (2651 m), Faulewandspitze (2480 m), Drei Jungfrauenspitze (2452 m), Ochsenkopf (2405 m), Sonnenkogel (2204 m) – die kreativen Namen lassen erahnen, wie eindrucksvoll die Aussicht auf diesen Gipfeln sein muss. Murmeltiere, Steinbock- und Gämsen- Kolonien sowie seltene Greifvögel begleiten die Wanderer bei ihren Streifzügen durch die Hochgebirgslandschaft.

Doch das Lechtal ist auch bekannt für seine zahlreichen bewirtschafteten Almen. Nach ausgedehnten Wanderungen sollte der Wanderer sich hier bei einer zünftigen Jause wieder für den Abstieg wappnen. Die Almwanderungen eignen sich besonders gut für Familienausflüge. Sie dienen darüber hinaus aber auch als Ausgangs- und Rastpunkt für ausgedehnte Gipfelwanderungen.

Klettersteige und Sportklettergärten

Die neuen Trendsportarten Sport-Klettern, Alpin-Klettern und Klettersteigwanderungen haben im Lechtal Einzug gehalten. Der Klettergarten in Kraichen ist ein Beispiel für die modernen sportlichen Aktivitäten, denen sowohl Anfänger als auch Fortgeschrittene nachgehen können.

Rad fahren und Mountainbike fahren in der Ferienregion Naturpark Lechtal

Auch an die zahlreichen Radfahrer und Mountainbiker wurde in der Ferienregion Naturpark Lechtal gedacht. Zwischen Steeg und Forchach führt der Lechradweg am Lech entlang. Schotter- und Asphaltwege bilden einfach zu befahrende Strecken, auf denen man fast immer in direkter Nähe zum Lech fährt. Trotz der großen Distanz legt man auf dieser Strecke keine 300 Höhenmeter zurück,

Wandern und Wohlfühlen
(Bild Tourismus Lechtal)

Radeln am Lech
(Bild Tourismus Lechtal)

daher ist sie besonders für Familien sehr geeignet.

Damit man auch wirklich nicht vom Weg abkommt, gibt es die Lechtal Radkarte, auf der natürlich auch die schnellsten und einfachsten Wege zur nächsten bewirtschafteten Alm verzeichnet sind.

Diese enthält noch dazu einen überschaubaren Plan mit allen im Lechtal befahrbaren Strecken inklusive zahlreicher Hinweise zum „Fair-Biking".

Fun-Sportarten für Jung und Alt

Ein spektakulärer Wildfluss und mächtige Berge – natürlich geht man im Lechtal auch zahlreichen Fun-Sportarten nach, bei denen das Adrenalin fließt.

Die beliebtesten Fun-Sportarten im Lechtal heißen Rafting, Canyoning und Paragliding.

Die Canyoning- und Raftingschule findet man in Häselgehr – eine Paragliding-Schule ist in Bach ansässig. Rafting und Canyoning sind ein Spaß für die ganze Familie. Beim Rafting im Lechtal amüsiert man sich entweder auf leichteren Strecken an ruhigeren und weitläufigeren Stellen des Lechs – doch auch anspruchsvolle Touren werden hier immer wieder befahren. Natürlich immer in der Begleitung eines erfahrenen Bootführers.

Doch auch die beliebten Canyoning Touren fordern das Können und den Mut der Besucher, denn hier geht es kletternd und schwimmend durch schroffe Flusslandschaften an Seitenarmen des Lechs.

Rafting am Lech
(Bild Tourismus Lechtal)

Paraglide-Flüge werden im Lechtal auch dann angeboten, wenn man noch keine Flugerfahrung hat –selbstverständlich nur Tandemflüge (zusammen mit einem erfahrenen Paraglide-Lehrer). Sollte man allein einen Flug wagen wollen, kann man sich erst die Fähigkeiten in der Paraglide Schule in Bach aneignen. Kurse werden hier mit Fluglizenzprüfung angeboten.

Vierzehn Gemeinden, die allesamt einen ganz besonderen Charme versprühen

Nicht allein die spektakuläre Umgebung und die zahlreichen Aktivitäten, denen man im Lechtal nachgehen kann, locken immer wieder Gäste in die Gemeinden, auch ein vielfältiges kulturelles Angebot lädt dazu ein, in der Region zu verweilen. Tradition und Brauchtum sind den Bewohnern der Gemeinden ein Herzensanliegen. Einmalige Attraktionen wie das Bergheumuseum bei der Jöchelspitze, traditionelle Heimatabende, die Lechtaler Trachtenvereine oder die Musikkapellen sind feste kulturelle Bestandteile.

Mit der Lechtal Aktiv Card ist es beispielsweise möglich den Wanderbus zwischen Lech und Reutte sowie in die lauschigen Seitentalgemeinden kostenlos in Anspruch zu nehmen. Zusätzlich ist es möglich mir der Lechtal Aktiv Card die Sommer-Bergbahnen im Lechtal, in Lech und in Warth kostenlos und in Reutte ermäßigt zu benutzen. Dieses Angebot richtet sich vor allem an die vielen interessierten Wanderer in unserer Region.

Noch dazu können zahlreiche Bäder im Lechtal mit der Lechtal Aktiv Card günstiger besucht werden.Besuchen Sie die Freibäder in Bach/Elbigenalp und Häselgehr oder den Naturbadeteich in Vorderhornbach um nur einen Euro. Im Hallenbad Aqua Nova Steeg erhalten Sie mit der Lechtal Aktiv Card sogar 25% Ermäßigung bei Ihrem Eintritt.

Die attraktive Lechtal Aktiv Card erhalten Sie in allen Lechtaler Tourismusbüros oder bei den Vermietern.

Wichtige Adressen und Telefonnummern

Tourismusbüro Lechtal
Untergiblen 23, A-6652 Elbigenalp
Tel. +43 (0)56 34 53 15
Fax +43 (0)56 34 53 16
info@lechtal.at
www.lechtal.at

FUN RAFTING Lechtal

Fluss- und Schluchten-Touren für jedermann

Familie Friedle aus Häselgehr zählt zu den Topanbietern jener Wassersportarten, die immer beliebter werden: RAFTING und CANYONING. Hier ist Spaß "auf und im Wasser" für jedermann garantiert!

Staatlich geprüfte Guides

Sicherheit steht nun schon seit vielen Jahren an erster Stelle. Der Betrieb „Fun Rafting" legt seit seiner Gründung 1986 besonderen Wert darauf, jährlich in Aus- bzw. Weiterbildung und topmoderne Ausrüstung zu investieren. Bei allen Touren sind also staatlich geprüfte Raftführer oder staatlich geprüfte und autorisierte Canyoningführer im Einsatz und begleiten die Gäste. So garantieren Sie durch ihre Erfahrung, dass die Tour Spaß macht und zu einem tollen, unvergesslichen Erlebnis wird. Sowohl für Naturliebhaber als auch für sportbegeisterte Menschen schnüren Heidi und Clemens Friedle das passende Adventure-Paket. Wer hier dabei ist, bezwingt die Gewässer des LECH und des INN mit Rafting-Booten oder im Canadier. Bei den Canadiertouren steuert man ein kleines, sehr wendiges Schlauchboot selbst, steht aber bei der Fahrt aus Sicherheitsgründen ständig unter Aufsicht.

Viel Platz im Boot

Professionelle und staatlich geprüfte Bootsführer lenken die großen Rafts, in denen zehn Personen + Guide locker Platz haben.

Bevor man einsteigt, ziehen die jungen und jung gebliebenen Passagiere das entsprechende Outfit an und lassen sich mit Schwimmweste und Paddel ausstatten. Noch vor dem Start ins Abenteuer geben die Rafting-Guides – sprich Bootführer – ihrer Gruppe alle Anweisungen, wie man sich im Boot und auf dem Wasser verhalten sollte. Der Lech hat den Schwierigkeitsgrad WW II, ist also gut geeignet für Anfänger. Sich einfach vom Lech flussabwärts treiben lassen, gefällt hier auch Kindern ab sechs Jahren in Begleitung von Erwachsenen. Auf dem Inn ist WW III und III+ . Die sportliche und actionreiche Variante sorgt immer für Spaß und Aufregung!

Rafting mit Grill-Mahlzeit

Wer sich für die Halbtagtour entscheidet, ist etwa zwei Stunden und 15 Kilometer auf dem Wasser unterwegs. Die Ganztagestour dieses Veranstalters setzt sich aus insgesamt drei bis knapp vier Stunden Fahrt und dem gemeinsamen Grillen zur Mittagszeit zusammen. Am Ende hat die Gruppe rund 30 Kilometer auf dem Wasser zurückgelegt.

Auf zum Schluchtenwandern

Eine weitere und ebenso große abenteuerliche Herausforderung ist natürlich das Canyoning, auch „Schluchtenwandern“ genannt. Hierbei wird eine wildromantische Schlucht von oben nach unten begangen, es wird gerutscht oder man seilt sich ab. Je nach Charakter einer Schlucht kommen verschiedene Techniken zum Einsatz.

Kurze und leichtere Canyoningtouren gibt es schon speziell für Familien (mit Kindern von 6 bis 11 Jahren), dann gibt es Steigerungen über die Fun-Canyoningtour, der Jumping-Jack-Canyoningtour bis hin zum Action-Canyoning für die ganz sportlichen durchtrainierten Leute.

Das Mitarbeiter Team von FUN RAFTING weiß, wobei Familien oder andere Gruppen am meisten Spaß haben und dabei den "Naturpark Tiroler Lechtal" und seine Schönheit aus einem anderen Blickwinkel genießen können.

Fun Rafting
Clemens Friedle
Ebele 209
A-6651 Häselgehr,
Tel./Fax +43 (0)56 34 63 04
email@fun-rafting.at
www.fun-rafting.at

Tiroler Zugspitzbahn –

Beste Aussichten genießen – und vieles mehr!

Während der beeindruckenden Fahrt auf den höchsten Berg Deutschlands (2.962 m) zeigt sich die alpine Naturlandschaft von ihrer schönsten Seite. Ausrufe des Staunens in den 100 Personen fassenden Panorama-Kabinen zeugen von der einmaligen Aussicht: Herrlich ist es hier! Auf der Zugspitze angelangt, erblickt man bei klarem Himmel von der Aussichtsterrasse unter anderem den Piz Bernina und den Großglockner. Die Tiroler Zugspitzbahn fährt im 20-Minuten-Takt.

Erlebniswelt auf der Zugspitze

Weitere Gipfel-Erlebnisse verspricht das Erlebnismuseum „Faszination Zugspitze-Erlebniswelt… mit den besten Aussichten". Hier wird Besuchern der Berg in allen Variationen, vorgestellt. Die Zugspitze und die Geschichte der Tiroler Zugspitzbahn werden in diversen Filmen, einer begehbaren Landkarte, vielen historischen Bildern und anderen Ausstellungselementen, wie einem Relief des Wetterstein-Massivs, eindrücklich präsentiert. Das Panorama-Gipfelrestaurant steht am Tag und bei den stimmungsvollen Abendfahrten zur Verfügung und kann für besondere Anlässe gemietet werden.

(Kinder-) Freuden im Tal

Rund um die Talstation laden schöne Spazierwege und der Park mit zwei Teichen zum Flanieren und Relaxen ein. Kinderherzen schlagen höher beim Anblick des Wasserspielparks und des Kinderspielplatzes, kleine Rennfahrer vergnügen sich auf der Go-Kart-Bahn. Die Trampolinanlage ist ideal zum Austoben. Im Alpenrestaurant mit Sonnenterrasse werden Gäste mit leckeren Spezialitäten aus einheimischer oder internationaler Küche sowie Kaffee, hausgemachtem Kuchen verwöhnt.

Tiroler Zugspitzbahn

A-6632 Ehrwald, Tel. +43 (0)5673-2309, Fax +43(0)5673-2309-51

www.zugspitze.at, info@zugspitze.at

Aktiv & Familienresort Tiroler Zugspitze

Sonnige Aussichten auf den höchsten Berg Deutschlands

Paradiesisch gelegen auf der Sonnenseite der Tiroler Zugspitz Arena in Ehrwald liegt das im urig-gemütlichen Tiroler Stil gehaltende 4-Sterne-Haus Aktiv & Familienresort Tiroler Zugspitze. Ob Hotelzimmer mit Rundum-Verwöhnprogramm, Camping oder Appartement mit Küche zur Selbstversorgung – der Erholungsfaktor ist groß. In der Aktiv & Vitalwelt mit Teichlandschaft, Hallenbad, Saunen, Dampfbädern, Fitnessraum, beheiztem Freibad und Liegewiese kann man bestens entspannen. Die vitale Genussküche im hoteleigenen Restaurant verwöhnt Gäste vortrefflich. Auf der Sonnenterrasse lässt man sich die kulinarischen Köstlichkeiten schmecken oder gönnt sich ein Gläschen erlesenen Wein in der originellen Tiroler Zirbenstube.

Ein Herz für Kinder

Kinder lieben die Riesenrutsche im Freibad und auch die anderen Angebote sorgen für große Begeisterung: DIDIS Kinderland, das abwechslungsreiche Kinderprogramm sowie die großzügige Gartenanlage mit Spiel- und Wasserpark und Tretcartbahn.

Aktiv & Familienresort
Tiroler Zugspitze

Obermoos 1, A-6632 Ehrwald
Tel +43 5673 2309
Fax +43 5673 2309-51
welcome@zugspitze-resort.at
www.zugspitze-resort.at

Ehrwalder Almbahn

Ehrwalder Almbahn Familienspaß im Freien

Lust auf Natur? Die Ehrwalder Almbahn bringt Naturgenießer, Familien und Sportfreunde sicher in komfortablen 8er-Kabinen hinauf zur Ehrwalder Alm. Kinderwagen und Mountainbikes werden für Seilbahngäste kostenlos transportiert.

Von der Bergstation aus laden herrliche Wanderwege und Biketrails zu neuen Abenteuern ein. Die Kleinsten werden einfach in einen der kostenlos ausleihbaren Bollerwagen gesetzt – und los geht's. Zum Beispiel an den 10 Minuten entfernten idyllischen Ehrwalder Almsee oder den Seebensee, der auch für Biker leicht erreichbar ist.

Skifahren und Winterromantik auf der Ehrwalder Alm

Auch im Winter ist ein Tag im familienfreundlichen Ski- und Snowboardparadies auf der Ehrwalder Alm das reinste Vergnügen. 26,5 km bestens präpa-rierte Pisten aller Schwierigkeitsgrade stehen für Wintersportler bereit. Be-schneiungsanlagen sorgen für Schneesicherheit. Topmoderne Liftanlagen sowie ein Minilift für Skianfänger bringen alle wohlbehalten ans Ziel. Ein Hotspot beim Klämmli-Lift ist der BetterPark Ehrwald mit seinen Boxes, Rails und diversen Rollern für Snowboarder und Freeskier, egal ob Anfänger oder Könner. Fun und Action auf der Ehrwalder Alm!

Top-Gastronomie „Tirolerhaus"

Das neuerbaute, hochmoderne Tirolerhaus direkt an der Bergstation der Ehrwalder Almbahn bietet eine gemütliche, vielfältige Gastronomie. Neben Bedienungs- und Selbstbedienungsrestaurant, Café-Lounge, Selbstverpflegerraum, Seminarraum und Skischul-Kinderraum steht den Gästen eine große Sonnenterrasse zur Verfügung.

Ehrwalder Almbahn
A-6632 Ehrwald
Tel. +43 (0)5673-2468
Fax +43 (0)5673-2309-51
www.zugspitze.at
info@zugspitze.at

Zugspitze
(Bild TZA, Bodenbender)

Panorama vom Grünten
(Bild Gästeamt Rettenberg)

Oberallgäu

Der südlichste Landkreis Deutschlands

Mädelegabel
2645 m
Hohes Licht
2652 m
Biberkopf
2600 m
Widderstein
2536 m
Trettach
2595 m
Kanzelwand
2059 m
Einödsbach
Fellhorn
2037 m
Hirsch
Riezlern
Nebelhorn
2224 m
Kleinwalsertal
Freibergsee
r. Daumen
2280 m
Tiefenbach
Oberstdorf
Rotspitz
2033 m
Obermaisels
Langenwang
Schöllang
Sonde
Fischen
Bolsterla
Ofterschwang
Hinterstein
seler
86 m
Altstätten
Bad Oberdorf
Sonthofen
Spieser
1650 m
Hindelang
Grünten
1738 m
B 19
Oberjoch
Blaichach
Aggenstein
1987 m
Sorgschrofen
1636 m
Burgberg
Rettenberg
Unterjoch
Jungholz
Breitenberg
1838 m
Kranzegg
Wertach
Grüntensee
Faistenoy
Pfronten
Falkenstein
Petersthal
Moos
B 309
Mittelberg
Haslach
B 310
enbach
Nesselwang
Oy
Rottach-
speicher
Weißensee
Weißensee
ssen
Maria Rain
A 7
Oberzollhaus
Eisenberg
B 309
Hopfensee
Rückholz
Hopferau
Görisried
opfen a. See
Hochgreut
Seeg
Wald
eden
Wildpolzrie
oßhaupten
B 472
Wertach
Aitrang

Hoher Ifen
2230 m
Kanisfluh
2047 m
erg
Riedberger Horn
1787 m
Balderschwang
Hochgrat
1834 m
Aach
Steibis
Oberstaufen
Obe
Steifenhofen
Thalkirchdorf
Simme
Immenstadt
Ebratshofen
Ellhofen
Bühl/Alpsee
Röthenba
Stein
Gr. Alpsee
Missen-Wilhams
Grünenbach
ller
Gestratz
Martinszell
Weitnau
Maierhöfen
B 12
Niedersonthofener
See
B 19
Wengen
Argenbühl
berg
Schwarzer Grat
1119 m
Isny
Waltenhofen
Buchenberg
Kreuzthal-Eisenbach
Kempten
Wiggensbach
Altusried
Dietmannsried
Legau
Leutkirch
A 7

Das Oberallgäu

Der südlichste Landkreis Deutschlands

(Bild Gästeinformation Bad Hindelang)

Der Landkreis Oberallgäu ist der südlichste Landkreis Deutschlands an der Grenze zu den österreichischen Bundesländern Tirol und Vorarlberg und hat rund 150.000 Einwohner in 28 Gemeinden. Die kreisfreie Stadt Kempten liegt als Enklave im Norden. Die Kreisverwaltung hat in der Stadt Sonthofen ihren Sitz.

Das Kreisgebiet mit einer Fläche von ca. 1.528 km² erstreckt sich von den Allgäuer Hochalpen im Süden mit dem höchsten Punkt der Hochfrottspitze auf 2649 m bis zur Allgäuer Voralpenlandschaft im Norden. Der Fluss Iller, der am Illerursprung durch den Zusammenfluss von Stillach, Trettach und Breitach entsteht, fließt durch das ganze Kreisgebiet Richtung Norden.

Hauptverkehrsverbindungen sind die A 7 im Norden Richtung Füssen und die Bundesstraßen 19, 12, 308 und 309. Die Eisenbahnstrecken von Kaufbeuren nach Kempten und von Memmingen nach Kempten stellen die Verbindung zum bundesdeutschen Eisenbahnnetz her. Von Kempten führt eine Strecke nach Immenstadt. Von dort gibt es Verbindungen nach Oberstaufen Richtung Bodensee im Westen und Oberstdorf im Süden.

Urlaubsgebiet für die ganze Familie

Das Oberallgäu mit seiner vielfältigen Landschaft bietet ideale Voraussetzungen für erlebnisreiche Ferien. Für Familien mit Kindern gibt es zahlreiche Möglichkeiten, einen naturnahen

Urlaub auf dem Bauernhof zu verbringen. Gastfreundliche Unterkünfte für jeden Anspruch, gemütliche Gasthäuser und ein buntes Veranstaltungsprogramm mit volkstümlichen Festen und kulturellen Höhepunkten garantieren einen erholsamen Urlaub.

Hier gibt es hohe Berge, zauberhafte Seen, romantische Wälder, sanfte Hügel und verträumte, ländliche Dörfer. Unterstützt durch mehr als 20 Bergbahnen als Aufstiegshilfe können Wanderer im ausgedehnten Wanderwegnetz die herrliche Landschaft genussvoll erkunden und die immer neuen Ausblicke auf die majestätische Alpenkette genießen. Auf Themenwanderwegen und Erlebnispfaden kann die Natur spielerisch und unterhaltsam erfahren werden.

Im Oberallgäu befinden sich vier heilklimatische Kurorte. Das staatlich anerkannte Siegel „Heilklimatischer Kurort" erhalten nur Orte mit hoher Luftqualität und dem Nachweis der therapeutischen Wirkung des Klimas. Vielfältige Wellnessangebote in Hotels, Kureinrichtungen und Kräuterlandhöfen wirken zusätzlich gesundheitsfördernd. Ungezählte Freizeiteinrichtungen ermöglichen abwechslungsreiche Aktivitäten zu jeder Jahreszeit. Kulturinteressierte finden eine Vielzahl von Kulturdenkmälern und Museen.

Badevergnügen in idyllischen Seen oder attraktiven Freizeitbädern, Tennis, Golf, der Besuch eines Freizeitparks, eine Fahrt mit der Sommerrodelbahn oder ein besonders spannender Ausflug in einen Hochseilgarten lassen im Sommer keine Langeweile aufkommen.

Im Winterparadies Oberallgäu finden Wintersportler Skipisten jeder Schwierigkeit, ein ausgedehntes Loipennetz für Langläufer, Schlittschuhvergnügen auf zugefrorenen Seen und vieles mehr. Ferien im Oberallgäu sind ein unvergessliches Erlebnis für Groß und Klein.

Wichtige Adressen und Telefonnummern

Oberallgäu Tourismus Service GmbH
Jahnstraße 6
D-87509 Immenstadt
Tel. +49 (0)8323 99 49-0
Fax +49 (0)8323 99 49-112
info@oberallgaeu.de
www.oberallgaeu.de

Blick auf den Alpsee
(Bild Tourismusbüro Missen-Wilhams)

Mit Bus und Bahn unterwegs

Faszinierende Bergwelt, traumhafte Voralpenlandschaft, interessante Sehenswürdigkeiten, attraktive Städte und Gemeinden – das alles bietet der Landkreis Oberallgäu, der südlichste Landkreis Deutschlands. Auch kulturell ist Vielfalt zu erleben. Museen, Veranstaltungen und sehenswerte Gebäude und Denkmäler erwarten die Besucher.
Die Schönheiten und vielen Vorzüge der Region wissen nicht nur Einheimische zu schätzen - auch Millionen von Urlaubern und Tagesausflüglern erfreuen sich jedes Jahr an diesem besonders schönen „Fleckchen Erde". Der Tourismus als wichtiger Wirtschaftszweig beruht in entscheidendem Maße auf der intakten Umwelt. Diese gilt es zu schonen und auch für die kommenden Generationen erlebbar zu machen. Einen wichtigen Beitrag leistet in diesem Zusammenhang der Öffentliche Personennahverkehr (ÖPNV) im Oberallgäu. Sehr viele der Sehenswürdigkeiten, Ausflugsziele und Ausgangs- und Endpunkte für Wanderungen sind bequem und stressfrei mit öffentlichen Verkehrsmitteln zu erreichen.
Das gute Nahverkehrsangebot mit Bus und Bahn und ein dichtes Netz von Haltestellen machen es möglich.

Bahn und Bus – die intelligente Umweltverbindung

Im Oberallgäu ist man auch ohne Auto mobil.

Neben einem guten Fahrtangebot und schnellen Anschlüssen gehören zum attraktiven Nahverkehr im Oberallgäu auch günstige Tarife. Das sind insbesondere die Tages- und Urlaubskarten. Sie berechtigen zu beliebig vielen Fahrten in allen Bahnen (nicht IC-Züge) und Bussen im jeweiligen Geltungsbereich. Und für Familien sind beide Tarifangebote besonders interessant, denn eigene Kinder unter 15 Jahren fahren in Begleitung eines Elternteils kostenlos mit.
Auf die Mobilitätsbedürfnisse der Feriengäste abgestimmt sind die Urlaubskarten für das südliche Oberallgäu (nicht in den Bussen Oberstdorf-Spielmannsau und Hinterstein-Giebelhaus) und das Kleinwalsertal. Sie gibt es nur in Verbindung mit der AllgäuWalserCard (Gästekarte). Die Urlaubskarten kosten für 7 Tage 19,00 Euro und für 14 Tage 28,00 Euro (Tarifstand 1.5.2013). Die Urlaubskarte gibt es in den Kurverwaltungen/ Gästeämtern und in autorisierten Beherbergungsbetrieben und wird direkt auf die AllgäuWalserCard gebucht.
Die Tageskarten gibt es jeweils für das nördliche (inklusive Kempten) und südliche Oberallgäu (nicht in den Bussen Oberstdorf-Spielmannsau, Hinterstein-Giebelhaus und im Kleinwalsertal) ab 6,50 Euro und für das gesamte Streckennetz Oberallgäu/ Kempten ab 9,00 Euro. (Tarifstand: 1. 5. 2013).
Die Tageskarten sind erhältlich in den Linienbussen, an den Fahrscheinautomaten und Verkaufsstellen der Bahnen sowie in den Alex-Zügen.

Mehr Informationen zum Nahverkehrsangebot im Landkreis Oberallgäu gibt es im Internet unter **www.oberallgaeu.org** ("Bus und Bahn") Dort stehen auch die Busfahrpläne zum Herunterladen bereit.

Immer obenauf: DAS HÖCHSTE

Vielseitig und beliebt: Fellhorn/Kanzelwand, Ife

Ein Spaziergang vor beeindruckender Bergkulisse, eine Tour über den Klettersteig, eine gemütliche Bergwanderung oder eine rasante Abfahrt auf der Sommerrodelbahn: „Das Höchste" ist einfach das Höchste. Schließlich sind die „wanderbaren" Berge rund um Oberstdorf und im Kleinwalsertal eine Klasse für sich. Allesamt sind Fellhorn/Kanzelwand, Ifen, Nebelhorn, Söllereck und Walmendingerhorn Ausgangspunkte herrlicher Wanderungen und beliebte Treffpunkte für alle.

Zwei-Länder-Wanderregion Fellhorn/Kanzelwand

Grenzüberschreitungen sind hier Alltag. Das deutsch-österreichische Wandergebiet kennt freilich keine Ausweispflicht. Hier oben auf den sanften Grasbergen blühen die Alpenblumen. Im Spätsommer tauchen die Alpenrosen den Berg in ein sattes Rot. Leichte und abwechslungsreiche Wanderungen und Rundwege überfordern niemanden und sind insbesondere bei Familien sehr beliebt. Die kostenlose botanisch-geologische Führung über den Blumenlehrpfad zählt ebenso zu den Höhepunkten wie ein Besuch auf der Schlappoldalpe, wo man dem Käser über die Schulter schauen und das Ergebnis seiner Arbeit auch probieren kann. Ein echter Hit ist das „Burmiwasser" an der Kanzelwand, das die Herzen der kleinen Besucher im Sturm erobert hat. Wasserräder und -schieber begleiten den Lauf des Baches von der Bergstation der Bahn hinab zum Riezler Alpsee. Sportlich geht es an der Kanzelwand

Hier erhalten Sie die Leistungen der Allgäu-Walser-Card (siehe Seite 26)

Oberstdorf und im Kleinwalsertal

Nebelhorn, Söllereck und Walmendingerhorn

ebenfalls zu – auf dem Zwei-Länder-Klettersteig, der freilich nur Geübten vorbehalten ist. Die jedoch haben hier ihre große Freude.

Ifen – Faszination Gottesacker

Der Name ist Programm. Wie von göttlicher Hand modelliert präsentiert sich auf dem Hohen Ifen im Kleinwalsertal das Gottesackerplateau, eine spektakuläre Felsformation. Jeder kann hier oben nach seinem Wunsch glücklich werden – ob bei einem Spaziergang oder einer anspruchvolles Tagestour. Auf dem Panoramaweg lässt sich die Aussicht besonders gut genießen. Ruhebänke laden zum Verweilen ein. Auf einem befestigen Forstweg geht es durch den Kürenwald zur Talstation – oder man wählt auch für den Abstieg die Doppelsesselbahn.

Nebelhorn – Panorama- und Aussichtsberg: Hoch, höher Nebelhorn

Mit keiner Bergbahn im Allgäu kommt man höher hinaus als auf das 2.224 Meter hohe Nebelhorn. Belohnt wird man oben mit einem legendären 400-Gipfel-Blick. „Uff d'r Alp" heißt am Nebelhorn der Magnet für Familien

mit Kindern. Der Naturerlebnispfad lädt ein zum Klettern und Mitmachen. Beliebt sind auch die kostenlosen botanisch-geologischen Wanderungen, die Fotopirsch und die Spektivwanderungen. Ambitionierte Alpinisten locken der Hindelanger Klettersteig oder herrliche Tagestouren. Wer freilich nur schauen und genießen möchte, ist hier ebenfalls an der richtigen Adresse.

Söllereck – der Familienberg

Kinder stehen am Söllereck zwischen Oberstdorf und dem Kleinwalsertal ganz oben. Das gesamte Angebot des Familienberges ist auf sie ausgerichtet. So der kinderwagengerechte Naturerlebnisweg mit Mitmachstationen zu den Themen Fauna und Flora. Im Kletterwald Söllereck werden die jungen Einsteiger schnell zu Aufsteigern – ohne allerdings etwas zu riskieren. Das überlässt man im Winter den Skispringern auf der nahen Skiflugschanze, die man ebenfalls besichtigen und besteigen kann. Alle Altersgruppen schätzen eine weitere Besonderheit dieses Berges: Den SöllereckRodel, eine rasante Sommerrodelbahn auf Schienen.

Hier erhalten Sie die Leistungen der Allgäu-Walser-Card (siehe Seite 26)

Walmendingerhorn – der Berge der Sinne:

Dominiert andernorts lustiges Treiben, so präsentiert sich das Walmendingerhorn im Kleinwalsertal als Oase der Ruhe und als Berg der Sinne. Die Sonnenterrasse bietet nicht nur eine herrliche Aussicht, sondern mit dem Berg-Radio akustische Entspannung. Wanderwege, urige Hütten und der abwechslungsreiche Alpenblumenlehrpfad bilden ein buntes Programm.

www.das-hoechste.com

Die TIEFBLICK Kletterwälder

Deutschlands schönste Hochseilgärten

In mehreren Metern Höhe über verschiedenste Hindernisse balancieren, sich von Baum zu Baum schwingen und rasant mit Seilbahnen durch die Lüfte flitzen – natürlich stets optimal gesichert. Dieses Abenteuer können Sie in den TIEFBLICK Kletterwäldern erleben.

Der **Kletterwald Grüntensee** liegt im Oy-Mittelberger Ortsteil Haslach direkt am Nordufer des Grüntensees und bietet 8 verschiedene Parcours mit zusammen 90 Kletterelementen. Die Anlage ist ein ideales Tagesausflugsziel für die ganze Familie: Direkt neben dem Kletterwald befinden sich der Badestrand mit großer Liegewiese, ein großer Kinderspielplatz und ein Bootsverleih, während das „Seehaus" für das leibliche Wohl sorgt.

Der **Kletterwald Bärenfalle** ist Bayerns größter Hochseilgarten. Er befindet sich in der Alpsee Bergwelt zwischen Immenstadt und Oberstaufen und bietet 16 unterschiedliche Parcours mit 170 Kletterelementen zwischen 1 und 15 Metern Höhe.

Der **Kletterwald Tannheimer Tal** ist der neueste TIEFBLICK Kletterwald und liegt direkt unter den berühmten Kletterrevieren Rot Flüh und Gimpel in der Gemeinde Nesselwängle.
Die 8 Parcours mit zwei Mega Flying-Fox-Strecken machen den Kletterwald zu einem einmaligen Erlebnis!

Der **Kletterwald Biberach** liegt nur wenige Kilometer außerhalb von Biberach an der Riß und bietet den Be-

Hier erhalten Sie die Leistungen der Allgäu-Walser-Card (siehe Seite 26)

suchern Spaß und Nervenkitzel in insgesamt 9 Parcours zwischen 2 und 12 Metern Höhe.
Alle Kletterwälder sind sowohl für Anfänger, als auch für Fortgeschrittene und Profis geeignet. Bereits ab 6 Jahren können Kinder hier klettern. Mit dem „Smart Belay" verfügen die TIEFBLICK Kletterwälder über das modernste und innovativste Sicherungssystem am Markt. Alle Anlagen sind TÜV-geprüft, werden

täglich gewartet und von professionell ausgebildeten Sicherheitstrainern geleitet.
Weitere Informationen sowie die genauen Öffnungszeiten und Eintrittspreise findet man im Internet unter www.tiefblick.de.

TIEFBLICK GmbH
Klosterplatz 10
D-87509 Immenstadt
Tel. +49 (0) 83 23/96 80 50
Fax +49 (0) 83 23/96 80 51
info@tiefblick.de,
www.tiefblick.de

Die Alpsee Bergwelt

Das einzigartige Natur- und Bergerlebnis mit Spaßgarantie zwischen Immenstadt und Oberstaufen im Herzen des Allgäus

Direkt an der B308 zwischen Immenstadt und Oberstaufen ist mit der „Alpsee Bergwelt" in den letzten Jahren ein Freizeitangebot entstanden, welches im Allgäu einzigartig ist. Denn hier lädt nicht nur Deutschlands längste Ganzjahres-Rodelbahn zur Fahrt, son-dern auch Bayerns größter Hochseilgarten zum Klettern ein.

Mit dem Alpsee Coaster rasant ins Tal

Auf einer Länge von 2.800 Metern führt der „Alpsee Coaster" über 23 Wellen, 7 Jumps und 4 Brücken hinab von der Bergstation der Sesselbahn bis zum „Rodelwirt" an der Talstation. Damit ist die Anlage Deutschlands längste Ganzjahres-Rodelbahn und bei so gut wie jedem Wetter ein echtes Highlight für Groß und Klein.

Sechs bis zehn Minuten dauert die rasante Fahrt durch die 68 Kurven, bei der etwa 350 Meter Höhenunterschied überwunden werden. Auch nach Sonnenuntergang ist am Alpsee Coaster noch lange nicht Schluss. Beim regelmäßig stattfindenden Nachtrodeln durchbrechen starke Scheinwerfer die Dunkelheit und tauchen die Trasse in ein nahezu magisches Licht. Die schon bei Tages-licht spektakuläre Fahrt wird so zum unvergesslichen Erlebnis.

Klettern in Bayerns größtem Hochseilgarten

Ein weiterer Höhepunkt ist der „Kletterwald Bärenfalle", mit 16 verschiedenen Parcours und 170 Kletterelementen Bayerns größter Hochseilgarten und dank der exponierten Lage

auf 1.100 m Höhe eine der schönsten Anlagen in ganz Europa. Professionelle Trainer stehen den Gästen jederzeit mit Rat und Tat zur Seite. Die gesamte Anlage ist vom TÜV geprüft und verfügt mit dem „Smart Belay“ über eines der modernste und innovativste Sicherungssystem.

Die perfekte Ergänzung zur Rodelbahn und zum Kletterwald ist das gastronomische Angebot der Alpsee Bergwelt. Die Berghütte „Bärenfalle“ bietet ein traditionelles und urgemütliches Hüttenerlebnis direkt am Berg, der „Rodelwirt“ an der Talstation sorgt für einen perfekten Beginn und den gemütlichen Abschluss des Tages.

Alpsee Bergwelt GmbH & Co. KG

Ratholz 24, 87509 Immenstadt
Info-Telefon: +49 (0) 8325 - 2 52
Tel. (Büro): +49 (0) 8323 - 96 05 80
Fax: +49 (0) 8325 - 92 76 93
info@alpsee-bergwelt.de
www.alpsee-bergwelt.de

Hier erhalten Sie die Leistungen der Allgäu-Walser-Card (siehe Seite 26)

Privat-Brauerei Zötler

Die Privat-Brauerei Zötler ist das älteste Familien-Unternehmen im deutschsprachigen Raum und wird von Herbert Zötler inzwischen in der 20. Generation geleitet. Seit der Gründung 1447 zieht sich folgender Leitsatz durch die Geschichte der Bräu-Generationen. Aufmerksamkeit schenken, Wertschätzung entgegenbringen und Freundschaften pflegen.
Zötler Bier – „Mit Liebe und Leidenschaft gebraut" – treffender könnte man den Einsatz der Zötler-Mitarbeiter für ihre Allgäuer Bierspezialitäten nicht umschreiben.
Die sechzig Mitarbeiter der Brauerei Zötler haben sich der bedingungslosen Qualität ihrer Biere verschrieben. Hier wird noch echtes Handwerk tagtäglich gelebt. Und auch wenn längst aufwendige und moderne Technik Einzug bei den Zötlers gehalten hat, sind es immer noch die Mitarbeiter, die aufgrund ihrer langjährigen Erfahrung die täglichen Qualitätsentscheidungen treffen. Einige Mitarbeiter sind bereits in der zweiten oder dritten Generation vertreten.
Man kann die Familienbrauerei besichtigen und schauen/fühlen/riechen/schmecken, wie diese Biere gemacht werden. Zusätzlich zu der Biervielfalt bietet die Brauerei auch noch einen Erlebnis-Charakter, für den man keine Kulissen benötigt – sie ist echt! Im Besucher-Zentrum können die Freunde des Zötler Bieres nach der Erlebnis-Besichtigung in einem außergewöhnlichen Umfeld die Biere mit fachmännischem Rat des Braumeisters verkosten. Spüren Sie hier die besondere Stimmung, genießen Sie in Ruhe das frisch gezapfte Bier und erleben Sie die Braukunst in einer der ältesten Familien-Betriebe der Welt!

Öffentliche Führungen

Führungen finden am Dienstag um 10.30 Uhr, Mittwoch, 18.30 Uhr und Donnerstag um 14.00 Uhr ab einer Mindestteilnehmerzahl von 12 Personen statt. Anmeldung bis zum Vortag erforderlich (Infos und Anmeldung: Tel 0 83 27/9 21 28). Gruppenführungen ab 12 Personen sind nach telefonischer Absprache von Montag bis Samstag möglich.
Im Brauerei-Laden findet sich alles, was ein Freund der Privat-Brauerei schon längst mit nach Hause nehmen wollte: vom Sammlerkrug über interessante Bier-Bücher, schicke Polo-Shirts bis hin zum obligatorischen Zötler-Weizenglas.
Etwas ganz Besonderes ist der Besuch eines „Vollmond-Bier-Festes“. Einmal im Monat – in jeder Vollmondnacht – braut sich im wahrsten Sinn des Wortes in Rettenberg etwas zusammen: In dieser Nacht versuchen die Brauer die ganze Kraft und Magie des Vollmondes in diesem Biersud zu bündeln. Ob ihnen das gelingt? Das müssen sie schon selbst herausfinden!
Schauen Sie dem Braumeister beim Vollmondsud über die Schulter und genießen Sie diese einmalige Bierspezialität. Denn: Hier – und nur hier – können sie dieses magische Bier probieren und mit nach Hause nehmen!

Privatbrauerei Zötler

Grüntenstraße 2
87549 Rettenberg
Tel. +49 (0) 83 27/92 10
Fax +49 (0) 83 27/74 87
zoetler@zoetler.de
www.zoetler.de

Hier erhalten Sie die Leistungen der Allgäu-Walser-Card (siehe Seite 26)

Radio Horeb – Leben mit Gott

Der Sender mit katholischem Profil

Seit 1996 sendet Radio Horeb die frohe Botschaft von Balderschwang aus hinaus in die deutsche Rundfunklandschaft und das mit großem Erfolg. Die tägliche Übertragung der Hl. Messe und der Gebetszeiten bildet das Gerüst des Programms. Glaubenssendungen – auf der Grundlage der Lehre der katholischen Kirche –, Lebenshilfe, Nachrichten und Musik runden das Angebot ab. Finanziert wird Radio Horeb ausschließlich durch die Spenden der Zuhörer. Programmdirektor ist Pfarrer Dr. Richard Kocher. Die Hauptstudios befinden sich in Balderschwang und München. Am 25. Juli 2009 wurde das neue Medienhaus in Balderschwang mit 2500 Besuchern feierlich eingeweiht. Verwaltungssitz des Radios ist Immenstadt im Allgäu. Mit einem engagierten Team aus haupt- und eh-

renamtlichen Mitarbeitern vermittelt Radio Horeb Werte auf der Grundlage des christlichen Menschenbildes und das für alle Altersgruppen.
Täglich haben die Zuhörer die Möglichkeit sich telefonisch aktiv in die Sendungen mit einzubringen, Fragen zu stellen und mit den Referenten zu diskutieren. Diese Offenheit ist Radio Horeb wichtig und wirkt sich bereichernd für die Sendungen aus.
Die Referenten sind ausgewiesene Fachleute aus den verschiedensten Bereichen der Gesellschaft. Zahlreiche Bischöfe und Würdenträger unterstützen das Programm. Radio Horeb gibt sein Bestes um zu hinterfragen, zu durchleuchten und zu begeistern. Der Sender nimmt sich Zeit – für die Menschen und für die Themen.
Empfangen kann man Radio Horeb bundesweit über DAB+ (seit 01.August 2011), Satellit, Kabel und Internet. Über UKW ist der Sender im Großraum München (92,4 MHz), Balderschwang (105,2 MHz) und Ursberg (89,9 MHz) zu hören.
Interessiert? Das Medienhaus von Radio Horeb in Balderschwang kann jeden Werktag ab 16.00 Uhr besichtigt werden.

Medienhaus Radio Horeb

Dorf 6, 87538 Balderschwang
Größere Gruppen (20+) werden gebeten sich vorab telefonisch anzumelden.
Weitere Informationen zum Sender erhalten Sie unter:

Radio Horeb Hörerservice

Postfach 1165, D-87501 Immenstadt
Tel. +49 (0)8323 9675-110
Fax +49 (0)8323 9675-210
info@horeb.org
www.horeb.org

Buchhandlung Lesezeichen

Individuell – kundenfreundlich - serviceorientiert

Die Buchhandlung Lesezeichen in Kempten ist ein Geheimtipp für Menschen, die Bücher lieben. Inhaberin Daniela Haberkorn präsentiert am Kemptener Rathausplatz eine gelungene Auswahl an anspruchsvoller Literatur zu allen gängigen Themen. Neben ausgesuchter Prosa finden sich wichtige Titel zum Zeitgeschehen, Psychologie- und Partnerschaftsratgeber, Kunstbände sowie Kinder-, Jugend- und Schulbücher. Beim Stöbern und Schmökern stößt der Kunde immer wieder auf seltene Schätze kleinerer Verlage.

Interessantes aufzuspüren und zu präsentieren ist für Frau Haberkorn eine Herzensangelegenheit, die Mehrarbeit nimmt sie dabei gerne in Kauf. „Lesen bereichert das Leben" sagt die sympathische Buchhändlerin, „das möchte ich meinen Kunden vermitteln".

Wer sich Zeit nimmt, bekommt einen kostenlosen Cappuccino und den einen oder anderen kompetenten Buchtipp. Falls ein Buch nicht vorrätig sein sollte, wird es bestellt und auf Wunsch als Geschenk verpackt, auch antiquarische und fremdsprachige Titel. Die Buchhandlung offeriert noch mehr Geschenkideen wie originelle Lesebrillen, schöne Papeterie sowie ausgewählte CDs und DVDs – das Angebot überzeugt. Kinder freuen sich besonders auf die gemütlich eingerichtete Kinderecke, in der sie spielen oder lesen können. Mehrmals jährlich organisiert das Lesezeichen-Team literarische Veranstaltungen, bei entsprechender Witterung auf der hauseigenen Terrasse. Internetshop und eine große Vielfalt an Gratis-Informationsmaterial sind weitere Serviceleistungen, die Lesezeichen-Kunden zu Fans machen.

Öffnungszeiten:
Durchgehend geöffnet, Montag bis Freitag, 10:00 bis 18:00 Uhr, Samstag 10:00 bis 14:00 Uhr.

Buchhandlung Lesezeichen
Daniela Haberkorn
Rathausplatz 9
D-87435 Kempten
Tel. +49 (0)831 18 228
Fax +49 (0)831 27 246
briefe@lesezeichen-kempten.de
www.lesezeichen-kempten.de

Alpen-Rundblick Mobil Camping

Komfortabler Wohnmobilpark für Naturliebhaber

„Der Platz ist traumhaft schön“, „Wir sind begeistert!“ " Sauberkeit, Ausstattung und Service lassen keine Wünsche offen“ – so oder ähnlich äußern sich Gäste des ganzjährig geöffneten Wohnmobilparks Alpen-Rundblick in Blaichach. Wer die Natur genießen möchte, ist hier am richtigen Platz: Ortsnah auf einer Hochebene gelegen, umgeben von Wiesen, Auen, Fluss, See und Wald, hat man vom großzügig angelegten Wohnmobilpark aus einen fantastischen Blick auf die Allgäuer Alpen. Sechzig komfortable Mobil-Camping-Stellplätze mit Stromanschlussmöglichkeit stehen zur Verfügung. Clubs und Vereine, die mit bis zu zwanzig Wohnmobilen anreisen, haben die Möglichkeit, zusammenliegende Stellplätze für die Zeit ihres Aufenthaltes anzumieten. Das moderne beheizte Sanitärgebäude bietet gegen Gebühr die Nutzung von Duschen und Toiletten. Im praktischen Spülraum kann man im Handumdrehen kostenfrei den Abwasch erledigen. Auch ein Trockenraum ist auf Anfrage zugänglich. Ein erholsamer Aufenthalt im Alpen-Rundblick Mobil Camping kann beginnen. Die Freizeitmöglichkeiten sind vielfältig. Der Wohnmobilpark ist als Ausgangspunkt für Radtouren aller Art bestens geeignet. Im Sommer lockt der zum Park gehörende Weidachsee mit Erfrischung. Herrliche Wanderwege laden ein, die Umgebung zu erkunden. Für Wintersportler ist das ausgedehnte Loipennetz in der Nachbarschaft ein wahres Paradies und auch Freunde des alpinen Skisports genießen auf traumhaften Pisten im Gunzesrieder Tal oder am Mittagberg die einzigartige Schneelandschaft.

Tipp: Nach zehn Übernachtungen im Wohnmobilpark Alpen-Rundblick ist die elfte Übernachtung frei!

Alpen-Rundblick Mobil Camping e.K.
Am Eichbichl 1, D-87544 Blaichach
Tel. +49 (0)8321 8 80 26, info@alpen-rundblick.de, www.alpen-rundblick.de

Kempten

Geschichtsträchtige Allgäu-Metropole an der Iller

Dicht am nördlichen Rand der Alpen an den Ufern der Iller liegt auf 646 bis 915 m.ü.M. die 65.000-Einwohner-Stadt Kempten, die wegen ihrer zentralen Lage und Größe auch als „Allgäu-Metropole“ bezeichnet wird. Sie ist das Schul-, Verwaltungs- und Handelszentrum der umliegenden Wirtschafts-, Urlaubs- und Planungsregion Allgäu und hat seit 1978 eine Hochschule.

Die Stadt wurde durch das jahrhundertelange Nebeneinander der ehemaligen Reichsstadt und der Fürstabtei Kempten geprägt. Noch heute sind im Stadtbild die gegensätzlichen Strukturen beider Bereiche erkennbar und machen den besonderen Charakter Kemptens als Doppelstadt aus. Zahlreiche historische Gebäude, interessante Kunstschätze, ein abwechslungsreicher Veranstal-

Kempten
(Bild Hilarmont)

tungskalender mit vielen kulturellen Höhepunkten sowie hervorragende Einkaufsmöglichkeiten machen die pulsierende Metropole zu einem beliebten Ausflugsziel.

Schön gestaltete Grünflächen, Uferwege, kleine Weiher und idyllische Plätze bieten Gästen und Einheimischen Oasen der Ruhe und Besinnlichkeit. Mehrere schmale Höhenrücken und Kuppen setzen landschaftliche Akzente. Hausberg und mit 915 Metern höchste Erhebung im Stadtgebiet ist der Mariaberg, von dessen Höhenwegen aus man einen fantastischen Panoramablick über die Stadt und auf die Alpenkette genießt.

Im Umkreis von zwanzig bis sechzig Kilometer befinden sich Oberstdorf und die Gipfel der Allgäuer Alpen an der B19, die Schlösser Neuschwanstein und Hohenschwangau entlang der A7, der Illerwinkel und die Basilika Ottobeuren. Die Nachbarländer Österreich, Liechtenstein, Schweiz sowie der Bodensee sind innerhalb einer guten Autostunde über die B12 erreichbar, ebenso die bayerische Landeshauptstadt München..

Kurzer Blick ins Geschichtsbuch

Als „Cambodunum“ besitzt Kempten die früheste schriftliche Erwähnung als Stadt und gilt damit als eine der ältesten in Deutschland. Römische Truppen eroberten 15 v.Chr. das Alpenvorland und errichteten von ca. 10 bis 54 n. Chr. eine neue mit altem

Rathaus
(Bild Alofok)

Namen: Cambodunum. Um 450 nahmen Alemannen die Stadt in Besitz. Die mittelalterliche Siedlung im Flusstal löste sich im Spätmittelalter mehr und mehr aus der Herrschaft des Stadtherrn, Fürstabt von Kempten, dessen Kloster außerhalb der Stadtmauer lag. Die ab 1527 protestantische Freie Reichsstadt und das katholische Fürstenstift standen von da an in scharfer Konkurrenz zueinander, was im 30-jährigen Krieg zu offener Feindschaft führte. Durch die Säkularisierung und Mediatisierung 1802/03 verloren die beiden Gemeinwesen ihre Eigenständigkeit und wurden bayerisch, aber erst 1818 zusammengefasst zu einer Stadt Kempten. Die Trennung war bis ins 20. Jahrhundert spürbar. Heute weisen noch die zwei Wochenmärkte und die zwei Jahrmärkte darauf hin.

Sehenswürdigkeiten

Die 2.000-jährige Geschichte der Stadt Kempten, ihre Vergangenheit, ihre Sehenswürdigkeiten und ihre Naherholungsgebiete lassen sich am besten bei einer der abwechslungsreichen Führungen zu verschiedenen Themenbereichen erkunden. Angeboten werden beispielsweise klassische Stadtführungen, Führungen durch die Museen, historisch-kulinarische Stadtführungen, eine Kommissar Kluftinger-Krimi-Stadtführung, eine Stadtführung für Kinder, Erlebnis-Stadtführungen, Rad- und Segway®-Führungen, Führungen mit Audio-Guide – und einige mehr (Info-Hotline Führungen, Tel. +49(0)831 2525-522).

Residenz

Die Prunkräume der Residenz sind im Rahmen einer Führung zu besichtigen. Im Allgäu-Museum werden Alltags- und Kunstgegenstände aus Gegenwart und Vergangenheit bis ins frühe Mittelalter gezeigt, als Kempten noch in katholische Stiftsstadt und protestantische Reichsstadt geteilt war. Öffnungszeiten: Ganzjährig geöffnet, Dienstag bis Sonntag von 10:00 bis 16:00 Uhr. Juni bis August zusätzlich Samstag, Sonn- und Feiertage von 10:00 bis 17:00 Uhr. Heiligabend, 1. Weihnachtsfeiertag, Silvester, Neujahr geschlossen.

Alpenländischen Galerie

Erlesene Bildwerke, Tafelbilder und Flügelaltäre werden in der Alpenländischen Galerie im 1730 erbauten Marstallgebäude präsentiert. Öffnungszeiten: März bis Mitte November: Dienstag bis Sonntag 10:00 bis 16:00 Uhr (montags geschlossen).

Museen

Burgenmuseum

Das Allgäuer Burgenmuseum auf der Burghalde bietet einen Überblick zur Geschichte und Bauentwicklung der zahlreichen einstigen Allgäuer Burgen von der Gegenwart bis zurück ins Mittelalter. Öffnungszeiten: samstags, sonntags und an Feiertagen 10:00 bis 16:00 Uhr.

Alpinmuseum

Das Alpinmuseum beleuchtet die Geschichte der Alpen als Lebensraum anhand von zahlreichen frühen Gebirgsschilderungen, wissenschaftlichen Erforschungen, Gemälden,

Fotografien sowie einer Auswahl an Bäumen und Tieren sowie Mineralien und Fossilien des Alpenraums. Öffnungszeiten: März bis Mitte November. Dienstag bis Sonntag 10:00 bis 16:00 Uhr (montags geschlossen).

Archäologischer Park Cambodunum

(Bild Tourist Info Kempten)

Im Archäologischer Park Cambodunum wurden Ausgrabungen der Römerstadt konserviert und als Archäologischer Park zugänglich gemacht. Öffnungszeiten: März, April und November: Dienstag bis Sonntag, 10:00 bis 16.30 Uhr; Mai bis Oktober: Dienstag bis Sonntag, 10:00 bis 17:00 Uhr, Dezember bis Februar geschlossen.

Römisches Museum

Im Römischen Museum können Besucher zahlreiche Bodenfunde aus der am Anfang des 1. Jahrhunderts n.Chr. entstandenen römischen Stadt Cambodunum bewundern. Öffnungszeiten:1. April bis 31. Oktober jeweils Donnerstag und Sonntag von 10:00 bis 12:00 Uhr und 14:00 bis 16:00 Uhr.

Naturkundemuseum

Das Naturkundemuseum in den Obergeschossen des Zumsteinhauses zeigt eine umfassende Auswahl von Mineralien und Gesteinen vor allem aus den Allgäuer Alpen sowie Vögel, Schmetterlinge, Libellen und eine Schneckensammlung. Öffnungszeiten: 1. April bis 31. Oktober jeweils Donnerstag und Sonntag von 10:00 bis 12:00 Uhr und 14:00 bis 16:00 Uhr.

Erasmuskapelle

Im den originalen Mauern der ehemaligen Erasmuskapelle unter dem St. Mang-Platz werden Stationen der bewegten Geschichte Kemptens mit multimedialen Mitteln erzählt. Öffnungszeiten: 16. März bis 6. Januar: täglich außer Mittwoch, 11:00 bis 17:00 Uhr (letzter Einlass), 7. Januar bis 15. März: Samstag, Sonntag und Montag, 11:00 bis 17:00 Uhr (letzter Einlass). Karfreitag, 24. Dezember, 25. Dezember, 31. Dezember, 1. Januar geschlossen. Beginn der Besichtigungszeit mit Multivisionsshow jeweils zur vollen Stunde. Die Kunsthalle Kempten bietet den richtigen Rahmen für wechselnde Ausstellungen.

Freizeit und Sport

Kempten ist eine Stadt mit hohem Freizeitwert. Ein umfangreiches Wanderwegenetz sowie Nordic Walking-

und Radwanderwege wie Allgäu Radweg (Weitnau bis Schongau) oder Illerradweg (Oberstdorf bis Ulm) bieten abwechslungsreiche Aktivitäten in der eindrucksvollen Landschaft. Der Jakobus-Pilgerweg von München nach Bregenz führt ebenfalls über Kempten (Route ausgeschildert).

Duft- und Heilpflanzengarten

Der Duft- und Heilpflanzengarten auf der Burghalde beherbergt mehr als 100 Pflanzenarten und ist jederzeit zugänglich. Kostenlose Führungen jeden 1. Dienstag der Monate Mai bis Oktober um 10:00 Uhr und um 17:00 Uhr. Dauer: ca. 1 Stunde. Im Engelhaldepark (östlich der Iller an der Lenzfrieder Straße) sorgen Weiher, Kinderspielplätze, geschützte Ruhezonen, eine Kneippanlage, Spazierwege, Liegewiesen und die Freiluft-Klettersportanlage für Kurzweil.

Golf

Golfen in Kempten? Auch das ist möglich - auf dem 9-Loch Golfplatz Schlossgut Lenzfried am Rande der Stadt.

Badespaß

Ultimativen Badespaß genießen Besucher im Freizeitbad CamboMare. mit Saunawelt, Rutsche, Sprudelgrotte, Ganzjahresaußenbecken und großer Liegewiese Öffnungszeiten: ganzjährig Montag bis Freitag 10:00 bis 22:00 Uhr, Samstag, Sonntag und Feiertag 09:00 bis 21.00 Uhr, in den Wintermonaten verlängerte Saunaöffnungszeiten.

Residenz und Mühlrad am Bach, Gerberstraße
(Bild Stadt Kempten)

Entspannen kann man auch auf der gepflegten Liegewiese am Herrenwieser Weiher. ca. drei Kilometer außerhalb der Stadt bei Rothkreuz. Grüne Oasen wie der Bachtelweiher nahe dem Stadtteil Ludwigshöhe oder der an der Bundesstraße nach Lindau gelegene Stadtweiher sind beliebte Ruhezonen und laden zu gemütlichen Spaziergängen und zum Verweilen ein, Gastronomie inklusive.

Wandern

Der Mariaberg, ein Moränenhügel aus der Eiszeit ist der höchste Punkt der Stadt. Er ist zu Fuß in ca. eine Stunde zu erreichen, aber auch mit dem Auto befahrbar. Oben finden sich viele Wandermöglichkeiten, aber auch eine Kapelle, ein Kriegerdenkmal und eine Gaststätte mit Biergarten.

Die Pflanzen- und Tierwelt des Landschaftsschutzgebietes Schwabelsberger Weiher am Fuße des Mariabergs kann man von einem Aussichtsturm aus beobachten.

Im Winter hält man sich mit verschiedenen Eissportarten im Eislaufen im Eisstadion oder auf dem zugefrorenen Stadtweiher fit. Rund um Kempten sind außerdem 48 Kilometer gespurte Langlauf-Loipen angelegt. Die Loipenkarte gibt es in der Tourist-Information.

Kultur und Tradition, Festivals und Feste

Kempten bietet vielfältige kulturelle Veranstaltungen und ein breitgefächertes Unterhaltungsprogramm für jeden Geschmack und jedes Alter. Kulturelle und festliche Höhepunkte wie der jährlich Ende April bis Anfang Mai stattfindende Kemptener Jazz-Frühling, der alljährliche APC-Kultursommer im Archäologischen Park Cambodunum, die Allgäuer Festwoche im August, verschiedene Stadtfeste sowie das Internationale Burghaldefest im spätrömischen Kastell über der Altstadt im Juli, der traditionelle Kathreinermarkt in der zweiten Oktoberhälfte und der größte Weihnachtsmarkt des Allgäus locken Menschen von nah und fern in die pulsierende Allgäu-Metropole.

Einkaufen

Vom Hildegard- und Residenzplatz im Norden der Innenstadt bis zum Forum Allgäu im Süden bietet ein ausgedehnter Einkaufsbereich mit über 200.000 qm Verkaufsfläche alles was das Einkaufsherz begehrt. Bereichert wird das umfassende Einzelhandelsangebot durch vielfältige Dienstleistungsbetriebe und eine abwechslungsreiche Gastronomie. Zahlreiche Tiefgaragen, Parkhäusern und Parkplätze stehen zur Verfügung. Für Reisebusse gibt es ausgewiesene Busparkplätze.

Wichtige Adressen und Telefonnummern

Tourist Information Kempten
Rathausplatz 24
D - 87435 Kempten
Tel. +49 (0)831 25 25 237
Fax +49 (0)831 25 25 427
touristinfo@kempten.de
www.kempten.de

Einkaufen

Professionelle Beratung und ein ausgewähltes Literaturangebot bei hervorragendem Service bekommen Kunden in der Buchhandlung Lesezeichen am Rathausplatz in Kempten geboten. Einzigartige Auswahl an Büchern und originellen Geschenkideen. Bestellservice, Gratis-Informationsmaterial. Öffnungszeiten: Durchgehend geöffnet, Montag bis Freitag, 10:00 bis 18:00 Uhr, Samstag 10:00 bis 14:00 Uhr.
Buchhandlung Lesezeichen, Daniela Haberkorn, Rathausplatz 9, D-87435 Kempten, Tel.+49(0)831 18 228, Fax +49(0)831 27 246, briefe@lesezeichen-kempten.de, www.lesezeichen-kempten.de

Freizeit und Sport

Segway®

Segway® fahren, die neueste Art der Fortbewegung, ist nach kurzer Einführung für Personen ab 15 Jahren und mindestens Mofa-Führerschein möglich. Mit dem rollerartigen Gefährt mühelos durch die Landschaft gleiten macht riesigen Spaß. CCK Caterham Cars Kempten bietet verschiedene interessante Touren an und vermietet Segway-Parcours für jeden Anlass.
CCK Caterham Cars Kempten, Segway Agent Kempten Allgäu, Gewerbestraße 7, D-87439 Kempten, Tel. +49 (0)831 95 502, info@segagent-kempten-allgaeu.de, www.segagent-kempten-allgaeu.de

Kempten
(Bild Hilarmont)

Golfpark Schlossgut Lenzfried

Preisgünstiges Golfvergnügen auf einem öffentlichen Golfplatz in Zentrumsnähe bietet der Golfpark Schlossgut Lenzfried, Friedensweg 4, D-87437 Kempten, Tel. +49 (0)831 51 29-550, Fax +49 (0)831 51 29-551, info@golfzentrumkempten.de, www.golfzentrumkempten.de

Stadtführung

Lust auf eine Stadtführung der besonderen Art mit einem der modernsten Fortbewegungsmittel unserer Zeit? Auf dem Segway®, einem rollerartigen Gefährt, gleitet jeder Besucher durch die Stadt und entdeckt die herausragenden Sehenswürdigkeiten Kemptens. Im Angebot sind verschiedene Touren, wie Käsemädels-Tour, City-Schnuppertour, City-Tour, Mariaberg-Adventure-Tour und City-Adventure-Tour. Dauer ca. 1,5 bis 3 Stunden inkl. Einweisung. Ab 15 Jahren und mindestens Mofa-Führerschein ist man dabei. Tolles Erlebnis! CCK Caterham Cars Kempten, Segway Agent Kempten Allgäu, Gewerbestraße 7, D-87439 Kempten, Tel. +49 (0)831 95 502, info@segagent-kempten-allgaeu.de, www.segagent-kempten-allgaeu.de

Essen und Trinken

Schmackhafte, gut bürgerliche Küche aus marktfrischen Zutaten, regionale Köstlichkeiten sowie Balkangerichte, frische Fischgerichte, vegetarische Gerichte, Kinderspeisekarte. Gemütliche Gaststuben, Biergarten. Zentrale Lage, Parkplätze vorhanden. Öffnungszeiten: Täglich durchgehend warme Küche von 11-22 Uhr, kein Ruhetag. Gasthaus Goldene Traube, Memminger Straße 7, D-87439 Kempten, Tel. +49 (0)831 221 87, Fax +49 (0)831 20 15 56, info@traube-kempten.de, www.traube-kempten.de

Gartenterrasse

Lauschiger sichtgeschützter Biergarten für bis zu 180 Personen inmitten von Kempten unweit der Fußgängerzone und vielen Sehenswürdigkeiten. Schattenspendende alte Linden- und Kastanienbäume. Gut bürgerliche Küche. Parkplätze vor dem Haus. Öffnungszeiten Restaurant: Täglich durchgehend warme Küche von 11-22 Uhr, kein Ruhetag. Gasthaus Goldene Traube, Memminger Straße 7, D-87439 Kempten, Tel. +49 (0)831 221 87, Fax +49 (0)831 20 15 56, info@traube-kempten.de, www.traube-kempten.de

Übernachten

„Mir Allgäuer" vermittelt Urlaub auf dem Bauernhof. Große Auswahl an verschiedenen Angeboten für Naturliebhaber, Familien mit Kindern, Gesundheitsbewusste, Kräuterfans, Sportler und Kunstinteressierte. Mir Allgäuer - Urlaub auf dem Bauernhof e.V., Adenauerring 97, D-87439 Kempten/Allgäu, Tel. +49 (0)831 96 06 61 22, Fax +49 (0)831 96 06 61 39, info@mir-allgaeuer.de, www.mir-allgaeuer.de, www.facebook.com/Allgaeu.Bauernhofurlaub

Gasthaus Goldene Traube

Gut bürgerliche Küche in gemütlichem Ambiente

Das Gasthaus Goldene Traube mitten in Kempten ist bei Einheimischen und Besuchern gleichermaßen beliebt. Wer einmal Gast in den gemütlichen Stuben war und die regionalen Schmankerl wie Allgäuer Zwiebelrostbraten mit hausgemachten Spätzle oder die Spezialitäten aus der Balkan-Küche probiert hat, kommt gerne wieder. Neben leckeren Fleischgerichten stehen vegetarische Gerichte, marktfrische Salate sowie köstliche Fischvariationen auf der Speisekarte. Zum Schlemmen sitzt man herrlich bequem im urigen Allgäu-Stüble mit Kachelofen und Holzdecke oder nebenan in der Gaststube mit Theke. Hier können sich Gäste ihren Salat selbst am Büffet zusammenstellen. Bei schönem Wetter serviert das freundliche und kompetente Servicepersonal bis in die späten Abendstunden hinein auch im sichtgeschützten Biergarten unter schattenspendenden alten Linden- und Kastanienbäumen. Die Goldene Traube ist nur fünf Minuten von der Fußgängerzone entfernt. Über die Straße erreicht man in kürzester Zeit die Kemptener Museen und Kunsthalle, den Hofgarten, die fürstäbt-liche Residenz und die Stadtbibliothek in der Orangerie. Parkplätze vor dem Haus.

Öffnungszeiten Restaurant:
Täglich durchgehend warme Küche von 11-22 Uhr, kein Ruhetag.

Das Gasthaus Goldene Traube bietet Gästen zusätzlich in vier Doppelzimmern und drei Einzelzimmern mit einfacher Zimmerausstattung günstige Übernachtungsmöglichkeiten.

Gasthaus Goldene Traube

Memminger Straße 7
D-87439 Kempten
Tel. +49 (0)831 221 87
Fax +49 (0)831 20 15 56
info@traube-kempten.de
www.traube-kempten.de

Golfpark Schlossgut Lenzfried

City-Golf für Jedermann

Herzlich willkommen im öffentlichen Golfpark Schlossgut Lenzfried in Kempten. Im August 2008 wurde im zentrumsnahen Kemptener Stadtteil Lenzfried auf der vorher landwirtschaftlich genutzten Fläche des mehr als 400 Jahre alten Schlossgutes ein 9-Loch Golfplatz eröffnet. Seitdem steht der Platz sowohl Kemptener Golffreunden als auch golfbegeisterten Feriengästen täglich zur Verfügung. Die verkehrsgünstige Lage des Parks, die wohltuende Ruhe in herrlicher Natur und die prächtige Aussicht auf die Allgäuer Alpen sorgen für unbeschwertes Freizeitvergnügen. Der Golfpark bietet ideale Bedingungen für Anfänger. Schnupperkurse oder individuell abgestimmter Privatunterricht verhelfen kostengünstig zur Platzreife. Gäste schätzen besonders die preisgünstige Möglichkeit, ohne Verpflichtung zur Mitgliedschaft die großzügigen Trainingsanlagen wie die neue teilweise überdachte Driving-Range mit 30 Abschlagsplätzen nutzen zu können. Die Indooranlage mit einem Golfsimulator, einem 30 qm große Puttinggreen und einem Abschlagnetz bietet zusätzliche Trainingsmöglichkeiten. Die Golfausrüstung kann im Golfpark entliehen werden. Bei den häufig angebotenen Turnieren messen sich Golffreunde in spannender Atmosphäre mit anderen Spielern. Nach absolvierter Runde trifft man sich entspannt auf der Sonnenterrasse, gestärkt durch Snacks und Getränke aus dem SB-Bereich. Clubmitglieder mit Ausweis des Deutschen Golfverbandes haben die Möglichkeit, zu günstigen Konditionen im Partnerclub Wiggensbach zu spielen.

Golfpark Schlossgut Lenzfried
Friedensweg 4, D-87437 Kempten
Tel. +49 (0)831 512 95 50, Fax +49 (0)831 512 95 51
info@golfzentrumkempten.de, www.golfzentrumkempten.de

Mir Allgäuer

Urlaub auf dem Bauernhof e.V.

Unbeschwerte Ferien in der Natur genießen Urlauber auf den Allgäuer Bauernhöfen. Seit 2003 besteht die Interessengemeinschaft „"Mir Allgäuer" – Urlaub auf dem Bauernhof e.V., Mitglied des Landesverbands "Urlaub auf dem Bauernhof in Bayern" e.V. mit rund 500 Höfen und vielfältigen Urlaubserlebnispaketen. Auf Natur- und Aktivhöfen bekommen Urlauber umfangreiches Informationsmaterial für sportliche Aktivitäten zu jeder Jahreszeit, inklusive Geheimtipps für schöne Wanderungen und Ausflugsziele in die faszinierende Allgäuer Berg- und Seenlandschaft. Auf Du und Du mit Katz, Pferd und Kuh – Kinderbauernhöfe machen Kinderträume wahr. Es werden familiengerechte und kindersicher ausgestattete Wohnungen und teilweise auch Spielscheunen oder Spielzimmer zur Verfügung gestellt. Auf den Kräuterlandhöfen haben Gäste die Möglichkeit, tief in die Welt der Kräuter einzutauchen. Das Wissen über den Gebrauch der Pflanzen wurde über Generationen gesammelt. Die Kneipp-Gesundheitshöfe stehen für Erholung basierend auf den fünf Elementen der Kneipp-

lehre: Wasser, Bewegung, Ernährung, Kräuter und Lebensordnung. Erfrischende Kräuterbäder und andere Gesundheitsangebote in gemütlicher Atmosphäre sind wohltuendes Lebenselixier. Auf Kunst- und Kulturhöfen wird ein schier unerschöpfliches Angebot an Kunst- und Kulturschätzen vermittelt. Ob Wandern auf den Spuren der Vergangenheit oder interessante Ausflüge: Allgäuer Kultur bedeutet Genuss für Leib und Seele.

Mir Allgäuer

Wellness auf dem Bauernhof

Heilsam, naturnah, erlebnisreich – die Allgäuer Alpenwellnesshöfe verbinden Urlaub auf dem Bauernhof mit zertifizierten Gesundheitsangeboten. Hier genießen Gäste sowohl die ungezwungene Atmosphäre und herzliche Gastfreundschaft eines ländlichen Familienbetriebs als auch den Komfort und die Entspannungsmöglichkeiten eines Wellnesshotels. Fernab von Straßenlärm, Hektik und Stress steht bei den Alpenwellnesshöfen alles im Zeichen von Entschleunigung und Naturnähe. Morgens lockt ein leckeres und gesundes Frühstück mit regionalen Produkten und Allgäuer Spezialitäten aus den Federn. Im Mittelpunkt des Wohlfühlurlaubs stehen die kleinen, feinen und individuellen Wellnessbereiche. Hier entspannen Gäste fernab vom Massenbetrieb, manchmal sogar völlig allein in der privat gemieteten Badstube. Für absolutes Wohlbefinden sorgen naturnahe und regionaltypische Anwendungen mit Bergwiesenheu, Kräutern, Milch und Molke. Darüber hinaus finden Erholungssuchende in vielen Betrieben ein zertifiziertes Kneippangebot mit Tretbecken, Armbädern, Kneippgüssen und Bürstenmassagen. Umgeben von der wundervollen Landschaft des Allgäus mit seinen unterschiedlichen Höhenlagen bestechen die Alpenwellnesshöfe durch ihre reizvolle Lage und die Verwurzelung mit der Natur. Urlauber erleben hier hautnah die Schönheiten der jeweiligen Jahreszeiten wie die Wiesenblüte im Frühling, die klaren Badeseen und Bergbäche im Sommer, die bunten Wälder im Herbst oder die schneebedeckten Gipfel im Winter.

Mir Allgäuer
Urlaub auf dem Bauernhof e.V.
Adenauerring 97
D-87439 Kempten/Allgäu
Tel. +49 (0)831 96 06 61 22
Fax +49 (0)831 96 06 61 39
info@mir-allgaeuer.de
www.mir-allgaeuer.de
www.facebook.com/Allgaeu.Bauernhofurlaub

SEGWAY-Erlebnistouren im Allgäu

Auf dem SEGWAY, einem der modernsten Fortbewegungsmittel unserer Zeit, können Gäste und Einheimische die schöne Allgäuer Landschaft buchstäblich einmal aus einer ganz anderen Perspektive kennenlernen. Eine SEGWAY-Erlebnistour bedeutet Genießen mit allen Sinnen: Den Wind in den Haaren spüren, sich vom Panoramablick auf die Allgäuer Alpen verzaubern lassen und bei den **City-Touren-Kempten** allerhand Interessantes entdecken. Beim **Fahrspaß pur mit Kultur** wird auf unbeschwerte Weise Kempten, die älteste Stadt Deutschlands, erobert. Historische Plätze und die Atmosphäre der Stadt werden mit dem SEGWAY hautnah erlebt. Beim **Fahrspaß pur mit Natur** geht es rauf auf den Mariaberg, der höchsten Erhebung Kemptens mit traumhafter Aussicht. Während des Bergauf- und Bergabgleitens durch das schöne Illertal erfährt man Wissenswertes über das Leben des Bibers. Ob in Oberstdorf, Fischen, Wiggensbach oder an anderen reizvollen Orten – CCK Caterham Cars Kempten bietet tolle SEGWAY-Erlebnistouren im ganzen Allgäu an. SEGWAY-Fahren ist ganz einfach und – wie vieles im Leben – nur Übung. Jeder Teilnehmer erhält vorab eine gründliche Einweisung auf dem Parcours. Voraussetzungen: Min.45 kg, max. 110 kg Körpergewicht (technisch bedingt), Alkoholverbot, Unterschrift der Haftungsausschlusserklärung, Fahrrad-Helmpflicht, feste Schuhe, bequeme Kleidung, evtl. Mütze u. Handschuhe.

Touren, Parcours, Events, Kauf, und als besonderes Geschenk – Gutscheine. **Touren gerne nach vorheriger Anmeldung.**

CCK Caterham Cars Kempten

Segway Agent Kempten/Allgäu
Gewerbestr. 7, 87439 Kempten
Tel. +49 (0)831-95502
info@segagent-kempten-allgaeu.de
www.segagent-kempten-allgaeu.de

Hier erhalten Sie die Leistungen der Allgäu-Walser-Card (siehe Seite 26)

Clever Fit

Fitness-Studio im Herzen Kemptens

Fitness-Studios werden immer beliebter. Hier kann man in angenehmer Atmosphäre unter Gleichgesinnten überflüssige Pfunde abtrainieren und Bewegungsmangel entgegenwirken.

Das ist gesund und macht Spaß.

In Deutschland gibt es schon 120 Clever Fit Studios. In Kempten in zentraler Lage bietet das familiengeführte Studio auf 1000 qm in hellen, freundlichen Räumen eine Vielzahl von Geräten und abwechslungsreichen Trainingsmöglichkeiten.
Kompetente Ansprechpartner stehen bei allen Fragen zur Verfügung und helfen gern bei der Ausarbeitung eines Trainingsprogramms. Vom Einsteiger bis zum Fitnessfreak findet hier jeder das passende Programm. Erfolge bei den verschiedenen Zielsetzungen wie Gewichtsabnahme, Kraft- oder Ausdauertraining stellen sich schnell ein. Neben den bewährten Standardgeräten bietet das Kemptener Studio auch ein neuartiges Schlingentraining auf dem hochaktuellen TRX-Gerät an. Hierbei wird das eigene Körpergewicht als Trainingswiderstand in einem Gurt- und Seilsystem im Stehen oder Liegen eingesetzt. Belastungsstufen können individuell eingestellt werden. Kraft, Koordination und Beweglichkeit werden gleichzeitig verbessert. Das Training ist auch für ältere Freizeitsportler geeignet. Eine weitere Attraktion sind die beliebten Beauty Angel Liegen. Sie bieten eine Licht- und Wellness-Anwendung mit ganzheitlichem Ansatz, die zu einer sanften und natürlichen Hautverjüngung führt.
Ein Besuch im Clever-Fit-Studio lohnt sich in jedem Fall!

Clever Fit
Bahnhofstr. 1, D-87435 Kempten
Tel. +49 (0)172 867 4976
kempten@clever-fit.com
www.clever-fit.com

Brassband beim
Kemptener Jazz-Frühling
(Bild Stadt Kempten)

Altstädten

Herrliche Landschaft und Kultur

Altstädten (Bild: High Contrast)

Der staatlich anerkannte Luftkurort Altstädten (1600 Einwohner) im Illertal zwischen Sonthofen und Oberstdorf besteht aus den Ortschaften Altstädten, Hinang, Beilenberg und Hochweiler und ist seit 1976 ein Ortsteil von Sonthofen. Der beliebte Ferienort besticht mit zahlreichen Freizeitangeboten und gastfreundlichen Unterkünften. Er ist über die B 19 von Kempten mit dem Auto bequem zu erreichen.Gute Busverbindungen im Stundentakt Richtung Oberstdorf und Hindelang garantieren sehr gute Ausflugsmöglichkeiten auch ohne PKW.

Kulturinteressierte Besucher finden im Gemeindegebiet mehrere Kirchen und Kapellen, die mit kunstvoll geschmückten Innenräumen aus der Barockzeit besichtigungswert sind. Hierzu gehören die Pfarrkirche St. Peter und Paul in Altstädten, die Kapelle von Hochweiler, die Marienkapelle in Beilenberg und die St. Martin Kapelle in Hinang.

Freizeit und Sport

Die herrliche Landschaft von Altstädten lädt zu genussvollen Wanderungen in herrlicher Natur im Tal und im Gebirge ein. Ein beheiztes Freibad, Kneipp-Wassertretanlage, Tennisplätze, ein Trimm-Dich-Pfad und Radwege bieten weitere Freizeitmöglichkeiten.

Im Winter locken präparierte Wege und Langlaufloipen in die romantische Schneelandschaft.

Veranstaltungen

Der Jahresveranstaltungskalender wird von den beliebten Brauchtumsfesten geprägt. Hierzu gehören die Faschingsveranstaltungen, die Bockbierfeste vor Ostern, die Feiern zum 1. Mai, die Fronleichnamsprozession, der festliche Almabtrieb Mitte September und der Nikolausmarkt am letzten Samstag im November.

Wichtige Adressen und Telefonnummern

Gästeamt Altstädten
Am Anger 8, D-87527 Sonthofen
Tel. +49 (0)8321 21 70
Fax +49 (0)8321 60 89 18
info-altstaedten@sonthofen.de
www.altstaedten.de

Festspielort Altusried

Natur und Kultur pur

Die flächenmäßig größte Marktgemeinde mit rund 10.000 Einwohnern im Landkreis Oberallgäu, ganz in der Nähe der Stadt Kempten, hat viel zu bieten.

Freizeit

Neben einem weitläufigen und hervorragend ausgebauten Wander- und Radwegenetz mit über 150 Kilometern findet man hier beispielsweise auch ein einmaliges Naturschauspiel – den Illerdurchbruch – ein 100 Meter tiefer Canyon, den sich die Iller vor Jahrtausenden gegraben hat und der seit geraumer Zeit von einer 80 m langen Hängebrücke überspannt wird. Zu jeder Jahreszeit ein Magnet für Wanderer und Besucher. Neben den vielen Freizeitmöglichkeiten, die Altusried bietet, ist hier auch seit über 25 Jahren der größte alternative Markt im süddeutschen Raum beheimatet. Und natürlich lässt auch die örtliche Gastronomie kaum Wünsche offen.

Illerdurchbruch
(Bild Kulturamt Altusried)

Kultur

Wer schon einmal in Altusried war oder eine Altusriederin respektive Altusrieder kennt, der weiß: Vieles dreht sich in dieser Gemeinde um das Theater. Das Theater lässt Altusried nicht los und Altusried lässt das Theater nicht los und das in vielfältiger Weise.

Bereits seit über 125 Jahren wird hier die Tradition der Freilichtspiele gepflegt. Seit 1879 haben die Festspiele ihren festen Platz, immer im Sommer eines jeden Jahres. Freiheitshelden wie Wilhelm Tell, Andreas Hofer, Don Quijote – Von einem der auszog die Welt zu retten, Johanna von Orleans, die Allgäuer Bauernkriege oder die 3 Musketiere haben es den Altus-

(Bild Kulturamt und Freilichtbühne Altusried)

rieder ganz besonders angetan. Bis zu 500 Mitwirkende stehen dann jedes Wochenende auf der Bühne und begeistern ihr Publikum. Aber auch Märchen, Operetten, Musicals und Konzerte unterschiedlichster Couleur werden hier zu einem einmaligen Erlebnis unter freiem Himmel.

Alles was Rang und Namen hat gibt in den Sommermonaten ein Gastspiel in Altusried.

1999 wurde die neu gebaute Tribünenanlage in Holzbauweise – nach

wie vor einmalig in ganz Europa – ihrer Bestimmung übergeben und bietet nun unter der über 3000 qm überspannenden Holzdachkonstruktion 2500 Besuchern Platz mit bester Sicht auf Süddeutschlands größte Naturbühne. Die eindrucksvollen Inszenierungen und Produktionen werden unterstützt von einer ausgefeilten digitalen Licht- und Tontechnik. Bei Bedarf kann die Tribüne um 500 Sitz- bzw. 1000 Stehplätze im Parkett erweitert werden.

Weit über 300 Aufführungen und Vorstellungen gingen seit der Eröffnung im Jahr 1999 hier über die Bühne, die von mehr als 600.000 Besuchern gesehen wurden.

Doch wem das alles noch nicht genug ist, der hat die Möglichkeit zwischen Oktober und Mai das Allgäuer Theaterkästle Altusried zu besuchen.

Theaterkästle
(Bild Kulturamt Altusried)

Dieses wohl kleinste, subventionsfreie kommunale Theater Bayerns mit 160 Sitzplätzen besteht seit über 25 Jahren und bietet in jeder Saison einen abwechslungsreichen Spielplan. Der reicht von Mundartstücken und anspruchsvollen Volkstheater, von Singspielen, Märchen und Operette bis hin zu Klassikern und zeitgenössischen Stücken. Über 160 Premieren, knapp 2000 Vorstellungen und rund 30.000 Besucher sprechen für sich.

Sie sehen – der Festspielort Altusried ist zu jeder Jahreszeit ein Besuch wert!

Wichtige Adressen und Telefonnummern

Kulturamt und Gästeinformation Altusried
Hauptstr. 18, D-87452 Altusried
Tel. +49 (0)8373 70 51
gaesteinformation@altusried.de
www.altusried.de

Kartenbüro Altusried
Hauptstr. 18, D-87452 Altusried
Tel. +49 (0)8373 92 20-0
kb@altusried.de
www.freilichtbuehne-altusried.de

(Bild Kulturamt und Freilichtbühne Altusried)

Bad Hindelang

Sonnige Ferienregion inmitten der Allgäuer Alpen

Der heilklimatische Kurort und das Kneipp-Heilbad (4800 Einwohner) Bad Hindelang besteht aus den Ortsteilen Bad Hindelang, Vorderhindelang, Bad Oberdorf, Hinterstein, Oberjoch und Unterjoch. Die Gemeinde liegt im Ostrachtal an der historischen Salzstraße, die ehemals über den Oberjochpass nach Österreich führte. Das Gemeindegebiet erstreckt sich von 832 m bis 2593 m Höhe (Hochvogel), 80% sind Landschafts- oder Naturschutzgebiet. Der beliebte Urlaubsort ist die erste zertifizierte „Allergikerfreundliche Gemeinde" des Alpenraums. Im Ort können sich Rollstuhlfahrer und Mobilitätseingeschränkte barrierearm bewegen. Die familienfreundliche Gemeinde war Kinderland Hauptstadt 2011.

Bad Hindelang PLUS

Die Bad Hindelang PLUS-Card mit 20 Leistungen ist ein Service von über 220 Gastgebern und bedeutet freie Fahrt mit Bergbahnen und Bussen, ins Naturbad, zum Tennisspielen, in den Hallen-Spielplatz „Allgäulino" und vieles mehr.

Im Winter: Skipass für die „Iselerbahn" und 11 weitere Skilifte für 32 Kilometer Pistenspaß inkl. Skibus in der Hochsaison. Für die Kleinen: das „Schneekinderland Oberjoch" sowie das „Schneeleo-Übungsgelände". Sowie freie Fahrt für die ganze Familie mit der „HornbahnHindelang" mit 3 Rodelbahnen und Panorama-Winterwanderweg und freier Eintritt zu den Natur-Eisplätzen.

Bad Hindelang
(Bilder Gästeniformation Bad Hindelang)

Zusätzlich neu ab 2013: freier Eintritt in die zwei Erlebnis-Hallenbäder „Wonnemar Sonthofen" und „ABC Nesselwang".

Kurzer Blick ins Geschichtsbuch

Im Mittelalter gehörte das Gemeindegebiet dem Rittergeschlecht von Hundilanc. Im Jahre 1429 erhielt der Ort das Marktrecht. Im Jahre 1540 wurde der Saumpfad über das Oberjoch als Straße für den Salztransport von Österreich zum Bodensee ausgebaut. Im 16. Jahrhundert wurde im hinteren Ostrachtal Eisenerz gefördert und in Hammerschmieden zu Waffen verarbeitet. Im 30-jährigen Krieg forderte eine Pestepidemie fast 1000 Opfer, die Hälfte der Bevölkerung. Bei der Säkularisation im Jahre 1803 fiel Hindelang an das Königreich Bayern.
Ende des 19. Jahrhunderts wurde die neue Jochpass-Straße gebaut.

Sehenswürdigkeiten

Siehe Beschreibung der Ortsteile.

Freizeit und Sport

Bad Hindelang ist Ausgangspunkt zahlreicher schöner Wanderwege, z.B. zum romantischen Wasserfall des Zipfelbachs in Hinterstein, zum Bad Hindelanger Hausberg, dem „Hirschberg", oder über den Vaterlandsweg und Bärenweg nach Hinterstein, zur Buchelalpe bei Unterjoch und in die Seitentäler des Ostrachtales. Sehr beliebt sind auch die informativen,

unterhaltsamen Themenwanderwege wie der Schmugglersteig, der Familienwanderweg mit 18 Spielstationen und der romantische Pfad der Liebe.

Für Radfahrer und Mountainbiker bietet Bad Hindelang ein attraktives Wegenetz für jeden Geschmack. Im Ort gibt es mehrere Fahrradverleihstationen und den Bikepark an der Hornbahn „Bikepark Inn".

Unbeschwertes Badevergnügen versprechendas HindelangerNaturbad, das Moorbad Oberjoch und der Kneipp-Kurgarten „Prinze Gumpe".

Bad Hindelang ist ein Wintersportparadies. Ob Skilauf oder Snowboardfahren auf 32 km präparierten Pisten, ob Langlauf oder Skaten auf den 90 km gebahnten Loipen, ob Eisstockschießen oder Eislaufen auf den Natureisflächen oder einfach eine Wanderung in kristallklarer Luft durch den romantisch verschneite Täler oder auf etwa ein Dutzend Berghütten, die Möglichkeiten sind unbegrenzt.

Veranstaltungen

Der Jahresveranstaltungskalender verzeichnet etliche Höhepunkte:

* Anfang/Mitte Januar: Warsteiner Wintermongolfiade, ein großes Ballonfahrertreffen
* Mitte Januar: Internationales Schlittenhunderennen in Unterjoch
* Ende Januar: Ski-TrailTannheimer Tal – Bad Hindelang mit über 1000 Teilnehmern
* Anfang August: Hindelanger Marktfest
* 11. September: Viehscheid, festlicher Almabtrieb
* Anfang Oktober: Internationale Jochpass Memorial &Historic Rallye, großes Oldtimertreffen
* Anfang Oktober: Ein Ort wird Musik, Internationales Musikfestival
* Erstes bis zweites Adventswochenende: Bad Hindelanger Erlebnis-Weihnachtsmarkt, gilt als der schönste im Allgäu

Ortsteile

Bad Hindelang

Der Ortsteil Hindelang ist das Zentrum der Gemeinde. Der neu gestaltete Marktplatz mit Geschäftsläden und Restaurants lädt zum Bummeln und Verweilen ein. Hier findet man das sehenswerte Rathaus, das 1660 als Jagdschloss erbaut wurde. In der ehemaligen Hauskapelle beeindrucken frühbarocke Stuckaturen und ein grünglasierter Rokoko-Kachelofen.

Vorderhindelang

Der Ortsteil hat sich seine dörfliche Struktur erhalten. Vorderhindelang liegt an der Straße von Sonthofen nach Bad Hindelang. Sehenswert ist die historisch bedeutsame Leonhardskapelle aus dem Jahre 1145 in Liebenstein. Auf der Naturbühne „Im Gund“ finden traditionelle Heimatveranstaltungen statt.

Bad Oberdorf

Bad Oberdorf wurde bereits 1900 wegen der Mineral-Schwefelquelle als Bad anerkannt.
Sehenswert sind hier die historischen Hammerschmieden, die teilweise heute noch in Betrieb sind. Die Kirche Unserer lieben Frau im Ostrachtal und St. Jodokusbirgt wertvolle Kunstschätze, unter anderem ein Madonnenbild von Hans Holbein d.Ä. von 1493.

Hinterstein

Das idyllische Bergdorf Hinterstein im Talschluss ist von eindrucksvollen

Berggipfeln des Naturschutzgebietes Allgäuer Hochalpen umgeben. Es ist Ausgangspunkt vieler Bergtouren zu bewirtschafteten Hütten wie dem Giebelhaus und dem sagenumwobenen Wildfräuleinstein. Eine Besichtigung wert sind die frühklassizistische Kirche St. Antonius von 1805, die Antoniuskapelle aus dem 16. Jahrhundert mit barockem Altar und das Kutschenmuseum.

Oberjoch

Auf der Passhöhe der wohl schönsten und kurvenreichsten Pass-Straße Deutschlands liegt der Ortsteil Oberjoch, Deutschlands höchstgelegenes Bergdorf. Die pollenarme Luft ist ideal für Allergiker. Sie ist frei von Hausstaubmilben und arm an Schimmelpilzsporen.

Im Sommer Ausgangspunkt für familienfreundliche Wandertouren, ist Oberjoch im Winter mit seinen SkiliftenLoipen und Winterwanderwegen ein beliebtes Skizentrum ersten Ranges.

Unterjoch

Der ländlich-idyllische Ortsteil jenseits des Passes in Hochtallage eignet sich besonders für gemütliche Familienurlaube auf dem Bauernhof. Einladend ist der neu gestaltete Dorfgarten mit Wasserfallanlage bei der sehenswerten Pfarrkirche Heilige Dreifaltigkeit. Im schneesicheren Winter führen unbegrenzte Loipen und Winterwanderwege bis ins benachbarte Tannheimer Tal.

Wichtige Adressen und Telefonnummern

Gästeinformation Bad Hindelang
Unterer Buigenweg 2
D-87541 Bad Hindelang
Tel. +49 (0)8324 89 20
Fax +49 (0)8324 80 55
info@badhindelang.de
www.badhindelang.de

Freizeit und Sport

Langlaufen

Langlauftraining mit viel Spaß unter kompetenter Anleitung bietet Nordic Power Langlauf- und Schneesportschule, Passstraße 51, D-87541 Oberjoch, Tel. +49 (0)8365 70 38 56, info@nordicpower.de, www.nordicpower.de

Hornbahn Hindelang

Die Hornbahn Hindelang - 8er-Gondelbahn erschließt ein umfangreiches Wandergebiet zwischen dem Ostrachtal und dem Naturschutzgebiet Retterschwanger Tal. Die hochmoderne Iselerbahn, ein 6er-Sesssellift in Oberjoch bringt den Wanderer in eine herrliche Region. Iselerbahn Oberjoch, Tel. +49 (0)8324 97 37 84 oder www.bergbahnen-hindelang-oberjoch.de

Einkaufen

Leder Eberhart GmbH

Größte Auswahl an hochwertiger exklusiver Trachten- und Ledermode im Allgäu, Damen-, Herren- und Kinderbekleidung, Änderungsservice, Maßwerkstatt, Versandservice, Accessoires. Öffnungszeiten: Montag bis Freitag 9:30 bis 12:30 und 14:00 bis 18:00 Uhr, Samstag 9:30 bis 13:00 Uhr oder Termine auf Anfrage. Leder Eberhart GmbH, Hindelanger Str. 29, D-87541 Bad Hindelang, Tel.+49 (0)8324 20 81, Fax +49 (0)8324 24 79, leder-eberhart@t-online.de, www.leder-eberhart-hindelang.de

Metallmichl

Origineller Laden mit Kunstobjekten aus Edelrost, die von bayerischen Künstlern gefertigt und vom Bad Hindelanger „Metallmichl" Michael Blanz vertrieben werden. Große und kleine Skulpturen, Feuersäulen (werden auch vermietet) und Sonderanfertigungen – der Laden am Bauernmarkt ist einen Besuch wert. Metallmichl, Inh. Michael Blanz, Am Bauernmarkt 3, D-87541 Bad Hindelang, Tel.+49 (0)8324 93 34 909, Fax+49 (0)8324 93 34 909, Mobil +49 (0)160 97961402, info@metallmichl.de, www.metallmichl.de

Schäferladen

Auf 300 Quadratmetern bietet der Schäferladen eine riesige Auswahl an Naturtextilien aus Wolle, Baumwolle, Hanf, Leinen, Bambus und Leder – ein wahres Einkaufsparadies mit Auszeichnung! Schäferladen, Minnekussar's Schoflädele, Am Bauernmarkt 1, D-87541 Bad Hindelang, Tel. +49 (0)8324 86 20, mail@schaeferladen.com, www.schaeferladen.de

Essen und Trinken

Schnitzelalm

Erstklassiges Schnitzelvergnügen auf der Schnitzelalm am Fuße des Oberjochpasses in Bad Hindelang. Vom würzigen Allgäuer Schnitzel über exotische Schnitzel-Varianten bis hin zum Zweimeter-Schnitzel gibt es hier alles, was der Schnitzelfan begehrt.

Und das in bester Qualität und original allgäuerischem Ambiente. Die Küche ist täglich von 11.00 bis 21.00 Uhr geöffnet (kein Ruhetag). Reservierung für die Abendzeiten wird dringend empfohlen. Biker willkommen. Schnitzelalm, Jochstraße 37, D-87541 Bad Hindelang, Tel. +49 (0)8324 22 71, Fax +49 (0)8324-95 30 25, info@schnitzelalm.de, www.schnitzelalm.de

Hotel Restaurant Amadeus

Internationale Gerichte und einheimische Spezialitäten kann man genießen im Hotel Restaurant Amadeus, Alpengasse 11, D-87541 Bad Hindelang,Tel. +49 (0)8324 98 20 50, Fax +49 (0)8324 98 20 550, info@amadeus-hindelang.de, www.amadeus-hindelang.de

Hotel & Museumswirtshaus „Zum Alten Senn"

Erlebnisgastronomie im urigen Wirtshaus des Hotels Zum Alten Senn mit kleinem Museum und echtem Bergambiente. Bayerische Schmankerl aus guten heimischen Zutaten kommen hier täglich frisch auf den Tisch. In der ehemaligen Sennerei gibt es viel Wissenswertes zur Allgäuer Käsekultur. Hotel & Museumswirtshaus „Zum Alten Senn", Salzgasse 2, D-87541 Oberjoch, Tel. +49 (0)8324 77 15, Fax +49 (0)8324 75 71, willkommen@zumaltensenn.de, www.zumaltensenn.de

Hotel Sonnenbichl

Das Restaurant Am Bichl bietet köstliche Speisen und empfehlenswerte „Allgäu Tapas", mehrgängige Menüs für zwei Personen im Hotel Sonnenbichl, Schindackerweg 1, D-87541 Bad Hindelang, Tel. +49 (0)8324 365, Fax +49 (0)8324 86 30, info@hotelsonnenbichl.com, www.hotel-bad-hindelang.com

Hotel Alpengasthof Löwen

Im urgemütlichen, stilvoll eingerichteten Alpengasthof Löwen gibt es kulinarische Köstlich-keiten für verwöhnte Feinschmecker-Gaumen. Neben vegetarischen und frischen Vital-Gerichten locken traditionelle Schmankerl wie Hirschkalbsgulasch oder Ochsenbrust. Hotel Alpengasthof Löwen, Familie Brutscher, Paßstrasse 17, D-87541 Oberjoch, Tel.:08324 97 30, Fax: 08324 75 15, info@loewen-oberjoch.de, www.loewen-oberjoch.de

******SPanoramahotelOberjoch**

Das ganzheitliche Konzept des ****SPanoramahotelOberjoch wird auch in den hoteleigenen Restaurants mit „Slow Food" zelebriert. Aus frischen, regionalen Zutaten, werden kulinarische Köstlichkeiten gezaubert. Bei atemberaubendem Panorama schmeckt das Essen auf der Aussichtsterrasse besonders lecker. Restaurant „Feuerstein": Well-Steaks mit leckeren Beilagen, traditionelle und Deutsche Küche, Kaffee und Kuchen: Täglich von 11:30 bis 22:00 Uhr geöffnet.Bistro „Wasserstrudel": Täglich ab 7 Uhr geöffnet; warme & kalte Speisen bis 19 Uhr. Bar „Freiluft": Täglich ab 11 Uhr geöffnet; Cocktails, frische Säfte, Kaffee; von

19 bis 20 Uhr Happy Hour. Panoramahotel Oberjoch GmbH, Passstraße 41, D-87541 Oberjoch, Tel. +49 (0)8324 93 33-0, info@panoramahotel-oberjoch.de, www.panoramahotel-oberjoch.de

Übernachten

Hotel Café Hochstadt

Übernachtungsmöglichkeiten in ruhig gelegenem, gepflegtem Hotel bietet Hotel Café Hochstadt, Luitpoldstraße 20, D-87541 Bad Hindelang, Tel. +49 (0)8324 20 64, Fax +49 (0)8324 15 30, kontakt@hotelcafehochstadt.de, www.hotelcafehochstadt.de

Hotel & Museumswirtshaus „Zum Alten Senn"

Tradition mit modernem Komfort: Der Charme des Hotels zum Alten Senn überzeugt mit liebevollen Details und herzlichem Ambiente. Gemütliche Hotelzimmer und 14 komfortabel eingerichtete Ferienwohnungen sorgen für erholsame Ferien in einem zertifizierten allergikerfreundlichen Haus. Sauna- und Dampfbad für Gäste kostenlos. Extra Spielzimmer für Kinder. Idealer Ausgangspunkt für Wanderungen und Ausflüge in die Umgebung. Skilift vor dem Haus. Hotel & Museumswirtshaus „Zum Alten Senn", Salzgasse 2, D-87541 Oberjoch, Tel. +49(0)8324 77 15, Fax +49(0)8324 75 71, willkommen@zumaltensenn.de, www.zumaltensenn.de

Hotel Sonnenbichl

Übernachten in behaglichen Zimmern und sich wohlfühlen können Gäste im Hotel Sonnenbichl, Schindackerweg 1, D-87541 Bad Hindelang, Tel. +49 (0)8324 365, Fax +49 (0)8324 86 30, info@hotelsonnenbichl.com, www.hotel-bad-hindelang.com

Ihr Bett im Allgäu

Vermittlung von Ferienunterkünften und kompetente Beratung bietet die Ferienagentur Ihr Bett im Allgäu, Marktstraße 30, D-87541 Bad Hindelang, Tel. +49 (0)8324 93 020, Fax +49 (0)8324 93 02 45, info@ihrbettimallgaeu.de, www.ihrbettimallgaeu.de

Wellness

Hotel Alpengasthof Löwen

Ruhe und Entspannung genießen Gäste in der „Löwentherme", dem lichtdurchfluteten exklusiven Wellnessbereich im Hotel Alpengasthof Löwen. Ob Finnische Sauna, Dampfbad, Solarium, Massage oder Kosmetikbehandlung – Wohlgefühl ist garantiert! Hotel Alpengasthof Löwen, Familie Brutscher, Passstraße 17, D-87541 Oberjoch, Tel. +49 (0)8324 973-0, Fax+49 (0)8324 75 15, info@loewen-oberjoch.de, www.loewen-oberjoch.de

****S PanoramahotelOberjoch

Wer ultimatives Wohlgefühl sucht, wird im Alpin Spa des 4-Sterne-Superior-Panoramahotels Oberjoch fündig. Auf 3000 Quadratmetern laden Saunalandschaft, Innen- und Außenpool, Kosmetik- und Fitnessbereich sowie Restaurant und Spa-Shop zum Relaxen, Sporteln, shoppen und

Verwöhnt-werden ein. Kostenloser Bademantelverleih. Tagesgäste sind herzlich willkommen! Panoramahotel Oberjoch GmbH, Passstraße 41, D-87541 Oberjoch, Tel. +49 (0)8324 93 33-0, info@panoramahotel-oberjoch.de, www.panoramahotel-oberjoch.de

Hotel Restaurant Amadeus

Sauna, Wellness-Anwendungen und Massagen bietet das gemütliche Hotel Restaurant Amadeus, Alpengasse 11, D-87541 Bad Hindelang, Tel. +49 (0)8324 98 20 50, Fax +49 (0)8324 98 20 550, info@amadeus-hindelang.de, www.amadeus-hindelang.de

Tagungsmöglichkeiten

****S PanoramahotelOberjoch

Beste Voraussetzungen für effizientes Arbeiten in entspannter Atmosphäre bieten vier großzügig gestaltete und modern eingerichtete Tagungs- und Veranstaltungsräume für bis zu 220 Personen mit freier Bergsicht und Terrasse im 4-Sterne-Superior-Panoramahotel Oberjoch. Panoramahotel Oberjoch GmbH, Passstraße 41, D-87541 Oberjoch, Tel. +49 (0)8324 93 33-0, info@panoramahotel-oberjoch.de, www.panoramahotel-oberjoch.de

Nordic Power

Erstklassige Skilanglaufschule in Oberjoch

Deutschlands höchstgelegenes Bergdorf Oberjoch ist ein Paradies für Wintersportler. Zahlreiche Langlaufloipen in der Umgebung bis ins österreichische Tannheimer Tal bieten Langläufern eine Fülle von Möglichkeiten für genussvolle Skiwanderungen. In der Nordic Power Langlauf- und Schneesportschule können Skilangläufer und solche, die es werden wollen, unter kompetenter Anleitung viel lernen. Die ausgebildeten und qualifizierten Skilanglauflehrer der Profi-Schule des Deutschen Skilehrerverbandes bieten erlebnisreiche Trainingsprogramme in den verschiedenen Langlauftechniken für Einsteiger, Fortgeschrittene, Könner und Experten. Beim Kurs in der eigenen Übungsarena in kleinen Lerngruppen kommt der Spaß nicht zu kurz. Beim **Skaten** werden effizient die Techniken dieses dynamischen, eleganten

Laufstils vermittelt. Der harmonische Rhythmus des **klassischen Langlaufs** ist ideal als Fitnesstraining, da 90% der Körpermuskulatur beansprucht wird. **Nordic Cruisen** vermittelt durch kürzere, breitere Ski mehr Sicherheit und ist damit die passende Form für Einsteiger und Genießer. Während der wöchentlichen geführten Langlauftouren können die Teilnehmer das Loipenparadies von Oberjoch kennenlernen. In den Schnupperstunden unter Anleitung von Experten kann man die beliebte Disziplin Biathlon erproben.

Neben persönlichem und individuellem Training für sportliche Läufer bietet Nordic Power auch attraktive Programme für Gruppen und Firmen an.

Kindern ermöglichen spezielle Kurse leicht und spielerisch, die Fortbewegung auf Skiern beim Laufen, Abfahren, Springen und Biathlon erlernen. Selbstverständlich kann man bei Nordic Power auch die notwendige professionelle und mit eigener Wachsmaschine stets Top präparierte Skiausrüstung leihen!

Nordic Power
Langlauf- und Schneesportschule
Passstraße 51, D-87541 Oberjoch
Tel. +49 (0)8365 70 38 56
info@nordicpower.de
www.nordicpower.de

Bergbahnen Hindelang Oberjoch

Wintersport und Wanderziele

„Schmugglersteig“ vom Iseler zum Wannenjoch

Der Wanderweg mit diesem verheißungsvollen Namen führt vom Iseler in Bayern zum Wannenjoch in Tirol. An der Talstation entscheidet sich der Wanderer, ob er lieber Schmuggler sein oder gerne einmal in die Rolle des Grenzwärters schlüpfen möchte. An der Bergstation erhält dann jeder die entsprechenden Utensilien. Nach Erfüllung seiner Aufgabe kann jeder seinen „Schmugglerpass“ mit nach Hause nehmen. Der Einstieg ist an der Talstation Iselerbahn in Oberjoch (Allgäu) oder an der Wannenjochbahn in Schattwald (Tirol). Es verkehren Linienbusse zwischen Oberjoch und Schattwald. Info Tel. 08324-973784.

„SALEWA-Klettersteig“ an der Iselerbahn in Oberjoch

Der SALEWA-Klettersteig hoch über Bad Hindelang am 1876 hohen Iseler gliedert sich in drei Abschnitte, die zusammen gegangen 3,5 bis 5 Stunden Zeit erfordern. Der erste Abschnitt führt Kletterer in 1,5 bis 2 Stunden über einen klassischen Klettersteig vom Einstieg über die „Bergführerplatte“ auf den Gipfel des Iseler mit herrlicher Bergkulisse. Im zweiten Abschnitt gelangt man in 45 Minuten bis 1 Stunde über die „Schusterplatte“ zur Iselerscharte. Auf dem Wanderweg nach Osten zum Kühgrundkopf beginnt nach ca. 10 Minuten der dritte Abschnitt. Parallel zum Grat geht es durchs „Gemsband“ über einen kurzen Gehabschnitt durchs „Kanonenrohr“ zum Ausstieg auf dem höchsten Punkt des Kühgrundkopfes. Für den Abstieg sind mehrere Varianten möglich. Trittsicherheit und Schwindelfreiheit sind absolute Voraussetzung für den mit B (mäßig schwierig) und C (schwierig) bewerteten SALEWA-Klettersteig. Empfohlen wird die Begehung mit einem Bergführer (Tel. 08324-953650). Begehung des Klettersteigs vom 1. Juni bis 10. November.

Informationen: Iselerbahn Oberjoch, Tel. +49 (0)8324-97 37 84 oder www.bergbahnen-hindelang-oberjoch.de

Bergbahnen Hindelang Oberjoch

Skispaß rund um Oberjoch

Bad Hindelang/Oberjoch/Unterjoch ist seit jeher ein traditionsreiches Wintersportgebiet. Der Name steht für abwechslungsreiches Ski- und Snowboardvergnügen in faszinierender alpiner Landschaft, ein Wintersportparadies mit ca. 32 km bestens gepflegten Pisten und genügend Freiraum für Tiefschneefahrer und Freerider. Günstige Preise bei den verschiedenen Karten und der direkte Einstieg zu den einzelnen Liftanlagen bieten maßgeschneidertes Skivergnügen. Skirevier Nummer eins ist unbestritten das Oberjoch (1150 – 1550 m). 8 Liftanlagen, u. a. die hochmoderne 6er-Sesselbahn Iseler, erschließt die Skiregion. Das Gelände reicht von einfach gemütlich bis hin zu sportlich anspruchsvoll. Gemütliche Hütten laden ein zum Einkehrschwung. Auch Langläufer finden hier wintermärchenhafte Loipen.

Das Wintersportgebiet Hindelang/Oberjoch/Unterjoch ist Mitglied im Liftkartenverbund „AllgäuGletscher-Card", „Allgäu-Tirol Bergwelt" und „Vitales Land – Allgäu/Tirol".

Skivergnügen am Spieserlift in Unterjoch

Wenn Skifahrer den Namen Unterjoch hören (Höhe 1055 m - 1350 m), dann denken sie an ein sicheres Skigebiet mit ausreichend Schnee, mit gemütlichen, anspruchsvollen und breiten Abfahrten, mit traumhafter Landschaft und Sonnenschein. Mit zwei Schleppliftanlagen, einem Übungsseillift für Kinder und günstigen Tarifen (Familienkarten, Stundenkarten etc.) bieten die Spieserlifte

Hier erhalten Sie die Leistungen der Allgäu-Walser-Card (siehe Seite 26)

Wintersportgenuss pur. Das überschaubare Skigebiet ist sehr beliebt bei Familien mit Kindern und bei Wiedereinsteigern. Doch auch Könner finden auf den herrlichen Abfahrten am großen Spieserlift die sportliche Herausforderung. Den Kleinen bietet die Waldabfahrt viel Spaß. Am kleinen Spieserlift sorgt ein Kinder-FunPark für Vergnügen und Abwechslung. Modernste Pistenpflege sorgt für gut präparierte Abfahrten, eine Beschneiungsanlage garantiert genügend Schnee. Eine Skischule befindet sich direkt an den Liftanlagen. Auch einen Ski- und Snowboardverleih findet man an den Spieserliften. Kiosk und Restaurant "Gasthof am Buchl" sind Anlaufstellen für den Hunger zwischendurch. Verbundkarten Oberjoch-Unterjoch, Vitales Land, Superschnee und Allgäu-Gletscher-Card sind an den Spieserliften erhältlich.

Rodelspass und Winterwandern an der Hornbahn Hindelang

An der Hornbahn Hindelang schweben Sie in 8er-Gondelbn bequem und geschützt vor Wind und Wetter zur Bergstation. Dort erwartet Sie das „Berggasthaus Gletscherspalte" mit Sonnenterrasse und Liegestuhlverleih zur gemütlichen Einkehr. Die verschneiten Berggipfel ringsum und der Blick über das Ostrachtal bieten eine spektakuläre Kulisse für Ihren Winterausflug. Ein riesen Vergnügen für die ganze Familie erleben Sie auf den jeweils 3x 3,5 km langen Naturrodelbahnen, die dank der neuen Beschneiungsanlage Fahrspaß garantieren. Einen Rodelverleih gibt es an der Talstation.

Für Spaziergänger und Wintergenießer führt ein herrlicher Winterwanderweg von der Bergstation zurück ins Tal. Sonderpreise für Schulklassen! Familien- und Gruppenermäßigungen. Nähere Informationen erhalten Sie direkt an der Hornbahn Tel.: 08324/2404 oder im Internet: www.hornbahn-hindelang.de

Täglicher Fahrbetrieb von 9 bis 16 Uhr.

Bergbahnen Hindelang-Oberjoch

Passstraße 44, 87541 Bad Hindelang
Tel. +49 (0)8324 97 36 14 od. 97 36 15
Fax +49 (0)8324 97 37 86
info@bergbahnen-hindelang-oberjoch.de
www.skilifte-oberjoch.de

****S

Panoramahotel Oberjoch

Wellness in alpiner Naturlandschaft

Einmal ausspannen, die Hektik des Alltags vergessen und einfach nur Mensch sein dürfen – Wünsche, die wohl jeder kennt. Seit September 2012 gibt es inmitten der wild-romantischen Allgäuer Bergwelt mit ihren kristallklaren Bächen, duftenden Kräuterwiesen und sanften Täler einen Geheimtipp für Erholungssuchende. In Deutschlands erster allergikerfreundlichen Gemeinde des gesamten Alpenraums wurde auf 1200 Metern Höhe ein Rückzugsort geschaffen, der als „Oase" bezeichnet werden kann: Das 4-Sterne-Superior-Panoramahotel Oberjoch. Eine atemberaubende Aussicht und die gute Luft sorgen bereits beim Ankommen für entspanntes Durchatmen bei Hotel- und Tagungsgästen. Herrlich ist es hier – dieser erste Eindruck setzt sich im familiengeführten Hotel fort. Modern und großzügig gestaltet ist nicht nur der Eingangsbereich, auch die 113 Zimmer und Suiten mit insgesamt 250 Betten sind äußerst komfortabel ausgestattet. Der ganzheitliche Ansatz von Familie Lech ist überall im Haus spürbar. Viel Raum zum Wohlfühlen und Sporteln bietet das beeindruckende Alpin-Spa mit Innen- und Außenpool, verschiedenen Saunen und Fitnessbereich. Der Lift in unmittelbarer Nähe ist idealer Ausgangspunkt für Outdoor-Sportarten wie Wandern oder Skifahren. Weiteres Highlight an diesem inspirierenden Ort: Die architektonisch abgegrenzten Seminar- und Tagungsräume können auf Wunsch zu einem eleganten Festsaal für Hochzeiten und andere unvergessliche Momente verwandelt werden. In den hoteleigenen Restaurants werden Gäste nach „Slow Food"-Art verwöhnt: regional, biologisch und lecker. Auch Tagesgäste sind herzlich willkommen!

Panoramahotel Oberjoch GmbH

Passstraße 41, 87541 Oberjoch
Tel. +49 (0)8324 933 30
info@panoramahotel-oberjoch.de
www.panoramahotel-oberjoch.de

Hier erhalten Sie die Leistungen der Allgäu-Walser-Card (siehe Seite 26)

Hotel-Alpengasthof Löwen

Dem Himmel so nah im höchsten Berg- & Skidorf Deutschlands!

Die einmalige Lage bietet einen idealen Ausgangspunkt für Spaziergänge, Wanderungen sowie Berg- und Klettertouren. Im Winter verwandelt sich Oberjoch in ein schneesicheres Ski- & Langlaufparadies. Hier droben auf 1.200 Metern über dem Meer ist die Luft hausstaubmilbenfrei, pollenarm und schimmelpilzsporenarm sowie frei von Feinstaub und hat die Güteklasse 1. Ideal für Allergiker oder alle, die einfach mal tief durchschnaufen wollen...

Dieses 3-Sterne Superior-Hotel ist in einer Bilderbuchlandschaft eingebettet vor der prachtvollen Kulisse der Allgäuer Alpen. Seit über 110 Jahren ist das liebevoll geführte Landhotel mit 70 Betten im Besitz von Familie Brutscher und steht für vorzügliche Küche und herzliche Atmosphäre. Helle geräumige Zimmer sorgen für traumhaftes Wohnen.

Eine stilvolle Hotelhalle mit Bar, eine Kaminstube mit offenem Kamin sowie die alte Bauernstube laden zum Verweilen ein. In den gemütlichen Restaurants wird der Gast mit kulinarischen Köstlichkeiten verwöhnt.

In der Erholungsoase "Löwentherme" – ein lichtdurchfluteter, exklusiver Wellnessbereich mit finnischer Sauna Dampfbad und Solarium, Massage- und Kosmetikstübchen – findet man Ruhe und Entspannung.

Mit der Gästekarte Bad Hindelang PLUS genießen die Löwengäste ihren Urlaub ohne Nebenkosten! Das heißt freie Fahrten mit den Hindelanger Bergbahnen im Sommer wie im Winter, freie Fahrten mit den Bussen im südlichen Oberallgäu, Freizeitspaß in Schwimmbädern und vielen Freizeiteinrichtungen sowie Parken – alles zum Nulltarif!

Hotel-Alpengasthof Löwen

Fam. Brutscher, Passstr. 17, 87541 Oberjoch

Tel: +49 (0)8324 973-0, Fax +49 (0)8324 7515

loewen-oberjoch@t-online.de, www.loewen-oberjoch.de

Hier erhalten Sie die Leistungen der Allgäu-Walser-Card (siehe Seite 26)

Hotel Zum Alten Senn Museumswirtshaus

Traditionelle bayerische Gastlichkeit modern inszeniert

Am Oberjoch auf 1200 Metern liegt das Hotel und Museumswirtshaus Zum Alten Senn in bester Hochtallage. Die ursprüngliche Sennerei wurde von Generation zu Generation weiter gegeben und entwickelte sich nach und nach zum heutigen Hotel mit urigem Museums-Wirtshaus. Die Seele des Hauses, Anita Stark, Hotelchefin und Enkeltochter des letzten Senns vom Oberjoch, bewahrt alte Traditionen, vereint diese gekonnt mit modernem Komfort und schenkt ihren Gästen dadurch ein Stück bayerischer Lebenskultur. Tatkräftig unterstützt vom charmanten Senn-Team sorgt sie dafür, dass man sich rundum wohl fühlt. Mit einem kleinen Museum im Eingangsbereich und original Raritäten in den Räumen des Gasthauses wird an die ehemals höchstgelegenste Käserei des Allgäus erinnert. In diesem ursprünglichen Ambiente schmecken die nach überlieferten Rezepten gekochten und verfeinerten Spezialitäten aus frischen regionalen Produkten besonders gut. Wer möchte, bekommt bei einer Vorführung Einblick in die Kunst des Käsemachens und kann sich danach im „Käselädle“ mit den Käseköstlichkeiten für die Brotzeit zuhause oder in einer der gemütlichen, optimal ausgestatteten Ferienwohnungen im angrenzenden Jagdhof eindecken. Sonnenterrasse, Panoramahalle mit heimeligem Kachelofen und spektakulärer Aussicht, Sauna und Dampfbad laden zum Entspannen ein. Auch in den liebevoll eingerichteten Hotelzimmern können Gäste ihren Urlaub komfortabel genießen. Kinder erleben im Spielzimmer vergnügliche Abenteuer bei jedem Wetter. Direkt vor dem Hotel befinden sich Skilift, Ski- und Rodelpiste sowie herrliche Wanderwege. Im Hotel zum Alten Senn beginnt jeder Morgen mit der Aussicht auf einen schönen Tag!

Hotel & Museumswirtshaus
"Zum Alten Senn"
Salzgasse 2
D-87541 Oberjoch
Tel. +49 (0)8324 77 15
Fax +49 (0)8324 75 71
willkommen@zumaltensenn.de
www.zumaltensenn.de

Hier erhalten Sie die Leistungen der Allgäu-Walser-Card (siehe Seite 26)

Hotel Café Hochstadt

Familiär geführtes Haus in ruhiger Lage

Umgeben von unberührter Natur im Ortsteil Bad Oberdorf des beliebten Ferienorts Bad Hindelang befindet sich das ruhig gelegene Hotel Café Hochstadt. Im sehr gepflegten Hotel finden Feriengäste alles, was sie für einen gelungenen, erholsamen Urlaub brauchen. Die parkähnliche Außenanlage am sonnigen Südhang, die das im Allgäuer Stil erbaute Haus umgibt, lädt den Gast in verschiedenen Ruhezonen mit Blick auf die Berge zum Entspannen ein.

Die 5 Einzelzimmer, 6 Doppelzimmer und 3 großzügigen Appartements sind komfortabel und geschmackvoll eingerichtet. Bad/Dusche und WC, ISDN-Telefon, Flachbildschirm-TV und Weckservice gehören zum Standard. Die meisten Zimmer verfügen über Balkon/Terrasse mit prachtvollem Blick auf die umliegende idyllische Bergwelt. Parkmöglichkeiten direkt am Haus sind ausreichend vorhanden.

Der Urlaubstag beginnt mit einem sehr reichhaltigen Frühstücksbuffet, das keine Wünsche offen lässt. Das Hotel Café Hochstadt ist Ausgangspunkt vieler schöner Wanderwege. Vom bequemen Bummel im Dorf bis zu anspruchsvollen Tageswanderungen ins Gebirge stehen viele Möglichkeiten zur Verfügung. Besonders schön ist der aussichtsreiche „Vaterlandsweg", auch „Pfad der Liebe" genannt, der vom Hotel zum Schleierfall führt, einer der prächtigsten Wasserfälle im Allgäu. Ausflüge ins nahegelegene Oberstdorf oder ins Tannheimer Tal gehören zu jedem Urlaubsprogramm in Hindelang. Im Winter bietet der Ort begeisterten Sportlern kilometerlange gespurte Loipen, gebahnte Winterwanderwege, eine Rodelbahn und mehrere Skipisten im Ortsteil Oberjoch.

An Wochenenden werden im hoteleigenen Café vom Konditor frisch kreierte köstliche Torten angeboten. Auf der Sonnenterrasse mit Aussicht auf die Berge schmecken Kaffee und Kuchen nochmal so gut. Auch eine deftige Brotzeit oder ein Snack für den kleinen Hunger sind im Café erhältlich.

Hotel Café Hochstadt

Luitpoldstraße 20
D-87541 Bad Hindelang
Tel. +49 (0)8324 2064
Fax +49 (0)8324 1530
kontakt@hotelcafehochstadt.de
www.hotelcafehochstadt.de

Hier erhalten Sie die Leistungen der Allgäu-Walser-Card (siehe Seite 26)

Hotel Sonnenbichl

Gemütliches Hotel mit Panoramablick

Urlauber, die die Bergen lieben und gerne wandern, haben in Bad Hindelang unzählige Möglichkeiten ihrem Hobby nachzugehen. Das Wohlfühl-Hotel Sonnenbichl ist der ideale Ausgangspunkt für abwechslungsreiche Aktivitäten in der herrlichen Oberallgäuer Landschaft. Im familiär geführten Haus können sich die Gäste nach einem aktiv gestalteten Tag entspannen und verwöhnen lassen.

Die Gäste des Hotelskönnen außerdem die Vorteile von Bad Hindelang PLUS in Anspruch nehmen und zahlreiche Freizeiteinrichtungen kostenlos nutzen. (Bergbahnen Skilifte, Busse Freizeitbad Wonnemar) und vieles mehr. Für alle Naturfreunde dürfte das Hintersteiner Tal mit den dort beheimateten Steinadlern, die überall in den Bergen zu findenden Gemsen und Murmeltiere und traumhaft bunten Blumenwiesen mit den Allgäuer Kräutern eine wahre Freude bereiten. Ebenso sehenswert ist das Strausberg-Hochmoor in der Einzigartigkeit seiner seltenen Tier- und Pflanzenwelt. Von den Bergstationen der Seilbahnen können prachtvolle Wanderungen mit herrlichen Ausblicken in die Allgäuer Alpen mit dem imposanten Hochvogel gestartet werden. Auch Spaziergänge in den wildromantischen Tälern wie das Hintersteiner Tal und das Retterschwangtal sind durchaus reizvoll. Abends genießen die Gäste ein leckerund mit viel Liebe zubereitetes Essen im hoteleigenen Restaurant mit herrlicher Aussichtsterrasse.

Ob internationale Gerichte oder Allgäuer Spezialitäten, der Küchenchef und sein Team verwenden nur hochwertige Produkte und Qualitätsfleisch. Sehr zu empfehlen sind die Allgäu Tapas, mehrgängige Menüs für zwei Personen mit auserlesenen Schmankerl der Allgäuer Küche. Guten Appetit!

Hotel Sonnenbichl
Schindackerweg 1
D-87541 Bad Hindelang
Tel. +49 (0)8324 365
Fax +49 (0)8324 86 30
info@hotelsonnenbichl.com
www.hotel-bad-hindelang.com

Hier erhalten Sie die Leistungen der Allgäu-Walser-Card (siehe Seite 26)

Hotel Restaurant Amadeus

Nicht weit vom Ortszentrum von Bad Hindelang entfernt befindet sich das ruhig gelegene Hotel Restaurant Amadeus. Hier können sich Feriengäste in herzlicher Atmosphäre verwöhnen lassen. Das Hotel bietet alles, was man für einen erholsamen Urlaub braucht. Die 12 geschmackvoll eingerichteten Zimmer und die Ferienwohnung sind mit Dusche/ WC, TV, Telefon und Balkon ausgestattet. Das Hotel hat eine Sauna und bietet Wellness-Anwendungen und Massagen an. Durch die Mitgliedschaft bei Bad Hindelang+ können die Gäste zum Nulltarif viele Freizeitmöglichkeiten nutzen. Bergbahnen, Skipass, 2 Erlebnishallenbäder, Busse, Freibad, Tennis, Spielwelt und vieles mehr ist im Angebot. Nach einem gelungenen Start in den Tag mit einem reichhaltigen Frühstückbuffet ist die Auswahl an Ausflugsmöglichkeiten groß. Ob Tannheimer Tal, Oberstdorf, die Königsschlösser oder einer der zahlreichen Seen in der Umgebung, alle Ziele sind leicht erreichbar. Das Hotel ist der ideale Ausgangspunkt für Wanderungen in der näheren Umgebung, z.B. zum Giebelhaus im Hintersteiner Tal. Die 200 Meter entfernte Hornbahn bringt Wanderer, Downhillfahrer und im Winter Rodler bequem auf das Imberger Horn.

Im Winter kommen sportbegeisterte Urlauber voll auf ihre Kosten. Den Aktivitäten bei Skiabfahrten in Oberjoch, Rodeln und Skilanglauf sind keine Grenzen gesetzt. Auch eine beschauliche Wanderung in kristallklarer Luft durch den verschneiten Wald hat seinen Reiz. AmAbend beschließt ein köstliches Essen mit Allgäuer Spezialitäten wie Kässpatzenim gemütlichen, hoteleigenen Restaurant oder im Sommer auf der Terrasse den erlebnisreichen Ferientag.

Hotel Restaurant Amadeus
Alpengasse 11
D-87541 Bad Hindelang
Tel. +49 (0)8324 98 20 50
Fax +49 (0)8324 98 20 55-0
info@amadeus-hindelang.de
www.amadeus-hindelang.de

Hier erhalten Sie die Leistungen der Allgäu-Walser-Card (siehe Seite 26)

Meckatzer Sportalp

Urige Hütte mit Aussichtsterrasse

Oberjoch, das höchst gelegene Bergdorf Deutschlands, bietet Feriengästen zu jeder Jahreszeit viele Gelegenheiten für sportliche Betätigung. Im Sommer haben Bergwanderer die Auswahl vom leichten Spaziergang bis zur anspruchsvollen Bergtour, z.B. auf den Iseler, auf den auch ein Klettersteig führt. Im Winter locken die Pisten im Skigebiet mit 8 Liften, 42 km gespurte Langlaufloipen und ein Netz von präparierten Wanderwegen durch die paradiesische Winterlandschaft.

Bei der verdienten Rast treffen sich dann die Urlauber in der zünftigen Meckatzer Sportalp bei der Iseler Bergbahn. Was gibt es Schöneres, als in gemütlicher Runde die prachtvolle Aussicht auf der Sonnenterrasse zu genießen und dabei eine leckere Allgäuer Spezialität wie Käsespatzen, Krautkrapfen oder Zwiebelrostbraten mit Schupfnudeln zu verzehren? In der umfangreichen Speisekarte ist für jeden Geschmack etwas dabei. Die Sportalp hat im Innenbereich 100 Plätze und auf der Terrasse 120 Plätze zur Verfügung und bietet auch für Ausflügler, die mit Reisebussen unterwegs sind, genügend Raum. Lokal und Toiletten sind barrierefrei.

Die Sportalp eignet sich hervorragend für Veranstaltungen und Festlichkeiten. Ob Eröffnung der Skisaison, Betriebsfest oder Hochzeitsfeier, das erfahrene Team sorgt mit erstklassigem Service, exquisiter Küche und einmaligem Ambiente für einen erfolgreichen Ablauf. Die angebotenen köstlichen Menüs genügen höchsten Ansprüchen. Die Meckatzer Sportalp ist der ideale Treffpunkt für alle Liebhaber zünftiger Feste.

Meckatzer Sportalp
Paßstraße 46
87541 Oberjoch
Tel. +49 (0)83 24 95 33 25
Fax +49 (0)83 24 95 33 29
info@sportalp.de, www.sportalp.de

www.schnitzelalm.de

Die Schnitzelalm am Fuße des Jochpass in Bad Hindelang gelegen, ist der Ausgangspunkt für viele interessante Wanderungen und Freizeitvergnügen. Unmittelbar an der Schnitzelalm beginnt der Wanderweg zum wildromantischen Hirschbachtobel, einer der interessantesten Bergwanderungen im Voralpenbereich. Bei weniger gutem Wetter empfiehlt sich der Ausflug nach Hinterstein ins Kutschenmuseum, mit wunderschön restaurierten Kutschen, religiösen Themen, Klang- und Seherlebnissen und faszinierenden Lichtspielen. Ein lohnendes Erlebnis für Jung und Alt. Für sportlich Ambitionierte bietet sich eine Fahrt mit der Hornbahn auf das Imberger Horn an, um anschließend eine spannende Downhill-Fahrt mit dem Mountain-Bike zu genießen. Im Winter stattdessen einfach den Schlitten mitnehmen und Sie haben das Rodelvergnügen pur. Ebenfalls im Winter lädt das 1.200 m hoch gelegene Oberjoch zu "schneesicherem" Wintersport ein. Egal wozu Sie sich entscheiden, die Schnitzelalm bietet mit ihren über 30 leckeren Schnitzelvariationen immer ein unvergessliches Genuss-Erlebnis.

Auch Reisegruppen, Vereine, Bikergruppen etc., werden hier z.B. mit dem legendären Zweimeter-Schnitzel verwöhnt.

Gründe für den Besuch der Schnitzelalm gibt es also genug, also nix wie hin!

Weitere Schnitzelalmen finden Sie in:

87730 Bad Grönenbach, Niederholz 2, Tel.: +49 (0)8334 9 87 21 18 und 87538 Fischen, Bolgenstraße 8 Tel.: +49 (0)8326 38 67 96.

Die Küche ist täglich von 11.00 bis 21.00 Uhr geöffnet (kein Ruhetag). Reservierung für die Abendzeiten wird dringend empfohlen.

Schnitzelalm

Jochstraße 37, 87541 Bad Hindelang
Tel. +49 (0)8324 2271
Fax +49 (0)8324 95 30 25
info@schnitzelalm.de
www.schnitzelalm.de

Ihr Bett im Allgäu

Die Hindelanger Ferienagentur „Ihr Bett im Allgäu" ist der Urlaubsspezialist für Ferienwohnungen im Allgäu. Die Agentur bietet eine Reihe von Ferienwohnungen, Ferienhäusern und Hotelzimmern an und berät Interessenten umfassend und kompetent. Bei der telefonischen oder persönlichen Beratung im Hindelanger Büro erhält der Zimmersuchende alle notwendigen Informationen, um den passenden Gastgeber zu finden. Die Unterkünfte werden auf der Internetseite der Agentur detailliert vorgestellt und sind auch online buchbar.

Alle Unterkünfte liegen in den schönsten Ferienregionen des Allgäus in Bad Hindelang, Oberstdorf, Fischen, Ofterschwang, Füssen, Hopfen am See und Wertach. Vor allem in Bad Hindelang hat die Agentur eine große Auswahl an attraktiven Unterkünften: z.B. die Residenz Allgäublick mit 24 Ferienwohnungen, einziger Ferienwohnungsanbieter mit Hallenbad in Bad Hindelang. Oder der Sonnenpark, 41 Ferienwohnungen für die ganze Familie mit Sauna und Tiefgarage im Haus. Ein Urlaub in diesem günstig gelegenen Ferienort bietet im Sommer herrliche Wandermöglichkeiten in der malerischen Allgäuer Landschaft und im Winter hervorragende Bedingungen für Ski- und Langläufer. Bei der Ankunft erhalten die Gäste vom jeweiligen Gastgeber die Bad Hindelang PLUS Karte mit zahlreichen Vergünstigungen. Mit dieser Gästekarte können die Feriengäste Bergbahnen, Busse und Freizeiteinrichtungen wie Schwimmbad und Tennisplätze kostenlos nutzen. Im Winter gilt die Karte als kostenloser Skipass. Bad Hindelang ist ein Paradies für erholungsuchende Familien. Der Ort war Kinderland Hauptstadt 2011 und bietet viele Kinderspielplätze und barrierefreie, kinderwagentaugliche Wanderwege.

Öffnungszeiten:

Dienstag bis Freitag von 10.30-18 Uhr
Samstag von 10.30-16.00 Uhr

Ihr Bett im Allgäu

Marktstr. 30, D-87541 Bad Hindelang
Tel. +49 (0)8324 93 02-0
Fax +49 (0)8324 93 02-45
info@ihrbettimallgaeu.de
www.ihrbettimallgaeu.de

Leder Eberhart GmbH

Größte Auswahl an Trachten- und Ledermode im Oberallgäu

Wer die Original Eberhart-Hirschlederhose einmal getragen hat, weiß, warum dieses Produkt des 1903 gegründeten Familienbetriebes auf der ganzen Welt geschätzt wird: Der unvergleichlich hohe Tragekomfort und die lange Lebensdauer sind Merkmale bester Qualität. Das Trachten- und Ledermodengeschäft in Bad Hindelang hat zudem ein großes Sortiment an exklusiver Damen-, Herren- und Kinderbekleidung sowie Accessoires von ausgesuchten Firmen wie z.B. Zaspel, Christ, Zeiler, Meindl, Sportalm Spieth & Wensky, Voss, Kauper, Pfister und anderen im Angebot. Kundenservice steht im Hause Leder-Eberhart an erster Stelle. Mit Hilfe der freundlichen, professionellen Beratung findet man immer das Passende für jeden Anlass, das Wunschkleidungsstück wird Kunden nach Absprache auch gerne zugesandt.

Qualitativ hochwertige Kleidung, die perfekt zu Typ und Figur passt, schenkt Wohlgefühl und unterstreicht die positive Ausstrahlung. Um allen Kundenwünschen gerecht zu werden, bietet Familie Eberhart zusätzlich sowohl einen Änderungsservice, als auch maßgeschneiderte Kleidung an.

So manch einer möchte sein Lieblingskleidungsstück von Leder Eberhart gar nicht mehr ausziehen.

Öffnungszeiten:
Montag bis Freitag
9:30 bis 12:30 und
14:00 bis 18:00 Uhr.
Samstag 9:30 bis 13:00 Uhr
oder Termine auf Anfrage.

Leder Eberhart GmbH
Hindelanger Str. 29
D - 87541 Bad Hindelang
Tel. +49 (0)8324 20 81
Fax +49 (0)8324 24 79
leder-eberhart@t-online.de
www.leder-eberhart-hindelang.de

Metallmichl

Exklusives Metalldesign

Am Bauernmarkt in Bad Hindelang hat der Ideenreichtum von Michael Blanz seine Wirkungsstätte. Bereits vor dem Eingang des pittoresken Lädchens tummeln sich lustige Tiere, edle Feuersäulen, Skulpturen und menschliche Gestalten aus Edelrost. Die Rund-um-die-Uhr-Ausstellung macht Lust auf mehr. Michael Blanz berät seine Kunden mit Enthusiasmus und großer Freude am Thema Metall. Der Bad Hindelanger vertreibt Kunstwerke verschiedener bayerischer Künstler, die auch seine eigenen Entwürfe mit Meisterhand zu dekorativen Metallobjekten gestalten. Von kleineren Objekten wie Teelichtern

und Steckfiguren bis hin zu Sonderanfertigungen – das Angebot ist riesig. Wie wäre es mit einem olympisches Feuer auf der nächsten Gartenparty? Oder soll ein flammender Feuerdrachen, der den dunklen Nachthimmel erhellt, die Gäste begeistern? Die Feuersäulen und –würfel sind sicher in der Anwendung, umweltverträglich und können auch innerhalb des Hauses mit Leuchtmitteln in Szene gesetzt werden. Der Kunde ist König bei Metallmichl – und die Krone aus Edelrost gibt es auf Wunsch sogar lackiert.

Öffnungszeiten:

Mo – Fr.: 10 – 18 Uhr, Sa.: 10 – 13 Uhr
Mittwoch nur in Ferienzeiten bzw. nach Absprache geöffnet.

Metallmichl
Inhaber Michael Blanz
Am Bauernmarkt 3
87541 Bad Hindelang
Tel. und Fax
+49 (0)8324 933 49 09
Mobil:
+49 (0)160 97 96 14 02
info@metallmichl.de
www.metallmichl.de

Schäferladen

„Minnekussar's Schoflädele"

In Bad Hindelang weiden die glücklichen Schafe der Familie Blanz. Auf herrlich grünen Wiesen und Hängen tun sie das, was Schafe eben so tun, um ein prächtiges Wollkleid zu bekommen: Sie fressen Allgäuer Gras und frische Kräuter. Als Monika und Felix Blanz mit der Schäferei anfingen, stellten sich bald die ersten interessierten Kunden für naturbelassene Strickwolle und Lammfelle ein. Nach und nach wuchs der ursprünglich kleine Laden zu dem heran, was er heute ist: Ein Paradies für Schatzsucher mit der größten Auswahl an Naturtextilien aus Wolle, Baumwolle, Seide, Hanf, Bambus, Leinen und Leder im süddeutschen Raum! Dafür gab es die Auszeichnung „Unternehmerin des Jahres 2004".

Im 400 Quadratmeter großen Laden gibt es viel zu entdecken. Flauschig weiche Kuscheltiere, bunte Wolldecken, duftende Seifen – ein Fest für die Sinne. Man darf riechen, anfassen und anprobieren. Die gesamte Familie Blanz und ihre freundlichen Mitarbeiter stehen ihren Kunden mit Rat und Tat zur Seite. Darf es ein schicker Hut zum Hanfkleid sein? Oder ein warmer Wollteppich für Zuhause? Auf den wollenen Kopfkissen ruht es sich wunderbar, die Filzpantoffeln verwöhnen müde Füße und als Geschenk für die Freundin vielleicht eine Ledertasche? Kunden des Schäferladens in Bad Hindelang sind sich einig: Hier ist Einkaufen ein wolliges Vergnügen!

Öffnungszeiten:

Mo. bis Fr.
9 – 18 Uhr,
Sa. 9 – 13 Uhr.

**Schäferladen
Minnekussar's
Schoflädele**

Am Bauernmarkt 1
87541 Bad Hindelang
Tel. +49 (0)8324 8620
www.schaeferladen.de
mail@schaeferladen.com

Zipfelsalpe

Ein unvergessliches Erlebnis

Eine Wanderung zur Zipfelsalpe ist ein unvergessliches Bergerlebnis, ganz egal, welchen Weg man nimmt. Der eine beginnt seinen Aufstieg beim Feuerwehrhaus in Hinterstein, ein anderer nimmt lieber den Weg von Oberjoch und Iseler oder verkürzt sich die Tour mit der Wannenjochbahn von Schattwald aus. Lohnend ist die Alpe immer. Äußerst abwechslungsreich gestaltet sich die Tour ab Feuerwehrhaus bzw. Prinzengumpen, d. h. ab dem idyllisch gelegenen kleinen Freibad von Hinterstein. Entlang der Zipfelsalpfälle (Wasserfälle) geht es im Schutz der Bäume hinauf und schon bald genießt man eine faszinierende Sicht hinunter ins Tal. Vor allem im Frühsommer ist der Weg zu empfehlen! Wer mit offenen Augen wandert, entdeckt dann hinter jeder Wegbiegung seltene Flora und Fauna. Wenn man oben angekommen ist, hat man sich die deftige Brotzeit mit der kühlen Erfrischung wahrlich verdient. Kinder können auf der Zipfelsalpe ihren ersten Melkversuch starten.

Von Pfingsten bis Allerheiligen finden alle zwei Wochen auf der Zipfelsalpe am Sonntag Frühschoppen, am Freitag Alpfeste oder im August die Bergmesse statt, jeweils um 11 Uhr.

Etwas ganz Besonderes ist im Winter auch eine Kutschfahrt mit dem Haflingergespann, wenn die reizvolle Allgäuer Landschaft in Schnee eingepackt ist. Herr Brutscher bietet, je nach Wunsch der Fahrgäste, Fahrten am Tag an – oder auch durch die klare Winternacht, Abfahrtszeit und Treffpunkt nach individueller Vereinbarung.

Zipfelsalpe

Tel. Mobil 0151/16708513

Alpe Plättele

Am Ende des Obertals

Die Alpe Plättele in 1340 m Höhe ist vom Giebelhaus aus zu Fuß in ca. 75 Minuten zu erreichen. Daumen und angrenzende Höhenzüge, Giebel, Laufbacher Eck, Nebelhorn und Hindelanger Klettersteig – und über 200 Stück Vieh beherrschen die Szenerie. Die Alpe bietet Käse, Butter und Milch aus eigener Herstellung. Vor allem auch mit dem Fahrrad ist die Plättele Alpe ein lohnendes Ziel. Giebel und Schneck wandern vor dem Biker her wie zwei Lockvögel. Vor dem Giebelhaus rechts beginnt die sportliche Herausforderung. Mählich, aber stetig geht es bergauf, fast ebene Teilstücke wechseln sich ab mit langgezogenen ansteigenden Kurven. Beeindruckend das Daumenmassiv zur Rechten. Zu Fuß nimmt man den letzten Anstieg. Eine Erfrischung und eine herzhafte Brotzeit schmecken jetzt besonders gut. Mit dem Fernglas vor den Augen wandert der Blick hinüber zu den Bergweiden mit den Kühen, der Alltag ist weit weg. – Ferien! – Alpsommer! Der Rückweg, ob zu Fuß oder mit dem Rad, wird zum einzigartigen Genuss.

Alpe Plättele

Bernadette Karg
Hintersteinerstr. 9,5
87541 Bad Hindelang
www.alpe-plättele.de
www.alpgenuss.de

Betzigau

Vor den Toren Kemptens

Die Gemeinde Betzigau (ca. 2775 Einwohner) liegt vor den Toren der Stadt Kempten am Rande des Kempter Waldes. Der beschauliche Ort abseits der großen Touristenströme und die reizvolle, intakte Naturlandschaft der Umgebung, gastfreundliche Gastronomie und hervorragende Ausflugsmöglichkeiten zu den attraktiven Allgäuer Ausflugszielen sorgen für zufriedene Feriengäste.

Neben der Pfarrkirche St. Afra in Betzigau aus dem 15. Jahrhundert mit sehenswerter barocker Innenausstattung und der Kirche im Ortsteil Hochgreut gibt es im Gemeindegebiet mehrere Kapellen, die eine Besichtigung wert sind.

Freizeit und Sport

Das gut beschilderte Wanderwegenetz von Betzigau besteht aus abwechslungsreichen Rundwegen, die an vielen Punkten prachtvolle Ausblicke auf die Kette der Allgäuer Hochalpen bieten. Das ca. 4000 ha

Betzigau
(Bild Gemeinde Betzigau)

große Gebiet des Kempter Waldes eignet sich hervorragend für ausgedehnte Waldspaziergänge.

Ein einzigartiges Naturerlebnis verspricht der Besuch des Notzenweihers bei Hochgreut, ein Badesee mit Moorwasser..

Veranstaltungen

Der Kulturkreis Betzigau sorgt mit dem Programm „Kultur im Dorf" für ein breites Angebot an abwechslungsreichen kulturellen Veranstaltungen mit Konzerten und Kabarett zu bezahlbaren Eintrittspreisen im Bürgerzentrum.

Alle drei Jahre, das nächste Mal 2015, findet das weithin bekannte Dorffest „Kunst am Bach" statt, bei dem Künstler den Betzigauer Dorfbach in eine Kunstmeile verwandeln.

Wichtige Adressen und Telefonnummern

Gemeinde Betzigau
Rotkreuzstr. 2
D-87488 Betzigau
Tel. +49 (0)831 575 02-0
Fax +49 (0)831 575 02-22
betzigau@betzigau.de
www.betzigau.de

Blaichach - Gunzesried

Im Illertal

Die Gemeinde Blaichach (5600 Einwohner) im Illertal zwischen Immenstadt und Sonthofen besteht aus den Ortsteilen Altmummen, Bihlerdorf, Ettensberg, Gunzesried, Gunzesried-Säge, Halden, Hofen, Kühberg, Reute, Schwanden, Seifriedsberg und Tanne.

Blaichach wurde 1275 erstmals urkundlich erwähnt. Es gehörte bis 1805 zur Grafschaft Königsegg-Rothenfels. Seit 1805 gehört Blaichach zu Bayern und wurde 1818 selbständige Gemeinde. 1972 wurde Gunzesried eingegliedert.

Die gute Verkehrslage an der B19 bietet gute Ausflugsmöglichkeiten zu den zahlreichen attraktiven Ausflugszielen in der näheren Umgebung.
Die Gemeinde präsentiert sich heute als gelungene Verbindung vom geschäftigen Hauptort Blaichach mit guten Einkaufsmöglichkeiten und der unberührten Natur des idyllischen Gunzesrieder Hochtals zwischen Nagelfluhkette und Hörnergruppe. Seit 2008 gehört Blaichach zum deutsch-österreichischen Naturpark Nagelfkuhkette.

Freizeit und Sport

Wanderer haben im Gemeindegebiet die Auswahl an zahlreichen abwechslungsreichen Wanderwegen, von der gemütlichen Talwanderung bis zur anspruchsvollen Bergtour. Das ausgeschilderte Wegenetz reicht bis zum 1746 Meter hohen Sipplinger Kopf mit prachtvoller Aussicht. Sehr empfehlenswert sind die Wanderungen durch die wildromantischen Ostertal- und Haldertobel im Gunzesrieder Tal mit ihren schäumenden Wasserfällen und tiefen Gumpen.

Das Gunzesrieder Tal ist weithin bekannt für seine Kräuter- und Gesundheitshöfe. Ein Besuch oder eine geführte Wanderung mit einer Wildkräuterfrau gehören ins Gunzesrieder Urlaubsprogramm. Ausgeschilderte Nordic-Walking-Routen sowie Mountainbiketouren runden das Sommerangebot ab.

Gunzesrieder Tal
(Bild Gästeinformation Blaichach)

Kräutergarten Gunzesried
(Bild Gästeinformation Blaichach)

Im Winter genießen Skilangläufer auf den Loipen im Gunzesrieder Tal ebenso wie Wanderer auf den Winterwanderwegen die verschneite Landschaft und die kristallklare Luft.

Veranstaltungen

Der Besuch einer Veranstaltung des Käse-Kräuter-Sommers in Gunzesried von Juli bis September lohnt sich. Sehr beliebt ist das alljährliche Gunzesrieder Hornerrennen, bei dem ca. 70 wagemutige Fahrer/Innen auf der 950 m langen Strecke zu Tal sausen.
Deutschlands höchstgelegene Kleinkunstbühne im Gasthaus „Goldenes Kreuz" in Gunzesried bietet abwechslungsreiche Unterhaltung mit Schwerpunkt Kabarett und Musik.

Im September können Besucher den größten Viehscheid der Region bestaunen.

Informationen im Veranstaltungskalender von Blaichach.

Wichtige Adressen und Telefonnummern

Gästeinformation Blaichach
Immenstädter Straße 7
D-87544 Blaichach
Tel. +49 (0)8321 60 76 950
Fax +49 (0)8321 26 481
gaesteamt@blaichach.de
www.blaichach.de

Übernachten

Wohnmobilpark in herrlicher Lage mit Alpenblick und eigenem See. Sechzig komfortable Mobil Camping Stellplätze inkl. Stromsäulen. Moderne Sanitäranlagen, Nutzung gegen Gebühr. Spülraum, Trockenraum. Ganzjährig geöffnet. Alpen-Rundblick, Mobil Camping e.K., Am Eichbichl 1, D-87544 Blaichach, Tel. +49(0)8321 8 80 26, info@alpen-rundblick.de, www.alpen-rundblick.

Burgberg im Allgäu

Das „Knappendorf"

Das „Knappendorf" Burgberg mit seinen Ortsteilen Agathazell, Erzflöße, Auf dem Ried, Häuser und Ortwang ist ein anerkannter Erholungsort am Fuße des Grünten. Mit den Orten Sonthofen, Immenstadt, Blaichach und Rettenberg hat sich Burgberg zur „Ferienregion Alpsee-Grünten" zusammengeschlossen.

Erzgruben-Erlebniswelt am Grünten

In der „Erzgruben – Erlebniswelt am Grünten" wird die eng mit dem Eisenerzbergbau verknüpfte Geschichte des Ortes in einem Museumsdorf aufgegriffen und dargestellt. Bei den ca. 2,5 stündigen Führungen ab dem Museumsdorf zu und in die Eisenerzstollen tauchen die Besucher ein in die karge und entbehrungsreiche Welt der damaligen Bergknappen. Kinder freuen sich über die monatlich stattfindenden Aktionstage und speziellen Kinder-Ferienprogramme. Die Erzgruben Erlebniswelt ist geöffnet von Mai bis Ende Oktober.

Freizeit und Sport

Ein Tennisplatz (Freiplatz) ist für Gäste reserviert, Platzmarken gibt es im Gästeamt zu kaufen.

Terminvereinbarung zum Segelfliegen direkt am Segelflugplatz in Agathazell, Tel. 08321 81828.

Ein Besuch des Burgberger Tierparadieses lässt Kinderaugen strahlen. Hier können die Kleinsten ihre Lieblingstiere erleben und sogar streicheln.

Fußballtricks vom Ex-Profi Uwe Wegmann lernen kleine Fußballfans in der Fußballschule vor Ort.

Outdoorprogramme im alpinen Bereich und auf der Iller bieten die Bergschule Oberallgäu und Spirits of nature.

Burgberg
(Bild www.bilderstadl.de)

Erzgruben-Erlebniswelt (Bild Gästeinformation Burgberg)

Wandern

Ein gut markiertes Wanderwegenetz rund um Burgberg bietet dem Wanderer viele Kilometer genussvolles Wandern, z.B. zum Grünten oder in die Starzlachklamm. Besonders empfehlenswert sind Wanderungen zu den Sennalpen im Grüntengebiet.

Radfahren

Sei es die neue Radrunde Allgäu, der Illerradwanderweg in Richtung Oberstdorf bzw. Kempten oder die Tour „Rund um den Grünten" – die Region ist für Radfahrer abwechslungsreich und reizvoll.

Badespaß

Der Vital Park Blaichach-Burgberg bietet im ohne Chlor auskommenden Naturbad Bade- und Freizeitspaß für die ganze Familie.Beachvolleyball, Boule oder Streetball sorgen für das sportliche Vergnügen neben dem Baden.

Im Winter

Ein landschaftlich reizvoll gelegenes Loipennetz mit Skatingspurverspricht jedem Langläufer genügend Variationsmöglichkeiten (Nachtloipe am Di und Do!). Ein wahres Paradies ist der Grünten für alle Schneeschuhwanderer! Schneeschuhe können in der Gästeinformation ausgeliehen werden. Außerdem sind dort auch geführte Schneeschuhwanderungen buchbar. Winterwanderergenießen die Landschaft auf einem der geräumten Winterwanderwege.

Feste und Feiern

Zum Geheimtipp hat sich der alle 2 Jahre am Faschingssamstag stattfindende Nachtumzug entwickelt. Mit dem großen Funkenfeuer am Sonntag nach Aschermittwoch wird traditionell der Winter ausgetrieben. Am 1. Mai findet das traditionelle Maibaumaufstellen auf dem Dorfplatz unter Mitwirkung der Blaskapelle und des Trachtenvereins statt. Alle 2 Jahre präsentiert sich Burgberg beim großen Dorffest mit einem umfangreichen Programm von seiner besten Seite. (wieder 2013!) Auf der Hut sein sollte man Anfang Dezember. Sind es beim Bärbeletreiben am 4. Dezember die Frauen, so schlagen beim Klausentreiben am 5. und 6. Dezember die vermummten Männer mit ihren Ruten zu.

Wichtige Adressen und Telefonnummern

Gästeinformation Burgberg
Rettenberger Straße 2
D-87545 Burgberg
Tel. +49 (0)8321 78 78 97
Fax +49 (0)8321 78 78 98
gast@burgberg.de, www.burgberg.de
www.alpsee-gruenten.de

Essen und Trinken

Bei traumhafter Aussicht genießt der Besucher Kaffee und Kuchen, knackige Salate und den kleinen Imbiss zwischendurch im Café Mehrblick, Blaichacher Str. 29 a, D-87545 Burgberg, Tel. +49 (0)8321 60 776-0, Fax +49 (0)8321 60 776-60, info@familienvitalpark.de, www.familienvitalpark.de

Übernachten

Nahezu direkt am Beckenrand des Naturbades laden moderne Ferienwohnungen zur Erholung ein. Familien-Vital-Park, Blaichacher Str. 29 a, D-87545 Burgberg, Tel. +49 (0)8321 60 77 60, Fax +49 (0)8321 60 77 660, info@familienvitalpark.de, www.familienvitalpark.de

Am Grünten
(Bild Gästeinformation Burgberg)

Familien-Vital-Park Burgberg-Blaichach

20.000 qm Freizeitvergnügen rund um das Naturbad

Im **Vitalpark Burgberg-Blaichach** erlebt der Besucher auf mehr als 20.000 qm ein Freizeitangebot, das seinesgleichen sucht. Dieses Naturbad bietet bei jedem Wetter das attraktive Freizeitvergnügen schlechthin. Gekrönt wird der Aufenthalt noch vom traumhaften Blick in die Allgäuer-Alpen, wenn man ganz entspannt auf der Sonnenterrasse des Cafés sitzt und den Alltag vergisst. Wenn es das Allgäuer Wetter einmal nicht so gut meint, sitzt man gemütlich im beheizten Wintergarten oder im Strandkorb.

Natürliches Badevergnügen im Natur-Freibad

Der Familien-Vital-Park ist für die ganze Familie ein beliebtes Ausflugsziel. Mit 50-m-Becken, Sprungturm, Kinderbereich und Abenteuerspielplatz, Beachvolleyball, Beachsoccer, Streetball oder Boccia sind der kurzweiligen Unterhaltung keine Grenzen gesetzt. Wasserseilbahn und große Wasserrutsche sorgen immer wieder für Spaß und Freude. Ein Naturbad ist ein künstlich angelegtes, naturnahes Freibad. Das Wasser der einladend gestalteten Anlage wird durch biologisch-mechanische Prozesse ohne Einsatz von Chlor oder anderen chemischen Zusätzen aufbereitet. Die Wasserreinigung durch die Selbstreinigungsmechanismen bei natürlichen Gewässern sowie regelmäßige Pflegemaßnahmen gewährleisten eine sehr hohe Wasserqualität.

Café Mehrblick

Einen Ferientag wie im Bilderbuch erlebt der Besucher im Café „Mehrblick“. Wie auf dem Silbertablett wird zu Kaffee und Kuchen, knackigem Salat und kleinem Imbiss das atemberaubende Panorama der Oberstdorfer Berge serviert. Wer für seine Familienfeier ein ausgefallenes Ambiente sucht, ist hier im Café Mehrblick genau richtig. Das Café & Bistro steht natürlich auch Nicht-Badegästen offen und lädt dazu ein, in dieser erholsamen Atmosphäre einmal abzuschalten und abends die letzten Sonnenstrahlen zu genießen. An jedem ersten Sonntag im Monat lockt im Café Mehrblick ein reichhaltiger Brunch (Frühstück und Mittagessen). Im Sommer ist täglich von 10.00 - 20.00 Uhr geöffnet, bei "Nichtbadewetter" Montag und Dienstag geschlossen.

Ferienwohnungen im Allgäu

Sich fühlen wie – ja, wie im Urlaub! 2007 wurde die Anlage mit modernen Ferienwohnungen bereichert, die direkt an das Naturfreibad angrenzen. Feriengäste, die hier wohnen, können das Bad während der Öffnungszeiten kostenfrei nutzen.

Familien-Vital-Park

Blaichacher Straße 29 a
D-87545 Burgberg
Tel. +49 (0)8321 60 776-0
Fax +49 (0)8321 60 776-60
info@familienvitalpark.de
www.familienvitalpark.de

Hier erhalten Sie die Leistungen der Allgäu-Walser-Card (siehe Seite 26)

Haus Sonnenhalde

Freizeitparadies vor der Haustüre

Frauenschuh, Alpenrose, Enzian und Edelweiß – Kleinode in den Allgäuer Bergen, die mit ihren Namen Pate standen für die Ferienwohnungen in dem neu gebauten Gästehaus der Familie Pabst.

Die 4-Sterne-Ferienwohnungen in unterschiedlicher Größe laden mit ihrer behaglichen Atmosphäre dazu ein, die schönste Zeit des Jahres in diesem Bergdorf am Fuße des Grünten zu verbringen. Mit der hochwertigen Ausstattung wurde wohnbiologischen Erkenntnissen Rechnung getragen, so dass auch Allergiker hier einen erholsamen Aufenthalt genießen können. Am Sonnenhang – besser könnte man die Lage nicht beschreiben, als es in der Adresse steht. Vom Balkon aus genießt der Gast die freie Sicht in die Berge bis hin zu den Gipfeln des Kleinwalsertals. Wander- und Radwege sowie ein reizvolles Loipennetz und Skigebiete liegen direkt vor der Haustür. Mit Reisebett, Hochstuhl, Buggy und Rückentrage stellen sich die Gastgeber auf junge Familien ein und gewinnen mit Rutsche, Sandkasten, Kettcar und Dreirad schnell auch die Herzen der kleinen Gäste.

Haus Sonnenhalde

Am Sonnenhang 18
D-87545 Burgberg
Tel. +49 (0)8321 69 59 62
Fax +49 (0)8321 78 80 46
info@fewo-pabst.de

Hier erhalten Sie die Leistungen der Allgäu-Walser-Card (siehe Seite 26)

In Via Reisebüro

Für die schönste Zeit des Jahres

Das In **Via Reisebüro** in Burgberg im Herzen des Allgäus ist Spezialist für **"Alles rund ums Reisen"**. Sei es die Familien- oder Gruppenreise, der individuelle Single- oder Cluburlaub, die Kreuzfahrt oder der erlebnisreiche Ausflug in die nähere und weitere Umgebung. Hier findet man den kompetenten Ansprechpartner und fachkundige Beratung. Das **In Via** Reisebüro, wenn das Ferienvergnügen schon bei der Buchung der Reise beginnen soll. U.a. vermittelt das Unternehmen auch zu regionalen kulturellen Veranstaltungen attraktive Pauschalen an. Angebote sämtlicher namhafter Reiseveranstalter können natürlich ebenfalls gebucht werden. Des Weiteren ist „In Via" offizielle DB-Agentur (Verkauf von Fahrscheinen, Reservierungen, Gepäcktransport).

Mit InVia weltweit bestens unterwegs!

In Via Reise & Kreuzfahrt GmbH

Rettenberger Str. 9, 87545 Burgberg
Tel. +49 (0)8321 61871-0
Fax +49 (0)8321 61871-22
burgberg@in-via.de, www.in-via.de

Markt Dietmannsried

Tor zu den Alpen

Wer auf der A7 von Memmingen Richtung Süden fährt, passiert in der Nähe der Ausfahrt Dietmannsried das „Allgäuer Tor", das im Durchbruch der Iller den Blick auf ein herrliches Alpenpanorama eröffnet. Wer hier die Autobahn verlässt, wird von malerischen Dörfern abseits der Touristenströme empfangen. Mitten in diesem ruhigen Urlaubsgebiet befindet sich in einer Höhe von 650 – 870 m ü.d.M. Dietmannsried (8.300 Einwohner), das aus den Ortsteilen Dietmannsried, Probstried, Reicholzried, Schrattenbach, Überbach und zahlreichen Weilern besteht.

Die Nähe zur Allgäumetropole Kempten, die günstige Autobahnverbindung und der eigene Bahnhof gewährleisten eine bequeme Anfahrt. Zahlreiche attraktive Ausflugsziele wie die Allgäuer Alpen, der Bodensee und die Königsschlösser bei Füssen sind schnell und leicht erreichbar.

Urlaub auf dem Bauernhof, gemütliche Ferienwohnungen oder Zimmer bieten für Familien mit Kindern die ideale Gelegenheit für erholsame, abwechslungsreiche Ferien. Einladende Gasthäuser und Biergärten locken mit Allgäuer Spezialitäten wie Kässpatzen und leckerem frisch gezapften Bier aus den Allgäuer Brauereien.

Kurzer Blick ins Geschichtsbuch

Das Gemeindegebiet wurde bereits von Kelten und Römern besiedelt. Später rodeten schwäbische Siedler das Waldland. Der Name des Ortes wurde von Dietmars Rodung abgeleitet. Im Mittelalter gehörte Dietmannsried über längere Zeiträume zum Fürststift Kempten. Seit 1586 besitzt der Ort das Marktrecht.

Der Ortsteil Reicholzried
(Bilder Markt Diemannsried)

Sehenswürdigkeiten

Die traditionsreichen Kirchen und Kapellen in den Ortsteilen stammen meist aus dem 16. und 17. Jahrhundert und sind wegen der kunstvoll gestalteten Innenräume mit Wand- und Deckenmalereien sehenswert. Zu ihnen gehören die Katholischen Pfarrkirchen St. Blasius und St. Quirinus in Dietmannsried, St. Cornelius und St. Cyprian in Probstried, St. Nikolaus in Schrattenbach und die Filialkirche St. Johannes der Täufer und St. Vitus in Überbach. Besonders prachtvoll geschmückt ist die Kirche St. Georg und St. Florian in Reicholzried aus dem 15. Jahrhundert. Der Reicholzrieder Friedhof zählt wegen der vielen schmiedeeisernen Grabkreuzen zu den schönsten im Allgäu.

Freizeit und Sport

Wanderer finden auf markierten Routen in der reizvollen Naturlandschaft der Umgebung ein reiches Betätigungsfeld. Durch die Hängebrücke für Fußgänger über die Iller zwischen Pfosen und Fischers sind die Wege mit den Wanderwegen des Nachbarortes Altusried verbunden. Empfehlenswert ist der interessante Wanderweg 9 (download auf der Webseite des Ortes) mit geschichtlichen und geologischen Informationstafeln und Sehenswürdigkeiten wie dem Inselweiher, einer ehemaligen Burgstelle.

Die romantische Flusslandschaft am Illerdurchbruch ist ein Paradies für Kajak-, Kanu- und Schlauchboot-

fahrer. Gleitschirmflieger finden am Schrattenbacher Hang ihren Spaß.

Erholsame Abkühlung an heißen Tagen verspricht das Freibad in Dietmannsried.

Im Winter können Skilangläufer auf ca. 30 km gespurten Loipen die herrliche Schneelandschaft genießen.

Veranstaltungen

Christliche Tradition und lebendiges Brauchtum bestimmen die Festveranstaltungen im Jahreslauf. Ob Funkenfeuer, Narrensitzungen, Osterkünstlermarkt, Lichterfest oder Weihnachtsmarkt; Dietmannsried ist immer einen Besuch wert.

Wichtige Adressen und Telefonnummern

Markt Dietmannsried
Rathausplatz 3, D-87463 Dietmannsried
Tel. +49 (0)8374 58 20-0
Fax +49 (0)8374 58 20-30
info@dietmannsried.de
www.dietmannsried.de

Essen und Trinken

Aus hochwertigen regionalen Produkten frisch zubereitete Speisen aus der gehobenen bürgerlichen Allgäuer Küche, auch kleinere Portionen und Gerichte für Kinder,Kaffee und Strudelvariationen. Großer Biergarten. Öffnungszeiten: Montag, Dienstag, Freitag, Samstag 10:30 bis 24:00 Uhr, Sonntag 9:30 bis 22:00 Uhr, Donnerstag 15:30 bis 24:00 Uhr, Mittwoch Ruhetag. Landgasthaus zum Bären, Ingo Kischel, Heisingerstraße 2, D-87463 Dietmannsried, Tel. +49 (0)8374 32 34-106, Fax +49 (0)8374 32 34-109, info@landgasthaus-zum-baeren.de, www.landgasthaus-zum-baeren.de

Freizeit und Sport

Vielfältiges Angebot an Rundflügen in die faszinierende Allgäuer Alpenlandschaft mit außergewöhnlichen Naturpanoramen. Sicherheit durch erfahrene lizensierte und regelmäßig überprüfte Berufspiloten. Flugstunden, Schnupperkurse. TIPP: Fluglizenz in 3-Wochen-Lehrgängen! Flugschule Michael Bergmann, Deutscher Alpenflug GmbH, Weidacherstraße 17A, D-87471 Durach, Tel. +49 (0)831 57 00-414, Fax +49 (0)831 57 00-474, info@lu-bergmann.de, www.lu-bergmann.de

(Bild Markt Diemannsried)

Landgasthaus zum Bären

Frische Allgäu-Küche für Genießer

Wegen ihrer fantastischen Küche und dem hervorragenden Service sind Erna und Ingo Kischel bereits seit Jahren im Allgäu bekannt. Seit Dezember 2012 empfangen die beliebten Wirtsleute ihre Gäste im neu renovierten Landgasthaus zum Bären in Dietmannsried. Ein herzliches „Grüß Gott" – und die Tafelfreuden beginnen. Die Speisekarte bietet eine erstklassige Auswahl an Gerichten, von der Schupfnudelpfanne über Zanderfilet bis hin zu Grillgerichten und Feinschmeckersalaten, von herzhaft-bodenständig bis international-raffiniert. An verschiedenen Tagen der Woche werden besondere Spezialitäten zu jeweils einem Thema angeboten: montags Schnitzel, dienstags Kalbsleber, freitags Kässpatzen und Fisch, samstags Schweinshaxe im Sommer sowie Ente im Herbst. Die kulinarischen Köstlichkeiten werden liebevoll und gekonnt vom Chef des Hauses täglich frisch zubereitet. Dabei kommen viele hochwertige Zutaten von Landwirten aus der Region auf den Tisch. Das Beste aus dem Allgäu für große und kleine Genießer! Auch Kinder finden hier ihre Lieblingsgerichte – und zum Nachtisch gibt es Eis und leckere Strudelvariationen. Serviert wird in den schönen Gaststuben oder im urigen Biergarten, idealer Rahmen auch für Veranstaltungen. Übernachtungsgäste dürfen sich auf gemütliche, komfortabel ausgestattete Zimmer mit Kabel-TV und WLAN freuen Der Morgen beginnt im „Bären" mit einem leckeren Frühstück und einem freundlichen Lächeln vom Service-Team.

Öffnungszeiten: Mo., Di., Fr., Sa. 10:30 bis 24:00 Uhr, So. 9:30 bis 22:00 Uhr, Do. 15:30 bis 24:00 Uhr, Mi. Ruhetag.

Landgasthaus zum Bären
Ingo Kischel
Heisingerstraße 2
D-87463 Dietmannsried
Tel. +49 (0)8374 32 34-106
Fax +49 (0)8374 32 34-109
info@landgasthaus-zum-baeren.de
www.landgasthaus-zum-baeren.de

Durach

In idyllischer Voralpenlandschaft

Durach
(Bild Gemeinde Durach)

Die Gemeinde Durach (ca. 6800 Einwohner) vier Kilometer südlich von Kempten besteht aus zahlreichen Dörfern und Weilern. Dazu gehören auch Einzelhöfe am Kempter Wald, der moderne Ortsteil Weidach und das Bergdorf Bodelsberg (900 m.ü.M.). Die vorteilhafte Verkehrslage nahe Kempten sorgt für leichte Erreichbarkeit und günstige Ausflugsmöglichkeiten zu den beliebten Zielen im Allgäu und am Bodensee.

Das Bild des historischen Ortskerns wird von der Kirche Heilig Geist (Teile aus dem 14. Jahrhundert) und dem renovierten Pfarrhof mit einer über 600 Jahre alten Linde beherrscht.

Kurzer Blick ins Geschichtsbuch

Eine erste kleine Siedlung wurde schon im 1. Jahrhundert n.Chr. von den Römern gegründet, die eine Straße durch das Duracher Gebiet bauten. Von 752 bis 1803 gehörte Durach zum Stift Kempten. Die erste urkundliche Erwähnung erfolgte im Jahre 1170. 1525 wurde der oberschwäbische Bauernkrieg durch die Hinrichtung von 18 Bauernführern nahe Durach beendet. Seit 1818 ist Durach eine selbständige Gemeinde.

Freizeit und Sport

Die idyllische Voralpenlandschaft der Umgebung von Durach bietet Natur- und Wanderfreunden ein reichhaltiges Betätigungsfeld und herrliche Ausblicke zur Alpenkette. Besonders der nahegelegene ausgedehnte Kempter Wald verfügt über ein dichtes Netz von Wanderwegen. Schöne Wanderziele sind auch der Bachteltobel und die Burgruine Neuenburg.

Der Flughafen Kempten-Durach ist Deutschlands höchstgelegener Flugplatz mit zwei 900 m langen Graspisten für Motorflugzeuge. Von hier aus sind attraktive, spannende Rundflüge möglich.

Wichtige Adressen und Telefonnummern

Gemeindeverwaltung Durach
Bahnhofstraße 1
D-87471 Durach
Tel. +49 (0)831 56 119-0
Fax +49 (0)831 56 119-48
info@durach-allgaeu.de
www.durach-allgaeu.de

Flugschule Michael Bergmann

Deutscher Alpenflug GmbH

Fliegen ist seit jeher ein Menschentraum. Über den Dingen zu schweben und die Landschaft aus der Vogelperspektive zu beobachten, hinterlässt einen nachhaltigen Eindruck. Besonders dann, wenn die Landschaft so abwechslungsreich und malerisch ist, wie die der Allgäuer Alpen und des Voralpenlandes.

Die Flugschule Michael Bergmann bietet verschiedene Rundflüge unterschiedlicher Dauer an. Ob ein halbstündiger Ausflug über viele kleine Seen zu den Königsschlössern Neuschwanstein und Hohenschwangau bei Füssen oder tief hinein in die Allgäuer Bergwelt, vorbei an Oberstdorf und Nebelhorn über den Seealpsee zum Hochvogel mit Rückflug über den Vilsalpsee – dank erfahrener Berufspiloten eröffnen sich dem Fluggast eindrucksvolle Panoramen, die unvergesslich bleiben. Ein absoluter Höhepunkt ist der Gletscherflug hinweg über den Arlbergpass, die Silvretta-Gruppe, durch das Engadin in die Ötztaler Alpen zur Wildspitze.

Andere Routen führen an den Bodensee, zur Zugspitze, über Garmisch, Kloster Ettal oder das Montafon. Auch eigene Wunschrouten der Fluggäste werden realisiert.

Ein Rundflug ist ein wundervolles Geschenk für jeden Anlass und ein sicheres Vergnügen, denn sowohl Flugzeuge, als auch Piloten werden regelmäßig von der Luftfahrtbehörde überprüft und der Betrieb wird vom Luftamt überwacht.

Wer nach dem Rundflug auf den Geschmack gekommen ist, hat die Möglichkeit in der Flugschule Michael Bergmann einen Schnupperkurs im Fliegen mit lizensiertem Fluglehrer zu absolvieren. Oder man erwirbt in 3-Wochen-Lehrgängen die PPL-Fluglizenz, und geht als Pilot nach Hause.

Flugschule Michael Bergmann
Deutscher Alpenflug GmbH
Weidacherstraße 17A, D – 87471 Durach
Tel. +49 (0)831 57 00-414, Fax +49 (0)831 57 00-474,
info@lu-bergmann.de, www.lu-bergmann.de

Haldenwang

Im Illertal

Haldenwang
(Bild Gemeinde Haldenwang)

Die Gemeinde Haldenwang am östlichen Hang des Illertals in 750 Metern über dem Meeresspiegel nordöstlich von Kempten besteht aus den Orten Haldenwang und Börwang sowie zahlreichen Weilern und Einzelgehöften. Die beschaulichen Dörfer inmitten der sanften Allgäuer Hügellandschaft mit ihren saftigen Wiesen und lauschigen Wäldern ermöglichen Urlaubsgästen einen erholsamen Urlaub abseits des Touristenrummels und sind dennoch in zentraler Lage unweit aller bekannten Allgäuer Sehenswürdigkeiten. In der ca. 3730 Einwohner zählenden Dorfgemeinde steht Gastfreundschaft an erster Stelle. Erholung und Freizeitspaß für die ganze Familie – in Haldenwang kann man sich ganz dem unbeschwerten Sein hingeben. Der nahegelegene Autobahnanschluss Dietmannsried an der A7 sorgt für die schnelle Erreichbarkeit von interessanten Ausflugszielen wie der nahegelegenen Allgäu-Metropole Kempten, dem Bodensee oder der Füssener Königsschlösser.

Kurzer Blick ins Geschichtsbuch

Der Name Haldenwang stammt aus dem Althochdeutschen: halda (Abhang) und wang (Gefilde). Das Illertal war schon in römischer Zeit besiedelt. Im Mittelalter wurde Haldenwang von den Herren auf der Burg Wagegg beherrscht. Dort saßen zunächst Lehensmänner des Klosters Ottobeuren, dann Ministeriale des Fürststiftes Kempten.

Seit dem Reichsdeputationshauptschluss 1806 gehört der Ort zu Bayern.

Sehenswürdigkeiten

Neben der spätgotischen Katholischen Pfarrkirche St. Theodor und Alexander in Haldenwang und der Katholischen Filialkirche St. Leonhard in Börwang aus dem 15. Jahrhundert ist die Burgruine Wagegg sehenswert. Vom Burghügel aus öffnet sich der Blick auf die Alpenkette.

Freizeit und Sport

Das Haldenwanger Naturfreibad lockt im Sommer mit erfrischendem Quellwasser (Öffnungszeiten: täglich 10:00 bis 20:00 Uhr; aktuell im Bekanntmachungsblatt ersichtlich).

Das abwechslungsreiche Wanderwegenetz im Gemeindegebiet beinhaltet interessante Rundwanderungen mit zahlreichen Aussichtspunkten. Die höchste Erhebung befindet sich im „Wanderparadies" Kronholz (916 m). Der Börwanger Wanderweg ist mit eindrucksvollen Natur-Kunstwerken eines Börwanger Künstlers geschmückt und erstreckt sich über 1,5 km auf der Anhöhe entlang der Börwanger Steige. Unter anderem sind am Weg Flusssteingebilde, Holzscheiben-Gesichter und Spinnennetze aus Fichtenästen zu bewundern.

Im Winter gibt es für Skilangläufer und Skater nichts Schöneres, als auf den drei gespurten Loipen unterschiedlichen Schwierigkeitsgrades die traumhafte Schneelandschaft zu genießen.

Kultur und Tradition

Jährlich werden vom Kulturverein unterschiedliche Veranstaltungen organisiert: Lesungen, Kunstausstellungen, Konzerte oder das alljährliche Jugend-Open-Air – für jeden ist etwas dabei. Fester Termin bei Einheimischen und Gästen: der traditionelle Viehscheid am letzten Samstag im September.

Wichtige Adressen und Telefonnummern

Gemeinde Haldenwang
Römerstraße 3
D-87490 Haldenwang
Tel. +49 (0)8374 93 00-0
Fax +49 (0)8374 93 00-40
post@haldenwang.de
www.haldenwang.de

Haldenwang
(Bild Gemeinde Haldenwang)

Essen und Trinken

Schöner Landgasthof, vorwiegend kroatische Spezialitäten, täglich frisch zubereitet, Salatbuffet. Heimelige Gaststuben mit 80 Sitzplätzen, perfekter Rahmen für Familienfeiern u.a.Öffnungszeiten: Montag, Dienstag, Donnerstag, Freitag von 11:00 bis 14:00 Uhr und 17:00 bis 23:00 Uhr. Mittwoch Ruhetag. Landgasthof Sonne, Familie Kovacevic, Hauptstraße 10, D – 87490 Haldenwang, Tel. +49 (0)8374 23 23 811, Fax +49(0)8374 23 23 812, info@sonne-haldenwang.de, www.sonne-haldenwang.de

Übernachten

Gemütliche Einzel- und Doppelzimmer, modern und komfortabel eingerichtet mit Du/WC, Sat-TV und kostenfreiem Internetzugang via LAN. Landgasthof Sonne, Familie Kovacevic, Hauptstraße 10, D – 87490 Haldenwang, Tel. +49 (0)8374 23 23 811, Fax +49(0)8374 23 23 812, info@sonne-haldenwang.de, www.sonne-haldenwang.de

Haldenwang
(Bild Richard Mayer)

Landgasthof Sonne

Das Beste aus Kroatien im schönen Oberallgäu

Der beschauliche Ort Haldenwang ist für seine gastfreundlichen Einwohner bekannt. Auch bei Familie Kovacevic im Landgasthof Sonne werden Gäste herzlich empfangen und vorwiegend mit köstlichen Speisen aus der kroatischen Heimat der Wirtsleute verwöhnt. Manchem Feinschmecker ist dafür kein Weg zu weit. denn die kroatische Küche ist frisch und sehr geschmackvoll. Außerdem stehen regionale und andere Spezialitäten auf der Speisekarte. Ob kleine oder große Gruppen, ob romantisches Dinner, Geschäftsessen oder Familienfeier – in den heimeligen Stuben des Landgasthofes Sonne stimmt das Ambiente und alle fühlen sich wohl.

Öffnungszeiten: Mo., Di., Do., Fr. von 11:00 bis 14:00 und 17:00 bis 23:00. Sa. 11:00 bis 23:00, So. 9:00 bis 23:00. Warme Küche 11:00 bis 14:00 und 17:00 bis 22:00 Uhr. Mi. Ruhetag.

Übernachten im Schlemmerparadies: „Hier bleibe ich" denkt sich so manch einer. Gut, dass es im Landgasthof Sonne gemütliche Gästezimmer gibt. Liebevoll eingerichtet und ausgestattet mit modernem Komfort wie kostenfreiem Internet-Zugang via LAN, Sat-TV, Dusche und WC bieten die Einzel- und Doppelzimmer einen harmonischen Rückzugsort und sind gleichzeitig Ausgangspunkt für Ausflüge in die Umgebung.

Landgasthof Sonne

Familie Kovacevic
Hauptstraße 10
D-87490 Haldenwang
Tel. +49 (0)8374 23 23 811
Fax +49 (0)8374 23 23 812
info@sonne-haldenwang.de
www.sonne-haldenwang.de

Immenstadt

Eingangstor zu den Allgäuer Alpen

Immenstadt im Allgäu (rund 14.00 Einwohner) liegt zwischen Kempten im Norden und Sonthofen im Süden in 729 m ü. NNam Ostufer des Großen Alpsees. Der See mit seinen 2,4 km² Wasserfläche und anliegendem Naturschutzgebiet ist für Bevölkerung und Touristen ein viel besuchtes Naherholungsziel. Seit 1972 sind die Gemeinden Akams, Bühl am Alpsee, Diepolz, Eckarts und Rauhenzell zusammen mit zahlreichen dazugehörigen Weilern Stadtteile von Immenstadt. Im Süden der Stadt erheben sich die Immenstädter Hausberge Mittagberg (1451 m ü. NN) und Immenstädter Horn (1490 m). Immenstadt ist Mitglied des EU-Projektes Naturpark Nagelfluhkette.

Gute Verkehrsverbindungen für Auto und Bahn sind in alle Himmelsrichtungen vorhanden. Im Norden und Süden durch die B19 von Kempten nach Sonthofen, im Westen Richtung Oberstaufen und Bodensee und im Osten Richtung Ostallgäu und Tannheimer Tal durch die B 308 und 310 (Deutsche Alpenstraße).

Immenstadt und großer Alpsee
(Bild Gästeinformation Immenstadt)

Marienplatz
(Bild Gästeinformation Immenstadt)

Immenstadt zeichnet sich durch vielfältige Freizeit- und Einkaufsmöglichkeiten aus. Der abwechslungsreiche Veranstaltungskalender bietet Konzerte, Brauchtumsfeste, Sportevents und vieles mehr (www.immenstadt.de).

Kurzer Blick ins Geschichtsbuch

Erstmals 1275 urkundlich erwähnt als „Imendorf" wurde Immendorf 1360 von Kaiser Karl IV. das Stadt- und Marktrecht erteilt. Durch die Lage an der Kreuzung der Handelsstraßen von Oberjoch zum Bodensee und nach Kempten, durch Salzstapel und Leinwandhandel erlangte Immenstadt in den folgenden Jahrhunderten wirtschaftlichen Wohlstand. Häufige Großbrände, zuletzt 1844, veränderten das Stadtbild nachhaltig.

Sehenswürdigkeiten

Bei einem Stadtrundgang können Besucher beschauliche Plätze und einige guterhaltene historische Gebäude bewundern, z.B. das ehemalige Stadtschloss von 1550 am Marienplatz, das Rathaus von 1753 und die 1653 erbaute Kapuzinerkirche am Klosterplatz.

Weitere sehenswerte Kirchen, Kapellen und Gebäude findet man in den verschiedenen Ortsteilen.Bemerkenswert ist die große Anzahl interessanter Skulpturen, Standbilder und Brunnenanlagen im Stadtbild.

Das Museum Hofmühle beherbergt das Stadtarchiv und zeigt auf über 1.000 m² Ausstellungsfläche Exponate aus dem historischen Alltagsleben der Stadt. (An der Aach 14, Tel.

08323 3663, Mittwoch bis Sonntag 14:00 bis 17:00 Uhr geöffnet.)

Das Allgäuer Bergbauernmuseum in Diepolz am Fuße des Hauchenbergs zeigt das Leben der Bergbauern damals und heute.

Einen Ausflug ins Mittelalter verspricht ein Besuch der Burgruinen Rothenfels, Hugofels, Laubenbergerstein, Rauhlaubenberg und Werdenstein.

Freizeit und Sport

Der Naturpark Nagelfluhkette in der herrlichen, in Jahrhunderten gewachsenen Kulturlandschaft mit ihrer vielfältigen Pflanzenwelt, den beeindruckenden Berggipfeln, malerischen Dörfern sowie romantischen Schluchten ist ein Paradies für Wanderer und Bergsteiger. Besonders lohnend sind die aussichtsreichen Kammwanderungen auf der Kette.

Bayerns längste Sesselbahn zum Mittaggipfel, idealer Ausgangspunkt für herrliche Wanderungen, ist eine willkommene Aufstiegshilfe.

Der Große Alpseebietet neben Badevergnügen für Groß und Klein auch Möglichkeiten zumSegeln sowie für eine gemütliche Ruderpartie, einen Spaziergang an der Strandpromenade oder eine beschauliche Einkehr in einem Restaurant am See.

Wintersport

Skiläufer finden am Mittagberg und in der Alpsee-Bergwelt mehrere Skilifte und präparierte Pisten.

Im Loipenparadies Knottenried und Diepolz können Langläufer auf 23 km Länge die prachtvolle Fernsicht in der herrlichen Schneelandschaft genießen.

Wichtige Adressen und Telefonnummern

Gästeinformation Immenstadt
AlpSeeHaus, Bühl am Alpsee
Seestraße 10
D-87509 Immenstadt
Tel. +49 (0)8323 99 88 77
Fax +49 (0)8323 99 88 799
info@immenstadt.de
www.immenstadt.de

Wandern auf dem Mittag
(Bild Gästeinformation Immenstadt)

Freizeit und Sport

Erlebnisreiche Outdooraktivitäten für Einsteiger und Fortgeschrittene, Familien, Senioren und Sportbegeisterte: Mountainbike-Touren und Schneeschuhwanderungen mit professionellen Guides, auch in Kombination mit anderen Freizeitaktivitäten. Großes Angebot für ultimativen Outdoor-Spaß! Allgäu-Bikers – Schneeschuh & MTB-Schule, Bahnhofstraße 19, D-87509 Immenstadt, Tel. +49(0)8323 96 80 13, Fax +49(0)8323 96 80 12, info@allgaeu-bikers.de, www.allgaeu-bikers.de, www.schneeschuhwandern-allgaeu.de

Essen und Trinken

Schlosshof Werdenstein

Hausgemachte Kuchen und andere Spezialitäten, hergestellt aus überwiegend heimischen Zutaten. Phantasievolle Eiskreationen. Herrliches Bergpanorama, große Terrasse. ideal für Betriebs- und Familienfeste bis 45 Personen (behindertengerechtes WC). Busse willkommen.Öffnungszeiten: Montag bis Samstag13:00 bis 19:00 Uhr, Sonn- und Feiertag 10:00 bis 19:00 Uhr, Donnerstag Ruhetag, abends nachVereinbarung. Schlosshof Werdenstein, Familie Rapp, Burgweg 5, D-87509 Immenstadt, Tel. +49 (0)8379 74 91, Fax +49 (0)8379 72 87 92, info@schlosshof-werdenstein.de, www.schlosshof-werdenstein.de

Hotel Bergstätter Hof

Durchgehend geöffnetes Hotelrestaurant für interne und externe Gäste. Umfangreiches À-la-Carte-Angebot mit regionalen Spezialitäten und Köstlichkeiten aus der gehobenen Gastronomie. Ausgewählte Weine vom hauseigenen Weinkeller. Separate Kinderkarte. Herrlicher Panoramablick, Sonnenterrasse. Hotel Bergstätter Hof, Knottenried 17, D-87509 Immenstadt, Tel. +49 (0)8320 92 30, Fax +49 (0)8320 92 346, info@hotel-bergstaetter-hof.de, www.bergstaetter-hof.de

Zum lustigen Hirsch

Köstliche Allgäuer Spezialitäten im behaglichen Ambiente in herrlicher Umgebung findet man im Gasthaus Zum lustigen Hirsch, Akams 3, D-87509 Immenstadt, Tel. +49 (0)8323 49 15, Fax +49 (0)8323 98 71 68, info@lustiger-hirsch.de, www.lustiger-hirsch.de

Übernachten

Hotel Bergstätter Hof

Im 3-Sterne-Superior-Hotel Bergstätter Hof stehen 21 behagliche Hotelzimmer und eine Suite zur Verfügung, teilweise mit Balkon und fantastischem Blick auf die Berge. Reichhaltiges Frühstück, auf Wunsch Halbpension. Kinderfreundlich. Restaurant mit Sonnenterrasse, Wellnessbereich, Aufenthaltsraum mit angrenzender Bar, Kaminzimmer. Hotel Bergstätter Hof, Knottenried 17, D-87509 Immenstadt, Tel. +49 (0)8320 92 30, Fax +49 (0)8320 92 346, info@hotel-bergstaetter-hof.de, www.bergstaetter-hof.de

Burgcafe Werdenstein

Herrliches Bergpanorama, himmlische Ruhe, köstlicher Kuchen – mit dieser unschlagbaren Kombination wurde das Burgcafe Werdenstein zum Geheimtipp. Es liegt sechs Kilometer nördlich von Immenstadt unterhalb der Burg Werdenstein in sonniger Höhe an der Bundesstraße 19.

Burg Werdenstein und ein an der Burg angebrachtes Hufeisen, das im Jahr 2000 als größtes Hufeisen der Welt ins Guiness-Buch der Rekorde eingetragen wurde, befinden sich seit 1898 in Familienbesitz. Die traumhafte Sicht vom Burgcafe auf zahlreiche Berggipfel der Allgäuer Alpenkette wie Mädelegabel (2445 m) oder Nebelhorn (2224 m) machen den

Nachmittagscafe auf der großen Sonnenterrasse für Gäste zu einem wahren Gipfeltreffen. Draußen und in den liebevoll eingerichteten Gasträumen bewirtet Familie Rapp ihre Gäste mit heimischen Spezialitäten, für die weitestgehend Produkte aus dem eigenen Schlosshof verwendet werden. Verführerische Torten und Kuchen, phantasievolle Eiskreationen und andere Köstlichkeiten entlocken so manchem Gast ein genießerisches „Mmmh, lecker". In der behaglichen Atmosphäre des Hauses lässt es sich wunderbar abschalten, hier vergisst man den Alltag und gibt sich ganz dem Augenblick hin. Ein idealer Ort auch für Familienfeiern und Veranstaltungen bis zu 45 Personen.

Öffnungszeiten: Montag bis Samstag 13:00 bis 19:00 Uhr, Sonn- und Feiertag 10:00 bis 19:00 Uhr, Donnerstag Ruhetag, abends nach Vereinbarung.

Schlosshof + Burgcafe Werdenstein

Familie Rapp, Burgweg 5
D-87509 Immenstadt
Tel. +49 (0)8379 74 91
Tel. +49 (0)8379 728 90 56
Fax +49 (0)8379 72 87 92
info@schlosshof-werdenstein.de
www.schlosshof-werdenstein.de

Hotel Bergstätter Hof***S

Service, der von Herzen kommt

In Knottenried, dem höchstgelegenen Ortsteil Immenstadts, zeigt sich das Allgäu von seiner schönsten Seite: Die atemberaubende Natur mit einmaliger Aussicht auf die Alpenkette lädt zum Verweilen ein. Wie gut, dass es hier in ruhiger Stadtrandlage das 3-Sterne Superior-Hotel Bergstätter Hof gibt. Das Personal stellt sich ganz auf die individuellen Wünsche der Gäste ein und zeichnet sich durch Herzlichkeit und einen hervorragenden Service aus. Die behagliche Atmosphäre des familiengeführten Hotels sorgt für ein Rundumwohlgefühl und macht den Urlaub zum Erlebnis. Großzügige Hotelzimmer und eine Suite, teilweise mit Balkon, bieten modernen Komfort. Auch für Seminare und festliche Veranstaltungen sind schöne Räumlichkeiten vorhanden. Ein Urlaubstag im Hotel Bergstätter Hof beginnt mit einem reichhaltigen Frühstück. Das kulinarische Angebot des durchgehend geöffneten Hotelrestaurants beinhaltet regionale Spezialitäten und ausgewählte Getränke aus dem hauseigenen Weinkeller. Für Kinder gibt es eine separate Kinderkarte. Am Nachmittag wird frisch gebackener Kuchen serviert. Bei schönem Wetter kann man die leckeren Speisen und den herrlichen Panoramablick auf der Sonnenterrasse genießen. Überhaupt: Genuss und Wellness werden im Hotel Bergstätter Hof großgeschrieben. Interne und externe Gäste haben eine große Auswahl an verschiedenen Anwendungen, professionell ausgeführt von staatlich geprüften Physiotherapeuten. Auch in der Licht-Sauna, dem Solarium oder im Jacuzzi kann man die Seele baumeln lassen. Aktivere Urlauber wandern vom Wanderweg hinterm Haus aus los und

erleben im Winter auf der nahgelegenen Loipe ein wahres Wintermärchen. Abends trifft man sich im Kaminzimmer oder an der Bar zum gemütlichen Tagesausklang und freut sich auf einen weiteren Tag im Hotel Bergstätter Hof.

Hotel Bergstätter Hof

Knottenried 17, D-87509 Immenstadt
Tel. +49 (0)8320 92 30
Fax +49 (0)8320 92 346
info@hotel-bergstaetter-hof.de
www.bergstaetter-hof.de

Hier erhalten Sie die Leistungen der Allgäu-Walser-Card (siehe Seite 26)

Zum lustigen Hirsch

Allgäuer Gastlichkeit pur

Herzlich willkommen im Wirtshaus Zum lustigen Hirsch in Akams 7 km oberhalb von Immenstadt. In den urgemütlichen Gaststuben mit 140 Sitzplätzen und auf der Terrasse mit traumhaftem Blick auf die Allgäuer Alpen kann man es sich richtig gutgehen lassen und die köstlichen Allgäuer Spezialitäten genießen. Ob Zwiebelrostbraten mit Rindfleisch vom eigenen Bauernhof, Hirschgulasch oder eine deftige Brotzeit, hier ist für jeden Geschmack etwas dabei. Kult sind die Kässpatzenabende mit Live-Musik in ausgelassener Stimmung und Kässpatzen satt jeden Donnerstagabend ab 19 Uhr, Tischreservierung wird empfohlen. Auch für Feiern aller Art ist Familie Ruepp und ihr Team auf das Beste vorbereitet und berät gern bei der Zusammenstellung der Menüs. Im liebevoll eingerichteten Hofladen können Besucher die Produkte aus eigener Herstellung auch mit nach Hause nehmen, beste Qualität garantiert. Die Produktpalette umfasst Rindfleisch, Wurstwaren, Allgäuer Käse, Honig vom Imker und selbstgemachte Marmelade.

Sechs im ländlichen Stil eingerichtete Doppelzimmern und eine Ferienwohnung des Gasthofs sind komfortable Urlaubsdomizile. Alle Zimmer sind mit Dusche/WC, SAT-TV und teilweise Südbalkon mit prächtiger Aussicht ausgestattet. Das ruhig gelegene Haus und die traumhafte Umgebung sorgen für Erholung und Wohlbefinden bei Groß und Klein. Frisch gestärkt durch das reichhaltige Frühstücksbüffet kann einer der zahlreichen Wanderwege und Langlaufloipen im Winter in Angriff genommen werden. Nach einem erlebnisreichen Ferientag freuen sich die Gäste auf einen gemütlichen Abend mit köstlichen Essen im gastfreundlichen Wirtshaus.

Zum lustigen Hirsch

Akams 3, D-87509 Immenstadt
Tel. +49 (0)8323 49 15
Fax +49 (0)8323 98 71 68
info@lustiger-hirsch.de
www.lustiger-hirsch.de

Hier erhalten Sie die Leistungen der Allgäu-Walser-Card (siehe Seite 26)

Allgäu-Bikers

Schneeschuh & Mountainbike-Touren im Allgäu

Die Allgäu-Bikers und ihre Guides sind spezialisiert auf Outdoor-Aktivitäten im Oberallgäu, insbesondere auf geführte Mountainbike- und Schneeschuhtouren. Sowohl Einsteiger und Fortgeschrittene als auch Bike-Profis kommen auf ihre Kosten.
Wenn im Allgäu der erste Schnee fällt, starten die geführten Schneeschuhwanderungen. Dann taucht man fernab viel betretener Touristenpfade ein in die unberührte Allgäuer Winterlandschaft. Das Angebot reicht von Halb- und Ganztagestouren sowie Schneeschuh-Hüttentouren bis hin zu Fackel- und Wasserfallwanderungen. Auch für Familien, Senioren und Singles werden passende Touren angeboten. Für Spaß und Action sorgen Kombinationsmöglichkeiten mit Rodeln, Air-Bob fahren und dem sogenannten HUI-Bob.
Im Frühjahr/Sommer startet dann die Bike-Saison. Das Allgäu gilt als Biker-Revier der Extraklasse und Tor zu den Alpen. Es bietet daher ideale Gegebenheiten, um erlebnis- sowie abwechslungsreiche Routen und Trails zu erkunden. Verschiedene Schwierigkeitsstufen, sowohl im konditionellen als auch im technischen Bereich, lassen keine Wünsche offen. Professionelle ortskundige Guides fahren ausgesuchte Touren und geben Tipps zu Fahrtechnik und richtigem Umgang mit dem Bike. Die Anstrengungen der Teilnehmer werden mit einer schönen Aussicht auf Landschaft und Bergpanorama belohnt. Auch zum Thema Mountainbike-Touren ist die Bandbreite groß, angefangen bei Fahrtechnik-Trainings, Bike-Camps sowie Mountainbike-Touren in Kombination mit Klettern im Hochseilgarten, einem Segelturn auf dem Alpsee oder einer Grillparty am Ufer der Iller. Hier findet jeder Outdoor-Begeisterte das passende Angebot.

Allgäu-Bikers –
Schneeschuh & MTB-Schule
Bahnhofstr. 19, D-87509 Immenstadt
Tel. +49 (0)8323 96 80 13
Fax +49 (0)8323 96 80 12
info@allgaeu-bikers.de,
www.allgaeu-bikers.de
www.schneeschuhwandern-allgaeu.de

Lauben

Heising, Hofen, Moos, Stielings

Lauben
(Bild R. Mayer)

Die Gemeinde Lauben (ca. 3340 Einwohner) an der nördlichen Stadtgrenze von Kempten besteht aus den Gemeindeteilen Lauben, Heising, Hofen, Moos, Stielings sowie etlichen Weilern und Einzelgehöften. Einwohner und Feriengäste schätzen die ruhige Behaglichkeit und Naturnähe des Lebens auf dem Land in Verbindung mit den vielfältigen Angeboten der nahegelegenen Stadt. Die guten Verkehrsverbindungen sorgen für attraktive Ausflugsmöglichkeiten.

Im Jahre 1220 wurde Lauben erstmals urkundlich erwähnt. Bis Anfang des 19. Jahrhunderts gehörte der Ort zum Fürststift Kempten. Seit 1818 ist Lauben eigenständige Gemeinde.

Im Gemeindegebiet finden Kunstinteressierte einige sehenswerte Kirchen und Kapellen wie die ehemalige katholische Pfarrkirche St. Ulrich und Afra aus dem 16. Jahrhundert.

Freizeit und Sport

In Lauben wird Sport großgeschrieben. Zahlreiche Sport- und Freizeitanlagen wie Bolzplätze, Stockschießbahn, Sport- und Tennisplätze und im Winter eine Langlaufloipe sowie eine Skaterbahn. Über das umfangreiche, gut ausgebaute Radwegenetz freuen sich Radsportfreunde. Die Wanderwege längs der wildromantischen Leubas bis zur Mündung der Iller oder zu den Biotopen rund um das Illeraltwasser sind gern gewählte Ziele für Naturliebhaber.

Das Hallenbad in Lauben ist das ganze Jahr über ein beliebter Treffpunkt. Der kulturelle Veranstaltungskalender der Gemeinde wird durch die vielfältigen Angebote der aktiven Vereine und der Kulturinitiative „Kulturlaube“ abwechslungsreich gestaltet.

Wichtige Adressen und Telefonnummern

Gemeinde Lauben
Rathaus in Heising
Dorfstraße 2
D-87493 Lauben
Tel. +49 (0)8374 58 22-0
Fax +49 (0)8374 58 22-30
gemeinde@lauben.de
www.lauben.de

Missen-Wilhams

Erholung in den Alpkönigdörfern

Die Gemeinde Missen-Wilhams liegt im südlichen Oberallgäu zwischen Immenstadt und Isny und umfasst neben Missen und Wilhams noch fünf weitere Ortsteile: Aigis, Geratsried, Wiederhofen, Börlas und Berg bieten mit ihren Weilern und Einöden eine Vielfalt an Unterkünften und Erholungsmöglichkeiten. Die sieben Ortsteile sind auf einer Höhe zwischen 830 m und 1000 m in das landschaftlich abwechslungsreiche Tal zwischen Hauchenberg (1237 m) und Salmaser Höhe (1254 m) eingebettet. Bereits 1972 erhielt die Gemeinde das Prädikat Erholungsort. Im Jahr 2000 erfolgte die Anerkennung als Luftkurort – eine Bezeichnung, die in ganz Bayern nur ca. 80 Gemeinden führen dürfen. Das 3541 Hektar große Gemeindegebiet in der Allgäuer Voralpenlandschaft besteht zu mehr als 95% aus Landwirtschafts- bzw. Waldfläche und ist gentechnikfreie Anbauregion!

Die verkehrsgünstige Lage lässt sich als Drehscheibe für Ausflüge zum Bodensee und zu den attraktiven Allgäuer Zielen nutzen.

Urlaub in Missen-Wilhams

Mit seinen malerisch gelegenen Ortsteilen ist Missen-Wilhams ein ursprüngliches, lebendiges Fleckchen Erde. Duftende Wiesen, stille Wälder, plätschernde Bäche, traumhafte Ausblicke auf die Allgäuer Alpen,

Missen-Wilhams (Bild Tourismusbüro Missen-Wilhams)

so hügelig, so grün wie es schöner nicht sein könnte. Die Natur liefert hier alles, um Erholung und Ruhe zu ermöglichen. Urlauber erleben vor Ort Allgäuer Gemütlichkeit und Gastfreundschaft. Die Gastgeber heißen ihre Gäste herzlich willkommen, kennen jeden Winkel, jeden Aussichtspunkt und verraten so manchen Geheimtipp.

Die zahlreichen Kirchen und Kapellen im Gemeindegebiet sind einen Besuch wert.

Nicht versäumen sollte man eine Besichtigung des Carl-Hirnbein-Museums im Haus des Gastes (geöffnet freitags von 15-17 Uhr). Der Agrarreformer und „Alpkönig" Carl Hirnbein (1807-1871) ist der bedeutendste Sohn der Gemeinde.

Freizeit und Sport

Die Umgebung von Missen-Wilhams ist ein Wanderparadies. Über 80 Kilometer Wanderwege mit einer großen Auswahl an Strecken, auch ohne große Höhenunterschiede, laden ein, über Stock und Stein die unbeschreiblich schöne Voralpenlandschaft zu erkunden. Zahlreiche gemütliche Alpen sorgen unterwegs für eine wohlverdiente Brotzeit. Dazu schmeckt ein Bier aus der heimischen Brauerei Schäffler, mit Quellwasser aus über 1.000 m Höhe gebraut, besonders gut. Der 6,5 km lange Carl-Hirnbein-Erlebniswanderweg mit vielen Stationen zum Spielen und Entdecken für Klein und Groß von Missen-Wilhams nach Weitnau ist ein beliebter Familienwanderweg. Lohnend ist auch die Wanderung zum Alpkönigblick hoch

Blick auf den Alpsee
(Bild Tourismusbüro Missen-Wilhams)

oben auf dem Hauchenberg mit grandiosen Ausblicken.

Feriengäste haben außerdem eine große Auswahl an Freizeitmöglichkeiten: Radfahren, Mountainbiken, Rennradeln, E-Biken, Tennis, Schwimmen, Kneippen, Nordic-Walking, Beachvolleyball oder Minigolf.

Veranstaltungen

Tradition und Brauchtum werden in den Dörfern groß geschrieben. Der Veranstaltungskalender bietet reichlich Abwechslung:
Aufstellung des Maibaums zum Saisonbeginn.
Sonnwendfeuer – Ein romantischer Abend auf der Pfarralpe im Juni.
Standkonzerte – Im Sommer liegt Musik in der Luft.
Traditionelle Missner Kirbe – Immer am ersten Sonntag im September.
Missner Viehscheid – Am dritten Samstag im September wird das Ende des Alpsommers gefeiert.
Nikolaus & Klausen – Marsch zum Dorfplatz von imposantem Schellengeläut begleitet.
Benefizkonzert – Am 28. Dezember in zauberhafter Atmosphäre in der Pfarrkirche St. Martin.
Fasching – Allerhand närrisches Treiben und Faschingsbälle.

Wichtige Adressen und Telefonnummern

Tourismusbüro Missen-Wilhams
Hauptstr. 45, D-87547 Missen-Wilhams
Tel. + 49 (0)8320 456
Fax +49 (0)8320 268
tourismus@missen-wilhams.de
www.missen-wilhams.de

Oberstaufen

Urlaubsparadies mit Tradition und Lifestyle

Die Kur- und Ferienregion Oberstaufen (7200 Einwohner) erhielt in den vergangenen Jahren mehrfach Auszeichnungen, beispielsweise den „ Deutschen Tourismuspreis“ oder den ADAC-Tourismuspreis Bayern. Die Vorreiterrolle im Bereich „Social Web“ machte Oberstaufen zudem zum „digitalsten Kurort“ Deutschlands.

Das liebenswerte Dorf liegt im deutsch-österreichischen Naturpark am Fuße der Nagelfluhkette in einer Höhenlage von 654 m bis 1834 und bietet als touristischer Mittelpunkt beste Voraussetzungen für einen erholsamen Aktivurlaub. Auf Grund des milden Heilklimas ist Oberstaufen mit den Ortsteilen Steibis, Aach und Thalkirchdorf seit 1969 heilklimatischer Kurort und zählt zu den beliebtesten Kurorten. Das Freizeitangebot in der traumhaft schönen Naturlandschaft ist vielfältig und ganzjährig attraktiv: Erlebnisreiche Wanderwege und urige Hütten, beste Einkaufsmöglichkeiten, wohltuende Angebote für die Gesundheit sowie Aktivitäten für Groß und Klein sorgen für begeisterte Feriengäste. In der vorbildlich konzipierten Mehrwert-Gästekarte „Oberstaufen Plus“ sind zahlreiche Gratisleistungen enthalten: Die Fahrt mit den Bergbahnen oder dem Gästebus, der Eintritt in Schwimmbäder, in den Klettergarten, in die Museen u.v.m. ist bei rund 300 Gastgebern kostenfrei.

Im Winter ersetzt die Gästekarte sogar den Skipass.

Genuss und Lifestyle für alle – die traditionsbewussten Einheimischen teilen gerne ein Stück heimatliches Glück mit den Feriengästen, die nicht als Fremde, sondern als Freunde betrachtet werden. Man trifft sich im Café, Restaurant oder abends auf ein Glas Wein und genießt gemeinsam die kulinarischen Spezialitäten der heimischen Küche. Auch Gäste, die überflüssige Pfunde loswerden wollen, sind in Oberstaufen - seit 1991 Deutschlands einziges anerkanntes Schroth-Heilbad - bestens aufgehoben. Die „Original Oberstaufener Schrothkur" nach den Grundregeln der ganzheitlich orientierten Anwendung des schlesischen Arztes Johann Schroth, wurde den modernen Bedürfnissen angepasst und eignet sich hervorragend zur Gewichtsreduzierung sowie der Vorbeugung und Heilung von Zivilisationskrankheiten. Oberstaufen ist eine einzige Wellness- und Freizeitoase. Durch die verkehrsgünstige Lage an der Deutschen Alpenstraße B308 zwischen Lindau und Immenstadt sind auch Ausflugsziele an den Bodensee oder ins benachbarte Vorarlberg nur einen Katzensprung entfernt.

Kurzer Blick ins Geschichtsbuch

Im Mittelalter gehörte „Staufen" zum Herrschaftsgebiet verschiedener Adelsgeschlechter. 1453 wurde dem Ort das Marktrecht verliehen, seit 1805 gehört er zu Bayern. 1892 wurde die Gemeinde in Oberstaufen umbenannt.

Oberstaufen
(Bild Oberstaufen Tourismus)

Sehenswürdigkeiten

Die katholische Pfarrkirche St. Peter und Paul in Oberstaufen wurde nach einem Brand 1859-63 im neugotischen Stil neu errichtet. Im Innenraum beeindruckt die mächtige Kreuzigungsgruppe aus dem Jahre 1510. Sehenswert ist auch die gotische Kapelle St. Bartholomäus im Ortsteil Zell aus dem Jahre 1440 mit drei gotischen Altären und wertvollen Fresken. Acht Wanderwege verbinden die insgesamt 29 Kirchen und Kapellen rund um Oberstaufen und laden Wanderer zur Besinnung ein.

Besuche des Heimatmuseums „Strumpfar“ in Oberstaufen, des Bauernhofmuseums „S'Huimatle“ im Ortsteil Knechtenhofen und der Erlebniskäserei in Thalkirchdorf vermitteln Wissenswertes aus dem Leben im Allgäu.

Freizeit und Sport

Sommer

Ab Oberstaufen erstreckt sich ein weitläufiges Wanderparadies mit über 300 Kilometern markierten Wanderwegen über drei Höhenlagen und für jede Konstitution. Die Bergbahnen auf den Hochgrat, den Imberg und auf das Hündle sind ideale Aufstiegshil-

Hochgrat
(Bild Oberstaufen Tourismus)

fen. Drei alpine Premiumwanderwege – „Alpenfreiheit“, „Luftiger Grat“ und „Wildes Wasser“ – wurden vom Deutschen Wandererinstitut DWI mit dem Wandersiegel ausgezeichnet. Dieses bescheinigt den Wegen einen „besonders hohen Erlebnischarakter“. Alle Wanderrouten beginnen an den jeweiligen Bergstationen und führen auf 10 bis 14 Kilometern Länge durch die prachtvolle Alpenregion. Ein Teil des Panoramawanderweges „Alpenfreiheit“ führt beispielsweise auf dem mit 47 Tafeln beschilderten „Alpenerlebnispfad“ über das Hochplateau auf dem Imberg und ist auch für Familien mit Kinderwagen geeignet. Nordic-Walker können aus 90 Kilometern DSV-zertifizierter Routen ihre Lieblingsroute auswählen.

Die markant strukturierte Landschaft mit ihren erlebnisreichen Ausblicken bedeutet für Radfahrer und Mountainbiker höchsten Fahrgenuss. Das umfangreiche Wegenetz reicht bis in die höheren Bergregionen und die meisten Alpenwege sind gut befestigt. Fahrräder können im Ort entliehen werden.

Badespaß für die ganze Familie bietet das Erlebnisbad Aquaria in Oberstaufen. Wildwasserkreisel, 100 m Rutsche, Solebecken und eine großzügige Saunalandschaft - hier ist für Jeden etwas dabei. Im Freibad Thalkirchdorf finden Besucher willkommene Abkühlung an heißen Sommertagen.

Golffreunde sind von den nahe gelegenen drei 18-Loch Golfplätzen in herrlicher Landschaft mit Alpenpanoramablick begeistert.

Winter

Auch im Winter können Wanderer auf 60 km präparierten Winterwanderwegen die romantisch verschneite Landschaft genießen.

Rund 100 km Langlaufloipen – die Kalzhofer Loipe beschneit und mit Flutlicht – in unterschiedlichen Schwierigkeitsgraden lassen keine Wünsche offen.

Außer den drei Bergbahnen bringen 22 Schlepplifte erlebnishungrige Skifahrer in vier Skigebiete mit insgesamt über 40 Pistenkilometer.

Für Winterspaß sorgen außerdem Naturrodelbahnen, Schneeschuh-Tourenangebote sowie der Eislauf- und Eisstockplatz. Auch eine romantische Pferdeschlittenfahrt gehört ins Winterurlaubsprogramm.

Veranstaltungen

Der abwechslungsreiche Veranstaltungskalender bietet unter anderem traditionelle Brauchtumsfeste, vergnügliche Marktfeste, den Viehscheid im September, den zweiwöchigen „Kulturtupfer“ im Herbst mit hochkarätigen Events rund um Klassik, Jazz und Kleinkunst sowie spannende Sportveranstaltungen wie den Wintertriathlon, das ATP-Tennisturnier oder den Hochgrat-Berglauf.

Wichtige Adressen und Telefonnummern

Oberstaufen Tourismus
Hugo-von-Königsegg-Str.8
D-87534 Oberstaufen
Tel. +49 (0)8386 93 00-0
Fax +49 (0)8386 93 00-20
info@oberstaufen.de
www.oberstaufen.de

Golfen in Oberstaufen
(Bild Oberstaufen Tourismus)

Bergbahnen

Von Steibis-Lanzenbach führt die Hochgratbahn hinauf zum Wandergebiet der Nagelfluhkette mit herrlichen Panoramablicken. Hochgratbahn, 87534 Oberstaufen-Steibis, Tel. +49 (0)8386 82 22, Fax +49 (0)8386 85 54, info@hochgratbahn.de, www.hochgratbahn.de

Wellness

Gemütliche Übernachtungsmöglichkeit mit vielfältigem Wellness-Angebot bietet das Hotel Landhaus Staufenblick***, Paul-Rieder-Straße 6, D-87534 Oberstaufen, Tel. +49 (0)8386 930 50, Fax +49 (0)8386 930 540, info@staufenblick.de, www.staufenblick.de

Nordic Walking in Oberstaufen
(Bild Oberstaufen Tourismus)

Schrothkur

Eine komplette Schrothkur mit leckeren Schrothkurgerichten bietet der anerkannte Schrothkurbetrieb Hotel Landhaus Staufenblick***, Paul-Rieder-Straße 6, D-87534 Oberstaufen, Tel. +49 (0)8386 930 50, Fax +49 (0)8386 930 540, info@staufenblick.de, www.staufenblick.de

Hochgratbahn

Hinauf ins Wanderparadies

Der neue grenzüberschreitende Naturpark Nagelfluhkette am Nordrand der Allgäuer Alpen erstreckt sich über 20 km vom Mittagberg bei Immenstadt bis zum Hochhäderich an der österreichischen Grenze in der Nähe von Hittisau. Die Bergkette hat ihren Namen vom Nagelfluhgestein, das an Beton erinnert. In einer verbackenen Masse sind Gesteinsbrocken eingeschlossen, die durch Verwitterung abbröckeln.

Der 1833 Meter hohe Hausberg der Westallgäuer hat als höchste Erhebung der Nagelfluhkette und des gesamten Allgäuer Voralpenlandes eine große touristische und geographische Bedeutung. In westlicher und nördlicher Richtung befindet sich keine größere Erhebung und auch im Süden und Osten sind die nächsten höheren Gipfel der Winterstaude und des Hohen Ifen 13 km entfernt.

Durch diese exponierte Lage gewährt der Aufenthalt auf dem Gipfel eine überwältigende Fernsicht. So überblickt man den ganzen Bodensee und große Teile Oberschwabens. An klaren Tagen ist sogar das Ulmer Münster zu sehen. Der Blick Richtung Alpen reicht von der Zugspitze über den Hauptkamm der Allgäuer Alpen bis zum Schweizer Säntis. Der dominante Berg ist auch aus großer Entfernung im Westallgäu, in Oberschwaben und auch in Kempten zu sehen.

Er ist oft das erste Hindernis für Wolkenbänder aus dem Nordwesten. Steibis am Fuß des Berges gilt als einer der niederschlagsreichsten Orte Deutschlands. Bereits 1972 wurde eine Kabinenumlaufbahn auf diesen attraktiven Berg eröffnet. In den Kleinkabinen für 4 Personen hat man die 880 Höhenmeter bis zur Bergstation in 1706 m Höhe in wenigen Minuten überwunden. Hier erwartet die Besucher das komplett neu renovierte Bergrestaurant mit großer Sonnenterrasse und

Kinderspielplatz mit dem einzigartigen Alpenpanorama. Von dort ist der Gipfel in einer halben Stunde erreichbar. Die Nagelfluhkette ist ein Wandergebiet erster Güte. Geübte und trittsichere Alpinisten freuen sich auf die aussichtsreiche Gratwanderung nach Osten Richtung Mittagberg. Über die Bergkette führen die Europäischen Fernwanderwege 4 und 5. Weniger geübte Wanderer wählen die wunderschöne meist unschwierige Gratwanderung Richtung Westen oder benutzen den gut ausgebauten Abstiegsweg zur Talstation. Naturliebhaber erfreuen sich auf allen Wegen an der Vielfalt der Bergpflanzen.
Im Winter stehen alpinen Skiläufern mehrere attraktive Abfahrten zur Verfügung. Wer einmal das immer beliebter werdende Schneeschuhwandern ausprobieren möchte, kann sich bei der Berg- oder Talstation Schneeschuhe ausleihen. Besonders schön ist der präparierte Winterwanderweg mit prächtigen Panoramablicken von der Bergstation aus.
Die Bahn ist im Sommer täglich von 8.30 bis 17.00 Uhr in Betrieb. Dienstags wird bei schönem Wetter die Sonnenuntergangsfahrt bis 22.00 Uhr angeboten, ein ganz besonderes Erlebnis. Über weitere Sonderfahrten und Events informiert die Homepage www.hochgrat.de und die Tagespresse.

Hochgratbahn

87534 Oberstaufen-Steibis
Tel. +49 (0)8386 82 22
Fax +49 (0)8386 85 54
info@hochgratbahn.de
www.hochgratbahn.de

Golf Oberstaufen-Steibis

Die traumhaft gelegene Golfanlage

Im Ortsteil Steibis des Schrothkurortes Oberstaufen liegt ein herrlicher 18 Loch Golfplatz in reizvoller Lage mit Aussicht auf die Berge. Die Saison läuft von April bis November, und die Anlage bietet allen Komfort, den man von einem Golfplatz mit der Klassifizierung ****Superior erwartet.Auf die Gäste wartet ein umfangreiches Turnierprogramm in herzlicher Atmosphäre und selbst Golfer, die bereits weltbekannte Plätze gespielt haben, sind von der Natur und Umgebung begeistert.

Oberstaufen ist der ideale Ausgangspunkt für einen Golfurlaub, da im Umkreis von 40 km weitere 13 Golfplätze liegen. Auch bietet der Ort kulinarische Höhepunkte und ein entsprechendes Nachtleben, ebenso ein großes Beauty- und Wellnessangebot. Auf der Golfanlage sorgt ein Restaurant für Gaumenfreuden, und die Terrasse lässt den Blick auf das Golfgeschehen zu.

Besonders hervorheben muss man die sehr gute Jugendarbeit des Clubs. Die Golfakademie Steibis bildet Anfänger und Fortgeschrittene unter der Anleitung qualifizierter Golflehrer von Mai bis Oktober aus.

Golf Oberstaufen-Steibis

In der Au 5
D-87534 Oberstaufen-Steibis
Tel. +49 (0)8386 85 29
Fax +49 (0)8386 86 57
info@golf-oberstaufen.de
www.golf-oberstaufen.de

Das Blaue Haus

Café und Wohnaccessoires

Das **Blaue Haus** in Oberstaufen ist eine Kombination aus Café und Ausstattungsgeschäft rund ums Wohnen. In einem über 100 Jahre alten Jugendstilhaus haben die Besitzer in zweijähriger Arbeit das Gebäude restauriert und zu einem Schmuckstück ausgestaltet. Hier haben sich gemütliche Kaffeehausatmosphäre und nordische Wohnkultur verbunden.

Im "Blauen Haus" kann man herrliche Kaffeezeiten genießen oder einen Plausch bei duftenden Tees und kleinen Köstlichkeiten halten und gleichzeitig in Wohnaccessoires-Büchern blättern, die man auch käuflich erwerben kann. Natürlich sind alle Accessoires und Dekoartikel ebenso für den Verkauf bestimmt, und so genießt man in einmaliger nordischer Atmosphäre seinen angenehmen Aufenthalt für die Sinne und den Gaumen und kann gleichzeitig geschmackvolle Dinge für die Wohnung aussuchen. Auch für stimmungsvolle Geschenke ist das **Blaue Haus** die erste Adresse in Oberstaufen.

Blaues Haus

Freibadweg 2
D-87534 Oberstaufen
Tel. +49 (0) 83 86 / 44 76
info@blaueshaus-oberstaufen.de
www.blaueshaus-oberstaufen.de

***S

Hotel Landhaus Staufenblick

Gemütliches Hotel auf Oberstaufens Sonnenseite

Herzlich Willkommen im Landhaus Staufenblick! Schon bei der Ankunft im Hotel spüren die Feriengäste bei der Begrüßung durch die gastfreundliche Wirtsfamilie Kreis: Hier können wir uns wohlfühlen und erholen! Die hellen, freundlichen und behaglich eingerichteten Zimmer, wahlweise mit oder ohne Balkon/Terrasse, sind mit Dusche/WC, Radio, Telefon, kostenlosem W-LAN und Kabelfernsehen ausgestattet.

Die Einrichtungen des Hotels sind sämtlich auf die Bedürfnisse des erholungssuchenden Gastes abgestimmt. Das Wellness-Angebot umfasst das geheizte Hallenbad, zweimal wöchentlich Wassergymnastik, Sauna, Solarium, Fitnessraum und Massagepraxis. Seit 2012 ist das Hotel anerkannter Schrothkurbetrieb. Zum Schrothkurprogramm gehören neben den Schroth'schen Packungen und Massagen auch köstliche, abwechslungsreiche Schrothkurgerichte. An schönen Tagen lädt der große Sonnengarten zu geruhsamen Stunden ein. Sportbegeisterte nutzen das Angebot, sich ein Mountainbike auszuleihen. Ein Parkplatz am Haus ist vorhanden. Besonders angenehm sind die Vorteile der Oberstaufen-Plus-Card mit vielen Vergünstigungen, die der Gast in Anspruch nehmen kann. Freie Fahrten mit den Bergbahnen, kostenloser Eintritt ins Erlebnisbad Aquaria und auch der Skipaß im Winter ist kostenfrei!

Der Ferientag im Hotel beginnt mit einem reichhaltigen Frühstücksbüffet im gemütlichen Aufenthaltsraum mit umfassendem Panoramablick. Oberstaufen und Umgebung bietet im Sommer wie im Winter eine Fülle von Wander- und Ausflugsmöglichkeiten. Ob die Fahrt mit der nahegelegenen Seilbahn auf den aussichtsreichen Hochgrat, ein Shoppingbummel durch Oberstaufen oder eine beschauliche Pferdekutschenfahrt, für jeden Geschmack ist etwas dabei. Abends können die Gäste den Tag in gemütlicher Runde im Haus bei einer deftigen Vesper oder auch einem herrlichen warmen Abendessen und einem gutem Württemberger Wein beschließen.

Hotel Landhaus Staufenblick***S

Paul-Rieder-Straße 6
D-87534 Oberstaufen
Tel. +49 (0)8386 930 50
Fax +49 (0)8386 930 540
info@staufenblick.de
www.staufenblick.de

Oberstdorf

Tourismuszentrum in herrlicher Lage

Der Markt Oberstdorf (ca. 9900 Einwohner) in einem weiten Talschluss inden Allgäuer Alpen ist die südlichste Gemeinde Deutschlands und mit 230 km² flächenmäßig die drittgrößte Gemeinde in Bayern. Der heilklimatische Kurort besteht aus dem Ort Oberstdorf (813 Meter Höhe) und fünf Ortsteilen: Kornau, Rubi, Schöllang, Reichenbach und Tiefenbach.

Der Bahnhof Oberstdorf ist Endpunkt der Bahnstrecke Immenstadt - Oberstdorf. Mit dem Auto erreicht man Oberstdorf über die Bundesstraße 19 von Sonthofen. Von Oberstdorf besteht die einzige Zufahrtsmöglichkeit ins Kleinwalsertal.

Mit 17.500 Betten und 2,3 Millionen Übernachtungen im Jahr gehört der Ort zu den Tourismus-Magneten in Deutschland. In Oberstdorf mit seiner weitentwickelten touristischen Infrastrukturfinden Feriengästezahlreiche Wanderwege in herrlicher Natur, Bergbahnen als Aufstiegshilfe für ausgedehnte Bergwanderungen, kulturhistorische Sehenswürdigkeiten und Naturdenkmäler, vielfältige Freizeit- und Sporteinrichtungen, ein breites gastronomisches Angebot für jeden Geschmack, gastfreundliche Hotels jeder Kategorie und Gelegenheiten für einen gemütlichen Shoppingbummel in der Fußgängerzone des Ortszentrums.

Oberstdorf im Frühling
(Bild Tourismus Oberstdorf)

Oberstdorf ist mit seinen Skisprung- und Skiflugschanzen oft Schauplatz bedeutender Wintersportveranstaltungen wie der Vierschanzentournee und der Skiflugweltmeisterschaften sowie von Nordischen Skiwettbewerben.

Der Oberstdorfer Veranstaltungskalender bietet eine große Vielfalt an kulturellen, sportlichen und Brauchtumsveranstaltungen (siehe www.oberstdorf.de).

Sehenswürdigkeiten

Bei einem Rundgang durch das Oberstdorfer Zentrum kann man viele schöne alte Bauern- und Bürgerhäuser bewundern. Eine Wanderung nach Gerstruben, einem verlassenen Bergdorf mit über 400 Jahre alten Häusern, heute mit Gasthof und Museum, lohnt sich.

Die Kirchen und Kapellen in den Ortsteilen beherbergen sehenswerte Kunstschätze.

Die St.- Anna-Kapelle im Weiler Rohrmoos aus dem Jahre 1568 mit sehr gut erhaltenen manieristischen Malereien gilt als die älteste Holzkapelle in den Alpen.

Ebenfalls sehenswert sind die drei Loretto-Kapellen am südlichen Ortsrand aus dem 15. und 17. Jahrhundert.

Das Heimatmuseum in einem Bauernhaus aus dem 17. Jahrhundert zeigt in 38 Räumen Exponate aus dem Leben der Bewohner in früheren Zeiten. Das spektakulärste Ausstellungsstück ist der 1950 geschusterte größte Lederskischuh der Welt.

Im Kulturzentrum der Villa Jauss im Fuggerpark werden in ständiger Ausstellung Zeichnungen und Lithographien bedeutender Künstler des 20. Jahrhunderts gezeigt.

Freizeit und Sport

Wandern am Seealpsee
(Bild [illegible]us Oberst[illegible]orf)

Wanderer finden in der Umgebung von Oberstdorf auf 200 km markierten Wegen in verschiedenen Höhenlagen eine Fülle von Naturschönheiten.

Das Trettachtal ist eines der schönsten Oberstdorfer Täler mit dem sagenumwobenen Christlesee und dem Weiler Spielmannsau am Talende. Auch das wildromantische Stillachtalmit dem Weiler Einödsbach, der südlichsten Siedlung Deutschlands, lädt zu einer Wanderung ein.Der spannende Weg durch die abenteuerliche Breitachklamm bei Tiefenbach gehört zum Pflichtprogramm eines Urlaubs in

Pause über Oberstdorf
(Bild Tourismus Oberstdorf)

Oberstdorf.Im Norden von Oberstdorf lohnt der Besuch des Illerursprungs. Hier fließen Trettach, Stillach und Breitach zusammen.

Bergsteiger und -wanderer finden in den Oberstdorfer Bergen unzählige lockende Gipfel mit prachtvollen Ausblickenund aufregende Klettersteige wie den berühmten Heilbronner Weg von der Rappenseehütte zur Kemptener Hütte. Mehrtägige Wanderungen mit Übernachtung in den zahlreichen gemütlichen Hütten sind ein unvergessliches Erlebnis.

In Oberstdorf beginnt der Europäische Fernwanderwegnach Meran.

Genussvolles Radfahren ist in der herrlichen Landschaft der Oberstdorfer Täler auf vielen Wegen möglich. Mountain-Biker können zwischen vielen attraktiven Routen mit unterschiedlichen Schwierigkeitsgraden wählen.

Zahlreiche romantische Seen laden an heißen Tagen zum Baden und zum Verweilen ein.

Der Freibergsee bei der Skiflugschanze ist der höchstgelegene Badesee Deutschlands.

Oberstdorf ist ein Wintersportparadies. 20 Skilifte beim Fellhorn, Nebelhorn und Söllereck erschließen insgesamt 124 Pistenkilometer mit alpinen Abfahrtsstrecken.

Auf 76 Kilometer Loipen in herrlicher Schneelandschaft findet jede Skiwanderer die passende Route.

Im Eissportzentrum mit Olympiastützpunkt werden die Sportarten Curling, Eiskunstlauf, Skilanglauf und Skisprung gefördert.

Wichtige Adressen und Telefonnummern

Tourismus Oberstdorf
Prinzregenten-Platz 1
D-87561 Oberstdorf
Tel. +49 (0)8322 700-0
Fax +49 (0)8322 700-236
info@oberstdorf.de
www.oberstdorf.de

Viehscheid
(Bild Tourismus Oberstdorf)

Einkaufen

In der Oberstdorfer Käse-Alp kann man wohlschmeckende Käsespezialitäten frisch aus der Sennerei kaufen. Geöffnet Mo-Fr 9-13, 14-18 Uhr, Sa 8.30-12.30 Uhr. Am Marktplatz 5,D-87651 Oberstdorf, Tel. 08322 80409, Fax 08322 8500, kaesealp@t-online.de, www.kaesealp.de

Freizeit und Sport

flyzone

Professionelles Gleitschirmflug-Team mit über zwanzig Jahren Flugerfahrung bietet Tandemflüge in atemberaubender Naturkulisse zwischen Oberstdorf und Immenstadt. flyzone - Tandemfliegen mit Profis,Rainer Scheltdorf, Am First 17, D-87561 Oberstdorf, Tel. +49 (0)8322 80 05 33, Fax +49 (0)8322 80 05 34, Mobil +49 (0)151 12 76 61 11, info@fly-zone.de, www.fly-zone.de

Oberstdorfer Marktbähnle

In Kleinzügen die Gegend rund um Oberstdorf erkunden: Ausflugsfahrten, Rundfahrten, Sonderfahrten, auch bei schlechtem Wetter. Standheizung, behindertengerechter Einstieg, Platz für Rollstuhl, 45 Sitzplätze, Hunde erlaubt. Fahrpläne an der Abfahrtshaltestelle Oberstdorf Haus. Die Kleinzüge sind für besondere Anlässe zu mieten (Bürozeiten: Montag bis Freitag7:30 bis 9:30 Uhr; Samstag/ Sonntaggeschlossen).Schütz und Vogler GbR, Oberstdorfer Marktbähnle, Heimenhofenstraße 3, 87561 Oberstdorf , Tel. +49 (0)8322 985 51, Fax + 49 (0)8322 985 50, Mobil +49(0)171 585 53 63, info@marktbaehnle.de, www.marktbaehnle.de

Essen und Trinken

Frische Bergluft macht hungrig. Nach einer Wanderung im Trettachtal freuen sich Wanderer über leckere Allgäuer Spezialitäten im Berggasthof Spielmannsau, Familie Geiger, D-87561 Oberstdorf, Tel. +49 (0)8322 3015, Fax +49 (0)8322 8860, info@spielmannsau.de, www.spielmannsau.de

Übernachten

Gästehaus Heidler

Komfortable Ferienwohnungen in verschiedenen Größen mit Küche, Bad und WC oder Dusche und WC, Flur,Terrasse oder Balkon, Telefon, Radio und Sat-TV. Fitnessraum, Sauna, Solarium im Haus. Großer Garten, Grillmöglichkeit. Gästehaus Heidler, Lorettostraße 38, D-87561 Oberstdorf, Tel +49 (0)8322 32 43, Fax +49 (0)8322 80 266, heidlers.ferienwohnungen@t-online.de, www.gästehaus-heidler.de

Ferienparadies Spielmannsau

Erholung pur finden Feriengäste inmitten herrlicher Natur abseits des Autoverkehrs im gemütlichen Ferienparadies Spielmannsau, Familie Geiger, D-87561 Oberstdorf, Tel. +49 (0)8322 30 15, Fax +49 (0)8322 88 60, info@spielmannsau.de, www.spielmannsau.de

Oberstdorfer Käse-Alp

Allgäuer Käsespezialitäten vom Feinsten

In der schönen Oberstdorfer Fußgängerzone können Feriengäste gemütlich bummeln und nach Herzenslust einkaufen. Besonders lohnend ist der Besuch im Verkaufsladen der mehrfach ausgezeichneten **Oberstdorfer Käse-Alp** im Zentrum nahe der Kirche. Hier findet der Käseliebhaber eine große Auswahl an schmackhaften Rohmilchkäse-Sorten, die frisch aus der eigenen Bergkäserei in Sellthüren bei Günzach kommen. Während der sorgfältigen traditionellen Herstellung in Handarbeit wird vollständig auf Chemie verzichtet.

Was darf es sein, Bio-Sennerkäse, rotgeschmierter Weichkäse, Allgäuer Brie, Schäferlaib aus reiner Schafsmilch, Bergwiesenkäse oder Kräuterhex? Etwas ganz Besonderes ist der Bio-Chilikäse, Vorsicht, heiß! Auch natürlich hergestellte köstliche Wurst- und Wildspezialitäten, Honig, Konfitüren und Fallers Gourmet-Müsli hat die Käsealp zu bieten, wer kann da widerstehen?

Urlauber müssen auch nach der Heimkehr nicht auf den Käsegenuss verzichten, im Onlineshop ist alles erhältlich.

Öffnungszeiten:
Montag-Freitag, 9.00 – 13.00 Uhr
und 14.00 – 18.00 Uhr
Samstag, 8.30 – 12.30 Uhr

Oberstdorfer Käse-Alp
Am Marktplatz 5
87651 Oberstdorf
Tel. +49 (0)8322 80409
Fax +49 (0)8322 8500
kaesealp@t-online.de
www.kaesealp.de

Berggasthof Spielmannsau

Gemütlicher Wanderstützpunkt

Der 7,5 km lange Wanderweg entlang der Trettach gehört zu den schönsten Talwanderungen rund um Oberstdorf. In der Spielmannsau am Talschluss, umrahmt von den eindrucksvollen Gipfeln der Allgäuer Hochalpen, wartet ein liebenswertes Gasthaus auf die zahlreichen Gäste.

In der gemütlichen Gaststube mit schönem Kachelofen oder auf der Sonnenterrasse können die hungrigen Besucher Köstlichkeiten aus der vielseitigen Speisekarte genießen. Besonders empfehlenswert sind die Lammspezialitäten aus eigener biologischer Lammaufzucht und die Wildgerichte aus dem Trettachtal. Die berühmten Allgäuer Kässpätzle sind natürlich ebenfalls im Angebot. Der Gasthof ist idealer Ausgangspunkt für zahlreiche Bergtouren zu den Hütten und Gipfeln des Hochgebirges und für den Fernwanderweg E5. Nach einer Übernachtung im behaglichen Gasthof, gestärkt durch ein reichhalties Frühstücksbüffet, können die anspruchsvollen Touren in Angriff genommen werden. Ein längerer Aufenthalt in dem gastfreundlichen Haus bietet Erholung pur. Familie Geiger und ihr Service-Team sorgen mit großem Engagement bestens für ihre Gäste. Die Zimmer sind mit DU/WC, Balkon, Telefon und TV ausgestattet. In unserer Sauna können Sie nach einem aufregenden Tag in den Allgäuer Alpen wunderbar entspannen und in unserem Kaminzimmer klingt der Abend bei einem Glas Wein am offenen Kamin gemütlich aus. Auch für Kinder ist die Spielmannsau ein Paradies! Das Tal ist für den Autoverkehr gesperrt, Hausgäste erhalten eine Sondergenehmigung.

Ferienparadies Spielmannsau
Fam. Geiger
D-87561 Oberstdorf
Tel. +49 (0)8322 30 15
Fax +49 (0)8322 88 60
info@spielmannsau.de
www.spielmannsau.de

Hier erhalten Sie die Leistungen der Allgäu-Walser-Card (siehe Seite 26)

Gästehaus Heidler

Oberstdorfer Ferienwohnungen in Bestlage

Oberstdorf bietet Urlaubern alles, was das Herz begehrt: fantastische Sommer- und Wintersportmöglichkeiten, Wellness für die ganze Familie, gute Einkaufsmöglichkeiten, urige Restaurants und – am ruhigen südlichen Ortsrand inmitten von Wiesen gelegen – das Gästehaus Heidler. Bereits bei der herzlichen Begrüßung durch Familie Heidler ist der Alltag vergessen und die Erholung beginnt.

Sieben komfortabel eingerichtete Ferienwohnungen in verschiedenen Größen für zwei bis sechs Personen stehen zur Verfügung. Die Ausstattung richtet sich nach der jeweiligen Wohnungsgröße (ein bis drei Räume) und beinhaltet ein Wohnzimmer, ein oder zwei Schlafzimmer, Küche, Bad und WC oder Dusche und WC, Flur, Terrasse oder Balkon, Telefon, Radio und Sat-TV. Die unverbaute Wohnlage des Gästehauses Heidler ermöglicht einen freien Blick auf die Berge. Spaziergänger und Wanderer genießen das Naturerlebnis auf den schönen Wegen in die Täler oder im Winter auf der Langlaufloipe direkt am Haus. Wer lieber faulenzen möchte, verbringt den Tag gemütlich im großzügig angelegten Garten. Für aktive Urlauber gibt es einen Fitnessraum, Sauna und Solarium. Und spätestens am Abend treffen sich alle Urlaubsgäste im gemütlichen Gartenhaus zum Grillen und freuen sich, im Gästehaus Heidler das perfekte Urlaubsdomizil gefunden zu haben.

Gästehaus Heidler

Lorettostr. 38, D-87561 Oberstdorf
Tel. +49 (0)8322 32 43
Fax +49 (0)8322 8 02 66
heidlers.ferienwohnungen@t-online.de
www.gästehaus-heidler.de

Hier erhalten Sie die Leistungen der Allgäu-Walser-Card (siehe Seite 26)

Jugendherberge Oberstdorf

Auf der Sonnenterrasse der südlichsten Jugendherberge Deutschlands Sonne satt tanken – aktives Entspannen steht in der Jugendherberge Oberstdorf ganz oben auf dem Urlaubsplan! Mit der überwältigenden Landschaft der Allgäuer Alpen direkt vor der Haustür wird der Aufenthalt zu einem traumhaften Erlebnis. In einmaliger Lage können sich hier sowohl Gruppen mit Kindern und Jugendlichen, als auch Familien und Einzelreisende eine Auszeit vom Alltag gönnen. Helle, freundliche Zimmer, eine harmonische Atmosphäre im ganzen Haus und ein Top-Service mit kompetenter Beratung sorgen dafür, dass sich alle wohlfühlen. Nicht umsonst wurde die Jugendherberge Oberstdorf als Kinderland-Betrieb ausgezeichnet.

In 42 Zimmern, zum Teil mit Dusche und WC, stehen 214 Betten zur Verfügung. Drei Tagesräume, ein Medienraum und ein Sport- und Spieleraum laden zu geselligen Runden ein. Ski- bzw. Fahrradabstellraum, Gruppenleiterraum mit Teeküche sowie Mikrowelle, Waschmaschine, Trockner und ein kostenloser W-Lan-Zugang runden das Angebot ab. An der Kletterwand steigt der Adrenalinspiegel und spätestens beim Kicken auf dem Bolzplatz oder beim Volleyballturnier werden alle zum Teamspieler.

Rund um Oberstdorf und im nahen Kleinwalsertal wartet ein schier unendlich scheinendes Wegenetz nur auf Entdecker. Gäste haben die Qual der Wahl aus einer Spanne von gemütlichen Spaziergängen bis hin zu anspruchsvollen Bergtouren. Im Winter schlagen die Herzen aller Wintersportfans höher.

Ein attraktives Programm wird für Schulklassen und Gruppen geboten. Aus Bausteinen stellen Sie sich erlebnispädagogisch wertvolle Teamaufgaben zusammen – individuell und maßgeschneidert aus der Kombination von Bergen und Wasser.

Jugendherberge Oberstdorf

Leitung: Anja Kienitz
Kornau 8, D-87561 Oberstdorf-Kornau
Tel. +49 (0)8322 98 75-0
Fax +49 (0)8322 98 75-20
jhoberstdorf@djh-bayern.de
www.oberstdorf.jugendherberge.de

Hier erhalten Sie die Leistungen der Allgäu-Walser-Card (siehe Seite 26)

flyzone

Tandemfliegen mit Profis

Der Traum vom Fliegen: Lautlos über die Allgäuer Bergwelt schweben, alles einmal aus einer ganz anderen Perspektive wahrnehmen und das Gefühl grenzenloser Freiheit im Einklang mit der Natur erleben. Diese Vision wird im Herzen der Allgäuer Alpen durch die Arbeit des flyzone-Teams Wirklichkeit. Für maximalen Flugspaß und Sicherheit sorgen dabei hauptberufliche Tandempiloten, Fluglehrer, Rekordhalter, Deutsche Meister und Weltcupsieger mit über 20 Jahren Flugerfahrung sowie modernste Ausrüstung. Bei entsprechendem Flugwetter wird täglich an den verschiedenen Flugbergen des Oberallgäus geflogen, auch im Winter!

Ein Flug vom Nebelhorn bei Oberstdorf mit seinem 400-Gipfelblick ist dabei ein ganz besonderes Erlebnis. Weitere Flugberge sind der Weiherkopf bei Bolsterlang und der Mittag in Immenstadt.

Mitfliegen kann jeder, der zwischen 25 und 100 kg wiegt und beim Start ein paar schnelle Schritte mitläuft. Nach der Auffahrt mit der Bergbahn wird die Flugausrüstung vorbereitet. Der Passagier erhält einen winddichten Overall, Helm und die gesamte Ausrüstung. Nach einer kurzen Einweisung und Sicherheitscheck ist das Tandemteam startfertig. 3-2-1-los, ein paar schnelle Schritte und schon hebt man ab und gleitet schwerelos durch die Lüfte. Mit ein wenig Glück sieht man aus der Luft Gämsen oder fliegt zusammen mit dem Steinadler. Auf Wunsch kann der Flug mit einer speziellen Inflight-Kamera auf Fotos oder Video festgehalten werden. Eine wunderbare Erinnerung an einen wahrgewordenen Traum!

flyzone – Tandemfliegen mit Profis
Rainer Scheltdorf, Am First 17
D - 87561 Oberstdorf
Tel. +49 (0)8322 80 05 33
Mobil +49 (0)151 12 76 61 11
Fax +49 (0)8322 80 05 34
info@fly-zone.de
www.fly-zone.de

Oberstdorfer Marktbähnle/ Alpenexpress

Vergnügliche Ausflugsfahrten für die ganze Familie

Was gibt es Schöneres, als die herrliche Landschaft rund um Oberstdorf gemütlich an sich vorbeiziehen zu lassen? Mit den Kleinzügen Oberstdorfer Marktbähnle und Alpenexpress gelangen Fahrgäste auf der Landstraße mühelos von einem Highlight zum anderen und genießen dabei die wundervolle Aussicht. Selbst an Regentagen ist die Fahrt in den bunt geschmückten Prachtexemplaren ein Riesenspaß für Groß und Klein, denn die Wagen sind rundherum mit Schiebefenstern verglast und für die kalte Jahreszeit mit Standheizung ausgerüstet. Neben 45 Sitzplätzen gibt es zusätzlich Platz für ein bis zwei Rollstuhlfahrer in den beiden 18 Meter langen Zügen. Alles einsteigen, und los geht's! Während der großen Oberstdorf-Rundfahrt erfährt man interessante historische Details über den beliebten Skisportort. Auf anderen Fahrten werden Kapellen besichtigt, berühmte Skisportstätten besucht oder die Hörnerdörfer erkundet. Fahrgäste, die sich für eine Ausflugsfahrt zu einer der urigen Allgäuer Alpen entscheiden, werden mit hausgemachtem Ziegenkäse und anderen einheimischen Spezialitäten verwöhnt. Dazu gibt es immer wieder stimmungsvolle Ausblicke und wertvolle Tipps für besonders schöne Wanderrouten. Sonderfahrten wie die zur Bergmesse oder zur Hirschbrunft und eine kulinarische Tälerfahrt durch Trettach- und Stillachtal sind weitere Höhepunkte im Angebot. Fahrpläne an der Abfahrtshaltestelle Oberstdorf Haus sowie in der Kurverwaltung Oberstdorf, bei der Zimmervermittlung am Bahnhof und bei den Vermietern erhältlich.

Schütz und Vogler GbR
Oberstdorfer Marktbähnle

Heimenhofenstr. 3, 87561 Oberstdorf
Tel. +49 (0)8322 985 51
Fax + 49 (0)8322 985 50
Mobil +49(0)171 585 53 63
info@marktbaehnle.de
www.marktbaehnle.de

Oy-Mittelberg

Luftkurort in reizvoller Naturlandschaft

Einen kurzen Abstecher von der A7 entfernt liegt verkehrsgünstig der Kneipp- und Luftkurort Oy-Mittelberg auf 800 bis 1150 Metern Höhe, umgeben von saftigen Wiesen, sanften Hügeln und dem beeindruckenden Panorama des Allgäuer Voralpenlandes. Trotz der zentralen Lage hat sich die Gemeinde ihren idyllischen Charakter bewahrt und bietet Erholungssuchenden himmlische Ruhe fernab vom Massentourismus. Sie ist idealer Ausgangspunkt für Bergtouren und abwechslungsreiche Ausflüge in die Umgebung. In den acht Ortsteilen Oy, Mittelberg, Faistenoy, Maria Rain, Petersthal, Haslach, Oberzollhaus und Schwarzenberg sowie vielen kleinen Weilern finden Gäste ein breitgefächertes Beherbergungsangebot in allen Kategorien und Preislagen. Die allergen-, pollen- und schadstoffarme Luft des milden Höhenreizklimas hat positive Auswirkungen auf die Gesundheit. Diese Tatsache wird in Oy-Mittelberg durch eine gelungene Mischung aus Kur- und Wellnessangeboten zum Wohle des Gastes eingesetzt.

Kurzer Blick ins Geschichtsbuch

Mittelberg wurde erstmals urkundlich um das Jahr 800 erwähnt. Das Gebiet Oy-Mittelberg gehörte bis 1803 zum

Blick über den Schwarzenberger Weiher
(Bilder Kur- und Tourismusbüro Oy)

Hochstift Augsburg, danach zu Bayern. 1822 fiel Mittelberg bis auf Kirche und Pfarrhof einem Großbrand zum Opfer. Im 19. Jahrhundert wurde Oy in Mittelberg eingemeindet, Petersthal folgte am 1. Januar 1976. Seit 1980 führt die Gemeinde den Namen Oy-Mittelberg.

Sehenswürdigkeiten

Die Wallfahrtskirche Heilig Kreuz in Maria Rain ist die älteste Wallfahrtskirche des Allgäus. Am 13. Mai findet hier das Mariensingen statt, an jedem 13. des Monats die traditionelle Fatima-Wallfahrt. Der sehenswerte Kreuzweg beginnt hinter der Kirche und führt hinunter in die vom Fluss Wertach gegrabene Schlucht. Ein Kleinod ist die Bruder-Klaus-Kapelle unweit von Petersthal mit ihrer sehenswerten Kassettendecke. Die Entstehung der Pfarrkirche St. Michael von Mittelberg reicht bis ins 8. Jahrhundert zurück. In der St.-Anna-Kapelle gibt es hübsche Kunstwerke zu sehen.

Freizeit und Sport

Im Sommer: See(le)nlandschaft und Freizeitoase

Ob in der Eiszeit entstanden oder von Menschenhand geschaffen, die herrlichen Seen und Weiher rund um Oy-Mittelberg sind Freizeitparadise für Menschen und Lebensraum für viele Tiere. Der 1962 fertiggestellte Grüntensee wird zur Energiegewinnung und als Hochwasserschutz genutzt.

Daneben bietet er Bademöglichkeiten, einen gut ausgebauten, neun Kilometer langen Rad- und Wanderweg sowie beste Voraussetzungen zum Angeln. Am Ufer des Rottachsees, dem größten See im Gemeindegebiet, gibt es einen Surf- und Segelbereich, die Wasserwacht sowie eine Badewiese mit Kiosk. Auch der Vorsee in Bisseroy wartet mit Badestrand und Kiosk auf. Das moorhaltige Wasser im Schwarzenberger Weiher tut Haut, Muskeln und Gelenken gut. Auch im kleinsten Badesee, dem Sticher Weiher im Ortsteil Maria Rain, ist das Wasser moorhaltig. Jeden Sommer findet dort ein Seefest statt. Angelkarten für den Rottachsee und den Sticher Weiher sind beim Kur- und Tourismusbüro in Oy (Tel.: +49(0)83 66 72 07) erhältlich, für den Grüntensee in der Fischerhütte (Tel.: +49(0)83 65 444).

Radfahrer und Biker können sich in Oy-Mittelberg so richtig austoben: Ein weitläufiges Tourennetz mit verschiedenen Schwierigkeitsgraden sorgt bei Genussradlern und MTB-Cracks gleichermaßen für ultimativen Fahrspaß.

Ob GPS-Geräte oder E-Bike – Oy-Mittelberg ist auf dem modernsten Stand der Technik. Der Skateplatz im Ortsteil Oy neben dem Sportgelände punktet nicht nur wegen seines Panoramablicks, auch die innovativ in Szene gesetzten Obstacles lassen jedes Skater- und Bikerherz vor Freude höher schlagen.

Der Hochseilgarten am Grüntensee bietet ein echtes Naturerlebnis. Es stehen insgesamt acht Parcours mit 85 Einzelelementen zur Verfügung. Wer den Nervenkitzel mag, balanciert über einen besonders anspruchsvollen Parcours in atemberaubender Höhe, weniger Mutige hangeln sich weiter unten von Baum zu Baum. Zudem gibt es einen Stackline-Parcours, eine Liegewiese und für Wasserratten einen Boot-, Standup-Paddle- und Canadier-Verleih.

Beliebter Anziehungspunkt für Jung und Alt ist der mystische Kneippgarten am oberen Mühlbach im Ortsteil Oy. Grillmöglichkeiten sind unter anderem am Sticher Weiher und am Rottachsee bei Bisseroy oder auf dem Grillplatz in Petersthal zu finden. Im Faistenoyer Felsengarten hat man vom Grillplatz aus eine grandiose Aussicht auf den Grüntensee.

Abwechslungsreiche Wanderungen und Bergtouren mit hervorragender flächendeckender Wegbeschilderung sowie ausgewiesene Rundtouren gibt es für jedes Alter und jede Kondition. Entsprechendes Kartenmaterial und Tourenbeschreibungen sind im Kur- und Tourismusbüro oder im Internet unter www.oy-mittelberg.de/wandern erhältlich. Alpenkino vom Feinsten kann man auf dem Panoramaweg in Mittelberg erleben. Der Ausblick reicht über Moorlandschaften hinweg bis zur Zugspitze und zum Schloss Neuschwanstein. Entlang des Weges sind viele Erlebnisstationen für Kinder eingerichtet, wie das Hexenwäldchen, das Bienenhotel, das Kletterwäldchen und ein Park der Sinne, so dass sich der Weg besonders gut für Familien eignet. Die Steinmeile, ein naturkundlich-geschichtlicher Lehrpfad, startet am Kurhaus Oy und führt auf acht Kilometern Rundweg über den sogenannten Mittelberg Rücken.

Im Winter. Märchenhafte Schneelandschaft und Pistenspaß

Puren Naturgenuss verspricht auch der Winter in Oy-Mittelberg. Im Angebot sind Schneeschuhwanderungen über glitzernde Schneeflächen, Skitourengehen und ein Loipennetz von vierzig Kilometern zum Skaten oder Skilanglaufen. Das herrliche Panorama und die frische Luft verstärken den positiven Einfluss des Wintersports auf Körper und Seele. Abfahrtsläufer haben die Wahl zwischen verschiedenen Skiliften: Direkt neben dem Gerhalde-Skilift in Mittelberg (Tel.: +49(0)85 66 16 00) kann man gut Rodeln. Als besonders kinderfreundlich gilt der Schlepplift in Petersthal (Tel.: +49(0)83 76 15 63). Anfänger bevorzugen die schneesicheren und sonnigen Hänge des Ellegg-Skilifts in Faistenoy (Tel.:+49(0)171 98 00 956). Die Vollmondpartys am Skilift erfreuen sich großer Beliebtheit, Abfahrten und Pisten sind teilweise beleuchtet.
Pferdeschlittenfahrten, geräumte Winterwanderwege, Gondel- und Sessellifte und nicht zuletzt viele gemütliche Einkehrmöglichkeiten mit kulinarischen Köstlichkeiten aus der Region sorgen zusätzlich für vergnügliche Stunden.

Kunst und Kultur

In den einzelnen Ortsteilen von Oy-Mittelberg wird viel und gerne gefeiert. Beliebt sind die traditionellen Heimat- und Dorfabende sowie Bauerntheater, Kurkonzerte und Alphornblasen. Die im Jahresreigen immer wiederkehrenden Märkte, wie Ostermarkt oder Weihnachtsmarkt ziehen Gäste und Einheimische gleichermaßen an. Feste Bräuche sind im Frühjahr das Maibaumaufstellen, im Herbst die Viehscheid. Mit Blasmusik und gutem Essen wird der Sommer endgültig verabschiedet - bis zum nächsten Jahr.

Wichtige Adressen und Telefonnummern

Kur- und Tourismusbüro
Im Kurhaus Oy, Wertacher Straße 11
D-87466 Oy-Mittelberg
Tel. +49 (0)8366 207
Fax +49 (0)8366 14 27
tourist@oy-mittelberg.de
www.oy-mittelberg.de

Essen und Trinken

Halbpension mit 3-Gang-Menü am Abend, am Freitag Heuwirts Schmankerlbüfett, im Sommer Grillabend mit Grillbüfett sorgen im Gasthof Hotel Rose für das leibliche Wohl.
Hotel Gasthof Rose, Dorfbrunnenstr. 10, D-87466 Oy-Mittelberg, Tel. +49 (0)8366 98 20-0, Fax +49 (0)8366 98 20-10, info@hotel-rose-allgaeu.de, www.hotel-rose-allgaeu.de

Gartenterrasse

Wenn es das Wetter zulässt, sitzt man gerne im Biergarten.
Hotel Gasthof Rose, Dorfbrunnenstr. 10, 87466 Oy-Mittelberg, Tel. +49 (0)8366 98 20-0, Fax +48 (0)8366 98 20 10, info@hotel-rose-allgaeu.de, www.hotel-rose-allgaeu.de

Rottachsee und Grünten
(Bild Kur- und Tourismusbüro Oy)

Hotel Gasthof Rose

Gastfreundschaft, die gut tut

Wer mit Freunden ein Wander- oder Skiwochenende plant oder mit der ganzen Familie gerne seine Ferien in den Bergen verbringen möchte, findet hier im Hotel Gasthof Rose wohltuende Gastfreundschaft. Die Berge vor der Haustür, alpenländische Atmosphäre in unverfälschter Originalität, Speis' und Trank, wie's Genießer und Kenner zu schätzen wissen, zuvorkommender und freundlicher Service und nette Mitarbeiter, denen es gelingt, auf die individuellen Wünsche des Gastes einzugehen – ja, so stellt man sich einen entspannenden Aufenthalt vor. Von Mai bis Oktober können im Hotel E-Bikes ausgeliehen werden, was das aktive Ferienprogramm enorm bereichert.

Wahrlich den Alltag hinter sich lassen kann man, wenn man ins Allgäu kommt, wo die Uhren noch ein bisschen langsamer gehen. Gestärkt mit einem ausgiebigen gesunden Frühstück vom Büfett lässt sich die Region entdecken, sei es bei einer Bergwanderung, einer Radtour, einem Ausflug. Jetzt hat man Zeit sich einfach nur treiben zu lassen und auf die innere Stimme zu hören. Die großzügig konzipierten Zimmer sind gemütlich ausgestattet und bieten vom Balkon aus einen traumhaften Blick in die Berge. Eine großartige Landschaft, sich verwöhnen lassen und nette Leute um sich haben – das ist Urlaub (siehe auch Mittelberg-Oy Biergarten, Essen und Trinken)!

Hotel Gasthof Rose
Dorfbrunnenstr. 10
D-87466 Oy-Mittelberg
Tel. +49 (0)8366 98200
Fax +49 (0)8366 982010
info@hotel-rose-allgaeu.de
www.hotel-rose-allgaeu.de

Hier erhalten Sie die Leistungen der Allgäu-Walser-Card (siehe Seite 26)

Rettenberg

Brauereidorf am Fuße des Grünten

Die Gemeinde Rettenberg (ca. 4250 Einwohner) liegt auf 807 m. ü. M. in einem Hochtal am Fuße des Grünten (1738 m) und ist durch seine freie Lage von der Sonne verwöhnt.

Neben dem Hauptort Rettenberg, dem südlichsten Brauereidorf Deutschlands, besteht die Gemeinde aus den Ortsteilen Kranzegg, Rottach, Untermaiselstein, Vorderburg, Wagneritz und zahlreichen Weilern.

Ein Besuch der einzelnen Dörfer lohnt sich. Kranzegg ist durch seine beliebten Brauchtumsveranstaltungen bekannt. Rottach an der Iller ist ein Paradies für Wassersportfreunde.

In der Sennerei von Untermaiselstein wird köstlicher Allgäuer Käse hergestellt. Der Kräutermarkt im Mai in Vorderburg zieht viele Besucher an. Das Bergdorf Wagneritz ist wegen seiner Beschaulichkeit bei Feriengästen sehr beliebt.

Durch die Nähe zu Immenstadt und zur B19 ergeben sich für Feriengäste zahlreiche interessante Ausflugsmöglichkeiten.

Kurzer Blick ins Geschichtsbuch

Bis 1350 waren die Herren von Rettenberg mit Stammsitz auf der Burg

Rettenberg
(Bild Gästeamt Rettenberg

Rettenberg eine der einflussreichsten Familien im Allgäu. Danach gehörte die Gemeinde zum Hochstift Augsburg. Seit der Säkularisation 1803 gehört Rettenberg zu Bayern.

Die Malerfamilie Weiß aus Rettenberg schmückte in der Barockzeit während vier Generationen zahlreiche Kirchen und Kapellen weit über die Allgäuer Grenzen hinaus mit wertvollen Gemälden.

Rettenberger Bierkönigin (Bild Gästeamt Rettenberg)

Sehenswürdigkeiten

Die katholische Pfarrkirche St. Stephan in Rettenberg ist eine bedeutende Sehenswürdigkeit. Nach einem Brand 1730 wurde sie neu errichtet und mit schönen Stuckarbeiten und Fresken sowie Gemälden der Familie Weiß prachtvoll ausgestattet.

Neben anderen Kirchen und Kapellen lohnt vor allem die Marienkapelle in Kranzegg mit dem Chorfresko „Verkündigung Mariens" von Johann Heel einen Besuch.

Außer der Burgruine Rettenberg auf dem Grat des Rottachberges finden interessierte Besucher mit der Burgruine Finkelsburg und einem Burgstall beim Weiler Emmereis noch weitere Burganlagen im Gemeindegebiet.

Freizeit und Sport

Die Gemeinde verfügt über vielfältige Freizeiteinrichtungen wie beheiztes Freibad, Minigolf, Tennisplätze und eine Wassertretanlage.

Feriengäste haben die Auswahl an ungezählten Wandermöglichkeiten von leichten Waldspaziergängen bis zur zünftigen Bergtour. Ausdauernde Wanderer wagen die vierstündige Bergtour vom Parkplatz Alpe Kammeregg auf den Grünten mit einmaligem Rundblick.Beliebt sind auch die Themen- und Erlebniswege, Infos beim Gästeamt.

Im Winter ist neben Skifahren, Rodeln und Langlauf auch eine Wanderung oder Pferdeschlittenfahrt durch die romantische Schneelandschaft sehr zu empfehlen.

Wichtige Adressen und Telefonnummern

Gästeamt Rettenberg
Bichelweg 2
D-87549 Rettenberg
Tel. +49 (0)8327 920-40
Fax +49 (0)8327 920-19
tourist-info@rettenberg.de
www.rettenberg.de

Grüntenlifte

Das größte Skigebiet auf Rettenberger Gemeindegebiet liegt in Kranzegg. Es wird erschlossen von den Grüntenliften. Durch eine Doppelsesselbahn und sieben Schlepplifte bieten die Grüntenlifte insgesamt 20 km Abfahrten (Abfahrten bis zu 4,5 km Länge) für jeden Anspruch, ob Anfänger (Übungslifte an der Mittel- und Talstation) oder Profi (Grüntenlifte Info-Nr. 08327 231; im Internet www.gruentenlifte.de).
Natürlich fühlen sich auch Snowboarder hier sehr wohl (Funpark mit Kickern, Rails, usw. an der Mittelstation). Eine vollautomatische Beschneiungsanlage bis ins Tal gewährleistet neben ausgezeichneten Pisten von November bis April Schneesicherheit. Die Mittelstation ist mit der Doppelsesselbahn auch für Fußgänger und Rodler erreichbar und bietet den „Treffpunkt“ (www.mountain-party.de) mit Pavillon, Kiosk, Sonnenterrasse und Schneebar. Gemütliche Berggasthöfe und Hütten laden ebenfalls zur Einkehr ein. Außerdem gibt es an der Talstation eine neue Schirmbar „Der Schneestern“, die sich für Skifahrer und Fußgänger zur Einkehr und zum Aprés-Ski anbietet. Wer einmal nicht auf die Piste möchte, genießt ab der Mittelstation einen herrlichen Winterwanderweg mit traumhafter Aussicht in die Berge.

Rodeln

Eine lohnende Rodelpartie bietet die Strecke vom Berggasthof Kranzegg hinunter nach Kranzegg (Länge 1,5 km/ Höhendifferenz 290 m), die am Mittwoch, Freitag und Samstag von 18 bis 23 Uhr sogar beleuchtet wird. Hinauf gelangt man entweder mit der Sesselbahn bei den Grüntenliften in Kranzegg (nur tagsüber!) oder zu Fuß. Außerdem bieten die Grüntenlifte (Mittelstation nach Kranzegg/Talstation 2,3 km Länge) Rodelabende an, an denen die beleuchtete Sesselbahn am Freitag und Samstag von 19.00 bis 22.00 Uhr in Betrieb ist. Termine und Zeiten unter 08327/231 oder www.gruentenlifte.de

Grüntenlifte
Liftweg 11, 87549 Rettenberg/Kranzegg
Tel. +49 (0)8327 231 (Info-Tel.) oder
+49 (0)8327 931013 (nur während der Betriebszeiten) Fax +49 (0)8327 93 03 45
info@gruentenlifte.de, www.gruentenlifte.de

Hier erhalten Sie die Leistungen der Allgäu-Walser-Card (siehe Seite 26)

Käse von der Käs-Buind

Ein Stück Allgäu

Die Käs-Buind in Kranzegg, ein liebevoll eingerichteter Käseladen, empfängt den Kunden mit einem reichhaltigen Sortiment an Käse sowie herzhaften Wurstwaren. Die schmackhaften Spezialitäten wie Alpbutterkäse,

Bergkäse der unterschiedlichen Reifegrade oder Backsteiner werden aus regionalen Bergsennereien bezogen. Toni und Gabi Körbe und ihre Mitarbeiter verkosten jeden Käse vom Laib, bevor er dann Eingang findet in die Käsetheke. Optimale Reife und hervorragende Qualität sind bei der Auswahl oberstes Gebot. Jede Woche ab Donnerstag wird auch die bewährte Käsemischung für Kässpatzen angeboten, das Allgäuer Nationalgericht, dem Einheimische wie Feriengäste kaum widerstehen können.
Sei es das exquisite Stück abgelagerter Bergkäs', die Wildsalami oder die Kaminwurz, herzhafter Schnitt- und Weichkäse, Landjäger und Bergspeck – für die Brotzeit daheim oder als Mitbringsel: Hier in der Käs-Buind fällt die Wahl nicht immer leicht. Auch Wanderer und Biker schätzen das reichhaltige Angebot, ehe sie ihre Tour fortsetzen, ist doch das hübsche Dorf idealer Ausgangspunkt für eine Bergtour oder willkommener Zwischenstopp im Rahmen eines Ausflugs. Langläufer finden im Winter ganz in der Nähe den Einstieg in die Loipe.
Auf Vorbestellung werden gerne auch Geschenkkörbe oder Käseplatten für Feierlichkeiten zusammengestellt.

Öffnungszeiten:
Sommer: Mo bis Fr 8-11, 16-19 Uhr, Sa 8-12 Uhr.
Winter: Mo bis Fr 8-11, 15.30-18.30, Sa 8-12 Uhr.

Käs-Buind
Sonthofener Straße 14
D-87549 Rettenberg-Kranzegg
Tel. +49 (0)8327 93 13 13

Sonthofen

Südlichste Stadt Deutschlands

Der Luftkurort Sonthofen (ca. 21.000 Einwohner) liegt in einer Höhe von 700 bis 1100 Metern zwischen den Flüssen Iller und Ostrach am Nordrand der Allgäuer Alpen.

Neben dem Stadtgebiet gehören noch zahlreiche eingemeindete Ortsteile zu Sonthofen: Altstädten, Hinang, Beilenberg, Hochweiler, Binswangen, Berghofen, Rieden, Winkel, Tiefenbach, Walten, Staig, Unterried, Breiten, Oberried, Imberg, Hofen und Margarethen.

Als beliebtes Urlaubsziel bietet Sonthofen den Gästen ein breit gefächertes Freizeit- und Kulturangebot und vielfältige Einkaufsmöglichkeiten. Gastfreundliche Unterkünfte und gemütliche Gasthäuser sorgen für zufriedene Feriengäste. In der Umgebung finden Naturliebhaber ein gut ausgebautes Wanderwegnetz mit wildromantischen Tälern, aussichtsreichen Gipfel und blühenden Alpenwiesen. 2005 wurde Sonthofen zur Alpenstadt des Jahres gewählt.

Der Verkehrsknotenpunkt Sonthofen ist nur 40 km vom Bodensee und 120 km von München entfernt. Attraktive Ausflugsziele in allen Himmelsrichtungen, vor allem Oberstdorf, das nahegelegene Tannheimer Tal und die Königsschlösser sind leicht erreichbar.

Sonthofen
(Bild Gästeamt Sonthofen)

Kurzer Blick ins Geschichtsbuch

Wie archäologische Funde belegen, lebten bereits in vorchristlicher Zeit Menschen im Gemeindegebiet. Mit der Besiedlung durch die Alamannen im 7. Jahrhundert beginnt die Ortsgeschichte. Sonthofen wurde 839 erstmals urkundlich erwähnt. Auf der Kuppe des Kalvarienberges wird eine alte Thingstätte vermutet. Im Mittelalter gehörte Sonthofen zum Hochstift Augsburg. 1429 wurde dem Ort das Marktrecht verliehen. Seit dem Reichsdeputationshauptschluss 1803 gehört Sonthofen zu Bayern. 1963 wurde dem Ort die Bezeichnung „Stadt" verliehen.

Sehenswürdigkeiten

Von den zahlreichen sehenswerten Kirchen und Kapellen ist vor allem die Katholische Pfarrkirche St. Michael in Sonthofen aus dem 15. Jahrhundert mit barocker Innenausstattung und prächtigen Dekkengemälden kunstinteressierten Besuchern zu empfehlen. Auch die Kapelle St. Leonhard in Berghofen aus dem 14. Jahrhundert mit volkstümlichen Votivtafeln und einem bedeutenden Flügelaltar ist einen Besuch wert.

Von den sehenswerten Profanbauten in Sonthofen ist vor allem die Alte Schule aus dem 15. Jahrhundert, die zeitweise als Rathaus diente, interessant. Heute ist dort die Stadtbücherei untergebracht.

Starzlachklamm
(Bild: Gästeamt Sonthofen)

Im Heimathaus Sonthofen, einem denkmalgeschützten Bauernhaus aus dem 18. Jahrhundert, können sich Besucher über die Geschichte des Ostrachtals und ihrer Bewohner anhand von Exponaten von fossilen Fundstücken, Spuren frühgeschichtlicher Besiedlung, sakraler Kunst und Gebrauchsgegenständen aus früheren Zeiten informieren. Die ganzjährig gezeigte Altmummener Krippe ist die größte Weihnachtskrippe im Oberen Allgäu.

Freizeit und Sport

Für Wanderer bietet die Umgebung von Sonthofen mit gut ausgebautem Wegenetz eine Fülle von Möglichkeiten. Vom gemütlichen Spaziergang bis zur anspruchsvollen Bergtour ist für jeden etwas dabei.

Der „Erlebnisweg Alpenstadt" verbindet den städtischen Raum mit dem Naturschutzgebiet Allgäuer Hochalpen. Auf drei unabhängig voneinander begehbaren Wegabschnitten mit beschilderten Stationen werden Wanderer über Stadtgeschichte und Tier- und Pflanzenwelt informiert und zu Ruhe und Entspannung eingeladen.

Familien mit Kindern haben viel Spaß auf dem „Musikalischen Wanderweg" mit zehn Mitmachstationen zum Hören, Erleben und Erfahren der traditionellen Musik der Region.

Radsportfreunde und Mountainbiker finden eine große Auswahl an unterschiedlichen Touren für jeden Geschmack, Fahrradverleihstationen sind im Ort vorhanden. Sonthofen war schon mehrmals Gastgeber für hochrangige internationale Radsportveranstaltungen.

Informationen über das vielfältige Sport- und Freizeitangebot wie z.B. das Freizeitbad Wonnemar sind beim Gästeamt erhältlich.

Im Winter bietet der Sonthofener Skiclub mit seinen ca. 1000 Mitgliedern eine breite Palette von sportlichen Winteraktivitäten.

Veranstaltungen

Zum abwechslungsreichen Veranstaltungsprogramm der Stadt tragen vor allem die vielfältigen Darbietungen der Sonthofener Kulturwerkstatt bei.

Das „Klausentreiben" des Klausenvereins Anfang Dezember gehört zu den wichtigsten Brauchtumsfesten im Jahreslauf.

Wichtige Adressen und Telefonnummern

Gästeamt Sonthofen
Rathausplatz 1, D-87527 Sonthofen
Tel. +49 (0)8321 61 52 91
gaesteinfo@sonthofen.de
www.sonthofen.de

Sonthofen
(Bild Gästeamt Sonthofen)

Gasthof Fluhenstein

Ein Haus mit Tradition

Im Gasthof Fluhenstein, einem Haus mit alteingesessener Tradition, erwartet den Gast ein breit gefächertes Angebot an erlesenen Gerichten. Auf der Karte stehen sowohl gediegene Hausmannskost als auch Allgäuer Spezialitäten, Steak- und Grillvariationen, bunte Salatteller und herzhafte Kleinigkeiten.

Schon beim Anblick der Portionen muss jedem das Wasser im Munde zusammenlaufen. Die Gäste schätzen es, dass alles frisch zubereitet wird, dass der Chef persönlich am Herd steht. Das Haus ist eine beliebte Adresse bei allen, die bei einem Restaurant den dörflichen Charakter lieben, gutes Essen schätzen und Wert darauf legen, freundlich und zuvorkommend bedient zu werden. In dem Restaurant stehen 70 Sitzplätze zur Verfügung, davon 30 in einem holzgetäfelten gemütlichen Nebenzimmer, wo Vereine und Gruppen gerne einmal ganz für sich zusammensitzen. Auch ein Saal mit rund 100 Plätzen bietet sich zu Firmenfeiern und privaten Festen an. Hier kommen außerdem jedes Jahr die Stücke der Fluhensteiner Theatergruppe zur Aufführung, die immer wieder ein Higlight in diesem Ortsteil darstellen!

Der Biergarten mit den alten Linden lädt im Sommer zum Verweilen ein und bietet Wanderern und Radfahrern eine erholsame Pause.

Gasthof Fluhenstein

Fluhensteinweg 22
87527 Sonthofen
ralf.waechter@hotmail.de
Tel. und Fax +49 (0) 83 21 7 80 89 09

Wertach

Höchstgelegene Marktgemeinde Deutschlands

Der staatlich anerkannte Luftkurort Wertach (ca. 2450 Einwohner) liegt am Fuße des Grünten an der Wertach, 915 Meter über dem Meeresspiegel. Der beliebte Ferienort bietet hervorragende Ausflugsmöglichkeiten in die herrliche Allgäuer Landschaft und ins Tannheimer Tal nach Österreich.

Im Jahr 955 wurde Wertach erstmals urkundlich erwähnt. Vom Mittelalter bis zum Reichsdeputationshauptschluss 1803 gehörte Wertach zum Hochstift Augsburg. 1423 bekam der Ort das Marktrecht verliehen. Seit 1818 ist Wertach selbständige Gemeinde.

Bekannteste Söhne der Gemeinde sind der Maler Franz Sales Lochbihler (1777-1854) und der Schriftsteller Winfried Georg Sebald (1944-2001).

Sehenswürdigkeiten

Von den zahlreichen Kirchen und Kapellen im Wertacher Gebiet sind vor allem die Pfarrkirche St. Ulrich und die St. Sebastianskapelle, kleine Wieskirche genannt, wegen ihrer prächtigen barocken Ausschmückung sehenswert.

Im Ort werden verschiedene interessante Führungen angeboten: in

Wertach
(Bild Sir Boris)

der Bergkäse-Sennerei, wo 1874 der berühmte Weißlacker-Käse erfunden wurde, beim Brunnenmacher, in der Allgäuer Weinkellerei (Spezialität: Blüten- und Beerenweine) und in der Hammerschmiede.

Im Heimatmuseum kann man neben handwerklichen Geräten, Waffen und Tieren eine Gemäldegalerie vom bayerischen Hofmaler Lochbihler bewundern.

Freizeit und Sport

Im Gemeindegebiet von Wertach, das zu zwei Dritteln unter Landschafts- und Naturschutz steht, lassen ca. 120 km markierte Wanderwege vom leichten Spaziergang bis zur anspruchsvollen Bergtour das Wandererherz höher schlagen.

Verschiedene Themen- und Erlebniswege wie Fischereilehrpfad, Imkerlehrpfad, Sebaldweg und Naturerlebnispfad vermitteln auf Schautafeln Wissenwertes. Ein besonders schönes Wanderziel ist das Wertacher Hörnle (1695 m), der höchste Punkt von Wertach. Das Naturdenkmal mit Alpenrosen kann von der Alpe Schnitzlertal (Mautstraße) in einem zweistündigen Rundweg erstiegen werden.

Feriengästen stehen zahlreiche Freizeiteinrichtungen zur Verfügung: Minigolf, Tennis, Reiten, Kutschfahrten, Angeln und Schwimmen. Paradiese für Kinder sind der Buron-Kinderpark und der Hallenspielplatz Allgäulino. Selbstverständlich sind in Wertach sämtliche Wintersportarten möglich für grenzenloses Schneevergnügen.

Über die zahlreichen beliebten Feste und Events informiert der Veranstaltungskalender der Tourist-Information.

Wichtige Adressen und Telefonnummern

Tourist-Information
Rathausstraße 3
D-87497 Wertach
Tel. +49 (0)8365 70 21 99
Fax +49 (0)8365 70 21 21
info@wertach.de
www.wertach.de

Freizeit und Sport

Kinderparadies (für Kinder bis 12 Jahre) und Entspannungsoase für Erwachsene ist das Allgäulino in Wertach. Der Hallenspielplatz bietet Hüpf- und Drachenburg, Karussell, Elektroautos, Kleinkinderecke und Gastronomiebereich sowie verschiedene Angebote von Airhockey bis Billard. Ideal für Geburtstagsfeiern undSchlechtwettertage. Allgäulino Wertach,Parkplatz: Alpenstr. 20,D-87497 Wertach,Tel. +49(0)8365 10 27, Fax +49(0)8365 70 39 47, info@allgaeulino.de,www.allgaeulino.de

Buron-Skilift und Kinderpark

Sommers wie winters für die ganze Familie ein attraktiver Tummelplatz für allerlei sportliche Aktivitäten.
Buron Skilift und Kinderpark, Grüntenseestr. 44, D-87497 Wertach, Tel. +49 (0)8365 70 35 36, Fax +49 (0)8365 70 35 37, info@buron-skilifte.de, www.buron-skilifte.de

Golfclub Wiggensbach

Traumhafte Bedingungen in herrlicher Naturlandschaft für Golffreunde und solche, die es werden wollen, bietet der Golfclub Wiggensbach, Hof Waldegg 3, D-87487 Wiggensbach, Tel. +49 (0)8370 930-73, Fax +49 (0)8370 930-74, info@golf-wiggensbach.com, www.golf-wiggensbach.com

Einkaufen

Handwerkliche Allgäuer Käsekunst: verschiedene leckere Bio-Käsesorten, gemacht aus frischer Allgäuer Heumilch. Großzügiger Laden mit vielen Bioprodukten aus regionaler Herstellung. Glasfenster mit Blick in Schau-Käserei, Führungen nach Voranmeldung ab ca. 15 Personen. Bio-Schaukäserei GmbH, Kempter Straße 9, 87487 Wiggensbach, Tel.: +49(0)8370 92 10 10,Fax: +49(0)8370 92 10 11, info@schaukaeserei-wiggensbach.de, www.schaukaeserei-wiggensbach.de

Essen und Trinken

Hotel Alpengasthof Hirsch

Wildgerichte von Hirsch, Gams und Reh sind beliebte Schmankerl aus der gut bürgerlichen Küche des Alpengasthofs Hirsch. Daneben gibt es Fisch und andere regionale und internationale Spezialitäten. Alles wird frisch mit Zutaten aus der Region zubereitet. Grillabende im Biergarten sind Treffpunkt für Einheimische und Gäste. Hotel Alpengasthof Hirsch, Gerda Zellner, Marktstraße 21, D-87497 Wertach, Tel.+49 (0)8365-70 20-0, Fax+49 (0)8365-70 20-30, info@hirsch-wertach.de, www.hirsch-wertach.de

Hotel Alpenhof Reuterwanne

Slow Food steht für genussvolles, bewusstes und regionales Essen. Im Restaurant des Hotels Alpenhof Reuterwanne wird jedes Gericht mit viel Liebe und wertvollen tierischen und pflanzlichen Produkten aus der Region frisch zubereitet. Schmankerl wie die Wertacher Marktgerichte“, hergestellt aus Wertacher Marktprodukten und anderen Produkten aus dem Allgäu, verlocken zum Schlemmen. Hotel Alpenhof Reuterwanne, Reuterwanne,D-87497 Wertach, Tel +49 (0)8365 338, Fax +49 (0)8365 1707, info@alpenhof-reuterwanne.com, www.alpenhof-reuterwanne.com

Übernachten

Komfortabel eingerichtete Zimmer mit Dusche, WC, Kabel-TV und großem Balkon inklusive leckerem Frühstück im familienfreundlichen Hotel Alpengasthof Hirsch in Wertach. Auf Wunsch Halbpension. Zusätzlich wenige Gehminuten vom Gasthof entfernt gemütliche Ferienwohnung für 2 bis 4 Personen zu vermieten (für Rollstuhlfahrer geeignet). Hotel Alpengasthof Hirsch, Gerda Zellner, Marktstraße 21, D-87497 Wertach, Tel. +49 (0)8365-70 20-0, Fax+49 (0)8365-70 20-30, info@hirsch-wertach.de, www.hirsch-wertach.de

Tagungen und Seminare

Wer den Kopf frei hat, lernt leichter. Auf 1200 Metern ü. M. ist die Luft sauber und frisch. Diesen Vorteil können Seminar- und Tagungsteilnehmer in der lernfördernden Atmosphäre des Hotels Alpenhof Reuterwanne für sich nutzen. In ansprechend eingerichteten Seminar- und Tagungsräumen und einem individuellen kulinarischen Service werden Veranstaltungen zum inspirierenden Erlebnis. Nicht zuletzt wegen der günstigen Pauschalpreise inklusive Übernachtungsmöglichkeit in modernen komfortabel eingerichteten Zimmern. Hotel Alpenhof Reuterwanne, Reuterwanne,D-87497 Wertach, Tel +49 (0)8365 338, Fax +49 (0)8365 17 07, info@alpenhof-reuterwanne.com, www.alpenhof-reuterwanne.com

Aussicht auf die Allgäuer Alpen
(Bild Blender)

Hotel Alpenhof Reuterwanne

Alpines Flair mit allen Sinnen genießen

Die Natur mit allen Sinnen aufnehmen, Kraft tanken und gestärkt in den Alltag zurückkehren– ein idealer Urlaub wirkt oft Wunder. Dazu gehört eine bequeme Unterkunft und gutes Essen. Das Hotel Alpenhof Reuterwanne, eines der höchstgelegensten Hotels Deutschlands, bietet Gästen kulinarische Spezialitäten mit frischen Zutaten aus der Region. „Wir legen Wert auf bewusstes Essen und bereiten alle Speisen nach Bestellung täglich frisch zu" sagt Hotel- und Küchenchef Heiko Leutenmaier, der das Hotel Alpenhof Reuterwanne in dritter Generation betreibt und im Sinne der Slow-Food-Bewegung köstliche Gerichte zaubert. Serviert wird in gemütlichen Gasträumen mit original Allgäuerischem Flair oder auf der Sonnenterrasse, wo die wundervolle Aussicht auf Berge und Täler den Genuss intensiviert. Direkt neben dem Haus lädt ein Rundwanderweg ein, die herrliche Gegend zu erkunden. Die gesundheitlichen Bedingungen auf 1200 Metern ü.M. sind hervorragend, saubere Luft sorgt für Wohlbefinden bei Ausflügen in die Umgebung. Danach gibt es nichts Schöneres, als in einem der liebevoll eingerichteten Zimmer im Hotel Alpenhof Reuterwanne auszuruhen. Jedes Zimmer verfügt über eine Dusche, WC und eigenen Balkon. Schlafen, lesen, die Seele baumeln lassen – hier, in diesem Umfeld, ist das Wesentliche spürbar. Auf Fernseher in den Zimmern wurde bewusst verzichtet, so dass sich die Gäste mit allen Sinnen rundum erholen können. Ideale Voraussetzungen für Tagungen und Seminare, für die es eigens eingerichtete Seminarräume gibt. Viel Holz sorgt für ein gutes Klima, Rauchen ist ausschließlich im Freien erlaubt. Haustiere sind, nach Absprache, erlaubt. Willkommen und gute Zeit im Allgäu!

Hotel Alpenhof Reuterwanne
Alpenhof Reuterwanne 1
D-87497 Wertach
Tel. +49 (0)8365 338
Fax +49 (0)8365 17 07
info@alpenhof-reuterwanne.com
www.alpenhof-reuterwanne.com

Hier erhalten Sie die Leistungen der Allgäu-Walser-Card (siehe Seite 26)

Hotel Alpengasthof Hirsch

Willkommen im wilden Allgäuer Herzen

Inmitten des idyllischen Luftkurortes Wertach werden Gäste im familiengeführten Hotel Alpengasthof Hirsch ausgesprochen herzlich empfangen. Für Wirtin Gerda Zellner ist Gastfreundschaft mehr als nur ein Wort. Mit Kompetenz und Allgäuer Charme tragen sie und ihr freundliches Team zu einem gelungenen Aufenthalt in Wertach bei. Zentral und dennoch ruhig gelegen ist das Hotel Alpengasthof Hirsch einerseits idealer Ausgangspunkt für Wanderungen und Ausflüge in die herrliche Umgebung, andererseits selbst beliebtes Ziel für Feinschmecker und Genießer. Neben gut bürgerlichen Speisen und Fischgerichten stehen vor allem Wildspezialitäten wie Hirsch, Reh und Gams auf der stets wechselnden Tageskarte. Alles wird liebevoll mit frischen Zutaten aus der Region zubereitet und in den gemütlichen Gaststuben serviert. Zum Kaffee gibt es leckeren Kuchen. Im Sommer treffen sich Urlauber und Einheimische gerne im Biergarten zum Schlemmen, im Winter lockt die heimelige Kaminstube mit Kachelofenwärme. Entspannung bieten auch die zehn komfortabel eingerichteten Nichtraucher-Hotelzimmer, die alle mit Dusche, WC, Kabel-TV und großem Balkon ausgestattet sind. Für eine 4-köpfige Familie eignet sich besonders die nahe gelegene Ferienwohnung, die auch für Rollstuhlfahrer geeignet ist. Ideale Ferienunterkünfte und gute Küche bei Gastgebern mit viel Herz für ihre Gäste – das Hotel Alpengasthof Hirsch ist ein Stück Heimat in der Ferne! Und ein schöner Ort für Familienfeste, Betriebsausflüge und Tagungen.

Hotel Alpengasthof Hirsch

Gerda Zellner, Marktstraße 21
D-87497 Wertach
Tel. +49 (0)8365 70 20-0
Fax +49 (0)8365 70 20-30
info@hirsch-wertach.de
www.hirsch-wertach.de

Hier erhalten Sie die Leistungen der Allgäu-Walser-Card (siehe Seite 26)

Allgäulino Wertach

Spiel und Spaß für Groß und Klein

Selbst wenn es regnet oder schneit – das Allgäulino in Wertach sorgt bei jedem Wetter für gute Laune. Kinder lieben den Hallenspielplatz, in dem sie nach Herzenslust spielen und toben dürfen. Wer hüpft am höchsten in der bunten Hüpfburg? Mit leuchtenden Augen und voller Vergnügen bringen Kinder Trampoline zum Schwingen und lassen ihre Beine hoch in die Luft fliegen. Ein weiterer Anziehungspunkt ist die zehn Meter hohe Drachenburg mit Rutschen, Luftkanonen und Bällchenbad. Auch ein Karussell, Elektroautos und eine Kleinkinderecke für die jüngsten Besucher gehören zum Inventar der ehemaligen Tennishalle. Spielerisch üben Kinder natürliche Bewegungsabläufe wie Klettern oder Hangeln und erleben sich dabei als Teil einer Gemeinschaft. Vom Gastronomiebereich aus haben Eltern ihre Kinder im Blick. „Ich trinke hier gerne gemütlich einen Kaffee und unterhalte mich mit anderen Eltern" sagt eine entspannt wirkende Frau. Ihre Tischnachbarin gerät ins Schwärmen: „Das Schönste für mich ist, dass ich heute nicht kochen muss. Das Essen im Allgäulino schmeckt einfach lecker." Kaum ausgesprochen, sind die Kinder da, essen kurz ewas und sind schon wieder unterwegs zum nächsten Abenteuer. Soviel Spielfreude steckt an: Vom Airhockey bis zum Billard wird auch Erwachsenen einiges geboten.

Öffnungszeiten:
Tägl. 14:00 bis 19:00 Uhr; Samstag, Sonntag, Feiertag und während der bayerischen Ferien: 10:00 bis 19:00 Uhr.

Allgäulino Wertach

Parkplatz: Alpenstr. 20
D-87497 Wertach
Tel. +49 (0)8365 10 27
Fax +49 (0)8365 70 39 47
info@allgaeulino.de
www.allgaeulino.de

Buron-Skilift und Kinderpark

Sommer und Winter Familienspaß

Wer von Wertach auf der Nebenstraße nach Nesselwang fährt, erreicht nach wenigen Kilometern eine Freizeitanlage, die sommers wie winters für die ganze Familie ein attraktiver Tummelplatz für sportliche Aktivitäten ist.
Der längste Schlepplift des Allgäus (1650 m) bringt den Wintersportler bequem zur Mittelstation. Vor allem Kinder und Neueinsteiger starten hier zum anfängergerechten Pistenspaß. Der anspruchsvolle Skifahrer lässt sich mit dem ca. 950 m langen Schlepplift noch weiter in die obere Sektion bringen, wo steile Abfahrten die sportliche Herausforderung bieten.

Für Familien mit Kindern ist der Buron-Kinderpark ein lohnendes Sommer-Ausflugsziel im Allgäu. Zahlreiche kostenlose Spielgeräte, z. B. Hüpfburgen, Wasserspielplatz, Kindertraktoren, Trampoline, Rutschen, XXL-Outdoor-Brettspiel, Fred-Feuerstein-Wagen und Torwandschießen sorgen für Kurzweil bei den Kleinen. Der Kinderpark befindet sich direkt am großen sonnigen Biergarten des Buron-Stadls, in dem man bei Kaffee und Kuchen oder einer Brotzeit die Kinder stets im Blick hat. Besondere Attraktionen sind die 70-m-Riesenrutsche, die 300-m-Tubing-Bahn (mit Steilkurven und Jumps), die Kletterwiese mit 22 Stationen zum Klettern und Balancieren und einer Seilbahn sowie die neue Cross-Kart-Strecke inkl. Cross-Kart-Verleih (diese 4 Attraktionen sind kostenpflichtig, alle anderen sind frei).

Buron Skilift und Kinderpark

Tel. +49 (0)8365 70 35 36
Fax +49 (0)8365 70 35 37
info@buron-skilifte.de
www.buron-skilifte.de
Grüntenseestr. 44
D-87497 Wertach

Hier erhalten Sie die Leistungen der Allgäu-Walser-Card (siehe Seite 26)

Wiggensbach

Liebenswerter Erholungsort nahe Kempten

Der Markt Wiggensbach (4830 Einwohner) 8 km westlich von Kempten besteht aus den Ortsteilen Wiggensbach, Ermengerst, Westenried und zahlreichen Weilern. Der anerkannte Erholungsort in einer Höhe von 780 – 1077 Metern liegt zwischen Wäldern, Hügeln und saftigen Wiesen mit Ausblick auf die Alpenkette. Abseits des Touristenrummels können Wander- und Naturfreunde einen erholsamen Urlaub genießen. Gemütliche Unterkünfte, gepflegte Gastronomie und vielfältige Freizeitmöglichkeiten sorgen für zufriedene Feriengäste. Dank der günstigen Verkehrslage sind die attraktiven Ausflugsziele in der Umgebung wie Füssen, Oberstdorf und Bodensee in einer Stunde erreichbar.

Kurzer Blick ins Geschichtsbuch

Archäologische Funde haben Siedlungsspuren aus dem 3. Jahrhundert im Gemeindegebiet nachgewiesen. Der Ortsteil Ermengerst wurde bereits 1037 urkundlich erwähnt. Der Name Wiggensbach erscheint erstmals im Jahre 1182 in der Isnyer Klosterchronik. Ab 1508 gehörte die Gemeinde zum Fürststift Kempten,nach dem Reichsdeputationshauptschluss von 1803 zu Bayern.

Sehenswürdigkeiten

Der Wiggensbacher Schatz(Münzen und Schmuck), der 1888 zufällig entdeckt wurde, ist im Zumsteinhaus in Kempten zu besichtigen.

Die Hügellandschaft zwischen Kempten und Isny war ein beliebtes Gebiet zur Erbauung von Burgen, von denen keine erhalten geblieben ist. Nur die Standorte von fünf sogenannten Burgställen auf Hügeln sind nachgewiesen.

Die Pfarrkirche St. Pankratius in Wiggensbach aus dem späten Mittelalter

Wiggensbach
(Bild Heinz Schwarz)

wurde nach einem Brand Ende des 18. Jahrhunderts im Rokokostil restauriert und weist einen prächtig gestalteten Innenraum mit Fresken und Stuckmarmoraltären auf.

Ebenfalls sehr sehenswert ist die Filialkirche St. Johannes der Täufer in Ermengerst aus dem späten 15. Jahrhundert. Der Innenraum wurde Ende des 17. Jahrhunderts mit Altären, Kanzel und Gestühl im Stil des Frühbarocks ausgestattet.

Bei einem Rundgang durch den Ort fallen etliche gut erhaltene, schmucke Gebäude auf, wie z. B. der Gasthof „Zum Goldenen Kreuz“ aus dem späten 17. Jahrhundert.

Freizeit und Sport

73 km Wanderwege im Gemeindegebiet laden zu genussvollen Wanderungen in der herrlichen Natur ein, z.B. auf den Hausberg „Blender“ mit prachtvollem Blick auf das Alpenpanorama. Auch Radwanderer kommen in der hügeligen Landschaft auf ihre Kosten.

Ob Ballonfahrten, Erlebnis-Bauernhof, Frei- und Hallenbad, Töpferhof, Abenteuerspielplatz oder Deutschlands höchstgelegener Golfplatz, Wiggensbach hat zahlreiche Freizeitangebote.

Winterwanderer und Langläufer genießen die herrliche Schneelandschaft auf gespurten Loipen und Wegen.

Marktplatz

Veranstaltungen

Tradition und Brauchtum wird von aktiven Vereinen in Wiggensbach gepflegt. Beliebte Veranstaltungen wie Faschingsbälle, Bockbierfeste, Ostertheater, Maibaumaufstellen, Dorffeste, Bergmessen und Volksmusikkonzerte sorgen im Jahreslauf für unterhaltsame Abwechslung.

Wichtige Adressen und Telefonnummern

Amt für Kultur und Tourismus
Kempter Straße 3
D-87487 Wiggensbach
Tel. +49 (0)8370 84 35
Fax +49 (0)8370 3 79
info@wiggensbach.de
www.markt-wiggensbach.de

Bio-Schaukäserei GmbH

Käsekunst aus Allgäuer Heumilch

Auf Allgäuer Wiesen wachsen saftiges Gras und gesunde Kräuter. Das macht Kühe glücklich – und Menschen ebenso. In der Bio-Schaukäserei GmbH am Ortsrand von Wiggensbach werden aus guter Allgäuer Heumilch verschiedene Käsesorten hergestellt, wie Bärlauchkäse, Bockshornkäse, Wiesenkäse oder andere Käseköstlichkeiten. Interessierten Kunden wird durch ein Glasfenster im Inneren des großzügigen Ladengeschäftes ein Blick hinter die Kulissen des Käsehandwerks gewährt (Führungen nach Voranmeldung ab 15 Personen). Hinter der Ladentheke stehen freundliche Fachverkäuferinnen und geben auf Wunsch Tipps für die Zubereitung von leckeren Käsegerichten: Schon mal Zwiebelsuppe mit Bierkäse überbacken versucht? Käsefondue schmeckt besonders gut mit dem „Allgäuer Urig", einer würzig-nussigen Käsevariante. Zu Chicorée und Schinken passt hervorragend der aromatisch-leichte, mit Wein aus kontrolliert biologischem Anbau verfeinerte Weinkäse. Die Spezialitäten aus der Bio-Schaukäserei GmbH Wiggensbach sind einfach ein Stück Lebensqualität. Dazu passend gibt es zum handgemachten Käse zusätzlich noch andere Bioprodukte zu kaufen, vorwiegend aus regionaler Produktion. Die große Auswahl freut alle gesundheitsbewussten Kunden, die gerne in heimeliger Atmosphäre einkaufen und den Wert ökologisch hergestellter Lebensmittel sowie glücklicher Kühe zu schätzen wissen.

Öffnungszeiten: Montag bis Freitag 9:00 bis 13:00 Uhr und 15:00 bis 18:00 Uhr, Samstag 9:00 bis 13:00 Uhr.

Bio-Schaukäserei GmbH
Kempter Str. 9
87487 Wiggensbach
Tel. +49 (0)8370 92 10 10
Fax +49 (0)8370 92 10 11
info@schaukaeserei-wiggensbach.de
www.schaukaeserei-wiggensbach.de

Golfclub Wiggensbach

Deutschlands höchstgelegener Golfplatz

Golfliebhaber, die im Allgäu Urlaub machen, haben es gut. Sie können im Golfclub Wiggensbach e.V. auf einem der schönsten Golfplätze im Allgäu ihren Sport ausüben. Markenzeichen dieser außergewöhnlich schönen Anlage mit dem höchsten Abschlag auf 1011m ist die herrliche Aussicht auf das beeindruckende 200 km Bergpanorama von den Schweizer bis zu den Berchtesgadener Alpen. Golfen inmitten der intakten Allgäuer Naturlandschaft ist der reine Genuss. Zahlreiche Ruhebänke laden bei einer Platzrunde auf dem vielfältigen Gelände immer wieder zum Verweilen ein. In der Mannigfaltigkeit der Pflanzenbestände mit Fichten- und Laubmischwäldern finden viele heimische Tier- und Vogelarten ihre Heimat. Neben Singvögeln und Spechten sind auch Eulen, sowie Greifvögel wie Bussard und Habicht vorzufinden. Die abwechslungsreiche 27-Loch Anlage besteht aus drei 9-Loch-Kursen, die sich harmonisch in die Landschaft einfügen. Bei der Namensgebung der Kurse Panorama-, Illertal- und Zugspitzkurs stand die jeweilige Aussicht Pate. Die Kurse bieten neben herrlichen Ausblicken viel Abwechslung und vollkommene Ablenkung vom Alltag in einer einzigartigen Ruhe. Der Golfclub ist seit 2002 offizieller Trainingsstützpunkt des Bayerischen Golfverbandes und veranstaltet zahlreiche Turnierevents für Mitglieder und Gäste. Für Interessierte und Beginner bietet die Golfakademie seit vielen Jahren ein äußerst attraktives und hochwertiges Kursprogramm. In einem umfangreichen Schnupperkurs zeigen qualifizierte Trainer gerne die ersten Schritte zum Golfspiel oder begleiten die Teilnehmer zur Platzreife. Für Verbesserungen des Handicaps ist der Club mit Launch Monitor, Videoanalyse-System und Schläger-Fitting-Systemen namhafter Schlägerhersteller bestens ausgestattet. Informationen über das Kursprogramm findet man auf der Homepage des Golfclubs.

Golfclub Wiggensbach e.V.

Hof Waldegg 3
D-87487 Wiggensbach
Tel. +49 (0)8370 930-73
Fax +49 (0)8370 930-74
info@golf-wiggensbach.com
www.golf-wiggensbach.com

Wildpoldsried

Das Energiedorf

Aufgrund der vielen Windräder sieht man die Gemeinde Wildpoldsried (2570 Einwohner) im Leubasbecken zwischen Kempten und Marktoberdorf schon von Weitem. Der Ort mit seinen Weilern Einöde, Ellenberg, Eufnach, Frohnschwenden, Hutoi, Obereiberg, Meggenried, Trampoi, Trogoi und Unteregg ist als „Energiedorf" weit über die Grenzen Deutschlands hinaus bekannt. Die vom ökologischen Bewusstsein geprägte Gemeinde mit gut ausgebauter Infrastruktur, regem Vereinsleben und landschaftlich schöner Umgebung bietet erholsamen Urlaub abseits der großen Touristenströme in gemütlichen Ferienwohnungen, auf dem Bauernhof oder im Ökologischen Bildungszentrum für „Energietouristen" an.

Die Verkehrsanbindung durch die nahe gelegene Ausfahrt der B12 von Kempten nach Kaufbeuren sorgt für gute Ausflugsmöglichkeiten zu den attraktiven Zielen in der prachtvollen Allgäuer Voralpenlandschaft.

Kurzer Blick ins Geschichtsbuch

Erstmals urkundlich erwähnt wurde Wildpoldsried 1392. Bis 1803 ge-

Wildpoldsried
(Bilder Gemeinde Wildpoldsried)

hörte die Gemeinde zum Fürststift Kempten. Seit dem Reichsdeputationshauptschluss und der Säkularisation 1803 gehört der Ort zu Bayern. Mit der Verwaltungsreform 1818 entstand die heutige Gemeinde.

Sehenswürdigkeiten

Ein Besuch im Dorfmuseum lohnt sich. Dort wird das frühere Alltags- und Arbeitsleben anhand verschiedener ausgestellter Gegenstände anschaulich präsentiert.
Öffnungszeiten auf Anfrage bei Sabine Schuster, Tel. +49 (0)8304 2233 002.

Die mittelalterliche Burgruine Wolkenberg im nahegelegenen Kempter Wald wurde Ende des 20. Jahrhunderts freigelegt und gesichert.

Freizeit und Sport

Die Gemeinde liegt nahe am ausgedehnten Wandergebiet des Kempter Waldes.

Empfehlenswert ist der einstündige Themenweg „WiWaLaMoor" durch die „Wildpoldsrieder Wasser-Landschaft im Moor" mit interessanten Informationstafeln oder eine Wanderung zu den Windrädern – dem bayerischen Windstützpunkt.

Im Winter sorgen mehrere präparierte Loipen für Klassischen und Freien Laufstil durch die herrliche Schneelandschaft für ungetrübtes Langlaufvergnügen.

Wichtige Adressen und Telefonnummern

Gemeinde Wildpoldsried
Kemptener Str. 2
D-87499 Wildpoldsried
Tel. +49 (0)8304 92 05-0
Fax +49 (0)8304 92 05-20
gemeinde@wildpoldsried.de
www.wildpoldsried.de

Alpdorf Balderschwang

Romantische Bergidylle im Naturpark

Das kleine Gebirgsdorf Balderschwang liegt unweit der Grenze zum Bregenzer Wald in Vorarlberg. Sobald man über die Riedbergpasshöhe kommt, taucht man in eine andere, ruhigere Welt ab, umgeben vom Naturpark Nagelfluhkette.

Freizeit und Sport

Weil höchst gelegene Gemeinde und offiziell schneereichstes Dorf in Deutschland, wird der familiäre Wintersportort auch liebevoll „Bayerisch Sibirien“ genannt und wartet mit zwei Sesselbahnen, neun Schleppliften und 30 Kilometern Skipiste auf. Snowtubing, Skikindergarten ab dem Krabbelalter und eine Rennstrecke für jedermann sorgen für Spaß und Abwechslung. Die unberührte Winterwelt eignet sich perfekt für geführte Schneeschuhtouren, Winterwanderungen oder romantische Pferdeschlittenfahrten. Seine sommerliche Attraktivität hat das 240-Seelendorf vor allem der Höhenlage auf 1.044 Metern zu verdanken: Das Hochtal ist nahezu nebelfrei und lässt selbst Allergiker frei atmen. Ungetrübte Sonnentage verbringt man auf den gesicherten Bergwegen durch den Naturpark Nagelfluhkette und auf den Terrassen der bewirtschafteten Alphütten. Uralter Baumbestand wie eine mehr als 2000 Jahre alte Eibe, romantische Bergbäche und weite Gipfelblicke zeugen von intakter Natur.

Volkstümliche Bräuche

Das Bergdorf hat sich seine Echtheit bewahrt: Auf sieben Sennalpen wird Bergkäse produziert. Brauchtum kann man bei Viehscheid, an Heimatabenden und „Kirbe“ (Kirchweihfest) erleben.

Übernachten

Heile Welt trifft auf Urlaubskomfort: Vom Urlaub auf dem Bauernhof bis zum Vier-Sterne-Alpin-Resort reicht die Auswahl an Unterkünften.

Wichtige Adressen und Telefonnummern

Tourismus Hörnerdörfer GmbH
Geschäftsstelle Balderschwang
Am Anger 15, 87538 Fischen i. Allgäu
Tel. +49 (0)8328 10 56
Fax +49 (0)8328 265
info@hoernerdoerfer.de
www.hoernerdoerfer.de

Hotel-Pension Anita

Einfach zum Wohlfühlen

Ein Urlaub in Deutschlands höchstgelegener Gemeinde Balderschwang lohnt sich zu jeder Jahreszeit. Im allergiefreien Hochtal zwischen Riedbergpass und Bregenzerwald können Feriengäste unbeschwerte Sonnentage genießen. Das familiär geführte, gastfreundliche Hotel-Pension Anita mit 26 Betten in Balderschwang ist das ideale Domizil für einen Wohlfühlurlaub. In den liebevoll gestalteten Räumen verbindet sich Allgäuer Tradition mit gepflegter Atmosphäre und Gemütlichkeit. Die geschmackvoll eingerichteten neun Gästezimmer und vier Apartments sind mit Dusche/WC, SAT-TV, Telefon und Balkon ausgestattet.
Im Winter können die Gäste Halbpension (Frühstück und Abendessen) vom Büffet buchen. Gestärkt durch ein ausgiebiges Frühstück sind den Freizeitaktivitäten keine Grenzen gesetzt. Im Sommer sorgen 60 km markierte Wanderwege und ein Nordic-Walking Park für herrliche Naturerlebnisse auf den Almen und im Naturpark Nagelfluhkette. Das schneereiche Balderschwang ist ein Paradies für Wintersportler. Zwei Sesselbahnen und neun Schlepplifte führen zu den Skigebieten mit 30 km präparierten Pisten. Langläufer kommen auf 40 km gebahnten Loipen voll auf ihre Kosten. Die verkehrsgünstige Lage bietet interessante Ausflugsmöglichkeiten zum Bodensee und zu den Allgäuer Zielen.
Nach einem aktivenTag entspannen sich die Feriengäste im Wellnessbereich des Hotels. In der finnischen Sauna für bis zu 6 Personen, den Duschen mit Wellnessbrausen, der Farblichtkabine mit Entspannungsmusik und dem Ruheraum mit Relaxliegen und gemütlichem Kamin findet man Ruhe und Erholung. Ayurveda und Hot-Stone Massagen nach Absprache. Am Abend trifft man sich in der Stadel-Bar zum geselligen Beisammensein. Herzlich willkommen.

Hotel Pension Anita
Jutta und Christoph Aschemeier
Geschwend 27, D-87538 Balderschwang
Tel. +49 (0)83 28 92 30
Fax +49 (0)83 28 92 40 94
info@pensionanita.de
www.pensionanita.de

Hier erhalten Sie die Leistungen der Allgäu-Walser-Card (siehe Seite 26)

Bergdorf Bolsterlang

Genießen und erleben vom Berg bis ins Dorf

Wie in einem Bilderbuch liegt die Naturparkgemeinde Bolsterlang am Fuß der Hörnerkette, auf einem 21 km2 weiten Sonnenplateau über dem Illertal, umrahmt von der Naturkulisse der Allgäuer Alpen. Familiäre, herzliche Gastgeber heißen Urlauber in dem idyllischen Bergdorf willkommen.

Es sind die vermeintlich kleinen Dinge, die den Ort ausmachen und für Gäste besonders wertvoll sind: der Duft einer frisch gemähten Bergwiese, die Gemütlichkeit der Allgäuer Kühe, das Bimmeln der Weidschellen. An anderen Orten ist es die Stille, die man buchstäblich hört. Überall ist man in Kontakt mit der Natur. Wer einmal ein herzhaftes Stück Bergkäse direkt von der Sennalpe probiert hat, weiß auch, wie sie schmeckt.

Freizeit und Sport

Mit der Hörnerbahn dem Ruf der Berge auf die Gipfel folgend, erleben Wanderer Schritt für Schritt ein Stückchen Gipfelglück auf dem Hörner-Panoramaweg in Richtung Ofterschwanger Horn. Oder im Winter auf dem präparierten Höhenweg zum Berghof Schwaben bei klarer Bergluft und einer traumhaft verschneiten Landschaft. Der Winter lädt zum Skifahren, Snowboarden, Langlaufen, Schneeschuh- und Winterwandern ein. Dank Hörnerbahn gelangen Urlauber in das abwechslungsreiche

Skigebiet am Bolsterlanger Horn, das idealerweise mit dem Übungsgelände des Dorfliftes verbunden ist.

Volkstümliche Bräuche/ Veranstaltungen

Ob Viehscheid, Sommerfest der Trachtler oder Bergmesse, in Bolsterlang lebt das Brauchtum der Berge in Reinform.

Wichtige Adressen und Telefonnummern

Tourismus Hörnerdörfer GmbH
Geschäftsstelle Bolsterlang
Am Anger 15
87538 Fischen i. Allgäu
Tel. +49 (0)8326 83 14
Fax +49 (0)8326 94 06
info@hoernerdoerfer.de
www.hoernerdoerfer.de

Sennalpe Ornach

Immer einen Ausflug wert

Die Sennalpe Ornach, direkt unter der Mittelstation der Hörnerbahn Bolsterlang, ist mit der Gondelbahn bequem erreichbar. Für alle, die jedoch beim Bergwandern intensiv die Natur genießen wollen, führt ein herrlicher Wanderweg in ca. 50 Min. von der Talstation über das Sonderdorfer Kreuz hinauf zur Alpe, wo die Mühen des Anstiegs mit einer zünftigen Brotzeit belohnt werden. Auf der Karte stehen Allgäuer Bergkäse, Schinken und Speck vom eigenen Alpschwein, Kaffee und hausgemachte Kuchen sowie sonstige Produkte, garantiert aus der Region.

Frische Milch, Buttermilch, Trinkjoghurt, Bier und Erfrischungsgetränke sind beliebte Durstlöscher.

Der Begriff „Sennalpe" bedeutet, dass auf der Alpe nur Milchkühe weiden (normalerweise nur Jungvieh). Auf der Sennalpe Ornach werden täglich ca. 600 l Milch zu Bergkäse, Schnittkäse, Kräuterkäse, Romadur, Butter und Joghurt verarbeitet. Dieser Allgäuer Sennalpbergkäse wurde bereits mehrfach prämiert, zuletzt bekam er die Goldmedaille bei der Käseolympiade 2012. Jeder Wanderer und Mountainbiker kann sich bei einer gemütlichen Einkehr selbst von der Spitzenqualität der Produkte überzeugen.

Öffnungszeiten: Täglich von Mitte Mai bis Anfang Oktober, kein Ruhetag; während dieser Zeit sind die Produkte der Sennalpe jeden Freitag von 18.30 bis 20.00 Uhr auch an der Alten Sennerei in Bolsterlang, Bolgenstr. 10 erhältlich.

Sennalpe Ornach

Fam. Marion und Mathias Martin
Goldbachweg 38, D-87538 Bolsterlang
Tel. +49 (0)8326 386 80 45
Mobil +49 (0)160 783 53 80
mathiasmartin.urgs@web.de

Hörnerbahn Bolsterlang

Möglichst wenig Wartezeit

Was erwarten Gruppen und einzelne Urlauber außer technischer Sicherheit und einem freundlichem Service von „ihrer" Bergbahn? Alle erwarten genau das, was hier bei der Bolsterlang Hörnerbahn auch während der Hochsaison ganz selbstverständlich ist: die minimalen Wartezeiten, ermöglicht durch eine täglich fahrende 6er-Gondelbahn mit 2 Sektionen und durch eine Doppelsessel-Bahn sowie die 3 Schlepplifte.

Sanft geneigt bis super steil

Das Skigebiet bietet 17 Kilometer lange Abfahrten. Damit vom Anfänger bis zum Profi jeder seinen Spaß und die passende Herausforderung hat, gibt es Schwierigkeitsgrade auf den bestens präparierten Pisten von sanft geneigt bis super steil. Schon weit vor dem Abheben auf Traumpisten (von 900 bis 1700 Meter) kann ein ganz dem Wintersportvergnügen dienender Tag so komfortabel beginnen, wie sich das jeder wünscht. Zwischen den Talstationen Bolsterlang und Ofterschwang verkehrt von 11 bis 16 Uhr ab Ofterschwang zur vollen Stunde und ab Bolsterlang sogar zu halben Stunde ein kostenloser Pendelbus. Die Busse bringen die Urlauber in sieben 7 Minuten schnell und sicher in das jeweilig andere Gebiet für Skiläufer, Snowboarder und Tourengeher!

Klug für die Zukunft präpariert

Die zukunftsorientierte „Bolsterlanger Ski-Schwebelift-Interessengemeinschaft" – so hieß das damals – hatte bereits ab 1949 eine der ersten Ganzstahl-Sessselbahnen im Allgäu gebaut. Die Idee zur Erschließung der Hörnergruppe kursierte aber unter den klugen Leuten von Bolsterlang schon um 1900.

Hier erhalten Sie die Leistungen der Allgäu-Walser-Card (siehe Seite 26)

Kostenlos Parken an der Talstation

Das Skigebiet Bolsterlang im bayrischen Allgäu erreicht man am besten über die A7. Die Autobahn verlässt man an der Ausfahrt Oberstdorf und fährt dann auf der B19 bis nach Fischen im Allgäu. Ab Fischen folgt man der Beschilderung nach Bolsterlang. In Bolsterlang stehen den Wintersportgästen an der Talstation des Dorf-Lifts sowie an der Talstation der Hörnerbahn kostenlose Parkplätze zur Verfügung.

Skifahren, Rodeln oder Wandern?

Viele, die hierher kommen, sind gar nicht an rasanten Abfahrten interessiert, sondern nehmen die Hörnerbahn-Bergstation zum Ausgangspunkt ihres Winterwanderwegs. Weil die jeden Naturfreund einladende Strecke insgesamt stolze 7 Kilometer lang ist, befindet man sich auf einem eindrucksvollen Höhen-Winterwanderweg im Allgäu. Der gespurte Weg verläuft auf zirka 1500 Meter Höhe durch die Berglandschaft. Auf der Strecke (2,5 bis 3 Stunden) gibt es eine Einkehrmöglichkeit und Ruhebänke.

Moderne 6er Kleinkabinenbahn

Im Sommer erschließt sich dem Gast ein abwechslungsreiches Wandergebiet mit urigen Hütten und den Käsereien auf den Etappen. Die Hörnertouren mit ihren Panorama-Höhenwegen hoch über dem Illertal gehören zu den schönsten Bergerlebnissen im Allgäu. Die moderne 6er-Kleinkabinenbahn Hörnerbahn ermöglicht es auch Familien und Senioren diese unvergessliche Aussicht zu erleben. Mit den gut belüfteten Panoramagondeln der Hörnerbahn schwebt der Gast bequem von 940 hinauf auf 1540 Meter. Allein schon der grandiose Blick auf die Allgäuer und Lechtaler Alpen lohnt die Fahrt. Die interessantesten Touren, darunter der neue interaktive Kunst- und Besinnungsweg aufs Bolsterlanger Horn, kann man nicht an einer Hand abzählen. Empfehlenswerter Ausgangspunkt: der Sonnenplatz Horngrat.Die Hörnerbahn (58 6er-Gondeln) kann stündlich bis zu 1400 Personen befördern, so dass es keine Wartezeiten gibt.

Tipp: Im Sommer wird täglich ab 14 Uhr eine günstige Berg- und Talfahrt inklusive Kaffee und Kuchen angeboten.

Wichtig zu wissen: Die beiden Bergbahnen Hörnerbahn und der Weltcup-Express in Ofterschwang bieten ein Verbund-Ticket an. Im Sommer: Ermässigungen für Kinder.

Hörnerbahn

87538 Bolsterlang
Telefon 08326 9091
Fax 08326 9092
info@hoernerbahn.de
www.hoernerbahn.de

Naturdorf Fischen

Gesund und erholsam im Naturtal

Fischen mit seinen sieben schmucken Weilern ist ein Urlaubsort wie aus dem Bilderbuch, malerisch im wiesengrünen Illertal gelegen, mit schöner Aussicht auf die Allgäuer Bergriesen und die Hörnerkette. Mit seiner frischen Bergluft und dem kristallklaren Alpenwasser im und um das Dorf zählt Fischen zu den deutschlandweit 15 heilklimatischen Kurorten der „Premium Class". Direkt am Ortsrand beginnen Blumenwiesen, ein Gebirgsfluss und kleine Bergbäche rauschen vorbei.

Freizeit und Sport

Romantische Genusswege führen durch die nahen Auwälder und sonnigen Hügelplateaus. Im naturnahen Kurgarten sprießen heimische Bergkräuter, Führungen geben Einblick in die Naturapotheke der Bergbauern. Rundum schweift der Blick über das Bergpanorama mit dem markanten Rubihorn. Zum Flanieren empfiehlt sich ein gut sortierter Einzelhandel.

Im Winter ist Fischen der ideale Ausgangspunkt für Langläufer und Winterwanderer. Das Fischinger Loipennetz, ohne steile Abfahrten, eignet sich bestens für Genießer. Skifahren ist auch möglich - direkt vor der Haustür im kinderfreundlichen Skigebiet mit zwei Schleppliften, Kinderlift, Zauberteppich und Rodelbahn. Beliebter Treffpunkt zum Schlittschuhlaufen ist der Natureisplatz im Ortsteil Fischen-Au. Pferdeschlittenfahrten durch die beschauliche Winterwelt lassen alle Romantikerherzen höher schlagen.

Volkstümliche Bräuche/ Veranstaltungen

Im Fischinger Kurhaus „Fiskina" haben Brauchtum und die schönen Künste ihre Bühne. Jahr für Jahr findet im September der große Käse- und Bauernmarkt statt. Neben Allgäuer Spezialitäten entdeckt man auch altes Handwerk wie das Edelweißsticken oder Kräuterbuschbinden.

Wichtige Adressen und Telefonnummern

Tourismus Hörnerdörfer GmbH
Geschäftsstelle Fischen
Am Anger 15
87538 Fischen i. Allgäu
Tel. +49 (0)8326 36 46 0
Fax +49 (0)8326 36 46 56
info@hoernerdoerfer.de
www.hoernerdoerfer.de

Heimatdorf Obermaiselstein

Allgäuer Traditionen und ein Herz für Kinder

Das Bergdorf Obermaiselstein regt große und kleine Naturfans zum Forschen und Entdecken an, vom Alpenwildpark bis zur tiefsten Spalthöhle des Allgäus, der Sturmannshöhle. Das traditionsreiche Dorf liegt oberhalb von Fischen auf einem sonnigen Hochplateau über dem Illertal. Ein Großteil des Gemeindegebiets ist Teil des Naturparks Nagelfluhkette.

Freizeit und Sport

Kuhschellengeläut begleitet Wanderer auf dem zertifizierten Premiumwanderweg zum Hausberg Besler. Ein kostenloser Wanderbus fährt Ausflügler zum Ausgangspunkt der Tour. Zahlreiche Berghütten laden zur Einkehr ein, auf den Sennalpen wird bis heute Bergkäse hergestellt.

Im Winter fährt der Schneebus kostenlos ins Skigebiet Grasgehren, schneereicher Austragungsort für FIS-Ski- und Boardercross-Rennen, mit Funpark und permanenter Cross-Strecke. Raus aus dem Alltag und Abschalten, den Blick schärfen für das Wesentliche im Leben - auch dieser Sehnsucht kommt Obermaiselstein entgegen. Von der Herzlichkeit familiärer Gastgeber bis zu den Erlebnisangeboten: Obermaiselstein ist für viele Urlauber eine „Huimat uf Zit“ (Heimat auf Zeit).

Volkstümliche Bräuche/ Veranstaltungen

Eine der schönsten Attraktionen lockt im September zahlreiche Besucher an: Am Ende des Alpsommers findet in Obermaiselstein einer der größten Allgäuer Viehscheide statt. 1400 Rinder von 12 Alpen werden von den Hirten ins Tal getrieben

Wichtige Adressen und Telefonnummern

Tourismus Hörnerdörfer GmbH
Geschäftsstelle Obermaiselstein
Am Anger 15
87538 Fischen i. Allgäu
Tel. +49 (0)8326 277
Fax +49 (0)8326 94 08
info@hoernerdoerfer.de
www.hoernerdoerfer.de

Einkaufen

Der Laden im Landhaus Obermaiselstein ist etwas ganz Besonderes: Hier gibt es kleine, feine Dinge für Haus und Garten, man kann in Ruhe stöbern und mit allen Sinnen genießen, denn im stilvoll-gemütlichen Weinkeller warten ausgesuchte italienische Weine auf Verkostung. Landhaus Burgschrofen, Burgschrofenweg 26, D-87538 Obermaiselstein, Tel. +49 (0)8326-72 86, Fax +49 (0)8326-35 263, Info@landhaus-burgschrofen.de, www.landhaus-burgschrofen.de

Übernachten

Landhaus Burgschrofen

Mit vier komfortabel im Landhausstil eingerichteten Ferienwohnungen und einer ****Panoramawohnung der Extraklasse bietet Familie Thoma ihren Gästen exklusives Wohnambiente in idyllischer Lage. Die zauberhafte Atmosphäre im Landhaus Burgschrofen und das eindrucksvolle Alpenpanorama machen jeden Urlaub zum Genuss. Landhaus Burgschrofen, Burgschrofenweg 26, D-87538 Obermaiselstein, Tel. +49 (0)8326 72 86, Fax +49(0)8326 35 263, Info@landhaus-burgschrofen.de, www.landhaus-burgschrofen.de

Hotel Pension Anita

Angenehme Übernachtungsmöglichkeiten in behaglichen Räumen bietet das kleine, feine Hotel Pension Anita, Geschwend 27, D-87538 Balderschwang, Tel. +49 (0)8323 92 30, Fax +49 (0)8323 92 40 94, info@pensionanita.de, www.pensionanita.de

Landhaus Burgschrofen

Ferienwohnungen, Wein und Ambiente

Idyllisch am Ortsrand gelegen, von wohliger Ruhe umgeben und doch nur fünf Gehminuten vom Zentrum entfernt, freut sich die Familie Thoma in exklusivem Ambiente auf ihre Gäste. Vier individuell und großzügig eingerichtete Wohnungen mit allem Komfort, jeweils im individuellen Landhausstil, und eine ****Panoramawohnung der Extraklasse erwarten den verwöhnten Urlauber über das ganze Jahr. Der freie Bergblick nach Osten und Westen begeistert mit einem Alpenpanorama, von dem man ins Schwärmen kommen kann. Aber das Haus hat noch mehr zu bieten: Ein Laden für die Sinne mit Wohnambiente, Dekoartikeln und kleinen aber feinen Dingen für Haus und Garten lädt zum Stöbern ein, und ein stilvoller, gemütlicher Weinkeller mit anspruchsvollen Tropfen aus Italien wartet auf Verkostungsgäste. Hier bekommt ein Urlaubstag das gewisse Etwas, und die besondere Atmosphäre dieser Räume begeistert die Besucher. Wenn man von Sportaktivitäten oder Wanderungen zurück in diese Idylle kommt, kann man sich auf der großen Liegewiese entspannen und ein Streichelzoo erfreut die Kinder, die auch in 100 Metern Entfernung einen Spielplatz vorfinden. Ambiente und Atmosphäre machen hier jeden Urlaub zum Genuss.

Öffnungszeiten für den Laden:

Mo – Di und Do – Fr von 15 – 19 Uhr

Landhaus Burgschrofen

Burgschrofenweg 26

D-87538 Obermaiselstein

Tel. +49 (0)8326 72 86, Fax 3 52 63

info@landhaus-burgschrofen.de

www.landhaus-burgschrofen.de

Hier erhalten Sie die Leistungen der Allgäu-Walser-Card (siehe Seite 26)

Alpenwildpark Obermaiselstein

Berghof Schwarzenberg

Naturliebhaber finden im Alpenwildpark „Berghof Schwarzenberg ein echtes Kleinod. Neben Steinböcken, Hirschen, seltenen Greifvögeln und vielen anderen Wildtieren begegnet man u. a. auch einem handzahmen Fuchs, der sich auch gerne streicheln lässt. Zu jeder Jahreszeit gibt es für die Besucher interessante Neuheiten. Im Sommer (Anfang Mai bis Ende Oktober) finden Montag, Mittwoch, Freitag und Samstag um 17:45 Uhr Erlebnisführungen mit Fütterung statt. Im Winter (25. Dez. bis Ende April) stellt eine angrenzende Wildfütterung freilebender Tiere eine besondere Attraktion dar. Es finden täglich um 16:45 Uhr Führungen statt, verbunden mit einem kleinen Vortrag, in dem man viel Wissenswertes über Wild, Wald bzw. Wildfütterung erfährt. Do.: 19 Uhr, Wildschlemmerabend; Sa.: ab 18 Uhr, Grillparty am Wikingergrillmit Lagerfeuerromantik; So.: ab 10 Uhr, Weißwurstfrühschoppen. Info und Anmeldung laut Anschlag in den jeweiligen Verkehrsämtern oder direkt im Berghof-Schwarzenberg, Tel. +49 (0)8326 81 63 (oder im Internet unter www.alpenwildpark.de). Anschließend an alle Führungen rundet ein zünftiger Hüttenabend mit Live-Musik das Erlebnis ab. Im Berghofstüble oder auf der Aussichtsterrasse mit Blick auf das Allgäuer Hochgebirge kann man sich bei Kaffee und Kuchen oder Allgäuer Schmankerln verwöhnen lassen. Täglich ab 11 Uhr geöffnet.

Alpenwildpark Obermaiselstein
Berghof Schwarzenberg

Königsweg 4, D-87538 Obermaiselstein
Telefon +49 (0)8326 81 63
Fax +49 (0)8326 38 47 26
info@alpenwildpark.de
www.alpenwildpark.de

Weltcupdorf Ofterschwang

Bergwiesen und Luxusurlaub

Gegensätze verschmelzen im Oberallgäuer Bergdorf Ofterschwang zur harmonischen Einheit. Ursprüngliche Natur und Landwirtschaft prägen den Landstrich. Die Gemeinde liegt, wie ihre zehn Ortsteile, in Terrassenlage über dem Illertal, inmitten von Bergwiesen und kleinen Bergwaldparzellen. Das Tiefenberger Moor zählt zu den schönsten Hochmooren im Allgäu. In direkter Nachbarschaft ist das Fünf-Sterne-Resort Sonnenalp erste Adresse für einen Luxusurlaub mit Golfzentrum vor traumhafter Bergkulisse.

Freizeit und Sport

Auf dem Rundwanderweg „Gutes vom Dorf" genießen Gäste kulinarische Qualitätsprodukte aus der Region, vom Bergkäse bis zum Bauernhofeis. Mit mehr als 90 Kilometern Wanderwegen, attraktiven Biking-Strecken und dem Bergbahn-Weltcup-Express auf das Ofterschwanger Horn ist der Ort perfekter Ausgangspunkt für einen aktiven Natururlaub. Auch im Winter lässt Ofterschwang kaum Wünsche offen: Das Zwei-Täler Skigebiet Ofterschwang-Gunzresried mit FIS-Damen-Weltcup-Strecke, ein kilometerlanges, präpariertes Loipennetz, über 30 Kilometer geräumte Wanderwege und eine Nachtrodelpiste unter Flutlicht versprechen Winterspaß für Alt und Jung. Als neuestes Zusatzangebot wurde der „Schneeschuhpark Oberallgäu" in Schweineberg ins Leben gerufen.

Wichtige Adressen und Telefonnummern

Tourismus Hörnerdörfer GmbH
Geschäftsstelle Ofterschwang
Am Anger 15
87538 Fischen i. Allgäu
Tel. +49 (0)8321 82 157
Fax +49 (0)8321 89 777
info@hoernerdoerfer.de
www.hoernerdoerfer.de

Bergbahnen Ofterschwang-Gunzesried

Berg- und Talfahrt für jedes Temperament

Ofterschwanger Horn heißt: Skispaß in zwei Tälern und auf 18 Pistenkilometern. Für die Schneesicherheit sorgt eine moderne Beschneiungsanlage. Die Urlauber kommen – auch während der Sommersaison – dank der Bergbahnen Ofterschwang-Gunzesried zu ihrem jeweiligen Ziel. Zügig im Einsatz für die Gäste im Schneeparadies sind die 4er-Sesselbahn „Weltcup Express", 1 Doppelsesselbahn und 5 Schlepplifte. Urlaubsgäste, die keine eigenen Sportgeräte mitgebracht haben, können sich an der Talstation Ofterschwang an den Ski und Board-Verleih wenden. Für die „Profis" unter den Urlaubern ist die Weltcupstrecke eine besondere Herausforderung.

Rodeln auch bei Nacht

Tipp: Immer ein Riesenspaß für Gruppen ist das Nachtrodeln auf der beleuchteten Familienabfahrt jeden Samstag von 17.30 bis 21 Uhr.

Bahnen freundschaftlich verbunden

In jedem Fall gut ausgerüstet soll der Urlauber einen Winter wie aus dem Bilderbuch genießen. Dafür sorgt ein traditionelles Unternehmen, das sich vor über zehn Jahren auf Dienstleistungen für Urlauber spezialisiert hat. Vor über 60 Jahren wurde, von einer tatkräftigen Mannschaft, schon die inzwischen mit Ofterschwang-Gunzesried freundschaftlich verbundene Hörnerbahn gestartet.

Mit modernen Sesselliften

Die in Betrieb genommenen Bergbahnen bringen die Gäste von Ofterschwang und Gunzesried aus mit modernen Sesselliften direkt ins Wintersportparadies. Bei einer kurzen, stressfreien Fahrt bis auf 1400 Meter wächst die Vorfreude auf die abwechslungsreichen Pisten und romantische Wanderwege. Die topmoderne Beschneiungsanlage garantiert Schneesicherheit und Fahrspaß.

Zu den typischen Hütten

Nicht zuletzt gibt es gemütliche Einkehrmöglichkeiten. Auf den zahlreichen Hütten im Weltcup-Skigebiet Ofterschwang-Gunzesried begrüßen die Wirtsleute ihre Gäste mit regionalen Schmankerln und der hier typischen Herzlichkeit – und das nicht nur im Winter, wenn man sich aufwärmen will.

Auf dem „Familiengipfel"

Es gibt auch viele gute Gründe, im Sommer hierher zu kommen. Zur Entspannung dient ein großes Wegenetz mit

Hier erhalten Sie die Leistungen der Allgäu-Walser-Card (siehe Seite 26)

leichten, mittleren und anspruchsvollen Wandertouren. Tipp: Den vielleicht besten Einstieg für Familien mit Kindern in die Bergwelt bietet der 2,5 Kilometer lange befestigte Höhenwanderweg. Einer von vielen Wandervorschlägen von der Bergstation: man spaziert zur Talstation über Weltcup-Hütte und Allgäuer Berghof. **Tipp:** Die Hörnertour zur Bergstation gibt es in den Schwierigkeitsgraden „leicht" (3 Stunden) und für Leute mit viel Ausdauer (6 Stunden). Breite, trittsichere Wege eignen sich zum Beispiel aller bestens für Nordic Walking. Schneller durchs Gebiet rund ums Ofterschwanger Horn unterwegs sind die Radfahrer und Mountainbiker, die dann bei einem Halt auf ihrer Strecke die Aussicht genießen.

Roller, Helm – und ab geht die Post

Wer noch nie mit einem Downhillroller eine Abfahrt unternommen hat, sollte sich den Spaß gönnen. Erste Station ist der Roller-Verleih an der Bergstation. Dann geht es mit Helm auf dem Downhillroller gut gelaunt hinunter ins Tal. Viele Feriengäste lassen es doch lieber etwas ruhiger angehen und nehmen hier an Seniorentagen teil: mit Berg- und Talfahrten inklusive Einkehr bei Kaffee und Kuchen. **Tipp:** Mit dem Weltcup-Express wird in wenigen Minuten das „Ofterschwanger Horn" erreicht.

Betriebszeiten Bergbahnen

Winter: Ab Mitte Dezember bis Anfang April täglich von 8.30 bis 16 Uhr.
Sommer: Ab Mitte Mai bis Anfang November täglich von 9 bis 16.30 Uhr.
Tipp: nach den besonderen Tarifen für Vereine, Gruppen und Familien fragen.

Bergbahnen Ofterschwang-Gunzesried
87527 Ofterschwang
Tel. +49 (0) 8321 6703-0
Infotel. +49 (0) 8321 670333
Fax +49 (0) 8321 670377
info@go-ofterschwang.de
www.allgaeuer-hoernerbahnen.de

Allgäuer Seenland

Buchenberg – Sulzberg – Waltenhofen – Weitnau

Zur Urlaubsregion Allgäuer Seenland, südlich von Kempten gelegen, gehören die Gemeinden Buchenberg, Sulzberg, Waltenhofen und Weitnau. Die wunderschöne Voralpenlandschaft bietet immer neue Ausblicke auf die prachtvolle Kulisse der Allgäuer Alpen. Die vielgestaltige Umgebung mit idyllischen Seen, romantischen Tälern, mittelalterlichen Burgruinen und malerischen Dörfern begeistert jeden Feriengast.
Eine Fülle von Freizeitmöglichkeiten jeder Art, die traditionellen Brauchtumsfeste im Jahreslauf und die vielen interessanten Sehenswürdigkeiten sorgen für Abwechslung und einen erlebnisreichen Urlaub im Sommer wie im Winter. Auf zahlreichen Wanderwegen, von bequem bis anspruchsvoll, darunter etlichen informativen Themenwanderwegen und aussichtsreichen Seerundwegen, kann man die herrliche Naturlandschaft kennenlernen.

Eschacher Weiher

Der Eschacher Weiher liegt verborgen zwischen Hügeln und Wäldern inmitten eines Naturschutzgebietes in Buchenberg. Das Badeparadies verfügt auch über einen separat abgegrenzten Bereich für FKK Anhänger. Der Weiher ist zu jeder Jahreszeit ein lohnendes Ausflugsziel und bietet einen traumhaften Bergblick.

Moorweiher

Der idyllische gelegene, kleine Moorweiher bei der Freizeitanlage in Buchenberg, unterhalb des Landgasthofes „Sommerau“, bietet ein besonders gesundes Badevergnügen. Daneben sorgen der Moorlehrpfad, die Minigolfanlage und das Kneipptretbecken für angenehme Abwechslung.

Niedersonthofener See

Am Fuße des 1.063 m gelegenen Stoffelberges, umgeben von idyllischer Landschaft, liegt der aus der letzten Eiszeit entstandene Niedersonthofener See. Mit seinen 4 offiziellen Badeplätzen, lädt er nicht nur Badebegeisterte ein, auch Wassersportler finden ideale Bedingungen um sich

auszutoben. Besonders schön ist der Anblick der Natur und auf die Allgäuer Alpen, während des Spaziergangs auf dem 10 km langen Seerundweg. Einkehrmöglichkeiten, Bootsverleih und Kinderspielplätze finden Sie entlang des Weges.

Rottachsee

Der Rottachsee, einer der jüngsten Stauseen Bayerns mit 300 ha Fläche, ist ein Paradies für Wassersportler. Schwimmer, Segler, Surfer, Taucher und Angler finden hier ideale Bedingungen vor. Bei der Freizeitanlage in Moosbach finden Badegäste neben Umkleide- und Sanitäranlagen einen Kiosk, ein Spielehaus sowie einen Beachvolleyballplatz. Der aussichtsreiche Rad- und Wanderweg rund um den See hat eine Länge von 15 km.

Sulzberger See

Der Sulzberger See oder Öschlesee, wie er von den Einheimischen genannt wird, bietet mit seinen naturbelassenen Ufern ein beschauliches Bade- und Angelvergnügen. Umkleidekabinen, eine gesicherte Kinder-Wasserzone und einen Bootsverleih gibt es am Strandbad am nördlichen Ufer und einen Campingplatz findet man auf westlicher Seite des Sulzberger Sees. Die abwechslungsreiche Flora und Fauna entdeckt man bei einem 3,7 km langen Spaziergang rund um den See.

Widdumer Weiher

Eingebettet im Naturschutzgebiet liegt der 7 ha große Widdumer Weiher. Auf einer Anhöhe wurde eine Aussichtsplattform mit Natursteinen errichtet, die Kinder zum Klettern animiert und von welcher man eine tolle Aussicht über den gesamten Weiher hat. In der Dämmerung sieht man oftmals Fledermäuse herumschwirren. Auch Schwanenfamilien und die jährlich wiederkehrende Seerosenblüte, bieten einen wahren Genuss fürs Auge. Auch hier findet sich ein schön angelegter Rundwanderweg entlang des Weihers.

Wichtige Adressen und Telefonnummern

Allgäuer Seenland
Rathausplatz 4
D-87477 Sulzberg
Tel. +49 (0)8376 92 01-19
Fax +49 (0)8376 92 01-40
info@allgaeuerseenland.de
www.allgaeuer-seenland.de

Buchenberg

Sonnenterrasse des Allgäus

Buchenberg (ca. 4.000 Einwohner) ist Marktgemeinde und seit 1987 auch Luftkurort. Der von Wiesen und Wäldern umgebene Ort liegt südwestlich von Kempten und weist neben dem Hauptort selber noch ca. 50 Filialorte auf, darunter Ahegg, Eschach, Kreuzthal und Wirlings.

Die Marktgemeinde Buchenberg liegt ca. 10 km von der Allgäu Metropole Kempten entfernt. Die Ortsmitte liegt auf 895 m. ü. NN und der tiefste Punkt Ahegg liegt auf 750 m. ü. NN. Von Eschach bietet sich bei gutem Wetter eine traumhafte Fernsicht, die von der Zugspitze bis hin zum Säntis in der Schweiz reicht. Durch die zentrale Lage können viele attraktive Ausflugsziele schnell erreicht werden.

Kurzer Blick ins Geschichtsbuch

Bereits zur Römerzeit war das Gemeindegebiet besiedelt. Buchenberg liegt an der Straße, die von den Römern im Jahre 15 vor Christus angelegt wurde, um die beiden Städte Cambodunum (Kempten) und Brigantium (Bregenz) miteinander zu verbinden. Ein Stück dieser antiken Verkehrsverbindung ist heute noch westlich von Buchenberg zu sehen. Der Burgus von Ahegg, wohl eines der ältesten Steinbaudenkmäler im süddeutschen Raum, stammt auch aus der Römerzeit und ist hier noch zu sehen.

Die Schlacht am Buchenberg: Am 17. März 1460 entbrannte wegen eines Fuders Wein ein Krieg zwischen 334 Schweizern und 1.300 fürstäbtlichen Soldaten. Die gekreuzte silberne Hellebarde und das silberne Schwert auf dem Buchenberger Wappen erinnern an das berühmte Zusammentreffen. Im Jahre 1485 hat Kaiser Friedrich III Buchenberg das Marktrecht und die niedere Gerichtsbarkeit verliehen. Die Markterhebungsurkunde wurde

in Linz ausgestellt und befindet sich heute im Hauptstaatsarchiv in München.

Sehenswürdigkeiten

Die Pfarrkirche St. Magnus in Buchenberg und die drei, meist mehrere Jahrhunderte alten Kirchen in den Ortsteilen Eschach, Kreuzthal und Wirlings sind wegen ihrer schön gestalteten Innenräume sehenswert.

Das liebevoll eingerichtete Heimatmuseum in Buchenberg, ein ehemaliges Kleinbauernhaus, bietet einen Einblick, wie die Bauern in früheren Zeiten gelebt und gearbeitet haben. Im Obergeschoss des Heimatmuseums werden jährlich wechselnde Sonderausstellungen gezeigt.

Das Museum ist vom 01. Mai bis zum 31. Oktober jeden Sonntag von 14.00 – 16.00 Uhr geöffnet.

Freizeit und Sport

Das gut ausgebaute Wanderwegenetz ermöglicht schöne Rundwanderungen durch eine reizvolle Landschaft, die auch zu zahlreichen Aussichtspunkten mit Blick in die Allgäuer Alpen führen. Egal ob auf dem Bodenlehrpfad, Wasserschmeckerweg, Moorlehrpfad oder Glasmacherweg - in Buchenberg ist auf vier verschiedenen Themenwanderwegen für jeden das Passende dabei. Der Allgäuer Rad- und Wanderweg verläuft auf der ehemaligen Trasse der Bahnlinie Kempten – Isny und ist mittlerweile bei Radlern und Wanderern gleichermaßen beliebt. In Buchenberg treffen als Station des Jakobsweges der Münchner Jakobsweg und der Bayerisch-Schwäbische Jakobsweg zusammen. Ebenfalls ist Buchenberg eine Station des über 200 km langen Oberallgäuer Rundwanderweges.

Für Abkühlung sorgen das Freibad in Kreuzthal mit großer Liegewiese und Kiosk, der Eschacher Weiher mit separat abgegrenztem textilfreiem Bereich und die Freizeitanlage am Moorweiher mit Kiosk, Minigolfplatz, Beach-Volleyball-Feld, Tennisplatz und Kinderspielplatz mit Kletterwand.

Freunde des alpinen Skisports finden in und um Buchenberg ideale Wintersportbedingungen. Das Skigebiet in Eschach ist mit seinen Zauberteppichen und übersichtlichen Schleppliften besonders für Familien und Skineulinge geeignet. Allen Rodelfans steht ein Kombiteppich mit einem separat abgegrenzten Rodel- und Schlittengelände zur Verfügung. Anspruchsvoller wird es am Skilift Gohrersberg in Kreuzthal mit insgesamt vier unterschiedlichen Abfahrten. Bei entsprechender Schneelage sind um Buchenberg vier Loipen gespurt, die teilweise miteinander vernetzt sind und für jeden Langläufer den passenden Rundkurs bieten. Von Buchenberg aus besteht auch eine Verbindungsloipe nach Rechtis und Hellengerst.

Veranstaltungen

Buchenberg hat ein buntes kulturelles Programm zu bieten, das reicht von zahlreichen Faschingsbällen und dem traditionellen Rathaussturm, über Konzerte, Theateraufführungen und verschiedene Vereinsfeste bis hin zu Brauchtumsveranstaltungen, wie Funkenfeuer, Bockbierfest, Maibaumaufstellen, Marktfest und dem Adventsmarkt.

Wichtige Adressen und Telefonnummern

Tourist-Info Buchenberg
Rathaussteige 2, D-87474 Buchenberg
Tel +49 (0)8378 92 02-22
Fax +49 (0)8378 92 02-23
tourismus@buchenberg.de
www.buchenberg.de

Moorbad Buchenberg im Winter

Freizeit und Sport

Schwärzenlifte

Die Schwärzenlifte im Skigebiet Eschach bei Buchenberg bieten mehrere Schlepp- und Kinderlifte, Kinderzauberteppiche, ein Rotondo sowie einen Parcours mit Rails. Beschneiungsanlage, und gemütliches Restaurant mit Sonnenterrasse vorhanden. Liftbetriebszeiten: Täglich von 9:00 bis 16:30 Uhr (sofort bei ausreichender Schneelage, November bis Ostern). Info-Telefon +49 (0)8378 12 22. Öffnungszeiten Restaurant Gletscheralp: Winter: Täglich (bei Liftbetrieb) ab 9:00 Uhr; Sommer: Donnerstag bis Sonntag und Feiertage ab 11:00 Uhr. Schwärzenlifte Eschach, Eschach 114, D-87474 Buchenberg, Fax +49 (0)8378 93 24 17, mail@schwaerzenlifte.de, www.schwaerzenlifte.de

TrailXperience

Umfangreiches Mountainbike-Angebot zum Erlernen von Fahrtechniken, Basics bis Spezialtechniken für Anfänger und Fortgeschrittene, Sportler und Familien. Erlebnisreiche Touren und Trail-Camps im Allgäu und Reisen in andere Regionen. TrailXperience, Heinrich-Rizner-Straße 10, 87474 Buchenberg, Tel. +49 (0)8378 149 60 14, Fax +49 (0)8378 149 60 15, office@trailXperience.com, www.trailxperience.de

Essen und Trinken

Landgasthof Sommerau – Hotel

Regionale kulinarische Spezialitäten, saisonale Köstlichkeiten, selbstgemachtes Landhausbrot, auch zum Mitnehmen. Verschiedene Wirtshausstuben, von romantisch bis gesellig, Sonnenterrasse. Minigolf. Restaurant täglich ab 11:00 Uhr geöffnet, Mittagsmenü zu günstigen Preisen. Landgasthof Sommerau – Hotel, Eschacher Str. 35, D - 87474 Buchenberg, Tel. +49(0)8378 94 09 30, Fax +49(0)8378 94 09 355, info@landhaus-sommerau.de, www.landhaus-sommerau.de

Wirtshaus Adler

Gemütliche Gaststuben, gutbürgerliche Küche, köstliche Kuchen, Mittagstisch (Dienstag bis Sonntag 11:30 bis 14:00 Uhr), deftige Brotzeit. Separater Raum für Veranstaltungen. Extra-Service: Die schmackhaften Gerichte gibt es auch zum Mitnehmen! Öffnungszeiten: Dienstag bis Samstag 11:30 bis 22:30 Uhr, Sonntag 9:30 bis 21:00 Uhr. Montag Ruhetag Wirtshaus ADLER, Familie Geist, Lindauer Straße 15, 87474 Buchenberg, Tel. +49 (0)8378 93 28 195, geist.petra@t-online.de

Übernachten

Landgasthof Sommerau – Hotel

Gemütliche Zimmer und Familienappartements im Landhausstil. Komfortabel ausgestattet, Bad/Dusche/WC, TV, Südbalkone. WLan kostenfrei. Ruhige Lage inmitten gepflegter Gartenanlage. Restaurant im Haus. Landgasthof Sommerau – Hotel, Eschacher Str. 35, D - 87474 Buchenberg, Tel. +49(0)8378 94 09 30, Fax +49(0)8378 94 09 355, info@landhaus-sommerau.de, www.landhaus-sommerau.de

Landhaus Sommerau

Erholsame Natur im Wechsel der Jahreszeiten

Für das Landhaus Sommerau am Ortsrand des Luftkurortes Buchenberg hegt so mancher Gast echte Heimatgefühle. Kein Wunder, liegt es doch ruhig und fernab jeglicher Alltagshektik inmitten einer gepflegten Gartenanlage mit Kurpark, Tennisplätzen, Minigolfanlage und einem kleinen Moorweiher, der an heißen Tagen zum Baden einlädt. Vom Haus aus führen Rad- und Wanderwege in die wunderschöne Allgäuer Wald- und Wiesenlandschaft, ein liebevoll angelegter Weg durch das nahe Moor vermittelt Wissenswertes über einheimische Pflanzen und Tiere sowie geologische Besonderheiten. Im Winter sind gespurte Loipen nur wenige Minuten entfernt. Das Landhaus Sommerau ist zu jeder Jahreszeit eine Reise wert. Es hat alles, was Genießer zum Wohlfühlen brauchen. Die Landhauschefs Daniela und Michael Kramm mit ihrem freundlichen Team heißen ihre Gäste herzlich willkommen!

Selbstgemachtes Brot aus der Allgäuer Schmankerlküche

Im Restaurant werden Gäste mit saisonalen Köstlichkeiten und regionalen Spezialitäten in verschiedenen kleinen landhaustypischen Stuben – Kaminzimmer, Dorfstube, Bierstube, Wirlinger Stube, Kaffeelounge – oder auf der einzigartigen Sonnenterrasse verwöhnt. Für jeden Anlass wird der passende Rahmen geboten, von romantisch bis gesellig. Ob Allgäuer Zwiebelrostbraten, Entenbrust oder Forellenburger, ob Eisdesserts oder leckere Kuchen aus der Hausbäckerei, egal für welche Köstlichkeit man sich entscheidet: es darf geschlemmt werden. Das frische Sommerauer Landhausbrot, gebacken mit Roggenmehl, Hefe und Gewürzen duftet nicht nur wunderbar, es schmeckt auch so. **Tipp:** Mit einem frisch gezapften Bier oder einem guten Glas Wein auf der Terrasse sitzen und den Sonnenuntergang erleben – das ist Urlaub! Restaurant täglich ab 11:00 Uhr geöffnet, Mittagsmenü zu günstigen Preisen. Täglich ab 11:00 Uhr stehen zwei Kegelbahnen zur Verfügung.

Landhausfeste und Tagungen

Ein großzügiger Festsaal (50 bis 300 Personen) steht für Betriebs- und Familienfeiern zur Verfügung. Das erfahrene Organisationsteam hilft bei der Umsetzung und sorgt mit Vorschlägen für Dekoration, Menüfolge und musikalische Unterhaltung für ein unvergessliches Erlebnis in edlem Landhaus-Ambiente (Bankettabteilung, Tel. 08378 94093-13). Unterschiedlich große Tagungsräume mit modernem Equipment sind ideal für Tagungen und Workshops geeignet.

Zimmer im Grünen

Warme Farben und liebevolle Details machen die 38 gemütlichen Zimmer und Familienappartements im Landhaus Sommerau zu einem komfortablen Feriendomizil. Dazu gehören sämtliche moderne Annehmlichkeiten wie Bad/Dusche/WC, TV, Telefon und Kühlschrank. Jedes Zimmer hat einen Südbalkon mit fantastischer Aussicht auf Kurpark und Weiher. In der Kaffeelounge können Gäste den kostenlosen Internetzugang WLan nutzen. Nach einem reichhalti-gen Allgäuer Frühstück vom Büfett ist

man bestens gestärkt für reizvolle Ausflüge und sportliche Aktivitäten.

Ab Dezember 2013 bietet das Landhaus Sommerau zusätzlich wohltuende Entspannung in einer neuen Saunalandschaft.

Landgasthof
Sommerau - Hotel
Eschacher Str. 35
D-87474 Buchenberg
Tel. +49 (0)8378 94 09 30
Fax +49 (0)8378 94 09 355
info@landhaus-sommerau.de
www.landhaus-sommerau.de

Wirtshaus ADLER

Gut essen in Buchenberg

Das stilvoll renovierte Wirtshaus ADLER mitten in Buchenberg ist ein Familienunternehmen und beliebter Treffpunkt für Einheimische und Feriengäste. Modern-antik im Allgäuer Stil eingerichtet, sorgen die beiden hellen, gemütlichen Gaststuben für eine heimelige Atmosphäre. Der „gute Geist" des Hauses, Pächterin und Köchin Petra Geist, werkelt in der Küche und zaubert mit einheimischen Produkten leckere Gerichte. Von Dienstag bis Sonntag gibt es zur Freude vieler Genießer einen Mittagstisch (11:30 bis 14:00 Uhr). Abends können Gäste zwischen Allgäuer Spezialitäten und Brotzeitgerichten auswählen. Für die Kochkünste von Frau Geist und Frau Rauh sowie für die köstlichen hausgemachten Kuchen von Frau Fischer macht so mancher Gast extra einen Ausflug nach Buchenberg und verbindet den kulinarischen Genuss mit einem sommerlichen Spaziergang durch die herrliche Naturlandschaft rund um Buchenberg oder mit einer winterlichen Tour auf der nahen Loipe. Geteilte Freude ist bekanntlich die schönste Freude. Gut, dass es im Wirtshaus ADLER einen extra Raum gibt. Auf Familienfesten und anderen Veranstaltungen werden bis zu 50 Gäste bestens betreut: Familie Geist und ihre freundlichen Servicemitarbeiterinnen sorgen dafür, dass sich alle wohlfühlen. Qualität spricht für sich, so ist es auch kein Wunder, dass die Einkehr ins Wirtshaus ADLER in Buchenberg für viele Urlaubsgäste zur festen Gewohnheit wird. **Öffnungszeiten:** Dienstag bis Samstag 11:30 bis 22:30 Uhr, Sonntag 9:30 bis 21:00 Uhr. Montag Ruhetag.

Wirtshaus ADLER
Familie Geist, Lindauer Str. 15
D-87474 Buchenberg
Tel. +49 (0)8378 93 28 195
geist.petra@t-online.de

TrailXperience

Mountainbiken mit den Profis

Auf dem Gelände der Schwärzenlifte Eschach bei Buchenberg ist neben dem Skiparadies ein Eldorado für spielfreudige Mountainbiker, Sportler und radbegeisterte Familien entstanden. TrailXperience-Gründer Tobias Krause, ehemaliger Downhillcup-Fahrer, und sein hervorragend ausgebildetes Team geben ihre Erfahrungen mit großer Begeisterung weiter und ermöglichen den Teilnehmern aller Altersstufen ihre persönlichen Fähigkeiten auszubauen und sich fahrtechnisch weiterzuentwickeln. Fernab vom Mainstream und ohne Leistungsdruck bietet das TrailXperience-Team Fahrspaß für jeden vom Mountainbike-Neuling bis hin zum fortgeschrittenen Könner. In verschiedenen Kursen (auch Einzelkurse) kann alles erlernt werden: Basics, fortgeschrittene Fahrmanöver und auch Spezialtechniken, wie den sogenannten „Bunny Hop" oder die „dynamische Versetzkehre". Das macht Spaß und gibt Sicherheit auf dem Trail – und den Glücksmomenten beim Mountainbiken steht nichts mehr im Wege. Wie beispielsweise auf TrailTouren in den Dolomiten oder im Piemont. Noch mehr TrailXperience gibt es bei den TrailCamps in Schottland oder Ligurien und andere Traumregionen. Bike. Nature. Soul. – die Philosophie von TrailXperience ist mehr als nur Programm: Auf Touren oder mehrtägigen TrailCamps werden die Teilnehmer mit unvergesslichen Erlebnisse in schönster Naturlandschaft belohnt. Der schonende Umgang mit Natur und Kultur hat dabei stets oberste Priorität – sowohl bei der Vermittlung der richtigen Fahrtechniken, als auch bei der Durchführung der Reisen.

TrailXperience
Heinrich-Rizner-Straße 10
87474 Buchenberg
Tel. +49 (0)8378 149 60 14
Fax +49 (0)8378 149 60 15
office@trailXperience.com
www.trailxperience.de

Schwärzenlifte Eschach

Treffpunkt für große und kleine Sportler

Die Schwärzenlifte des Skigebietes Eschach bieten im Winter für jeden die passende Ski-Abfahrt, vom flachen Anfängergelände bis zu Pisten mittleren Schwierigkeitsgrades. Eltern können ihre Kinder unbesorgt erste Ski- und Rodelerfahrungen machen lassen. Vier Kinderseillifte, drei Kinderzauberteppiche sowie ein Ski- und Rodelteppich bringen begeisterte Skizwerge sicher zum Ziel. Wer lieber spielen möchte, hat im Rotondo einen Riesenspaß. Kleine und große Könner vergnügen sich im Burton Kids Parkway. Der Schneeparcours animiert Snowboarder und Skifahrer mit verschiedenen Hindernissen zu Sprüngen und Stunts. Skifahrer, die lieber in Ruhe den herrlichen Blick auf die Alpenkette genießen möchten, nehmen einen der vier Schlepplifte und gleiten eine Piste – mit dem Schwierigkeitsgrad einfach oder mittel – hinunter zur Basisstation. Besonderer Service: Bei einzelnen Liften wird der Bügel vom Personal angereicht, das macht das Einsteigen in den Lift einfach und sicher. Eine Beschneiungsanlage sorgt außerdem immer für ausreichend Schnee auf den Pisten. Die Betreiber der Schwärzenlifte Eschach haben einfach an alles gedacht! In der Gletscheralp gibt es einen gemütlichen Gastraum, in dem sich die ganze Familie am Kamin aufwärmen kann. Leckeres Essen und das großartige Panorama bekommt man auch auf der Sonnenterrasse serviert. Im Sommer treffen sich hier vor allem Mountain-Biker, die das Fahrtechnikzentrum von TrailXperience nutzen. **Liftbetriebszeiten:** Tägl. von 9:00 bis 16:30 Uhr (sofort bei ausreichender Schneelage, November bis Ostern). Info-Telefon +49 (0)8378 12 22.

Schwärzenlifte Eschach

Eschach 114, D-87474 Buchenberg
Info-Telefon +49 (0)8378 12 22
Fax +49(0)8378 93 24 17
mail@schwaerzenlifte.de
www.schwaerzenlifte.de

Buchenberg im Winter

Sulzberg

Erholungsort im Allgäuer Seenland

Die Marktgemeinde Sulzberg (ca. 4.700 Einwohner) besteht aus den Hauptorten Sulzberg, Moosbach und Ottacker sowie über 70 Weilern und Einöden. Zwischen 700 und 990 m ü. NN erstreckt sich eine reizvolle Landschaft, die zu idyllischen Wanderungen, Radtouren und weiteren, vielfältigen Freizeitaktivitäten einlädt. Vor allem die beiden Seen, Sulzberger See (Öschlesee) und Rottachsee, sind gern besuchte Ausflugsziele.

Kurzer Blick ins Geschichtsbuch

Schon die Römer siedelten sich in „Sulceberch" an und wussten um die Heilkraft der damals schon vorhandenen Quelle in Sulzbrunn, der ältesten Heilquelle im Allgäu. Im Jahre 1059 wurde Sulzberg erstmals in einem Vertrag über den Verlauf der Wildbanngrenze von König Heinrich IV urkundlich erwähnt. Noch heute sind Gemarkungen dieser Grenze sichtbar. Im Mittelalter herrschten verschiedene Adelsgeschlechter auf der Burg Sulzberg, die heute die besterhaltene Burganlage im Oberallgäu ist. Mit dem 1674 erhaltenen Marktrecht war die höhere Gerichtsbarkeit (Stock und Galgen) verbunden. Standort des Galgens war bis 1802 die Anhöhe südlich des Dorfes Sulzberg, heute noch als „Wolfgalgen" benannt.

Sehenswürdigkeiten

Die Burgruine Sulzberg ist bequem

auf einem Spaziergang zu erreichen. Im Burgturm befindet sich ein Museum, in dem unter anderem Funde aus sechs Jahrhunderten besichtigt werden können. Die Plattform auf dem Turm bietet eine grandiose Aussicht über die ganze Umgebung. Die Burgruine ist von Mai bis November an Sonntag- und Feiertagen von 13.30 – 16.30 Uhr bei guter Witterung geöffnet.

In vielseitig angelegten Beeten können im Kreislehrgarten Oberallgäu in Sulzberg-Ried über 8.000 Pflanzen betrachtet werden. Neben einem Bienenhaus und einem alten Eisenbahnwaggon gibt es auch einen Kinderspielplatz. Der Lehrgarten ist samstags und sonntags von Mai bis Oktober von 13-17 Uhr bei freiem Eintritt geöffnet.

Neben historischen Feuerwehrgerätschaften aus 200jähriger Geschichte findet sich im Feuerwehrmuseum Sulzberg eine Ausstellung von Militärhelmen aus verschiedenen Ländern. Das Museum ist in der Sommersaison immer mittwochs von 18.00 – 21.00 Uhr geöffnet.

Die Jodbadquelle Sulzbrunn ist ein ehemaliges Heilbad. Mit dem jodhaltigen Wasser aus der Quelle wurden früher in der Heilstätte verschiedene Krankheiten behandelt. Heute kann die unterirdisch liegende Jodquelle nur unter erschwerten Bedingungen besichtigt werden. Aber ein 7minutüger Film an gleicher Stelle stellt die Quelle in verschiedenen Facetten dar.

Die Pfarrkirchen St. Johannes der Täufer in Moosbach, St. Otmar in Ottacker und Heiligste Dreifaltigkeit in Sulzberg wurden im 15. Jahrhundert erbaut. Die prachtvoll gestalteten In-

nenräume sind eine Besichtigung wert. In der Sulzberger Kirche kann man den berühmten, kunstvoll geschnitzten Flügelaltar bewundern.

Freizeit und Sport

Rottachsee

Im Wandergebiet Sulzberg mit 160 km Wanderwegen hat man die Auswahl vom bequemen Spaziergang bis zur anspruchsvollen Wanderung. Besonders zu empfehlen ist der Historische Erlebnis-Wanderweg, auch Heinrichweg genannt. In zwei Routen mit jeweils 10,5 km führt er an geschichtlichen Höhepunkten, wie der Burgruine, der Jodquelle oder der Wildbanngrenze vorbei. Neben zahlreichen Informationstafeln finden sich auch verschiedene Spielstationen für Kinder am Wegesrand.

Ob zu Fuß oder mit dem Fahrrad - der Rottachsee-Rundweg mit seinen rund 15 km bietet traumhafte Aussichten auf die Allgäuer Alpen. Auch der 3,7 km lange Rundweg um den Sulzberger See ist bei Erholungssuchenden sehr beliebt.

Der Kinderskilift in Moosbach ist ideal für die ersten Rutschversuche und sorgt ebenso wie der Skilift Oberthannen für Skivergnügen in der romantischen Winterlandschaft. Auch die Langläufer kommen auf gut 20 km gespurten Loipen auf ihre Kosten.

Veranstaltungen

Funkenfeuer, Faschingstreiben und Maibaumstellen sind traditionelle Veranstaltungen, die auch im Sulzberger Jahreslauf ihren festen Platz einnehmen. Zudem findet um Ostern jedes Jahr die Aufführungen der Sulzberger Theatergruppe statt. Während der Sommermonate können sich Gäste wie Einheimische über Standkonzerte, Staudammführungen am Rottachsee und über Alphornserenaden freuen. Immer am dritten Donnerstag im September bieten zahlreiche Fieranten auf dem Krämermarkt ihre Ware an. Eine tolle Attraktion im Januar ist das beliebten Sulzberger Hornerschlittenrennen am Skilift in Oberthannen.

Wichtige Adressen und Telefonnummern

Gästeinformation Sulzberg
Rathausplatz 4
D-87477 Sulzberg
Tel. +49 (0)8376 92 01-19
Fax +49 (0)8376 92 01-40
gaesteinformation@sulzberg.de
www.sulzberg.de

Waltenhofen

und seine Ortsteile

Dort, wo einst die raue Eiszeit über viele tausend Jahre regiert hat, entstand eine der schönsten Voralpen-Gemeinden im Oberallgäu – Waltenhofen, das „Erholungsgebiet Niedersonthofener See". Die Gemeinde Waltenhofen mit ihren weiteren Ortsteilen Martinszell, Memhölz und Niedersonthofen und den knapp 9.000 Einwohnern, besticht nicht nur durch ihre traumhafte Lage, sondern bietet auch durch eine günstige Verkehrslage ideale Voraussetzungen für Ausflüge in alle Himmelsrichtungen. Als Quelle für gesunde Fitness oder einfach zum riesigen Badevergnügen lädt der am Fuße des Stoffelberges (1.063 m.ü.M.) von saftigen Wiesen und grünen Wäldern umrahmt gelegene Niedersonthofener See, auch liebevoll „Nieso" genannt, mit seinen 162 ha zum Schwimmen, Rudern, Segeln, Surfen und Angeln ein. Vier offizielle Badeplätze (mit praktischen Umkleideschnecken) stehen den Badegästen zur Verfügung. Für Campingfreunde gibt es zwei top gepflegte Campingplätze direkt am See. Besonders beliebt ist auch der 10 km lange Rundweg um den See. Hier besteht die Möglichkeit, sich bei traumhafter Kulisse in einem der Cafés oder Gasthäuser zu verköstigen. Auch Kioske, Kinderspielplätze, Beachvolleyballplätze, Bootsverleih sowie Bootsliegeplätze finden sich am Nieso. Zwei neu angelegte Großraumparkplätze bieten die Möglichkeit, direkt am See kostenfrei zu parken.

Seit dem 2. Oktober 2008 ist der Ortsteil Niedersonthofen 1. anerkanntes Allgäuer Kräuterdorf im gesamten Oberallgäu. Wenn man mehr über die Wunderwelt „Kräuter" erfahren möchte, kann man in der regelmäßig stattfindenden Kräuterwerkstatt u. a. erlernen, wie eine Rosenseife, leckerer Sirup oder ein Kräuterboschen zum Kirchenfest Maria Himmelfahrt

hergestellt wird – dieses Angebot gibt es selbstverständlich auf für Kinder. Für die kleinen und großen Wanderfreunde bietet sich die Möglichkeit, an einer von Kräuterfachleuten geführten Kräuterwanderung teilzunehmen.

Das Gemeindegebiet mit saftigen Wiesen, Wäldern, Hügeln und Seen eignet sich hervorragend für erholsame Urlaubstage jeden Alters.

Brauchtum und Tradition

In allen Ortsteilen spielen auch Brauchtum und Tradition eine große Rolle. Bodenständiges Handwerk, gut-bürgerliche Landgasthöfe und ein lebendiges Vereinsleben fördern das aktive Leben im gesamten Gemeindebereich. Ob bei Trachtenfesten, den jährlich stattfindenen Volksmusiktagen, dem traditionellen Maibaumaufstellen am 1. Mai, lodernden Funkenfeuern, oder den weihnachtlichen Feierlichkeiten – es wird das ganze Jahr für alle etwas geboten.

Kurzer Blick ins Geschichtsbuch

In Martinszell, auf einem bewaldeten Hügel innerhalb einer romantischen Flussschleife, am Steilufer der Iller, liegt die Burg Langenegg. Die Höhenburg wurde um 1250 aus Nagelfluh (verfestigtem Flussgeröll) erbaut. Im 18. Jahrhundert wurde die mittlerweile recht verfallene Burg zum stiftskemptischen Zucht- und Armenhaus umgebaut. Maria Anna Schwegelin, welche als letzte Hexe Deutschlands vom Kemptener Gericht des Fürststifts verurteilt worden war, war vor ihrem Prozess hier inhaftiert.

Von der einst mächtigen Burganlage ist heute nur mehr die Ruine des Bergfrieds erhalten. Er wurde zu Anfang des Jahrtausends baulich gesichert und ist mittlerweile ein beliebtes Ausflugsziel. Die Burgruine ist jederzeit von außen zu besichtigen und durchaus einen einstündigen Spaziergang von Martinszell aus wert.

Freizeit und Sport

Kinder am Wasserfall

Ein ausgedehntes Netz von Wanderwegen bietet Naturliebhabern viele Möglichkeiten für genussvolle Wanderungen. Auf vielen Rund- und Themenwanderwegen kann man die herrliche Allgäuer Voralpenlandschaft kennenlernen. Einen besonders schönen Panoramablick haben Wanderer beim neu sanierten Stoffelbergrundweg in Niedersonthofen. Dieser Themenwanderweg wurde zeitnah Kind- und Familiengerecht ausgebaut und gestaltet. Spezielle Hinweistafeln sollen auf die standorttypischen Eigenheiten der Erholungslandschaft hinweisen. Zwei Quellen im südlichen Hangbereich wurden mit Wasserbausteinen naturnah eingefasst. Für Kinder wurden am Wegrand 2 Gumpen zum Spielen installiert, Thementafeln weisen auf die besondere Bedeutung des Elementes Wasser hin. Zugleich laden zwei Seewellenbänke den Besucher zum Verweilen ein.

Auch der neu sanierte und mit kindgerechten Hinweistafeln bestückte Kinderwagenpfad lädt große und kleine Entdecker ein, auf Spurensuche zu gehen und Wissenswertes über die heimische Tier- und Pflanzenwelt zu erfahren. Damit wird den Kindern der Zusammenhang zwischen Natur und Mensch auf spielerische Weise erlebbar näher gebracht und der kindliche Forscherdrang geweckt. Diesen Weg kann man auch prima mit dem Wasserfallweg verbinden. Der Wasserfallweg ist ein wildromantischer, ebenfalls neu sanierter Fußweg, der auf und ab durch Hangschluchtwald führt. Mehrere Brücken führen über den Falltobelbach. Entlang dieses Weges wurden ebenfalls spezifische Hinweistafeln installiert.

Auch der Winter hat in Waltenhofen seine besonderen Reize. Über 60 km bestens gespurte Langlaufloipen, viele gut präparierte Winterwanderwege, eine 2 km lange Rodelbahn, Schneeschuhwanderungen sowie romantische Pferdeschlittenfahrten laden zu aktiver Erholung, Spiel, Spaß und purer Schneefreude ein.

Wichtige Adressen und Telefonnummern

Gästeinformation Waltenhofen
Rathausstraße 4, D-87448 Waltenhofen
Tel. +49 (0)8303 79-29
Fax +49 (0)8303 797-29
gaesteinformation@waltenhofen.de
www.urlaub-in-waltenhofen.de

Niedersonthofener See

Weitnau

Luftkurort in ursprünglicher Landschaft

Der Markt Weitnau (5200 Einwohner) im Oberallgäuer Voralpenland besteht aus den Ortsteilen Weitnau, Rechtis, Wengen, Hellengerst, Kleinweiler, Hofen, Seltmans und Sibratshofen.

Eingebettet in das idylische Weitnauer Tal, eingerahmt von Hauchenberg (1242 m) im Süden und Sonneck (1106m) im Norden liegt Weitnau (800m) im westlichen Teil des Landkreises Oberallgäu.Die Wanderregion lädt zu fröhlichen Familientouren oder sportlichen Tageswanderungen ein. Ein Familienparadies, beim Urlaub auf den Bauernhof können die Eltern sich entspannen, während die Kinder eifrig auf dem Hof mithelfen, Tiere streicheln oder im duftenden Heu herumtoben.

Durch die zentrale Lage der Ferienregion sind Feriengäste in kürzester Zeit am Bodensee und bei den bekanntesten Ausflugszielen im Allgäu.

Kurzer Blick ins Geschichtsbuch

Weitnau wurde im Jahre 726 erstmals als „Witunavia“ erwähnt. Es war seit dem 13. Jahrhundert Amts- und Gerichtssitz der bedeutenden Allgäuer Herrschaft „Hohenegg“ und besaß das Marktrecht. Der Ort kam Mitte des 15. Jahrhundert zum Haus Habsburg und gehörte bis 1806 zu Vorderösterreich. Nach den Friedensverträgen von Brünn und Preßburg gehörte Weitnau dann zu Bayern. Im 20. Jahrhundert erfolgte die Eingemeindung von Rechtis, Hellengerst und

Wengen. Der berühmteste Bewohner Weitnaus ist der bedeutende Agrarreformer Carl Hirnbein (1807-1871).

Sehenswürdigkeiten

In den einzelnen Ortsteilen findet man zahlreiche sehenswerte Kirchen und Kapellen.

Die Kirche St. Pelagius in Weitnau aus dem 18. Jahrhundert (1862 teilweise erneuert) ist eine Station auf dem Bayrisch-Schwäbischen Jakobusweg von München zum Bodensee.

Die Kirche gilt als „Kunst- und kulturhistorisches Dokument des neugotischen Kirchenbaues in Schwaben“. Die Figuren auf dem Hochaltar stammen aus dem 15. Jahrhundert.

Sehenswert sind auch die schön ausgestatteten Kirchen in Hellengerst, Kleinweiler, Rechtis, Sibratshofen und Wengen und die malerische Kapelle in Waltrams.

Ein lohnendes Ausflugsziel ist die Burgruine Alttrauchburg nahe Kleinweiler aus dem 13. Jahrhundert, eine der am besten erhaltenen Burganlagen im Allgäu.Die Burggaststätte ist von April bis ca. Ende Oktober täglich, außer dienstags, geöffnet (Tel. 08375 8046). In den Wintermonaten hat die Gaststätte jeweils samstags und sonntags auf Anfrage geöffnet. Von Mitte Juni bis Mitte September finden jeden Mittwoch um 15.00 Uhr Burgführungen statt. Ebenso werden für Gruppen Führungen auf Anfrage angeboten (Tel. 08375 9202-41).

Freizeit und Sport

Wandern wird beim Urlaub in Weitnau großgeschrieben. Schritt für Schritt lassen die Urlauber den Alltag weit hinter sich und spüren die wohltuende Kraft der Natur, über 300 km Wanderwege laden dazu ein.

Der 7 km lange Themenwanderweg „Carl-Hirnbein-Erlebnisweg“ von

Weitnau nach Missen ist ein landwirtschaftlich kultur-historischer, ökologischer Erlebnisweg mit zahlreichen Infotafeln über Geschichte, Kultur, Fauna und Flora des Allgäus und vielen Spielbereichen für Kinder.

Die Besteigung des Hauchenbergs (1237 m), dem „König der Voralpen" mit dem neu errichteten Aussichtsturm „Alpkönigsblick", ermöglicht einen wahrhaft majestätischen Blick. Von der Zugspitze über die Allgäuer Alpen und die Nagelfluhkette bis hin zum Säntis in der Schweiz.

Weitnau bietet vielfältige Sport- und Freizeitmöglichkeiten wie z.B. Baden, Wandern, Klettern, Mountainbiken, Tennis, Reiten, Fischen oder Golfen vor dem prächtigen Panorama der Allgäuer Alpen.

Ein besonderes Erlebnis ist eine Winterwanderung durch die faszinierende Schneelandschaft, die Langlauf-Loipen entführen in die glitzernde Winterwelt. Wer auf der Piste nicht nur Trubel und Geschwindigkeit sucht, der ist hier genau richtig, denn Skilaufen bedeutet Naturerlebnis und Familienspaß! Skilifte in der Region laden Ski und Snowboardfahren dazu ein.

Veranstaltungen

Höhepunkte im umfangreichen Jahresveranstaltungsprogramm sind:
* das Funkenfeuer am Abend des ersten Sonntags nach Fastnacht
* 1.Mai Maibaumaufstellen
* am 3. Sonntag im August das Burgfest auf der Alttrauchburg
* die Viehscheid am 3.Samstag im September
* der Herbstmarkt am 2. Samstag im September
* Christkindlesmarkt mit Konzert am 1. Samstag im Dezember
* Weitnauer Advent, Singen und Musizieren in der Pfarrkirche Weitnau

Wichtige Adressen und Telefonnummern

Tourismusbüro Weitnau
Hoheneggstraße 25
D-87480 Weitnau
Tel. +49 (0)8375 92 02-41
Fax +49 (0)8375 92 01-641
tourismus@weitnau.de
www.weitnau.de

Alpkönigsblick

Ruine Alttrauchburg

Tannheimer Tal

Im Herzen der Allgäuer Alpen

Das Tannheimer Tal im Herzen der Allgäuer Alpen ist ein circa 1.100 Meter hochgelegenes Tal von ungefähr 20 Kilometern Länge. Es zweigt bei Weißenbach vom oberen Lechtal ab und führt über den Gaichtpass und den Haldensee bis zum Oberjochpass in Bayern. Das Tal wird von der Vils, der Berger Ache, der Nesselwängler Ache, dem Warpsbach und dem Weißenbach durchflossen. Umrahmt wird die Ferienregion von Gebirgsgruppen und markanten Bergen wie Rote Flüh und Gimpel im Nordosten, der Kette der Tannheimer Berge im Süden und den Einstein, das Brentenjoch und den Aggenstein im Nordwesten. Nesselwängle-Haller, Grän-Haldensee, Tannheim, Zöblen, Schattwald und Jungholz sind die sechs Ferienorte der Region, die ihre Gäste das ganze Jahr über willkommen heißen.

Nesselwängle-Haller

Das romantische Bergdorf versprüht mit seinen alten Bauernhöfen und urigen Wirtshäusern einen ganz besonderen Charme. Von hier brechen Wanderer im Sommer auf idyllische Pfade wie den Meraner Steig auf, während der kalten Jahreszeit warten sanfte Skihänge, sonnige Winterwanderwege und zahlreiche Loipen auf Wintersportler.

Grän-Haldensee

Echte Hochgenüsse auf der Sonnenseite des Tals verspricht der Wohlfühlort mit seinem kristallklaren Gewässer, dem Haldensee. Wanderer starten von hier direkt auf das Füssener Jöchle, im Winter gleiten Aktive über Pisten und Loipen.

Bild TVB Tannheimer Tal

Tannheim

Der Hauptort im Tal bietet dank seiner zentralen Lage die ganze Palette an Sport- und Freizeitmöglichkeiten an. Das Naturschutzgebiet Vilsalpsee ist ebenso schnell zu erreichen wie das Wander- und Paragliderevier rund ums Neunerköpfle. Im Winter locken Skiabfahrten und Loipen. Das Heimatmuseum, die Kletter- und Eislaufhalle sowie zahlreiche Shoppingmöglichkeiten bieten ein tolles Alternativprogramm bei schlechtem Wetter.

Zöblen

Das Dorfidyll verspricht Entspannung und Erholung in reizvoller Naturkulisse. Die umliegenden Berge bieten traumhafte Aussichten ins Tal, urige Almen und Hütten verwöhnen mit Tiroler Schmankerln. Wintersportler toben sich im Skizirkus Schattwald/Zöblen aus.

Schattwald

Das ruhig gelegene Dorf am westlichen Taleingang verspricht grenzenlosen Wanderspaß. Vom Hausberg Wannenjoch zum Beispiel hat man einen Blick über das gesamte Tal, der eben erst neu eröffnete Schmugglerpfad oder Entdeckungstouren auf dem Rad eröffnen weitere Traumaussichten. Der Ski- und Langlaufzirkus spricht Aktive während der Wintersaison an.

Jungholz

Die vom angrenzenden Allgäu umgebene Tiroler Enklave ist ein Hort der Ruhe abseits des Durchgangsverkehrs. Im bisher einzigen „Tiroler Kräuterdorf" ist der Name Programm: In den zahlreichen Gärten gedeihen verschiedene Wild-, Tee- und Duftkräuter besonders gut, im Winter erleben große und kleine Urlauber Schneespaß im direkt am Ortsrand liegenden Familienskigebiet.

Im Sommer

Aktiv am Berg

Wandern

Bereits mehrfach als beliebteste Wanderdestination Österreichs ausgezeichnet, bietet das Tannheimer Tal Wandertouren für jeden Geschmack an. Die Vielfalt reicht von leichten Spaziergängen im Tal über mittelschwere Touren auf Höhenwegen bis hin zu alpinen Gipfelerlebnissen auf über 2.000 Metern. Geführte Touren wie die Kräuterwanderung und Events wie der 2-Seen-Lauf oder der Rad-Marathon Tannheimer Tal, das 3 Hütten Rennen und der Füssener Jöchle Berglauf runden das Angebot ab. Infos unter www.tannheimertal.com

Bild TVB Tannheimer Tal

Leicht: Von Tannheim aus sind es vier Kilometer bis in das Naturschutzgebiet Vilsalpsee. Die breite Straße ist gut begehbar und eignet sich auch für wenig geübte Wanderer oder Familien mit Kindern oder Kinderwagen. Zur Einkehr empfehlen sich unterwegs gemütliche Gasthäuser. Frisch gestärkt geht es entweder zurück nach Tannheim oder weiter rund um den Vilsalpsee, wo sich mit der „Vilsalpe" eine weitere Einkehrmöglichkeit bietet. Auf alle, die nach dem etwa einstündigen Spaziergang um den See nicht mehr laufen wollen, warten die Bimmelbahn „Alpenexpress", eine Pferdekutsche oder ein Bus, um sie zurück nach Tannheim zu bringen.

Mittel: Höhenwege bieten tolle Aussichten in das weitläufige Tann-

heimer Tal. Wer die Bewegung an der frischen Luft mit einem kulinarischen Highlight verbinden möchte, nimmt den Höhenweg Lohmoos von Tannheim zum Berghotel Zugspitzblick. Bei guter Sicht sieht man von der herrlichen Sonnenterrasse sogar Deutschlands höchsten Berg. Die Tour dauert eineinhalb Stunden, die gut begebhbare Strecke ist sogar kinderwagengeeignet. Für alle, die das gesamte Tannheimer Tal einmal durchwandern möchten, bietet sich der Tannheimer Rundwanderweg an: In zehn Stunden durchqueren geübte Geher das Tal von Nesselwängle bis nach Schattwald und wieder zurück. Im gesamten Tal gibt es viele Haltestellen des kostenfreien Wanderbusses, der müde Wanderer ganz bequem nach Hause bringt.

Mittel-Schwer: Eine ganz andere Sicht auf das Tannheimer Tal haben Alpinisten von einer der zahlreichen Bergtouren aus. Sie startet an der Talstation der Neunerköpflebahn in Tannheim und führt über den Gipfel des 1.862 Meter hohen Neunerköpfle auf dem Saalfelder Höhenweg zur Strindenscharte. Der Aufstieg zur 2.069 Meter hohen Schochenspitze lohnt allemal. Auf einem Felsband thront die Landsberger Hütte inmitten der Allgäuer Alpen mit Blick auf den klaren Gebirgssee Lache. Ein Stückchen weiter unten erblicken Wanderer den Traualpsee und ganz unten im Tannheimer Tal strahlt tiefblau der Vilsalpsee.

Im „Best of Wandern"-Testcenter in Jungholz können sich Urlauber verschiedene Markenartikel von namhaften Outdoor-Herstellern ausleihen und auf Herz und Nieren prüfen, unverbindlich und gratis. Je nachdem, welche Wanderung die Gäste unternehmen wollen, wird ihnen im Testcenter die ideale Ausrüstung für die geplante Tour individuell zusammengestellt, egal ob Wanderschuhe, Regenjacke, Rucksack, GPS-Gerät, Fernglas oder Trekkingschirm. Das Testcenter hat täglich von 9 bis 17 Uhr geöffnet.

Bild TVB Tannheimer Tal

Mountainbike

Mountainbiker im Tannheimer Tal haben die Auswahl zwischen 15 Touren und 300 Mountainbike-Kilometern für jede Könnens- und Konditionsstufe. Alle Strecken sind miteinander kombinierbar und gut beschildert. Mountainbike-Anfänger oder sichere Rad-Tourenfahrer wie auch E-Biker folgen der blauen Beschilderung im Tiroler Hochtal. Die durchgehend gut befahrbaren Wege haben nur minimale Steigung und eignen sich so bestens für Familien-Ausflüge im Sattel. Rot markiert sind hingegen die mittelschweren und landschaftlich reizvollen Mountainbike-Strecken, die sportliches Radfahrkönnen erfordern. Insgesamt zwei Touren tragen im Tannheimer Tal schwarz. Das heißt: Sie sind als „schwer" eingestuft und fordern Konditionsstärke und Mountainbike-Erfahrung. Wie die Route zur Raaz Alpe, bei der 47 Kilometer und 1.500 Höhenmeter auf die Bergradler warten. Die Vielfalt des Tiroler Hochtals zeigt sich bei der „Talumrundung": Auf 67 Kilometern und 1.280 Höhenmetern bietet die Route die ganze Bandbreite des Mountainbike-Sports. Übrigens, bei der „Tour de Tannheimer Tal" können Biker an beliebiger Stelle ein- oder aussteigen. Das Tannheimer Tal ist übrigens Ausgangspunkt für den Bike-Trail-Tirol, den mit 1.000 Kilometern längsten zusammenhängenden Rundkurs für Mountainbiker im Alpenraum. Infos unter www.tannheimertal.com oder www.bike.tirol.at

Klettern/Klettersteige

Die Kalkfelswände des Tannheimer Tals eignen sich hervorragend als Revier für Kletterer. Aggenstein, Gehrenspitze oder Läuferspitze zählen in der Szene zu den lohnenden Zielen in ruhiger Umgebung und mit faszinierendem Bergpanorama. Von einfacheren Einseillängentouren, also Genussklettertouren, bis hin zu anspruchsvollen alpinen Mehrseilrouten finden ambitionierte Hobbykletterer Strecken für jeden Geschmack und in allen Schwierigkeitsgraden. Die neueste Herausforderung ist der „Südsporn" auf die Köllenspitze. Der neue Klettersteig ist mit 750 Metern Länge, 375 Metern Höhe und dem Schwierigkeitsgrad D nur für geübte Klettersteiggeher geeignet. Die Gehdauer beträgt rund 2,5 Stunden. Möglichkeiten für eine kleine Stärkung gibt es in verschiedenen Berghütten. Die sportliche Anstrengung lohnt: Vom Gipfel der 2.238 Meter hohen Köllenspitze sieht man bei gutem Wetter sogar bis zur Zugspitze. Weitere Informationen unter www.tannheimertal.com

Bild TVB Tannheimer Tal

Sportlich im Tal

Radwandern

Bild TVB Tannheimer Tal

Die breiten, gut ausgebauten Fahrradwege abseits der Bundesstraße führen relativ flach durch das Tannheimer Tal und eignen sich besonders gut für einen Ausflug mit der ganzen Familie und wenig geübte Freizeitradler. Auf entspannte Art lässt sich so die Schönheit und Unberührtheit der Region erleben. Die umweltfreundlichen Motor-Fahrräder von Pedelecs ermöglichen es sogar Urlaubern in jedem Alter und mit jeder Konditionsstärke, in die Pedale zu treten. Der erschwingliche Fahrgenuss wird durch Öko-Strom aus Wasserkraft gespeist und reicht bis zu 100 Kilometer Streckenlänge. Der Radweg Tannheimer Tal etwa durchquert die Ferienregion weitgehend ohne Steigung in ihrer gesamten Länge auf 20 Kilometern. Landschaftlich besonders reizvoll ist die knapp vier Kilometer lange Strecke von Tannheim ins Naturschutzgebiet Vilsalpsee. Diese führt durch einen schattigen Wald vorbei an saftig grünen Wiesen und endet schließlich im Naturschutzgebiet Vilsalpsee mit

Blick auf das smaragdgrüne Gewässer. Infos zu weiteren Radwanderwegen und den Pedelecs unter www.tannheimertal.com

Rennrad

Bild TVB Tannheimer Tal

Das Tannheimer Tal bietet ein umfassendes Streckennetz für Rennradler aller Könnensstufen an. Insgesamt gibt es 22 Touren für jedermann, zusammengefasst in einem handlichen Booklet. Michael Keller, Geschäftsführer des örtlichen Tourismusverbands und ehemaliger österreichischer Mountainbike-Bundestrainer, ist jede Route persönlich abgefahren und hat wichtige Infos zu deren Kartierung geliefert. Das Booklet zeigt alle Touren inklusive Kilometer- und Höhenangabe sowie Streckenbeschreibung, Höhenprofil und Landkarte auf der Rückseite. Die kürzeste Route im Booklet zählt 52 Kilometer und überwindet 370 Höhenmeter, die Längste bringt 216 Kilometer auf den Tacho und überwindet 2.247 Höhenmeter. Aber auch dazwischen gibt es zahlreiche Strecken für jedes Fahr- und Konditionsniveau: Sechs leichte, zwölf mittlere und vier schwere Touren stehen zur Auswahl. Der besondere Service: Das Material ist aus wasserfesten Folien und kann während dem Radeln locker in der Trikottasche verstaut werden. Das Konzept ist bis hin zur Bleibe durchdacht – insgesamt 16 Gastgeber zählen zu den „rennradfreundlichen Unterkünften". Die Bandbreite reicht von der einfachen Pension bis zum Vier-Sterne S-Hotel. Sie alle bieten einen extra Fahrradraum oder die Möglichkeit, das Rad mit aufs Zimmer zu nehmen sowie Werkzeug, Sportleressen und einen Wäscheservice. Das Booklet kostet 9,60 Euro und kann beim Tourismusverband Tannheimer Tal gekauft werden.
Wer sich fit genug fühlt, meldet sich zum alljährlichen Rad-Marathon Tannheimer Tal im Juli an. Für Hobby-Radler und Geübte sind die 130 Kilometer gut zu meistern. Wer die konditionelle Herausforderung sucht, meistert die 230 Kilometer Distanz mit ihren 2.940 Höhenmetern. Aktuelle Termine unter www.rad-marathon.at.

Laufen und Nordic Walking

Tirols größte Lauf- und Nordic-Walking-Arena lädt mit insgesamt 186 Kilometern, eingeteilt in 26 gekennzeichnete Strecken, zum Walken und Laufen in faszinierender Bergwelt ein. Das Wegenetz ist vielfältig, eine eigens ausgearbeitete Lauf- und Nordic-Walking-Karte mit Infos über Höhenprofile, Schwierigkeitsgrade und Länge der Strecken ist in allen Infobüros erhältlich. Spezielle Nordic-Walking-Kurse, bei welchen die Teilnehmer alles über Technik, die richtige Stocklänge und Effektivität lernen, werden den ganzen Sommer hindurch angeboten. Anfang Juni können sich Laufbegeisterte auf ein Highlight freuen, den Zwei Seen Lauf. Infos unter www.tannheimertal.com.

Fischen

Gute Reviere in traumhafter Bergkulisse machen das Tannheimer Tal ab Mai (am Vils-Ach-Bach schon ab April) zu einem echten Geheimtipp für Angler. Der größte Teil der acht befischbaren Gewässer (Haldensee, Fließwasser Haldensee, Fischteich Haldensee, Vilsalpsee, Vils-Ach-Bach, Fischwasser Zöblen, Greither Weiher, Fischwasser Weißenbach und Nesselwängler Ache) ist nicht in Privatbesitz, mit Angelberechtigung darf also gegen Vorlage eines Sportfischerei-Ausweises geangelt werden. Beste Bedingungen bei unterschiedlichen Schwierigkeitsgraden sind garantiert: Das Fließwasser Haldensee zum Beispiel ist sehr leicht zu begehen, der Vilsalpsee hingegen wird schnell sehr tief. Entlohnt aber werden alle Fischer mit der Aussicht auf einen guten Fang (z. B. Hechte, Renken, Schleien, Barsche, Karpfen, Forellen, Saiblinge etc.) und mit dem Blick auf die umliegenden Berge. Infos unter www.tannheimertal.com

Bild TVB Tannheimer Tal

Themenwege

Insgesamt gibt es fünf interessante Themen-Wanderwege im Tannheimer Tal.

Schattwald: Der Schmugglersteig vom Wannenjoch zum Iseler zwischen Tirol und Bayern ist ein Spaß für die ganze Familie und ein Abenteuer für Groß und Klein. Dabei erdreht man sich an einem Schicksalsrad, welche Rolle man einnimmt: Die des Schmugglers oder die des Grenzwärters. An der Bergstation erhält man die entsprechenden Utensilien und wird in seine jeweilige Aufgabe eingeweiht. Am Ende erhalten alle Teilnehmer den Schmugglerpass.
Tannheim: Der 9erlebnisweg rund ums Neunerköpfle gibt in elf spannenden Stationen Informationen über die vielfältige Natur, die einzigartige Bergwelt und das lokale Tierreich. Außerdem können sich die Teilnehmer in das größte Gipfelbuch der Alpen eintragen.

Auch ein neues Stück Jakobsweg führt durch das Tannheimer Tal. Auf der rund 20 Kilometer langen Teilstrecke, die größtenteils der alten Salzstraße Richtung Bodensee folgt, wandern die Pilger durch das Tannheimer Tal bis nach Oberjoch, Deutschlands höchstgelegenem Berdorf.

Grän: Der Vater-Unser-Weg bietet einen wunderschönen Blick auf das Tannheimer Tal und verbindet auf besondere Weise Meditation, Kunst und Natur. Gestartet wird an der St. Michaels Kapelle, entlang der Strecke laden acht Stationen mit Darstellungen der wichtigsten Gebetselemente zum Betrachten und Innehalten ein.
Der Gamskopf mit Panorama-Informator offeriert den grenzenlos freien Blick in die umliegende Bergwelt. Die leichte Wanderung auf die 1.870 Meter hohe Aussichtskanzel Gamskopf startet bei der Bergstation der Füssener-Jöchle-Gondelbahn und dauert circa 20 Minuten. Die Fernsicht reicht bei guter Sicht bis ins 100 Kilometer entfernte München.

Familie

Kindermaskottchen Tanni

Das Eichhörnchen „Tanni" ist das Maskottchen des Tiroler Hochtals und außerdem Pate des Tanni-Kinderclubs in der Tourismusinfo in Tannheim. Dort startet von Juli bis September das täglich wechselnde, betreute Animations-Kinderprogramm. So können Eltern sorgenfrei auch mal Zeit zu zweit genießen. Treffpunkt ist jeweils von Montag bis Freitag zwischen 9.30 und 10 Uhr. Kleine Urlauber verwandeln sich dann in Goldsucher, Indianer, Abenteurer, oder Bauern. Zum Abschluss der spannenden Urlaubswoche basteln die kleinen Tannheimer-Tal-Gäste sogar ihr eigenes Musikinstrument. Bei schlechtem Wetter wird ein Ersatzprogramm mit Basteln, Spielen, Malen, Hüpfburg und so weiter geboten. Zahlreiche Spielplätze runden das Angebot für Kinder ab. Weitere Informationen zum Eichhörnchen Tanni sowie zu den vielen Angeboten für Familien unter www.tannheimertal.com.

Wellness

Wellnesshotels

Insgesamt 14 Vier-Sterne-Hotels und ein Fünf-Sterne-Hotel locken im Tannheimer Tal mit ausgezeichneten Wellness-Angeboten und –Landschaften. Schon die imposanten Riesen der Tannheimer Bergwelt lassen ein einzigartiges Wohlgefühl aufkommen – am schönsten genossen im Ruheraum eines der Hotels mit Panoramablick. Die Auswahl der Anwendungen reicht von Eisgrotte über Tiroler Schwitzstuben und Heilkräuteranwendung bis hin zum exotischen Kontrastprogramm mit Tropenregen, Thai-Massage und Ayurveda. Sogar parallel laufende Partnermassagen werden angeboten.

Kneippen

Im Tannheimer Tal kann man auch gratis etwas für seine Gesundheit tun: Das kühle Nass in zahlreichen Kneippbecken fördert die Durchblu-

Bild TVB Tannheimer Tal

tung, regt den Kreislauf an und führt zu neuem Wohlbefinden. Die Anlagen in Jungholz, Tannheim, Zöblen, Grän-Haldensee, Schattwald und Nesselwängle bieten Wassertret-Becken ebenso wie kalte Armbäder. Infos unter www.tannheimertal.com

Jährliche Events

Zwei-Seen-Lauf

Beim alljährlichen Zwei-Seen-Lauf um den Vilsalp- und um den Haldensee stellen Läufer und Walker ihr Können im Rahmen eines Wettbewerbs unter Beweis. Jogger präsentieren sich auf der 7,2-, auf der 12,5- und der 25,5-Kilometer-Strecke, Nordic-Walker starten direkt in Tannheim ihre 12,5-Kilometer-Route und sogar für Kinder und Schüler gibt es eigene Wertungen. Auf die Gewinner warten hochwertige Preise. Infos und Teilnahmebedingungen unter www.zwei-seen-lauf.com

Rad-Marathon

Beim Rad-Marathon Tannheimer Tal stellen Rennradler nicht nur ihre Ausdauer, sondern auch ihre Schnelligkeit unter Beweis. Der renommierte Wettbewerb, bei dem Hobbyfahrer aller Könnensstufen mitmachen können, wird alljährlich im Juli ausgetragen. Die Streckendistanzen sind mit 130 Kilometern für Einsteiger und Roulleure, mit 230 Kilometern für ambitionierte Fahrer festgelegt und führen durch die reizvolle Landschaft der Allgäuer und Lechtaler Alpen. Ein Rahmenprogramm inklusive Rennradtouren und prominenten Radsportlern rundet den rollenden Sportevent ab. Infos unter www.rad-marathon.at

24-Stunden Wanderung

Schritt für Schritt durch Tag und Nacht erleben die Wanderer auf der 24-Stunden-Wanderung durchs Tannheimer Tal Natur intensiv: Stets umgeben vom faszinierenden Panorama der Tannheimer Berge legen sie auf einer Weglänge von rund 50 Kilometern insgesamt 7.000 Höhenmeter zurück. Für Stärkung ist dabei selbstverständlich gesorgt: Während der anspruchsvollen Bergtour wartet zwischen den vier Etappen jeweils eine Verpflegungsstation mit kräftigenden Mahlzeiten auf die hungrigen Sportler. Die Tour ist nur geeignet für schwindelfreie und trittsichere Wanderer mit Bergerfahrung und guter Kondition. Sie findet unter Anleitung staatlich geprüfter Bergführer statt. Infos unter www.tannheimertal.com

NaturFilmTage

Auf Du und Du mit dem Steinadler: Faszinierende und bisher unbekannte Einblicke in die Naturwelten des Tannheimer Tals und anderer Naturparadiese bieten die Filme, die im Rahmen der NaturFilmTage auf dem Programm stehen. Renommierte Natur- und Tierfilmer präsentieren dort alljährlich ihre neuesten Dokumentationen. Nach den Filmvorführungen stehen die Autoren und Kameraleute den Gästen für Fragen zur Verfügung. Ein täglich wechselndes Rahmenprogramm mit spannenden und lehrreichen Themenexkursionen rundet das Filmfestival ab. Infos unter www.naturfilmtage-tannheimertal.com

Kultur

Herz-Jesu-Feuer

Im Sommer verwandeln sich seit über 215 Jahren die Berge im Tannheimer Tal in ein großes Lichtermeer. Das traditionelle Herz-Jesu-Feuer soll an die Zeit der Nöte, aber auch an die siegreichen Momente während der napoleonischen Besatzung erinnern. Der Brauch zieht jedes Jahr aufs Neue zahlreiche Besucher an, die das brennende Bergschauspiel in nächtlicher Stille für einige Stunden genießen wollen. Die Einheimischen erklimmen am zweiten Wochenende nach Fronleichnam voll bepackt die umliegenden Hänge. Mit Säckchen, die mit Sägemehl befüllt sind, werden sakrale Motive angeordnet. Zum Beispiel flammende Herzen, Tauben oder Kreuze. Kurz vor Einbruch der Dämmerung zünden sie diese dann zeitgleich an. Die Bergfeuer haben in den Tiroler Alpen eine lange Tradition. In Kriegszeiten setzten die Menschen auf den Gipfeln Feuersignale, um vor kriegerischen Auseinandersetzungen zu warnen – so auch im Jahr 1796, als die französischen Truppen unter Napoleon I. Tirol bedrohten. In tiefer Not erbaten die Landstände den göttlichen Beistand: Sollten sie den Feind besiegen, sei dem Herzen Jesu die ewige Treue geschworen. Bis zum heutigen Tag hält die Tiroler Bevölkerung ihr Versprechen von damals, indem sie alljährlich das Herz-Jesu-Feuer feiert. Aktuelle Termine unter www.tannheimertal.com

Talfeiertag

Jedes Jahr am 17. September feiern die Tannheimer ihren Talfeiertag – weil sie wollen, und weil sie nicht anders können: Denn ein Gelübde verpflichtet die 2.800 Einwohner des Tannheimer Tals alljährlich ihrer wehrhaften Vorfahren zu huldigen, die anno 1796 die Franzosen zurückschlugen und die drohende Fremdherrschaft abwandten. Die Feier beginnt um neun Uhr früh mit dem Umzug der Schützen, Musikkapellen, Ministranten und Priester zum Festgottesdienst in die Tannheimer Kirche. Eine Stunde später setzt sich die Prozession in Bewegung, an deren Ende ein Kranz zum Gedenken an die Opfer der Kriege niedergelegt wird. Gegen elf Uhr beginnt der Frühschoppen auf dem Festplatz, der mit Musik, Tanz, Unterhaltung und kulinarischen Köstlichkeiten aus der Region bis in den Abend hinein dauert.

Almabtriebe

Bei den Almabtrieben im Tannheimer Tal werden Brauchtum und Spaß aufs Vortrefflichste miteinander verbunden. Bei dem farbenfrohen Spektakel kehren Kühe und Jungvieh mit viel Glockengebimmel von ihren Almwiesen zurück ins Tal, um in den Ställen zu überwintern. Dabei haben die rund 1300 Tiere auf ihrer Wanderung von den umliegenden Bergen bis zu 1.000 Höhenmeter überwunden. Einheimische und Gäste erleben die bäuerlichen Feierlichkeiten als buntes Fest mit volkstümlicher Musik und Tanz. Ein Höhepunkt ist die Ehrung der Älpler und die Übergabe des Viehs an die Bauern. Hirten und ihre Familien ziehen den Tieren vor dem Abtrieb große Glocken und Schellen an und schmücken sie aufwändig mit Kränzen aus Tannengrün, bunten Bändern und großen Glocken. So farbenfroh hergerichtet wird das Vieh allerdings nur, wenn Mensch und Tier den Bergsommer gesund überstanden haben. Insgesamt gibt es im Tannheimer Tal fünf Almabtriebe (Tannheim, Schattwald, Jungholz, Nesselwängle und Haldensee). Aktuelle Termine unter www.tannheimertal.com.

Bild TVB Tannheimer Tal

Im Winter

Aktiv am Berg

Ski- und Snowboardfahren

Sechs kleine, aber feine Skigebiete direkt vor der Haustür bieten dem alpinen Genießer alles, was er braucht: Insgesamt 55 Pistenkilometer, die über das gesamte Tiroler Tal verteilt sind, stellen Skifahrern und Snowboardern Herausforderungen in allen Schwierigkeitsgraden – vom flachen Übungshang über Familienabfahrten bis hin zur anspruchsvollen FIS-Strecke. Kurze Wege, die hohe Schneesicherheit und die abwechslungsreichen Hänge in intakter Gebirgslandschaft garantieren echten Wintersportgenuss: Meist dauert die Fahrt von der Unterkunft in eines der Skigebiete nur wenige Minuten, der Skibus verkehrt regelmäßig im gesamten Tannheimer Tal. Inhaber der Gästekarte können ihn sogar gratis nutzen. Für das leibliche Wohl und zünftiges Après-Ski sorgen zahlreiche urige Skihütten und gemütliche Bergrestaurants. Acht Skischulen im Tal machen auch aus Anfängern sichere Skifahrer und Snowboarder. Wer nicht gleich ein Liftticket für den halben oder ganzen Tag lösen möchte, für den sind Stundentickets die richtige Wahl. Diese gibt es wahlweise mit einem Zeitbudget von 2, 3, 10 sowie 30 Stunden. Infos zur aktuellen Schnee- und Wetterlage beim „Heißen Draht ins Tannheimer Tal" unter Tel. +43 (0)5675 62 20 26 oder unter www.tannheimertal.com.

Schneeschuhwandern

Die sanfte Art des Wintersports ganz ohne Leistungsdruck erleben Gäste bei einer Schneeschuhwanderung durchs Tannheimer Tal. Die Technik ist schnell und leicht erlernbar, jeder kann mitmachen. Während der Wintersaison finden zweimal pro Woche kostenlose Schnupper-Schneeschuhtouren mit ausgebildeten Tiroler Wanderführern statt. Infos unter www.tannheimertal.com

Eisklettern

Auch wenn das Ziel auf den ersten Blick nicht weit entfernt scheint, ist die Klettertour auf den „gefrorenen Wasserturm“ der Ferienregion Tannheimer Tal doch ein echter Kraftakt. Damit Anfänger wie Fortgeschrittene die eiskalte Herausforderung problemlos bewältigen können, steht den Gipfelstürmern stets ein Tiroler Bergführer mit professionellen Tipps und Tricks zur Seite. Dieser springt bei Bedarf auch als Seilpartner ein. So ist das Erklimmen des rund 17,5 Meter hohen Eiskletterturms ein alpines Wintersportvergnügen ohne Risiko. Wer keine Ausrüstung besitzt, kann sich Steigeisen, Helm und Seil im Sportfachgeschäft vor Ort ausleihen. Der frostige Kletterspaß in Zöblen kostet fünf Euro und findet jeweils dienstags (18:30 bis 21 Uhr) sowie donnerstags (16:30 bis 19 Uhr) während der gesamten Wintersaison nur unter professioneller Anleitung statt. Infos unter www.tannheimertal.com

Rodeln

Im Tannheimer Tal stehen großen und kleinen Schlittenchampions insgesamt 10 ausgewiesene Rodelbahnen zur Verfügung. Die Längen variieren zwischen 50 Metern in Jungholz für Mini-Bobfahrer über die 500 Meter lange Haldenseer Mösle, die abends sogar beleuchtet wird bis hin zur 3.500 Meter langen Abfahrt von der Krinnenalpe, bei der auch Erwachsene ihren Spaß haben. Infos und interaktive Karte unter www.tannheimertal.com

Bild TVB Tannheimer Tal

Sportlich im Tal

Langlaufen

Das Tannheimer Tal ist ein echtes Langlaufparadies und wurde bereits mehrfach ausgezeichnet, unter anderem vom ADAC Ski Guide. Insgesamt 140 Kilometer weit reicht das Loipennetz, und bietet mit einem Höhenunterschied von maximal 50 Metern optimale Bedingungen für Langläufer. Die Strecken eignen sich sowohl für den klassischen Stil als auch zum Skaten. Zu den attraktivsten Loipenrundkursen im Tal gehört die leichte bis mittelschwere 12-Kilometer-Route durchs Naturschutzgebiet Vilsalpsee mit seinem herrlichen Bergpanorama. Besonders attraktiv ist auch die Loipe über den zugefrorenen Haldensee. Die 19,2 Kilometer lange Gaichtpassloipe führt vorbei an Nesselwängle und ist dank der windgeschützten Lage des Ortes auch dann noch befahrbar, wenn andernorts der Schnee bereits schmilzt. Trainierte Wintersportler unternehmen den grenzüberschreitenden Langlauf-Ausflug über Oberjoch im Allgäu, Deutschlands höchstgelegenes Ski- und Bergdorf. Auf dieser 31 Kilometer langen Loipe findet jedes Jahr der SKI-TRAIL (siehe unten) statt. Infos und interaktive Langlaufkarte unter www.tannheimertal.com

Eislaufen/Eisstockschießen

Ein Vergnügen für die ganze Familie ist das leise Gleiten über die zugefrorenen Gewässer oder in der witterungsunabhängigen Eislaufhalle

des Tannheimer Tals – entweder mit Schuss oder ohne.
Tauscher´s EIS-Stadl in Haldensee und die Eislaufhalle Tannheim gewähren sowohl Eisläufern als auch Eisstock-Sportlern den eisigen Spaß. Die Naturplätze Schattwald und Tannheim sind nur dem Eisstockschießen vorbehalten. Infos unter www.tannheimertal.com

Tierisch gut

Schlittenhundepost

Mit den Neujahrsgrüßen aus dem Tannheimer Tal beginnt das neue Jahr tierisch gut. Schlittenhunde sammeln am 30. Dezember die Post des Tiroler Hochtals ein. Und wer will, verschickt seine Glückwünsche zum Jahreswechsel auf der eigens dafür entworfenen Husky-Postkarte mit passender Briefmarke. Von Schattwald führt die Fahrt über Zöblen nach Tannheim, wo sich ein zweites Gespann dazu gesellt. Ein dritter Musher mit seinen Huskys begleitet die Gruppe ab Grän bis nach Nesselwängle. Dort werden die Botschaften am 31. Dezember als Silvesterpost abgestempelt und nach Reutte gebracht.

Wildtierbeobachtung

Sobald die Temperaturen unter den Gefrierpunkt sinken oder der erste Schnee liegt, erleben Gäste im Tannheimer Tal ein besonderes Naturschauspiel: Zwei bis drei Stunden vor der Abenddämmerung kommen freilaufende Hirsche und Rehe zur Futterstelle in Zöblen. Ein Wildtierbeobachtungssstand mit drei Fernrohren ist gegenüber der Futterstelle aufgestellt, um die scheuen Tiere aus nächster Nähe beobachten zu können, sie aber bei ihrer Nahrungsaufnahme nicht zu stören – eine echte Schneesafari! Infos unter www.tannheimertal.com

Bild TVB Tannheimer Tal

Jährliche Events

Den ganzen Winter hindurch ist im Tannheimer Tal jede Menge los: Mehrmals im Jahr etwa kann man gratis an abendlichen Laternenläufen, bei denen die rund 2,5 Kilometer lange Strecke von Öl-Lampen am Loipenrand erhellt wird, teilnehmen. Bei Fun-Wettbewerben wie dem „Gaudi-Touren-Lauf" zur Krinnenalpe oder dem „Fellflitzer Füssener Jöchle Gaudilauf" zählt nicht die Zeit, sondern vor allem der Spaß. Auch in der Karnevalszeit geht es lustig zu: Frau und Mann treten gemeinsam beim „Er und Sie"-Faschingslauf in Jungholz gegen andere Paare an. Spektakuläre Skishows und Fackelläufe sowie das Bildscheibenschießen in Tannheim am Ende der Wintersaison machen das bunte Veranstaltungsprogramm komplett. Infos unter www.tannheimertal.com

Ballonfestival

Beim Internationalen Ballonfestival, das jeweils zwei Wochen lang im Januar veranstaltet wird, steigen täglich rund 25 Heißluftballone aus aller Welt von Tannheim aus in den Himmel auf und fahren, so weit sie der Wind trägt. Bei optimalen Temperaturen und Winden legen die Ballons bis zu 40 Kilometer pro Stunde zurück und bei besonders günstigen Bedingungen starten die Freiluft-Piloten zur Alpen-Überquerung – manche schaffen es sogar bis zur italienischen Po-Ebene. Wer Lust hat, hebt mit ab: Eine Fahrt kostet 220 Euro pro Person. Anmeldung unter Tel. 0043-6769- 49 02 50. Höhepunkte der alljährlichen Veranstaltung sind die Ballonglühen-Events. Hier wiegen sich illuminierte Heißluftballon-Hüllen am nächtlichen Himmel sanft im Walzertakt. Infos unter www.tannheimertal.com

Bild TVB Tannheimer Tal

Nordic Woche Tannheimer Tal Haldensee

Bild TVB Tannheimer Tal

Um jene Sportarten, die ihren Ursprung in Skandinavien haben, dreht sich die Nordic Woche Tannheimer Tal in Haldensee. Und bietet damit die ideale Gelegenheit, mal wieder etwas Neues auszuprobieren und für sich zu entdecken. Mitte Februar können Schneeliebhaber zahlreiche Techniken und Sportgeräte rund um die nordischen Disziplinen testen, von Nordic Cruising bis hin zum Langlaufen. Beim 3-Stunden-Rennen geht es auf Langlauf-Skiern in 2er-Teams auf den beleuchteten Rundkurs mit circa 5 Kilometern Länge. Ihre Geschicklichkeit stellen Interessierte beim „Biathlon für Jedermann" auf die Probe: Besonders beim Umgang mit dem Luftgewehr ist Zielgenauigkeit gefragt – bei einer Entfernung von 10 Metern. Infos unter www.3-stundenrennen.at

SAAC Lawinencamp

Anfang Februar und Anfang März informieren staatlich geprüfte Berg- und Skiführer beim SAAC-Lawinencamp in Theorie und Praxis über alpine Gefahren, Risiko-Management, Ausrüstung und die richtige Verhaltensweise abseits der gesicherten Pisten. Teilnehmen können alle FreeriderInnen ab 14 Jahre, die über ausreichend Fahrkönnen im freien Gelände verfügen – und das kostenfrei. Infos und Anmeldung unter www.saac.at

Nordic Fitness Winter Tage

Die „Nordic Fitness Winter Tage" werden im Rahmen des Ski-Trails veranstaltet. Jeweils ab morgens liegen die neuesten Sportgeräte rund um den nordischen Skisport zum Test bereit, auch Stunden in Nordic Walking, Nordic Cruising oder Schneeschuhwandern stehen zur Auswahl. Termine unter www.ski-trail.info

Bild TVB Tannheimer Tal

SKI-TRAIL
Tannheimer Tal – Bad Hindelang

Mitmachen kann jeder, der Spaß am Langlaufen hat, egal ob Profi oder Freizeit-Langläufer, Erwachsener oder Kind: Der jedes Jahr stattfindende Wettbewerb SKI-TRAIL Tannheimer Tal – Bad Hindelang ist mit 1.400 Teilnehmern eine der größten Langlauf-Breitensport-Veranstaltungen in Österreich. Die spannenden Wettkämpfe im klassischen Stil und im

Bild TVB Tannheimer Tal

Skating führen 14, 25, 35 und 55 Kilometer lang unter anderem auf der Loipe SKI-TRAIL durch das verschneite Tal, unterwegs sorgen Verpflegungsstationen für das leibliche Wohl der Sportler. Daneben kann sich auch das Rahmenprogramm sehen lassen: Die besten Natur-Abenteuerfilme gibt's bei der „European Outdoor Film Tour", Romantiker treffen sich zum Laternenlauf ohne Zeitnahme und langlaufbegeisterte Kids dürfen ihr Können beim MINI SKI-TRAIL auf zwei beziehungsweise vier Kilometern unter Beweis stellen. Außerdem stehen festliche Siegerehrungen, Materialtests sowie interessante Vorträge und Präsentationen von prominenten Langläufern auf dem Programm. Infos unter www.ski-trail.info

Wichtige Adressen und Telefonnummern

Tourismusverband Tannheimer Tal
Oberhöfen 110 , A-6675 Tannheim
Tel. +43 (0)56 75 62 20-0
Fax +43 (0)56 75 62 20-60
Wetter-Tel. +43 (0)56 75 62 20-26
www.tannheimertal.com
info@tannheimertal.com

Essen und Trinken

Hotel „...liebes Rot-Flüh“

Das „...liebes Rot-Flüh“ verfügt über 3 ganz besondere Restaurants. Kulinarische Genüsse aus der Haubenküche, ein perfekter Service und das luxuriöse Ambiente verbinden sich zu einer Symbiose der Extraklasse und erzeugen so höchstes Wohlbefinden. Lassen Sie sich doch wieder einmal auf höchsten Niveau verwöhnen - Sie werden es garantiert nicht bereuen.
Traumhotel ....liebes Rot Flüh, A-6673 Haldensee, Tel. +43 (0)5675 64 31, Fax +43 (0)5675 64 31 46, www.rotflueh.com

Übernachten

Bed & Breakfast Jungholz

Unbeschwerte Urlaubstage und herzliche Gastfreundschaft erlebt man im gemütlichen Bed & Breakfast Jungholz, Fam. Hoek – Van Baalen, Langenschwand 35 a, A-6691 Jungholz, Tel. +43 (0)5676 8157, info@bbjungholz.com, www.bbjungholz.com

Wellness

Hotel „...liebes Rot-Flüh“

Im Wellnessparadies „Cinderella-Castle“ findet man Erholung pur - ganz gleich ob in der einzigartigen Pool- und Badewelt, in den Saunen und Dampfbädern, im Beautysalon oder Ayurvedatempel.
Traumhotel ....liebes Rot Flüh, A-6673 Haldensee, Tel. +43 (0)5675 64 31, Fax +43 (0)5675 64 31 46, www.rotflueh.com

Musical

Hotel Liebes Roth Flüh

Das Musical über die Entstehung des sagenhaften Hotels Europas erstes und einziges Hotel mit einem eigens produzierten Musical, das die Geschichte der Familie und die Entstehung des Hotels inmitten des sagenumwobenen Tannheimer Tals erzählt. Die Aufführungen finden im Erlebnisrestaurant „Via Mala“ statt, jener Ort, der weit über die Landesgrenzen hinaus durch sein „echtes“ Gewitter bekannt ist, und damals von Bruno Huber 1987 ins Leben gerufen wurde. Die Gäste sitzen inmitten des Geschehens und sind hautnah dabei. Heute, über 25 Jahre später ist es wieder die „Via Mala“, die mit einer neuen Attraktion aufwartet.
Traumhotel ....liebes Rot Flüh, A-6673 Haldensee, Tel. +43 (0)5675 64 31, Fax +43 (0)5675 64 31 46, www.rotflueh.com

Bergkäserei Biedermann

Das Beste von Berg und Tal

Die Sennerei der Tannheimer Taler Bergkäserei Biedermann ist immer einen Besuch wert. Beliebte Produkte aus reiner Heumilch von den Bauern des Tales – der Bergkäse in verschiedenen Reifegraden von mild bis würzig, der Aggensteiner, Joghurt und Bergbutter – entstehen in der alten Tradition erfahrener Senner unter der Leitung von Markus Biedermann, dem Enkel des aus der Schweiz stammenden Firmengründers.

Erlesenes Sortiment

Herzhafte Wurstspezialitäten – auch vom heimischen Wild – erlesene Weine aus den Kellern Österreichs, Spirituosen, Schokoladen aus der Schweiz und feine Marmeladen runden das Angebot für die Jause und das Fest ab.

Auch im Online-Shop

Das komplette, erlesene Sortiment der Bergkäserei Biedermann ist auch im Online-Shop erhältlich. Infos im Internet unter: www.biedermann-kaese.com Die Sennerei ist einfach zu finden: an der Straße zwischen Haldensee und Tannheim, bei der Abzweigung nach Grän.

Bergkäserei Biedermann
Seestraße 1
A-6673 Grän-Haldensee
Tel. +43 (0)5675 6463
Fax +43 (0)5675 6462
info@biedermann-kaese.com
www.biedermann-kaese.com

Ferienwohnungen

Neben den Produkten der Bergkäserei bietet Ihnen die Familie Biedermann elegante Suiten und Ferienwohnungen mitten im Tannheimer Tal. Die Angebote befinden sich in herrlicher und ruhiger Lage.

Familie Biedermann
Neugrän 5, A-6673 Grän
Telefon/Fax +43 (0)5675 6028
www.biedermanns-suiten.com

...liebes Rot-Flüh

Eine Oase des Wohlbefindens für alle Sinne

Himmlisch Wohnen

Das „...liebes Rot Flüh“ erfüllt mit seinen 101 in verschiedensten Stilrichtungen und mit jedem erdenklichen Komfort ausgestatteten Zimmern und Suiten, in Größen bis 200 qm allerhöchste Ansprüche. Liebevolle Akzente erinnern an ein verwunschenes Dornröschen-Schloss, in dem Urlaubsmärchen wahr werden können.

Göttlich Speisen

Das „...liebes Rot-Flüh“ verfügt über drei ganz besondere Restaurants. Kulinarische Genüsse aus der Haubenküche, ein perfekter Service und das luxuriöse Ambiente verbinden sich zu einer Symbiose der Extraklasse und erzeugen so höchstes Wohlbefinden. Lassen Sie sich doch wieder einmal auf höchsten Niveau verwöhnen – Sie werden es garantiert nicht bereuen. Im einzigartigen Erlebnisrestaurant Via Mala werden inmitten einer spektakulären Kulisse und eines akustischen Naturschauspiels überaus schmackhafte Schmankerl sowie seltene Spezialitäten serviert.

Wellness und Beauty

Im Wellnessparadies "Cinderella-Castle" findet man Erholung pur – ganz gleich ob in der einzigartigen Pool- und Badewelt, in den Saunen und Dampfbädern, im Beautysalon oder Ayurvedatempel. Anwendungen und Behandlungen jeder Art werden hier vom Feinsten angeboten, so dass kein Wunsch offen bleibt.

NEU: DAS MUSICAL

Die Legende des ...liebes Rot-Flüh
Das "...liebes Rot-Flüh" ist das erste Hotel in Europa, welches seinen Gästen die Entstehung und sagenhafte Geschichte mittels einem extra produzierten, so magisch wie zauberhaftem Musical erzählt. Ganz gewiss ein ganz besonderes Erlebnis für ganz besondere Tage. Das Hotel bietet übers Jahr verstreut entsprechende Musical-Arrangements zu verschiedenen Terminen an. Lassen Sie sich herausheben aus dem "Heute" und entführen in die Welt der Sagen des Tannheimer Tals.

Sport und Freizeit

Im sportwissenschaftlichen Zentrum stehen für gesundheitsbewusste Gäste ausgebildete Fachkräften bereit. Spezielle, individuell ausgearbeitete Trainingspläne und zielorientiertes Coaching bringen den gewünschten Erfolg und bieten zudem ein Höchstmaß an Erholung.

Info/Reservierung:
Traumhotel ....liebes Rot Flüh
A-6673 Haldensee
Tel. +43 (0)5675 6431
Fax +43 5675 643146
www.rotflueh.com

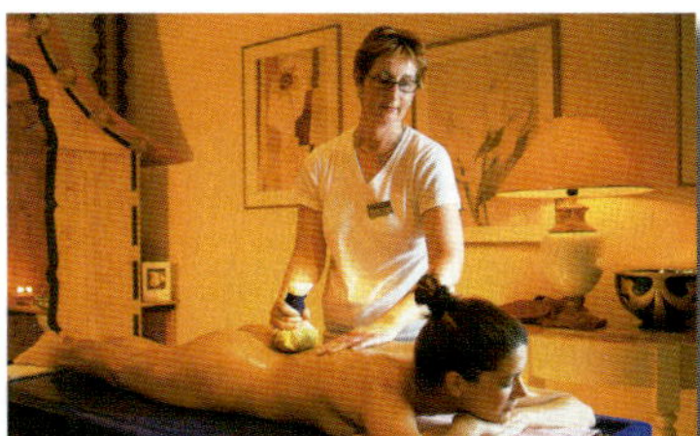

Grän-Haldensee

Wohlfühl-Orte und ausgewogene Angebote

Den Besuchern in den Wohlfühlorten Grän und Haldensee eröffnen sich im Herzen von Europa jederzeit viele schöne Freizeitmöglichkeiten: zum Wandern, Radfahren, Nordic Walken, Schwimmen, Skifahren, Langlaufen.

In Grän an der Sonnenseite des Tannheimer Tals wird Wintersport großgeschrieben. Das Füssner Jöchle ist durch eine moderne 8er-Gondel schneesicher erschlossen. Auf 1800 Meter Seehöhe befindet sich ein neu errichteter 6er-Sessellift zur Jochalpe.

Die familienfreundlichen Schlepp-liftanlagen am Schachen, sind im ganzen Tal einzigartig und bestens für Einsteiger geeignet.

Ein Bad im kristallklaren See

Der Ortsteil Haldensee – Namensgleich mit dem kristallklaren See – lädt zu einem erfrischenden Bad in den Sommermonaten ein. Wer hat schon jemals in Trinkwasser gebadet? Im Haldensee eine Selbstverständlichkeit. Dies wird jährlich vom Land Tirol geprüft und bestätigt.

Grän und Haldensee
(Bilder Tourismusverband Tannheimer Tal)

Vom Ballonfestival bis zum Almabtrieb

Das ganze Jahr über finden im Tal attraktive Veranstaltungen für ein gemischtes Publikum statt - beginnend mit dem Ballonfestival im Januar. Im Sommer folgen der Seen-Lauf und der Radmarathon Tannheimer Tal. Zu den Almabtrieben und zu den Naturfilmtagen im Herbst wird hier ebenfalls herzlich eingeladen.

Nordic Walking Mountain Bike

Grän-Haldensee ist Teil der Nordic Walking Arena Tannheimer Tal und natürlich Teil der mit dem Tiroler Pistengütesiegel ausgezeichneten Langlaufarena Tannheimer Tal. Für Mountainbiker gibt es die ausgewiesene, mittelschwierige Strecke über den „Adlerhorst".

Vater-unser-Weg

Von der St. Michaels Kapelle in Lumberg Richtung Tannheim (Höhenweg) befindet sich der Vater unser Weg. Anlässlich des 200-jährigen Herz-Jesu-Gelöbnisses (1796-1996) des Landes Tirol, hat die Pfarrgemeinde Grän einen Meditationsweg errichtet. Hofrat Dr. Walter Besler aus Haldensee gestaltete die „ACHT VATER UNSER BITTEN" künstlerisch auf Eternit. Es wird eingeladen, die Ruhe des Urlaubes auch zur seelischen Erholung zu nutzen. Beim ersten Stein sind Begleitheftchen deponiert.

Schlittschuh laufen

Die Natureislaufbahn am Haldensee bietet Eislaufvergnügen, das vor der Kulisse der Tannheimer Berge zum beeindruckenden Erlebnis wird.

Wichtige Adressen und Telefonnummern

Info-Büro Grän-Haldensee
Dorfstraße 1, A-6673 Grän-Haldensee
Tel. +43 (0)5675 62 85
Fax +43 (0)5675 62 20 60
info@tannheimertal.com
www.tannheimertal.at

Jungholz

Tiroler Exklave im Allgäu

Das Gebiet der Tiroler Gemeinde Jungholz (rund 310 Einwohner) mit einer Fläche von sieben km² auf einer Seehöhe von 1.054 m ist ringsum von Bayern, also deutschem Staatsgebiet umgeben. Nur am Gipfel des 1.638 m hohen Sorgschrofen berührt Jungholz über einen geometrischen Punkt das Land Tirol und somit das österreichische Mutterland.

An einer Abzweigung der Deutschen Alpenstraße zwischen Oberjoch und Wertach erreicht man die Straße nach Jungholz, die im Ort endet. Abseits des Durchgangsverkehrs ist die idyllische Gemeinde auf einer sonnigen Höhenterrasse eine Oase der Ruhe und Erholung.

In Tirols bisher einzigem „Kräuterdorf“ pflegen eine Anzahl Einwohnerinnen in ihren Gärten vor allem Wild-, Tee- und Duftkräuter. Das Kräutertor am Ortseingang und der große Kräutergarten an der Kirche „Mariä Namen“ im Dorfzentrum mit dem Thema Frauenkräuter verschönern das Ortsbild. Besucher können in Kursen die Herstellung von Kräutersalben- und seifen sowie das Backen von Kräuterbrot erlernen oder an einer geführten Kräuterwanderung mit Kultur- und Naturführerin Lili teilnehmen.

Mariä Namen
(Bild TVB Tannheimer Tal)

Jungholz
(Bild TVB Tannheimer Tal)

Kurzer Blick ins Geschichtsbuch

Die Gemeinde wurde 1342 erstmals anlässlich eines Kaufvertrages urkundlich erwähnt.

Durch den Vertrag kam das Gebiet von Bayern zu Tirol und war in den folgenden Jahrhunderten häufiger Anlass zu Grenzstreitigkeiten. Im Grenzregulierungs- und Staatsvertrag von 1844 und 1850 erhielt Jungholz die volle Zuerkennung zur Landeshoheit Österreichs und die endgültigen Grenzen. Seit dem Zollvertrag von 1868 bis 1994 war Jungholz deutsches Zollanschlussgebiet. Seit dem Beitritt Österreichs zur Europäischen Union 1995 sind die Zollanschlussgebiete weggefallen. Seit 2006 gehört Jungholz zum Tourismusverband Tannheimer Tal.

Kräutertor
(Bild TVB Tannheimer Tal)

Sehenswürdigkeiten

Die 1714 erbaute Pfarrkirche Mariä Namen in Jungholz ist mit einem prachtvollen Deckenfresko aus dem Jahre 1781 ausgestattet, welches Maria als Gnadenspenderin zeigt. 1788 wurde die Kirche zu Ehren Marias vom Augsburger Fürstbischof feierlich geweiht, 1970 erfolgte die Anschaffung einer neuen Orgel. 1994/95 wurde die Kirche renoviert.

Veranstaltungen

In Jungholz sorgen viele Brauchtumsveranstaltungen wie Alphornblasen, Standkonzerte, Modenschauen, Zithermusik und Tanzabende für abwechslungsreiche Unterhaltung. Am Funkensonntag, dem Sonntag nach Aschermittwoch, werden mit einem großen Funkenfeuer bei Jagertee, Glühwein und süßem Schmalzgebäck, den sogenannten Funkenküchle, der Winter und die Kälte vertrieben.

Jedes Jahr im Januar finden im Tannheimer Tal die Ballonwochen statt. Ein Highlight ist das Ballonglühen, welches jährlich Mitte Januar in Jungholz abgehalten wird.

Ballonglühen
(Bild TVB Tannheimer Tal)

Freizeit und Sport

Wandern

Jungholz ist mit seiner wunderschönen Gebirgslandschaft und der reinen Höhenluft ein Paradies für Naturfreunde und Wanderer. Ein ausgedehntes Gebiet mit markierten Wanderwegen, zünftigen Einkehrmöglichkeiten und herrlichen Ausblicken steht den Feriengästen zur Verfügung.

Beliebt ist der bequeme Panorama-Höhenweg. Eine attraktive Tour führt um den Sorgschrofen zur Scheidbachalpe, wo man rechts abbiegt und auf einem wildromantischen Weg entlang der Vils nach Rehbach wandert (Einkehrmöglichkeit). Über Unterjoch gelangt man zurück nach Jungholz. Die Schrofenhütte oberhalb von Jungholz, direkt im Wandergebiet, lockt mit einer schönen Aussichtsterrasse und zünftigen Hüttenabenden.

Nach einer Wanderung bietet die Freiluft-Kneippanlage eine willkommene Erfrischung.

Empfehlenswert ist eine geführte, informative Wanderung mit einem ortskundigen Führer zu den reizvollen Zielen der Umgebung.

Mountainbike

Mountainbiker schätzen Jungholz als günstigen Ausgangspunkt für Radtouren. Eine schöne Tour führt von Jungholz nach Oberjoch, wo man ins

Alphornbläser
(Bild TVB Tannheimer Tal)

Tannheimer Tal nach Schattwald und Grän abbiegt. Dort geht die Fahrt ins romantische Engetal in rasanter Abfahrt hinunter nach Pfronten. Von dort hat man die Wahl zwischen der Strekke Nesselwang – Wertach – Jungholz oder den schattigen Weg entlang der Vils über die Scheidachalpe zurück nach Jungholz.

Badespaß

Das beheizte Felsen-Frei-Schwimmbad liegt wunderschön am sonnigen Hang und bietet mit Sport- und Kinderbecken sowie einem Minigolfplatz Freizeitspaß für Groß und Klein, und das bei freiem Eintritt mit der KönigsCard.

Wintersport

Jungholz verfügt über ein direkt am Ortsrand liegendes abwechslungsreiches Familienskigebiet mit leichten bis mittelschweren Pisten. Die kindergesicherten 4-er Sesselbahnen führen auf 1.100 m bis 1.500 m Höhe. Vier Schlepplifte erschließen das übersichtliche Gelände, das für Familien sehr gut geeignet ist. Beschneiungsanlagen sorgen für die nötige Schneesicherheit. Die kleinen Skifahrer tummeln sich vergnügt im eigenen Kinderski- und Spielland „N'Ice Baer-Land“.

Skilangläufer finden hier gespurte Loipen in der bezaubernden Schneelandschaft mit Anschluss an die Loipen Richtung Unterjoch – Oberjoch – Tannheimer Tal. Ein 500 m langer Rundkurs beim Freibad ist sogar mit Flutlicht ausgestattet.

Geführte Schneeschuhwanderungen, ein Vergnügen besonderer Art abseits gebahnter Wege, werden den ganzen Winter angeboten. Wintersportgeräte können im Ort ausgeliehen werden.

Eine 3 km lange Rodelbahn ab Alpe Stubental mit Flutlichtbeleuchtung sorgt für Rodelspaß pur, Rodelverleih direkt bei der Alpe.

Wichtige Adressen und Telefonnummern

Tourismusverband Tannheimer Tal
Oberhöfen 110
A-6675 Tannheim
Tel. +43 (0)56 75 62 20-0
Fax +43 (0)56 75 62 20-60
info@tannheimertal.com
www.tannheimertal.com

Skaten im Tannheimer Tal
(Bild TVB Tannheimer Tal)

Bed & Breakfast Jungholz

Holländische Gastfreundschaft im schönen Tirol

Herzlich willkommen im Bed & Breakfast Jungholz. Die holländische Familie Hoek – Van Baalen hat vor einigen Jahren die ehemalige Pension Katharina übernommen. Das Haus wurde umgebaut, renoviert und präsentiert sich heute als urgemütliche Frühstückspension. Die gastfreundliche Familie Hoek kümmert sich persönlich um das Wohl ihrer Gäste und sorgt für einen unvergesslichen Aufenthalt. Das Haus verfügt über eine Reihe von Doppelzimmern: den „Bergblickzimmern" mit bequemer Sitzecke sowie Südbalkon und Blick auf den Sorgschrofen, dem Jungholzer Hausberg, oder den ähnlich ausgestatteten „Komfortzimmern" ohne Balkon. Die drei Familienzimmer (Doppel- und Kinderzimmer mit Zwischentür) sind ideal für Familien geeignet. Alle Doppel- und Familienzimmer sind Nichtraucherzimmer und mit SAT-Fernseher, Uhr, Radio, Föhn und Bad mit WC ausgestattet. Ferner gibt es Familien-Kombi-Angebote sowie vier Einzelzimmer.

Der Tag im Bed & Breakfast beginnt mit einem reichhaltigen Verwöhnfrühstück. Bei der Planung und Gestaltung eines Urlaubstages ist Familie Hoek gerne behilflich. Zu jeder Jahreszeit bietet Jungholz vielfältige Freizeitmöglichkeiten wie Wandern, Baden, Skifahren, Skilanglauf und vieles mehr. Ausflüge ins nahegelegene Tannheimer Tal, nach Oberstdorf oder zu den Königsschlössern sind dank der günstigen Lage problemlos möglich. Jungholz ist beliebtes Ziel für Motorrad-Biker, die gern im Bed & Breakfast Station machen.

Im Zimmerpreis inbegriffen ist die Königscard, die den Feriengästen über 200 Gratisleistungen in Freizeiteinrichtungen im Ostallgäu, den Ammergauer Alpen und der Naturparkregion Reutte/Tirol bietet. Am Abend treffen sich die Gäste zum gemütlichen Beisammensein im behaglichen Aufenthaltsraum mit Kinderspielecke. Hungrige genießen die Snacks im Kellerstüble. Sauna und Solarium können gegen geringen Aufpreis genutzt werden. **Tipp:** Leser erhalten bei Vorlage des Reiseführers im Bed & Breakfast 10% Rabatt!

Bed & Breakfast Jungholz

Fam. Hoek – Van Baalen
Langenschwand 35a
A-6691 Jungholz
Tel. +43 (0)5676 81 57
info@bbjungholz.com
www.bbjungholz.com

Hier erhalten Sie die Leistungen der Allgäu-Walser-Card (siehe Seite 26) und der KönigsCard (siehe Seite 31)

es Licht
52 m
Biberkopf
2600 m
Widderstein
2536 m
Kanzelwand
2059 m
Einödsbach
Fellhorn
2037 m
Mittelberg
Hirschegg
Riezlern
Kleinwalsertal
Freibergsee
Riedberger Horn
1787 m
Tiefenbach
Oberstdorf
Obermaiselstein
Langenwang
Sonderdorf
Schöllang
Bolsterlang
Fischen
Ofterschwang
Altstätten
dorf
Spieser
1650 m
Sonthofen
Hindelang
Grünten
1738 m
B 19
Oberjoch
Blaichach
Sorgschrofen
1636 m
terjoch
Burgberg
Immenstadt
Rettenberg
Bühl/Alpsee
Jungholz
Kranzegg
Stein
Gr. Alpsee
Iller
Wertach
Grüntensee
Martinszell
Pfronten
Faistenoy
Niedersonthofener
See
Petersthal
B 309
Moosbach
B 19
B 310
Haslach
Mittelberg
Rottach-
speicher
Nesselwang
Sulzberg
Bensee
Oy
Maria Rain
A 7
Oberzollhaus
Waltenhofen
Buchen
isenberg
B 309
Rückholz
Görisried
Hochgreut
Kempten
Seeg
Wald
Wigge
Wildpolzried

(Bild Kleinwalsertal Tourismus)

Das Kleinwalsertal

Hirschegg, Mittelberg, Riezlern – inmitten majestätischer Gipfel

Inmitten majestätischer Gipfel liegt das österreichische Hochgebirgstal in einer Höhenlage von 1.100 bis 1.250 Metern am Nordrand der Alpen. Die Walsertaler Berge grenzen im Osten und Südosten an die Lechtaler Alpen, nach Norden hin öffnet sich das Alpenvorland und der Große Widderstein (2.536 m) grenzt im Süden und Westen an das Lechquellengebirge/Arlberg und den Bregenzerwald. Das Tal wurde um 1270 von Walsern besiedelt, einer Volksgruppe, die aus dem oberen Wallis (Schweiz) zuwanderte. Der Dialekt hat sich noch recht gut erhalten und unterscheidet sich deutlich von den Nachbarn in Vorarlberg und im Allgäu.Während sich die Walser entlang der Breitach ansiedelten, blieben die Seitentäler reines Alpgebiet - ursprünglich und naturbelassen. Vier Berge sind mit Bergbahnen erschlossen.Heute leben in den drei Dörfern Riezlern, Hirschegg und Mittelberg mit Baad etwa 5.000 Menschen, die zum großen Teil im Tourismus tätig sind und sich auf Feriengäste freuen.

Geschichte

Die Jahreszahl 1302 an der Südwestwand der Kirche in Mittelberg erinnert an die Erstbesiedlung des Breitachtales durch Walliser Bauern vom Tannberg her über den Hoch-

Kleinwalsertal
(Bild Kleinwalsertal Tourismus)

alppass. Sie waren alemannische Flüchtlinge aus dem Kanton Wallis (Schweiz), die sich in den Hochtälern Vorarlbergs niederließen und das bisher unbesiedelte Gebirgstal rodeten. Es war bis dahin lediglich Jagdgebiet der schwäbischen Herren von Rettenberg, die das gerodete Land den Siedlern zu Lehen überließen. Im Jahre 1451 eroberte Herzog Sigmund von Tirol mit Waffengewalt das Kleinwalsertal, welches seit 1453 mit einigen Unterbrechungen zu Österreich gehört. Die Walser verfügten von 1397 bis 1807 über freie Gerichtsbarkeit und sonderliche Freiheiten. Der wirtschaftliche Rückschlag als Folge der deutschen Schutzzollsperre von 1878 konnte mit dem Zollanschlussvertrag vom 1. Mai 1891 wieder aufgefangen werden, der das Kleinwalsertal als geographisch bedingte Enklave wirtschaftlich an Deutschland anschloss, die österreichischen Hoheitsrechte aber unbeschadet ließ. Dieser seit über 100 Jahren wirksame Vertrag hat sich für beide Grenzgebiete gut bewährt.

Kulturelles

Im gesamten Kleinwalsertal können Besucher Kultur erfahren, wenn sie mit offenen Augen und Ohren durch das Tal gehen. Spezielle Einrichtungen bieten vertiefende Einblicke.

Das Walser Museum beheimatet eine umfangreiche und interessante Sammlung zu Brauchtum, Natur, Tradition und Geschichte schönen Alpentales. Die ideale Ergänzung findet sich „in

Walsertracht
(Bild Kleinwalsertal Tourismus)

freier Wildbahn“ mit dem Kulturweg Kleinwalsertal. Insgesamt 40 Objekte wurden von Wolfgang Hilbrand aufgearbeitet und mittels Tafeln und in der Broschüre „Erlebe unsere Kultur und Tradition“ beschrieben (€ 3,50 mit Gästekarte). Diese Zeitzeugen erzählen ihre eigenen Geschichten und Episoden über das Kleinwalsertals auf den Rundwegen in allen drei Orten. Wechselnde Ausstellungen zeitgenössischer – oft auch von heimischer – Künstler sind im Kulturcafé im Kurpark in Riezlern zu sehen. Doch das Angebot des Kulturcafés beschränkt sich nicht auf bildende Kunst, sondern zieht sich über sämtliche Sparten und Veranstaltungsarten, es gibt also immer etwas zu erfahren.

Wanderung an der Kanzelwand (Bild Alexander Rochau)

Wanderparadies Kleinwalsertal

Atemberaubende Grenzerfahrungen

„Aufsteigen zum Runterkommen“, das ist nicht nur ein Motto, sondern im Kleinwalsertal Realität: Mit den Wanderwegen auf 3 Höhenlagen und in unterschiedlichen Schwierigkeitsgraden sowie dem Vitalwanderwegenetz Walser Omgang wird Naturfreundenalles geboten, was das Wander- und Bergsteigerherz begehrt. Schon im Tal ist man

„immer auf der Höhe“ – alles spielt sich in der optimalen Lage zwischen 1.100 und 2.500 Metern ab. Hoch hinaus kommen Besucher dazu auf den Gipfeln wie dem Großen Widderstein (2.536 Meter), der Kanzelwand (2.058 Meter) und dem Hoher Ifen (2.229 Meter). Auch einzigartige und besondere Wanderungen wie der Aufstieg zur Schwarzwasserhütte samt Besuch der unter Landschaftsschutz stehenden Alpe Melköde oder die Tour zum botanisch und geologisch in Westösterreich einzigartigen Gottesackerplateau sorgen für steigenden Puls. Und: Man kann dabei nicht nur die eigenen Grenzen erfahren! Zusammen mit dem benachbarten Oberstdorf bildet das Kleinwalsertal die deutsch-österreichische Zweiländerwanderregion,ein grenzenloses Wandervergnügen, nicht nur in Bezug auf das Wanderangebot. Mit dem Bergbahn-Inklusiv-Ticket, das bei zahlreichen Gastgebern im Sommer bereits im Urlaubspreis inkludiert ist, sind die Bergbahnfahrten an allen acht Berg- und Sesselbahnen im Kleinwalsertal und Oberstdorf enthalten!

Bike-Paradies Kleinwalsertal

Das Kleinwalsertal ist der perfekte Ort für all diejenigen, die auf dem Mountainbike dem Alltag entkommen wollen. Anspruchsvolle Touren, abwechslungsreiche Abfahrten aber auch gemütliche Strecken, das Ganze umringt von einem gigantischen Bergpanorama – im Kleinwalsertal findet jeder Mountainbiker genau das Richtige. Verschiedene Touren-Angebote können allein oder mit einem ortskundigen und erfahrenen Bike-Guide in der Gruppe erkundet werden.

Mountainbiken
(Bild Markus Greber)

Skispaß pur im Kleinwalsertal

Verschneite Winterlandschaft soweit das Auge reicht umrahmt von fantastischem Bergpanorama und an den Füßen die Bretter, die die Welt bedeuten. Dieser Traum in Weiß wird im grenzübergreifenden Skigebiet Oberstdorf-Kleinwalsertal jedes Jahr aufs Neue Realität.Die 124 Pistenkilometer der Zwei-Länder Skiregion sind äußerst vielseitig: abwechslungsreiche Familienabfahrten, anspruchsvolle schwarze Pisten und fantastische Tiefschneehänge lassen jedes Wintersportler-Herz höher schlagen. Spaß im Kinderskikurs ist garantiert und der bestens präparierten Crystal Ground Snowpark wartet auf alle Freestyler und solche, die es noch werden wollen. Und das Beste: im „Schneeloch Kleinwalsertal" können die Feriengäste in vielen Unterkünften direkt vor der Haustüre ins Skivergnügen einsteigen. So wird der Winterurlaub zum Skispaß pur.

Winterwandern

Über 50 km Wege bieten im Kleinwalsertal Freiraum für entspanntes oder aktivierendes Winterwandern. Die meisten Wege befinden sich in der Tallage und den Seitentälern bis 1400 m. Darf es auch etwas in die Höhe gehen? Ideal sind hier die Touren ins Schwarzwassertal (1620 m), zum Söllereck (1358 m) und der Rundwanderweg auf dem Gottesakker auf 2000 m Höhe. Oder man lässt sich bei einer gemütlichen Runde von der Eiswelt in der Breitachklamm verzaubern.

Wichtige Adressen und Telefonnummern

Kleinwalsertal Tourismus
Walserstraße 264
A-6992 / D-87568 Hirschegg
Tel. +43 (0)5517 51 14-0
info@kleinwalsertal.com
www.kleinwalsertal.com

Freeriden
(Bild Alexander Rochau)

Essen und Trinken

Hotel Bellevue

An einem erlebnisreichen Urlaubstag genießt der Gast die kulinarischen Spezialitäten im Panoramarestaurant des Hotels Bellevue, Außerschwende 4, A-6991 Riezlern, Tel. +43 (0)5517 56 20-0, Fax +43 (0)5517 56 20-51, info@hotel-bellevue.net, www.hotel-bellevue.net

Restaurant „kostbar"

Im Restaurant „kostbar" im Casinogebäude werden täglich, unabhängig vom Casino-Besuch, regionale Schmankerl serviert. In der Diskothek „tanzbar" im Casinogebäude trifft man sich jeden Freitag und Samstag zum lockeren Ausklang des Abends. Der Eventraum „wandelbar" ist der passende Rahmen für Events mit Atmosphäre.
Casino Kleinwalsertal, Walserstraße 31, A-6991 Riezlern, Tel. +43 (0)5517 50 23 240, Fax +43 (0)5517 50 23 222, events.kleinwalsertal@casinos.at, www.kleinwalsertal.casinos.at

****Hotel zur Post

Köstliche Speisen aus meisterlicher Küche genießen Gäste in gemütlichen Räumen wie Wintergarten oder Poststüble. Restaurant bekannt für beste Hausmannskost. Ausrichtung von Festlichkeiten. Zentrale Lage.
****Hotel zur Post, Walserstraße 48, A-6991 Riezlern, Tel. +43 (0)5517 30 12-3, Fax +43 (0)5517 30 12-34, info@posthotel.cc, www.posthotel.cc

Gartenterrasse

Schwyzer Stübli

Wenn es warm ist, sitzt man im Schwyzer Stübli gerne auf der Terrasse und genießt Kaffee, Eis und die Sicht auf die Bergwelt.
Schwyzer Stübli, Baad 14, A-6993 Mittelberg, Tel. +43 (0)5517 2 03 20, info@schwyzer-stuebli.at, www.schwyzer-stuebli.at

Restaurant-Café Kanzelwand

Von der Terrasse des Restaurant-Café Kanzelwand hat man die beeindruckende Bergwelt des Walsertals als unvergessliche Kulisse vor Augen.
Restaurant-Café Kanzelwand, Walserstr. 68, A-6991 Riezlern Kleinwalsertal, Tel. +43 (0)5517 53 86, www.kanzelwand-kleinwalsertal.de, info@kanzelwand-kleinwalsertal.de

Übernachten

**** Lebensfeuer®-Hotel Gemma

**** Lebensfeuer®-Hotel Gemma, bietet gemütliche Einzel- und Doppelzimmer mit Balkon/ Terrasse, Dusche/WC oder Bad/WC, Haarfön, Bademantel und Badeschlappen, SAT-TV, ISDN-Telefon, Mailbox, kostenloser Internetzugang WLAN, Safe, Hotelbar mit Lobby und Smokers-Lounge. Halbpension.
Hotel Gemma, Familie Peter, Schwarzwassertalstr. 21, A-6992 Hirschegg, Tel. +43 (0)5517 53 60-0, Fax +43 (0)5517 53 60-300, info@gemma.at, www.gemma.at

Kleinwalsertal
(Bild: Kleinwalsertal Tourismus)

Casino Kleinwalsertal

Spiel, Spaß, Genuss - alles unter einem Dach

Das Casino im Kleinwalsertal in einer der schönsten Hochgebirgsregionen Europas bietet dem Besucher ein Unterhaltungsangebot für jeden Geschmack. Das Restaurant „kostbar“ im Erdgeschoss ist täglich geöffnet und ist nicht an einen Casinobesuch gebunden. Hochwertige regionale Küche und ein exzellenter Service machen jeden Restaurantbesuch zu einem Erlebnis. Eine Etage höher im Casino Kleinwalsertal ist der Zutritt für Besucher ab 18 Jahren (mit amtlichem Lichtbildausweis) gestattet. An der Garderobe können Herren auch Sakkos ausleihen. Der Eintritt ist generell frei, es werden jedoch verschiedene Begrüßungspakete angeboten, bei denen der Gast bereits einen ersten Bonus erhält. Im Spielsaal erwartet die Besucher dann ein bunter Mix aus American Roulette, Black Jack, Poker sowie Automatenspiel. Ein gemütlicher Loungebereich lädt zum Verweilen vor dem im Winter beheizten Kamin ein oder für einen Snack zwischendurch. Die geschwungene Bar als Insel in der Mitte des Spielsaales bietet von ringsum einen Blick auf das Spielgeschehen.
Im selben Gebäude befindet sich die „wandelbar“, ein Veranstaltungssaal, hervorragend geeignet für Konzerte, Lesungen, Seminare, Firmenfeiern oder Gala-Diners. Die Diskothek „tanzbar“ im Untergeschoss öffnet jeden Freitag und Samstag für Besucher ab 18 Jahren und bietet die Möglichkeit für einen lockeren Ausklang des Abends in ungezwungener Atmosphäre.

Casinos Austria AG
Casino Kleinwalsertal
Walserstraße 31
A-6991 Riezlern
Tel. +43 (0)5517 50 23 240
Fax +43 (0)5517 50 23 222
events.kleinwalsertal@casinos.at
www.kleinwalsertal.casinos.at
facebook.com/casino.kleinwalsertal

Hier erhalten Sie die Leistungen der Allgäu-Walser-Card (siehe Seite 26)

Restaurant-Café Kanzelwand

Direkt gegenüber der Bahn

Wer im Herzen von Riezlern das Restaurant oder am Nachmittag das Café mit familiärer Note sucht, der findet gleich gegenüber der Kanzelwandbahn die richtige Adresse. Hier ist es aufs beste gelungen, angenehmes Ambiente, freundlichen Service und traditionelle Küche auf hohem Niveau aufs beste zu vereinen. Sei es das ausgewogene Mittagessen, die deftige Brotzeit nach der Bergtour oder das stilvolle Candle-Light-Dinner am Abend: Im „Restaurant-Café Kanzelwand" kehrt man immer wieder gerne ein. Auf der Speisenkarte stehen heimische Gerichte sowie Fisch- und Fleischspezialitäten, zubereitet aus regionalen Produkten je nach Saison.

Aromatische Kaffeespezialitäten und hausgemachte Kuchen oder fruchtige Eisbecher krönen jede Kaffeestunde. Wenn es das Wetter zulässt, wird der Aufenthalt auf der Sonnenterrasse zum ganz besonderen Erlebnis. Die beeindruckende Bergwelt des Walsertals bildet dabei eine unvergessliche Kulisse und ist das Sahnehäubchen für jedes Menü. Das Restaurant-Café Kanzelwand bietet auch für jede Betriebs- oder Familienfeier den festlichen Rahmen. Man spürt, dass es Familie Ziza Jovanovic sichtlich Freude bereitet, liebevoll die Tafel einzudecken und bei der Menüwahl ihre langjährige Erfahrung einfließen zu lassen.

Restaurant-Café Kanzelwand
Walserstraße 68
A-6991 Riezlern/Kleinwalsertal
Tel. +43 (0)5517 53 86
www.kanzelwand-kleinwalsertal.de
info@kanzelwand-kleinwalsertal.de

Schwyzer Stübli

Der Tradition verpflichtet

Annalis Kälin und Marcel Brändle aus Graubünden fühlen sich traditioneller Gastronomie verpflichtet und leiten mit viel Engagement ihr „Schwyzer Stübli", dem einen oder anderen vielleicht auch noch unter dem Namen „Güntlistube" oder „Wiißer Stern" in Erinnerung.

Als Senner hat sich Marcel bereits mit qualitativ hochwertigem Käse einen Namen gemacht – weit über die Grenzen seiner Heimat hinaus. Als dann die Liebe zum Kleinwalsertal entbrannte, lag es nahe, hier zu bleiben und die Gäste mit Spezialitäten aus Bündner Kochtöpfen zu verwöhnen.

Auf der Speisekarte findet man u. a. Käse-Fondue, Original Zürcher Geschnetzeltes, Schweizer Rösti oder zur Brotzeit Schweizer Wurst-/Käsesalat. Etwas fremd liest sich auf der Karte dagegen der Name „Capuns": Spätzleteig wird mit Salsiz und Bündnerfleisch angereichert, in Mangoldblätter gewickelt und schonend gegart bzw. erhitzt. Man muss es einfach mal probieren.

Käse spielt bekanntlich in der Schweizer Küche eine große Rolle, so dass Marcel als ehemaliger Senner mit sachkundigem Verständnis in seinem Element ist. Erfahrung und gewissenhafte Auswahl bei den Produkten, gepaart mit der Begeisterung für die Gas-

tronomie führen dazu, dass der Gast zufrieden ist und gerne wiederkommt. Mit seinem ländlich-rustikalen Charme lädt das Schwyzer Stübli ein, die stets frisch zubereiteten Köstlichkeiten zu genießen und in behaglicher Atmosphäre erholsame Entspannung zu finden. In dem gemütlichen Restaurant mit seinen 40 Sitzplätzen schätzen die Gäste den persönlichen Kontakt zu den Wirtsleuten.

Wenn es die Witterung zulässt, lädt die Südterrasse mit 40 Plätzen zum Verweilen ein. Verschiedene Kaffeespezialitäten, kreative Eisbecher und selbstgebackene Kuchen steigern die Sommerlaune. Dazu genießt man noch die herrliche Aussicht auf die umliegenden Berge – ein wahres Sahnehäubchen für jeden Bergfreund.

Sommerzeit – Grillzeit!

Auch im Schwyzer Stübli. Im Grillpavillon sitzt man gern in geselliger Runde, tauscht mit anderen seine Ferienerlebnisse aus, während der betörende Duft aufsteigt von würzigen Steaks oder anderen gegrillten Leckerbissen, mit denen der Gast regelmäßig verwöhnt wird.

Öffnungszeiten:
Täglich 10.00 bis 23.00 Uhr, Dienstag Ruhetag; warme Küche von 11.30 bis 14.00 Uhr und 18.00 bis 20.30 Uhr.

Schwyzer Stübli
Baad 14, A-6993 Mittelberg
Tel. +43 (0)5517 2 03 20
info@schwyzer-stuebli.at
www.schwyzer-stuebli.at

Hotel Walserhof

Verwöhnt werden in schönster Umgebung

Ob Romantik- oder Kuschelzimmer, Maisonette- oder Wellness-Designer-Suite – das Hotel Walserhof in Hirschegg bietet Ferien, wie man sie sich nur wünschen kann, gekrönt von einer traumhaften Landschaft. Gesundheit, Vitalität und Wohlbefinden – unter dieses Motto lässt sich das Hotel stellen. Seine angenehme Atmosphäre lässt den Besucher schnell die ersehnte Erholung finden. Das reichhaltige Frühstücksbuffet ist der beste Start für die vielfältigen Freizeitaktivitäten, zu denen die Umgebung einlädt. Der erlebnisreiche Tag endet abends mit einem 6-Gang-Menü, kulinarische Spezialitäten vom Feinsten.

Das gepflegte Haus bietet mit SPA Alpinquell Ruhe & Kraft einen großzügigen Wellnessbereich mit vielfältigen Möglichkeiten, sich zu entspannen, Körper, Geist und Seele etwas Gutes zu tun. Im Erlebnisschwimmbad ALPINARE, in der Saunalandschaft, im Fitnessraum oder auch in der regelmäßigen Yogastunde findet der Gast die willkommene Erholung, die den Alltag vergessen lässt (siehe auch Hirschegg Wellness). Der Raum der Stille ist eine wahre Oase der friedlichen Ruhe, nach der sich jeder sehnt, der in der Arbeitswelt Lärm und Hektik kaum mehr entfliehen kann. Die gemütliche Kaminstube, wo am Nachmittag Vital-Tee und Kaffee ausgeschenkt werden, ist beliebter Treffpunkt für geselligen Austausch.

Wellnesshotel Walserhof

Walserstr. 211, A-6992 Hirschegg
D-87568 Hirschegg
Tel. +43 (0)5517 5684 oder 5185
Fax +43 (0)5517 5938
info@wellnesshotel-Walserhof.at
www.wellnesshotel-walserhof.at

****

Hotel Gemma

Das zertifizierte Lebensfeuer®-Hotel im Kleinwalsertal

Das 4-Sterne-Hotel Gemma – unter anderem spezialisiert auf Urlauber ab 50 Jahren – bietet Individualreisenden im traumhaft schönen Kleinwalsertal innovative Möglichkeiten zur Steigerung der Lebensenergie. Auf Wunsch wird mittels einer einfachen Testmethode dargestellt, ob der Gast eher Aktivität, Regeneration oder Balance benötigt. „Die Darstellung der Herzratenvariabilität im Lebensfeuer®-Diagramm spiegelt individuelle Reaktionen auf alltägliche Reize. Es ermöglicht unseren Gästen, ihre Ferien entsprechend ihren ureigensten körperlichen Bedürfnissen zu gestalten. Wir schaffen somit optimale Voraussetzungen für einen erholsamen Urlaub" sagt Hotelinhaber und Lebensfeuer®Professional Klaus Peter. Sein professionelles Team unterstützt ihn dabei. Ob bei körpertherapeutischen Anwendungen wie aryuvedischen Massagen, Chakra-Energie-Massagen oder Hawaiianischer Lomi-Lomi-Massage, ob im hauseigenen Hallenbad, in der Sauna oder beim Sonnenbaden auf der Terrasse – das Wohlgefühl und die Regeneration der Gäste stehen an erster Stelle. Nach diesem Motto werden in der Küche des Hotel Gemma ausschließlich mit besten heimischen Zutaten köstliche regionale Spezialitäten zubereitet. Chefin und Küchenmeisterin Rita Peter liebt ihre Arbeit, das schmeckt man. Halbpension und das üppige Salatbüffet sowie im Winter das tägliche Tee- und Kuchenbüfett sind im Übernachtungspreis enthalten. Die gemütlichen Zimmer sind liebevoll eingerichtet und bieten modernsten Hotelkomfort. Die Allgäu-Walser Card gibt es gratis dazu. Wiedereröffnung des ****Hotel Gemma nach Umbau ist am 30. Juni 2013.

****
Hotel Gemma, Fam. Peter
info@gemma.at, www.gemma.at
Tel. +43 (0)5517 5360-0, Fax 5360-300
Schwarzwassertalstraße 21, A-6992 Hirschegg

****

Hotel zur Post

Wohlfühlatmosphäre in erstklassigem Urlaubsdomizil

Herzliche Gastfreundschaft erleben Gäste des 4-Sterne-Hotels zur Post inmitten von Riezlern, dem Hauptort des einzigartigen Wander- und Skigebietes Kleinwalsertal. Fernab von Stress und Hektik ist das Haus sowohl zentraler Ausgangspunkt für Ausflüge in die Natur als auch komfortable Entspannungsoase. Alle Gästezimmer sind Nichtraucher-Zimmer und mit Dusche, WC, Telefon, Minibar, Internetanschluss und Farb-TV ausgestattet. Vom Balkon aus öffnet sich der Blick zur Kanzelwandbahn, zum Ifen oder zum Großen Widderstein. Wer Körper und Seele etwas Gutes tun möchte, hat die Wahl zwischen verschiedenen Massagen sowie Reiki, Vital- und Gesundheitstherapie. Prickelndes Wohlgefühl vermitteln auch Whirlpool, römisches Dampfbad und die Saune mit Spezialaufguss. Mit reizvollen Sommer- und Winter-Pauschalangeboten wie beispielsweise „Zeit zu Zweit" oder „Ski, Piste und Casino" inklusive Extras bietet das Hotel zur Post jedem Gast ein unvergleichliches Urlaubserlebnis. Bergbahn, Skischule, Casino und Freibad liegen in unmittelbarer Nähe.

Einen hervorragenden Ruf – vor allem für beste Hausmannskost – genießt das hoteleigene Restaurant mit sonnigem Wintergarten. Hier werden Feinschmecker-Gaumen mit heimischen und internationalen Spezialitäten verwöhnt. Familie Haller-Eberle und ihr freundliches Team sorgen für besten Service und einen angenehmen Aufenthalt.

******Hotel zur Post**
Walserstraße 48, A-6991 Riezlern
Tel. +43 (0)5517 30 12-3
Fax +43 (0)5517 30 12-34
info@posthotel.cc
www.posthotel.cc

Hotel Bellevue

Inmitten der Walser Berge

Unvergessliche Urlaubstage verspricht ein Aufenthalt im Hotel Bellevue in Riezlern-Außerschwende, wo der Feriengast abseits der Hauptstraße den Alltag hinter sich lassen kann. Die beeindruckenden Gipfel vor der Haustüre, Wanderungen oder Mountainbike- bzw. Langlauftouren in ursprünglicher Natur, verwöhnt von Walser Gastfreundschaft – das sind die Kriterien, die jeden Urlaubstag in diesem Haus zu etwas Besonderem werden lassen. Wer einen Wintertag gerne auf der Piste verbringt, steigt am Haus in den Bus und lässt sich zu den reizvollen Skigebieten bringen. Hotel Bellevue ist der ideale Ausgangspunkt für bequeme Spaziergänge oder bergsportliche Herausforderungen.

Spezialitäten aus Küche und Keller sind dafür die beste Grundlage. Fellhorn, Widderstein, Walmendingerhorn und Ifen sind Majestäten der Berge, die Landschaft und Menschen im Walsertal mitgeprägt haben. Die meisten Zimmer, Familienzimmer und Junior-Suiten verfügen über einen Südbalkon mit freiem Blick auf das grandiose Panorama. Mit einem Buch im heimeligen Kaminstübchen sitzen oder bei schönem Wetter auf der Terrasse Brotzeit und Eisbecher genießen – das sind Momente, die einfach gut tun. Abends trifft man sich gerne an der Hotelbar, um bei einem guten Glas Wein oder einem frisch gezapften Bier den erlebnisreichen Urlaubstag noch einmal Revuepassieren zu lassen.

Hotel Bellevue

A-6991 Riezlern
Außerschwende 4
Tel. +43 (0)5517 56 20-0
Fax +43 (0)5517 56 20-51
info@hotel-bellevue.net
www.hotel-bellevue.net

Café – Confiserie – Conditorei Behringer

Empfohlen von Einheimischen... **...bekannt bei Gästen**

In Mittelberg, direkt an der Bushaltestelle „Alpenrose", liegt dieses süße Paradies mit himmlischen Versuchung-en. Das Café und die Sonnenterrasse mit Bergblick laden dazu ein, sich nicht von der allgemeinen Hektik anstecken zu lassen, sich mit Freunden zu treffen und eine kleine Auszeit vom Alltag zu nehmen. In der Konditorei entstehen aus edelsten Zutaten wunderbare Kreationen, die von Feinschmeckern sehr geschätzt werden. Hinter dem Namen Behringer stehen Tradition, Qualität und originelle Ideen, Freude am Metier und liebevolles Engagement. Unter den kreativen Händen der Konditormeisterin Brigitte Joos entstehen hier meisterhafte Torten und Kuchen, liebevoll selbstgemachte Geschenke mit feinen hausgemachten Pralinen und Trüffeln – Stück für Stück – einfach unwiderstehlich! Zu den Spezialitäten zählen weiters die Agnes Bernauer Torte, ein Traum aus knusprigen Nuss-Baiser-Böden und Mocca-Buttercreme, Allgäuer Kirschkuchen auf der Basis von Mandeln, Vanillecreme und Kirschen sowie 9 verschiedene hausgemachte Eis-Sorten, einzigartige Verführungen, bei denen man gerne einmal schwach wird. Trotz moderner Hilfsmittel und Maschinen wird bis zum heutigen Tag alles weitgehend in Handarbeit hergestellt. Frische und Qualität sind dabei oberstes Gebot. Für einen längeren Aufenthalt stehen den Gästen 3 komfortable, ruhige Ferienwohnungen für je 2 Personen zur Verfügung.

Café-Confiserie-Conditorei Behringer,
Inhaberin: Brigitte Joos
Walserstraße 61, A-6993 Mittelberg
Tel. + Fax: +43 (0)5517 5742
cafe-behringer@aon.at, Mo. Ruhetag.

Hammerers Pferdekutschen- & Schlittenfahrten

Das besondere Erlebnis

Sei es die einstündige Wäldele-Rundfahrt, die etwa 2-stündige Auenhütten- oder die Schwende-Fahrt oder die bis zu 4-stündige Fahrt zum Hörnlepass oder in die Melköde – dem Gast werden Landschaften und Ausblicke erschlossen, die ihresgleichen suchen. Tag und Nacht, bei jeder Witterung, zu jeder Jahreszeit, für die ganze Familie sind diese Ausfahrten täglich auf Voranmeldung buchbar. Bei allen Fahrten mit der Pferdekutsche oder dem –schlitten hat man die Möglichkeit, unterwegs einzukehren oder eine kleine Pause einzulegen, zum Fotografieren, zum Schauen, zum Staunen.

Für Erwachsene wie für Kinder ist eine Pferdeschlittenfahrt durch die traumhafte verschneite Landschaft des Kleinwalsertals ein ganz besonderes Erlebnis. Einen Gang zurückschalten, die langsamere Gangart genießen, das Klingen der Glöckchen am Geschirr der Pferde, die fliegenden Mähnen, wenn die Rösser im munteren Trag den Weg unter die Hufe nehmen und den Schnee hinter sich werfen – dieses einmalige Erlebnis bieten die Schlittenfahrten mit Hammerers Pferdeschlitten bzw. im Sommer mit den Kutschen.

In der großzügigen Ferienwohnung für bis zu 7 Personen lassen sich bei Familie Hammerer mit sprichwörtlicher Walser Gastfreundschaft unvergessliche Urlaubstage verbringen.

Ferienhof Hammerer

Peter Hammerer, Wäldelestr. 15
D 87568 / A-6992 Hirschegg
Linie 3, Sportplatz Au,
Tel. +43 (0)5517 5465
www.ferienhof-hammerer.de
www.norikerzucht.com

Unteregg
(Bild Kneippland Unterallgäu)

Kneippland® Unterallgäu
Der Geheimtipp im Allgäu

Hohes Licht
2652 m
Biberkopf
2600 m
Widderstein
2536 m
Hoher Ifen
2230 m
Kanzelwand
2059 m
Einödsbach
Fellhorn
2037 m
Mittelberg
Hirschegg
Riezlern
Nebelhorn
2224 m
Freibergsee
Kleinwalsertal
Riedberger Horn
1787 m
Tiefenbach
Oberstdorf
Rotspitz
2033 m
Obermaiselstein
Langenwang
Schöllang
Sonderdorf
Bolsterlang
Fischen
Ofterschwang
Altstätten
Bad Oberdorf
Hindelang
Spieser
1650 m
Sonthofen
Grünten
1738 m
B 19
Blaichach
Oberjoch
Unterjoch
Sorgschrofen
1636 m
Burgberg
Rettenberg
Immenstadt
Bühl/Alpsee
Jungholz
Breitenberg
1838 m
Kranzegg
Stein
Gr. Alpsee
Iller
Wertach
Grüntensee
Martinszell
Faistenoy
Pfronten
Petersthal
Moosbach
Niedersonthofener See
B 309
Haslach
Mittelberg
B 19
B 310
Weißensee
Nesselwang
Oy
Rottach-speicher
Sulzberg
Maria Rain
A 7
Oberzollhaus
Waltenhofen
Buchenberg
Eisenberg
B 309
Hopferau
Rückholz
Görisried
Hochgreut
Kempten
Wiggensbach
Seeg
Wald
Wildpolzried
Altusried
B 472
Dietmannsried
Wertach
Aitrang
A 7
Marktoberdorf
Obergünzburg
Bad Grönenbach
B 19
Kaufbeuren
Ottobeuren
Wertach
Bad Wörishofen
Mindelheim
Erkheim
Buchloe
A 96
A 96

Kneippland® Unterallgäu

Der Geheimtipp im Allgäu

Der Landkreis Unterallgäu mit der Kreisstadt Mindelheim liegt zentral im bayerischen Regierungsbezirk Schwaben und wird im Süden durch die Landkreise Ost- und Oberallgäu, im Westen durch die Iller und im Osten durch die Wertach begrenzt. Die Region besitzt gute Verkehrsanbindungen vor allem durch die A 7 von Ulm nach Kempten und die A 96 von München nach Lindau sowie den Allgäu Airport in Memmingerberg.

Das Unterallgäu mit seinen Kurorten ist vor allem als Kneippland® mit zahlreichen Gesundheitseinrichtungen und Wellnessangeboten bekannt geworden. Der berühmte „Wasserdoktor" Pfarrer Kneipp wurde nahe Ottobeuren geboren und wirkte lange Zeit in Bad Wörishofen. Seine seit 150 Jahren erprobten Naturheilverfahren mit ganzheitlichem Ansatz verhelfen vielen Gästen zur Erholung und Wohlbefinden. In den Hotels jeder Kategorie und den gemütlichen Gasthäusern mit sprichwörtlicher schwäbischer Gastfreundschaft fühlen sich erholungssuchende Gäste gut aufgenommen.

Die beschauliche Voralpenlandschaft der Region mit zahlreichen Naturschutzgebieten und Naturdenkmä-

Buschlkapelle bei Ottobeuren
(Bild Kneippland Unterallgäu)

lern ist ein Paradies für Wanderer und Radfahrer. Auf traumhaft schönen und einheitlich ausgeschilderten Wander- und Radwegen, immer das Alpenpanorama im Blick, kann man die sanfte Hügellandschaft erkunden. Neben vielen möglichen Rundtouren und Themenwegen führen auch zwei beliebte Pilgerwege durch die Region: Der von Augsburg nach Süden verlaufende Jakobsweg und der Crescentiaweg, der als Rundweg von Kaufbeuren über Mindelheim nach Ottobeuren führt.

Ob man die Region mit dem Rad oder auf Wanderwegen entdecken möchte, immer wieder begegnet man dem Vermächtnis von Pfarrer Kneipp. So auch an den 7 Erlebnisstationen des Aktiv Park Kneippland® Unterallgäu. Hier werden die Themen Kneipp und Gesundheit zur ganz besonderen Erfahrung und die fünf Säulen des Naturheilverfahrens nach Pfarrer Kneipp spannend erlebbar.

Viele Herrscher haben in der Region in den vergangenen Jahrhunderten ihre Spuren hinterlassen. Kulturhistorisch interessierte Feriengäste finden

Mindelburg
(Bild Tourist-Information Mindelheim)

ein reiches Angebot an Sehenswürdigkeiten in den romantischen historischen Altstädten mit prachtvollen verzierten Gebäuden. Beeindruckende Sakralbauten des Schwäbischen Barock wie die Basilika in Ottobeuren, viele weitere sehenswerte Kirchen und Kapellen sowie imposante Schlösser und Burgen bieten viele Möglichkeiten für interessante Besichtigungen.

Die vielfältige Museumslandschaft mit Ausstellungen über die Geschichte von Land und Leuten bis zu Präsentationen der Werke aktueller Künstler, Theater- und Konzertveranstaltungen und hochwertige Kulturfestivals bieten weitere genussvolle Kulturerlebnisse.

Wichtige Adressen und Telefonnummern

Kneippland® Unterallgäu
Bad Wörishofer Straße 33
D-87719 Mindelheim
Tel. +49 (0)8261 995-375
Fax +49 (0)8261 995-333
tourismus@lra.unterallgaeu.de
www.tourismus-unterallgaeu.de

Kräutergarten und Basilika Ottobeuren
(Bild Touristikamt Kur & Kultur Ottobeuren)

Bad Grönenbach

Im Einklang mit der Natur

Das Hohe Schloss
(Bilder Kurverwaltung Bad Grönenbach)

Die im Unterallgäu gelegene Marktgemeinde Bad Grönenbach hat alles, was ein Naturparadies ausmacht: duftende Kräuter- und Blumenwiesen, ausgedehnte Waldflächen und lebenspendende Gewässer. Die Gemeinde wurde bereits mehrfach für ihre beispielhaften Naturprojekte ausgezeichnet. Im Jahr 2014 wird beispielsweise das Projekt „Bad Grönenbach blüht auf" mit Themenwegen ausgebaut, die das Thema „Bestäubung" behandeln. Die Hinwendung zur Natur hat in Bad Grönenbach Tradition: Der weltberühmte Pfarrer Kneipp entdeckte hier als junger Mann sein Interesse für Kräuterkunde und hat heilsame Spuren hinterlassen. Seit über sechzig Jahren wird in Bad Grönenbach die Kneippkur praktiziert. Mit insgesamt rund 5370 Einwohnern gehören außer Bad Grönenbach die Dörfer Gmeinschwenden, Herbisried, Hörpolz, Ittelsburg, Schulerloch, Thal, Zell sowie Ziegelberg zum Gemeindegebiet, dazu zahlreiche Weiler und Einöden. Südlich von Bad Grönenbach öffnet sich der Blick auf die typische Allgäuer Hügellandschaft bis hin zum eindrucksvollen Panorama der Alpenkette. Die Verkehrsanbindung mit eigener Anschlussstelle an die A7 sowie einem Bahnhof ist hervorragend. In Richtung Bad Grönenbach fahrend, erkennt man bereits von weitem die Stiftskirche und das Hohe Schloss, Zeugen einer bewegten Geschichte und bis heute kulturell bedeutsam. Der idyllische Ortskern hat sich seinen ursprünglichen Charme bewahrt. Die lebensfrohe, herzliche Atmosphäre sowie zahlreiche medizinische, gastronomische und kulturelle Angebote machen den Aufenthalt in Bad Grönenbach zu einem wohltuenden Vergnügen.

Kurzer Blick ins Geschichtsbuch

Der Markt Grönenbach wurde im Jahr 1099 erstmals urkundlich erwähnt. Die evangelisch-reformierte Kirchengemeinde Bad Grönenbach ist mit Schwestergemeinde Herbis-

hofen die älteste in Bayern. 1954 wurde Grönenbach als Kneippkurort anerkannt und bekam 1996 das Prädikat Kneippheilbad.

Sehenswürdigkeiten

Das im 12. Jahrhundert auf dem Schlossberg erbaute Hohe Schloss ist Wahrzeichen Bad Grönenbachs und Stätte kultureller Veranstaltungen. Bad Grönenbach bietet interessante Kultur- und Kulinarikangebote. Wunderschöner Kreislehrgarten im ehemaligen Klostergarten.

Freizeit und Sport

Frühjahr/Sommer/Herbst: Angeln an der Iller, Schwimmen im Naturfreibad Bad Clevers, Minigolf, Kneipp'sche Wassertretstellen, Schloss-Aktiv-Park mit 17 Stationen und Gerätschaften, ausgedehntes Wander- und Radfahrnetz sowie Nordic-Walking-Arena. Bad Grönenbach ist Partnergemeinde der Wandertrilogie Allgäu und der Radrunde Allgäu – der Runde in die schönsten Ecken. Besonders beliebt sind die Themenführungen (z.B. Kräuter oder Bienen & Bestäubung). Winter: Langlaufloipe (Skating und Klassisch). Gesundheitseinrichtungen: Moderne und hochqualifizierte Gesundheitseinrichtungen bieten ein breites Angebot an Gesundheitspaketen. Außerdem ist Bad Grönenbach Partner beim „Gesundheitsgipfel Allgäu".

Kunst und Kultur

Ganzjährig vielseitiges Veranstaltungsprogramm. Kunstausstellungen im Hohen Schloss. Kultureller Höhepunkt sind die Kulturwochen „Sommerfrische" und SchlossKultur.

Wichtige Adressen und Telefonnummern

Kurverwaltung Bad Grönenbach
Haus des Gastes
Marktplatz 5
D-87730 Bad Grönenbach
Tel. +49 (0)8334 6 05 31
Fax +49 (0)8334 61 33
kurverwaltung@bad-groenenbach.de
www.bad-groenenbach.de

Bad Wörishofen

Deutschlands größter Kneipp-Kurort

Bad Wörishofen (ca. 14.330 Einwohner) liegt in der Region Mittelschwaben etwa 80 km westlich von München und 35 km östlich von Memmingen. Seit der Gemeindegebietsreform gehören etliche kleinere Orte zur Stadt Bad Wörishofen. Die Stadt liegt verkehrsgünstig an der A96 München – Lindau und ist über die Bahnstrecke Türkheim – Bad Wörishofen an die Bahnstrecke Buchloe Memmingen angebunden.

Bad Wörishofen ist geprägt vom Kurbetrieb mit zahlreichen Kurhotels jeder Kategorie, vielfältigen Wellness- und Gesundheitseinrichtungen und guten Einkaufsmöglichkeiten.

Der Veranstaltungskalender der Stadt sorgt mit einem breiten Angebot von Konzerten, Theater, Festen und Freizeit-Events für abwechslungsreiche Unterhaltung. Seit 1985 findet im Frühjahr im Kurhaus ein großes internationales Schachturnier statt.

Der berühmte „Wasserdoktor" Pfarrer Sebastian Kneipp lebte von 1855 bis zu seinem Tode 1897 in Wörishofen. Unter seiner Leitung begann 1889 der Kurbetrieb. 1920 erhielt der Ort

Bad Wörishofen
(Bild Gäste-Information Bad Wörishofen)

Kurtheater
(Bild Gäste-Information Bad Wörishofen)

das Prädikat „Bad". Im Kneipp-Museum im Kloster der Dominikanerinnen wird das Leben Kneipps anhand von ca. 2000 Ausstellungsobjekten eindrucksvoll dokumentiert.

Das Kloster der Dominikanerinnen, erbaut 1719-21, mit schönen Stuckarbeiten und Fresken sowie die Pfarrkirche Sankt Justina aus dem Jahre 1520 sind einen Besuch wert.

Ein beschaulicher Spaziergang auf der Promenade oder im Kurpark ist ebenso erholsam wie eine Wanderung oder Radtour in den Wiesen und Wäldern der Umgebung. 22 Tennisplätze, ein großes Thermalbad mit Saunaparadies, ein Hallen-Eisstadion, zwei Golfplätze und zahlreiche öffentliche Sportplätze sorgen für ein breitesAngebot an Freizeitmöglichkeiten. Der nahegelegene Freizeitpark Allgäu Skyline Park ist ein beliebtes Ausflugsziel.

Wichtige Adressen und Telefonnummern

Gäste-Information
Hauptstr. 16
D-88625 Bad Wörishofen
Tel. +49 (0)8247 99 33-55
Fax +49 (0)8247 99 33-59
info@bad-woerishofen.de
www.bad-woerishofen.de

(Bild: Gäste-Information Bad Wörishofen)

Memmingen

Stadt mit vielen Perspektiven

Die kreisfreie Stadt Memmingen (ca. 41.000 Einwohner) liegt im Unterallgäu verkehrsgünstig am Schnittpunkt der Autobahnen A 96 und A 7. Als Knotenpunkt bietet der Bahnhof Memmingen Reisenden bequeme Verbindungen Richtung Ulm, München, Oberstdorf und Lindau. Durch den Allgäu-Airport Memmingen können ausländische Gäste schnell ihre Ziele im Allgäu erreichen.

Memmingen hat sich das romantische mittelalterliche Stadtbild erhalten, die Altstadt gehört zu den am besten erhaltenen in Süddeutschland. Memmingen erfreutseine Gästen neben zahlreichen Sehenswürdigkeiten mit einem vielfältigen Kulturprogramm, beliebten Festen und Märkten, interessanten Museen, vielseitigen Sport- und Freizeitmöglichkeiten in Stadt und Umgebung, gepflegter Gastronomie und Hotellerie sowie attraktiven Einkaufsgelegenheiten.

Kurzer Blick ins Geschichtsbuch

Memmingen, 1128 erstmals urkundlich erwähnt, wurde 1268 zur Freien Reichstadt. Vom 14.-16. Jahrhundert erlebte der Handel der Stadt seine Blütezeit. Im 30-jährigen Krieg hielt sich der Feldherr Wallenstein mehrmals in Memmingen auf, woran alle vier Jahre das Wallensteinfest im Sommer erinnert. Seit 1803 gehört Memmingen zu Bayern.

Marktplatz (Bild Stadt Memmingen)

Sehenswürdigkeiten

Bei einem Rundgang durch die Altstadt kann man mittelalterliche Zunfthäuser und Rokokobauten reicher Patrizierfamilien bewundern. Der Marktplatz im Herzen der Stadt beeindruckt durch das prachtvolle Rathaus aus dem 16. Jahrhundert. Die St. Martinskirche und die Frauenkirche erfreuen mit kunstvollem gotischen Chorgestühl und guterhaltenen Fresken jeden Kunstliebhaber.

Das Stadtmuseum im Hermansbau informiert über die Geschichte der Stadt und ihrer Bewohner. Die Museen im Antonierhaus glänzen unter anderem mit wertvollen Malereien aus dem Spätmittelalter.

Freizeit und Sport

Memmingen und die abwechslungsreiche Landschaft der Umgebung ermöglichen Wanderern, Radfahrern und Hobbyreitern auf markierten Wegen genussvolle Touren. Ein besonderes Erlebnis ist eine beschauliche Kajakfahrt auf der nahegelegenen Iller. Zu den Sportanlagen der Stadt und des näheren Umlands zählen zwei Golfanlagen, Tennis-, Badminton- und Squashplätze, Frei- und Hallenbad und im Winter die Eissporthalle.

Veranstaltungen

Kulturelle Vielfalt findet man im weithin bekannten Landestheater Schwaben. Beim alljährlichen Sommerfestival „Memminger Meile“ kann man Kultur im Freien erleben. Die hochwertigen Konzerte bieten im Jahreslauf häufige musikalische Höhepunkte. Der historische Fischertag, der alljährlich im Sommer zusammen mit dem Kinderfest gefeiert wird, gehört neben Stadtfest im Juni und dem Weinfest im Septemberzu den beliebtesten Festen.

Wichtige Adressen und Telefonnummern

Stadtinformation
Marktplatz 3, D-87700 Memmingen
Tel. +49 (0)8331 850-172
Fax +49 (0)8331 850-178
info@memmingen.de
www.memmingen.de

Mindelheim

Stadt der Kultur und Lebensfreude

Eingebettet in die sanft ansteigenden Hügel des Mindeltales im Herzen des Unterallgäus, rund sechzig Kilometer südlich der Bezirkshauptstadt Augsburg und etwa neunzig Kilometer westlich der Landeshauptstadt München, liegt Mindelheim an der A 96. Der reizvolle Kontrast von Mittelalter und Moderne macht die Stadt zu einem Kleinod im bayerischen Voralpenland. Die prachtvolle Maximilianstraße und die engen Gassen der historischen Altstadt laden zum Flanieren ein, eindrucksvolle Bauwerke und farbenfrohe Bürgerhäuser erinnern an die 1.000-jährige Stadtgeschichte. Die kulturelle Vielfalt der 14.000-Einwohner-Stadt mit den Ortsteilen Gernstall, Heimenegg, Mindelau, Nassenbeuren, Ober- und Unterauerbach sowie Westernach hat den Namen „Kulturstadt Mindelheim" geprägt.

Kurzer Blick ins Geschichtsbuch

Mindelheim wurde 1046 erstmals urkundlich erwähnt und 1250 zur Stadt erhoben. Die Mindelburg entstand im späten 12. Jahrhundert. Mindelheim hatte zahlreiche Herrschaften, darunter die Herzöge von Teck und die Ritter Frundsberg. Geschichtliches Kuriosum: Von 1705 bis 1715 war Mindelheim unter englischer Herrschaft.

Sehenswürdigkeiten

Mittelalterliche Stadtbefestigung, Historische Altstadt, Pfarrkirche St. Stephan mit den Teck-Grabmälern aus dem 15. Jahrhundert, Jesuitenkirche, Liebfrauenkapelle, Mindelburganlage, Heimatmuseum, Schwäbisches Krippenmuseum, Textilmuseum/

Marienplatz
(Bild Kunstverlag Fink, Lindenberg)

Sandtner-Stiftung, Südschwäbisches Archäologiemuseum, Carl-Millner-Galerie und Schwäbisches Turmuhrenmuseum mit dem längsten Uhrenpendel der Welt.

Freizeit und Sport

Frei- und Hallenbad, Badeseen, Minigolfanlage, Reitanlage, Basketballplatz, Skaterplatz, miniMax Kinderpark. Ein gut beschildertes Rad- und Wanderwegenetz führt zu natürlichen Schönheiten in der Umgebung und zur Maria-Schnee-Kapelle im Ortsteil Nassenbeuren. Hier entstand Ende des 18. Jahrhunderts der Text des Weihnachtsliedes „Ihr Kinderlein kommet". Der Naturlehrgarten Mindelheim ist ganzjährig geöffnet.

Kultur und Tradition

Zahlreiche Feste und Märkte erinnern an Tradition und Brauchtum: die schwäbische Fastnacht (dabei ziert der weltweit größte Hanswurst das Obere Tor), die Jazztage im März/April, das Mittsommernachtsfest Mitte/Ende Juni, das mittelalterliche Frundsbergfest (alle drei Jahre: 29.6.-5.7.2015), Kathrinen- und Weinfest im Juli, das Mondlicht-Open Air im August, die Altstadtnacht im September sowie Frühjahrs-, Herbst- und Weihnachtsmarkt.

Wichtige Adressen und Telefonnummern

Tourist-Information
Maximilianstraße 26
D-87719 Mindelheim
Tel. +49 (0)8261 99 15 20
Fax +49 (0)8261 99 15 42
touristinfo@mindelheim.de
www.mindelheim.de
Öffnungszeiten: Montag bis Freitag 9:30 bis 12:30 Uhr und 14.00 bis 17.00 Uhr.

Ottobeuren

Wellness und Kultur in natürlicher Landschaft

Der Markt Ottobeuren (ca. 7900 Einwohner) ist vor allem durch das Benediktinerkloster bekannt. Zum Gemeindegebiet gehören zahlreiche Orte, unter anderem Betzisried, Guggenberg, Haitzen, Ollarzried und Stephansried. Ottobeuren liegt im Tal der westlichen Günz etwa 10 Kilometer südöstlich von Memmingen und hat gute Verkehrsanbindungen zu den nahegelegenen Autobahnen 7 und 96. Die Verbindung von reizvoller Naturlandschaft mit vielfältigen Wellnessangeboten und abwechslungsreichen, hochwertigen kulturellen Angeboten macht Ottobeuren zu einem attraktiven Urlaubsziel.

Basilika Ottobeuren
(Bild Touristikamt Ottobeuren)

Kurzer Blick ins Geschichtsbuch

Im frühen Mittelalter war die Rodungssiedlung Uotbeuren ein fränkischer Reichshof und Grafensitz. Das im Jahre 764 gegründete Benediktinerkloster wurde 972 durch Kaiser Otto I. zur Reichsabtei erhoben. 1365 wurde die Abtei Teil des Bistums Augsburg. Die Geschichte des Marktortes ist eng mit der des Klosters verbunden. Mehrfach wurden Kirche und Kloster durch Brände und Kriege zerstört. Ab 1711 wurde die Klosteranlage im barocken Stil neuerbaut. 1802 kam das Kloster im Rahmen der Säkularisation durch Napoleon zum Königreich Bayern, Markt und Klosterpfarrei wurden vereinigt. Der Konvent des Klosters bestand weiter, Neuaufnahmen waren allerdings nicht mehr möglich. 1834 wurde das Kloster neu gegründet. Heute leben 20 Mönche im Kloster.

Sebastian Kneipp

Sebastian Kneipp

Der „Wasserdoktor" Sebastian Kneipp ist die bedeutendste aus Ottobeuren stammende Persönlichkeit. Er wurde 1821 im Ortsteil Stephansried als Sohn einer armen Weberfamilie geboren und in der Basilika Ottobeuren getauft. Schon als Elfjähriger musste er am Webstuhl und als Viehhirte arbeiten. Er besuchte die Dorfschule in Stephansried und die Sonntagsschule in Ottobeuren bis 1839. Nach dem Brand seines Elternhauses zog er nach Grönenbach, arbeitete dort als Knecht und wurde durch den Ortspfarrer Köberlin in die Pflanzenheilkunde eingeführt. Ein Verwandter half ihm bei der Aufnahme ins Gymnasium in Dillingen an der Donau 1844, wo er ab 1848 Theologie studierte. In den nächsten Jahren entdeckte er durch Bücher und eigene Erfahrungen die Heilkraft des Wassers und entwickelte aus Selbstversuchen seine Therapie. Im August 1852 konnte Sebastian Kneipp sein erstes Hl. Messopfer (Primiz) in der Basilika Ottobeuren feiern. 1855 wurde er Beichtvater im Dominikanerinnenkloster in Wörishofen. Durch seine weithin bekannten Wasserkuren angezogen, kamen immer mehr Hilfesuchende zur Kur nach Wörishofen. Sein Leitspruch "Handle nicht unvernünftig gegen Dich selbst" hat auch heute noch große Bedeutung.

Seit 1957 ist Ottobeuren anerkannter Kneippkurort und wahrt das Erbe von Pfarrer Kneipp, dessen Erkenntnisse Bestandteil der in Ottobeuren angewandten Therapien sind. In Stephansried kann man sein Denkmal besichtigen.

Basilika und Kloster Ottobeuren
(Bild Touristikamt Ottobeuren)

Sehenswürdigkeiten

Die Kloster-Basilika St. Alexander und Theodor, eine der schönsten Barockkirchen Deutschlands, dominiert das Ortsbild. Eine Besichtigung der prachtvoll ausgestatteten Kirche ist überaus lohnenswert. Die weltberühmten Orgeln gelten als Höchstleistung der Orgelbaukunst. Die Ottobeurer Orgelkonzerte im Sommer genügen höchsten Ansprüchen und ziehen Musikfreunde aus Nah und Fern an. Empfehlenswert ist ein Besuch der kostenlosen Orgelkonzerte samstags um 16 Uhr von April bis November.

Kneipp-Aktiv-Park
(Bild Touristikamt Ottobeuren)

Für Freunde von Kunst und Geschichte ist ein Besuch des Klostermuseums Pflicht. Hier kann man Schnitzwerke, Altartafeln und Gemälde von der Gotik bis zum Barock neben Porzellan und Mobiliar aus früheren Jahrhunderten bewundern. Auf dem Rundgang durchs Museum beeindrucken der Theatersaal, der Kaisersaal und die wunderschöne Bibliothek mit rund 15.000 Büchern aus der Zeit vor 1800. Öffnungszeiten von Anfang April bis Anfang November täglich von 10 bis 12 und von 14 bis 17 Uhr. In der übrigen Jahreszeit eingeschränkte Öffnungszeiten.

In der Klosterabtei finden Menschen auf ihrem spirituellen Weg eine Stätte der Besinnung, Erholung und Begegnung. Neben Eigenveranstaltungen wie der Ottobeurer Studienwoche bietet die Abtei einen idealen Rahmen für Tagungen.

Diether Kunerth Museum

Diether Kunerth Museum
(Bild Anita Walter)

Im Frühjahr 2014 wird in Ottobeuren das Museum für zeitgenössische Kunst direkt unterhalb der Basilika eröffnet. In diesem Museum wird ein Großteil des Lebenswerks des mit zahlreichen Preisen ausgezeichneten Künstlers Diether Kunerth der Öffentlichkeit auf Dauer zugänglich gemacht. Gezeigt werden Skulpturen, Gemälde, Fotografien, Grafiken und Videoinstallationen des Künstlers, der seit 1967 in Ottobeuren lebt.

Auf museumspädagogische Aspekte wird im Hinblick auf die über 2.000 Schüler im Ort großer Wert gelegt. In Ottobeuren war die Hinführung der Jugend zur bildenden Kunst schon immer ein übergeordnetes Ziel.

Das Museum Diether Kunerth wird in Zukunft mit der örtlichen Erich-Schickling-Stiftung und dem Klostermuseum vernetzt sein. Darüber hinaus ist eine intensive Zusammenarbeit mit gemeinsamen Angeboten mit der MEWO-Kunsthalle in Memmingen, dem Südsee-Museum in Obergünzburg und anderen kulturellen Einrichtungen geplant.
www.diether-kunerth-museum.de

Diether Kunerth Museum
(Bild Anita Walter)

Wandern und Pilgern
(Bild Touristikamt Ottobeuren)

Freizeit und Sport

Im Kneipp-Aktiv-Park können Besucher an verschiedenen Stationen die fünf Säulen der Kneipp´schen Gesundheitslehre kennenlernen: Wasser, Bewegung, bewusste Ernährung, Heilpflanzen und harmonische Lebensordnung.

Zwei lokale Pilgerwege, der Ulrichs- und Marienweg, führen durch diese Oase der Erholung zur Lourdes-Grotte und zum Kalvarienberg.
Die idyllische Umgebung mit sanften Hügeln, stillen Wäldern und ursprünglichen Flusslandschaften ist ein Paradies für Wanderer und Radfahrer. Ottobeuren ist eine Station auf dem 88 km langen Crescentia-Pilgerweg, einem Rundweg mit Ausgangspunkt in Kaufbeuren.

Neben dem Freibad und einem schönen 18 + 6-Loch-Golfplatz hat Ottobeuren eine der größten Kletterhallen Deutschlands in der Sportwelt Ottobeuren zu bieten. Hier können neben Klettern viele andere Sportarten wie Tennis und Gymnastik ausgeübt werden.

Ein besonderes Erlebnis ist eine Führung durch die Allgäuer Volkssternwarte, die jeden Freitag um 19:30 Uhr angeboten wird.

Veranstaltungen

Der umfangreiche Ottobeurer Veranstaltungskalender hat einige Höhepunkte zu verzeichnen. In der Zeit von Mai bis September finden alljährlich die hochwertigen Ottobeurer Konzerte mit erstklassigen internationalen Künstlern in der Basilika und im Kaisersaal statt und begeistern Musikliebhaber.

Die „Ottobeurer Herbstzeitlose" von Oktober bis November bietet bunt gemischtes Programm mit Kabarett, Theater, Jazz, Kinderprogramm und vieles mehr.

Im Jahr 2014 feiert der Markt Ottobeuren ein großartiges und außergewöhnliches Jubiläum – 1250 Jahre Benediktinerabtei Ottobeuren – mit zahlreichen Veranstaltungen und Konzerten.

Wichtige Adressen und Telefonnummern

Touristikamt Kur und Kultur
Marktplatz 14, D-87724 Ottobeuren
Tel. +49 (0)8332 92 19 50
Fax +49 (0)8332 92 19 92
touristikamt@ottobeuren.de
www.ottobeuren.de

Übernachten

44 Zimmer und 4 Suiten -Klimaanlage, allergieneutrale und bandscheibengünstige Bettsysteme, Internet, Flachbild-TV, Safe, Haarfön, Handtuchwärmer, Kosmetikspiegel, WC/Dusche, Lift, Sauna und Kneippanlage inklusive. Auf Wunsch:Badewanne, Bidet, Balkon, Dachterrasse, King-size-Bett, XXL-Zimmer, Minibar, Familienzimmer, Babybett, Kinderbett, barrierefreier Zimmerzugang, Zimmer für Handicap geeignet (Dusche mit Duschwanne). „AKZENT Brauerei Hotel Hirsch***S", Hafenrichter Gastro GmbH, Marktplatz 12, D-87724 Ottobeuren, Tel. +49(0)83 32 79 67 70, Fax +49 (0)83 32 79 67 766, info@hirsch-ottobeuren.de, www.hirsch-ottobeuren.de

Essen und Trinken

Hier kocht der Chef persönlich: Feinbürgerliche Allgäu-Küche mit frischen Zutaten aus der Region. Führungen nach Voranmeldung in der hauseigenen Traditions-Brauerei, Terrasse/Biergarten mit Blick auf die weltberühmte Basilika. Kegelbahn, großer Festsaal. „AKZENT Brauerei Hotel Hirsch***S", Hafenrichter Gastro GmbH, Marktplatz 12, D-87724 Ottobeuren, Tel. +49(0)83 32 79 67 70, Fax +49(0)83 32 79 67 766, info@hirsch-ottobeuren.de, www.hirsch-ottobeuren.de

(Bild Touristikamt Ottobeuren)

***S

AKZENT Brauerei Hotel Hirsch

Wohlfühlhotel, Restaurant und Gasthofbrauerei

Direkt am Marktplatz in Ottobeuren erstrahlt das Hotel Hirsch seit 2009 in neuem Glanz. Das helle Gebäude mit Außenterrasse beherbergt neben dem Hotel und Restaurant auch eine Gasthofbrauerei, die nach Voranmeldung besichtigt werden kann. Im „Hirsch" wird unter Aufsicht eines Braumeisters nach alter handwerklicher Tradition das „Ottobeurer Bier" streng nach dem Reinheitsgebot von 1516 mit eigenem Quellwasser gebraut. Gepflegte Tradition in zeitgemäßem Ambiente, gutes Essen, gemütliche Räumlichkeiten und das hervorragende Preis-Leistungsverhältnis machen den „Hirsch" zu einem besonderen Ort für große und kleine Genießer.

Feinbürgerliche Gastlichkeit

Im Restaurant Hirsch kultiviert Küchenmeister und Chef des Hauses Bernd Hafenrichter die feinbürgerliche Küche, indem er aus dem Besten, was die Region an Lebensmitteln zu bieten hat, raffinierte Leckerbissen zaubert, wie Kalbssteak an Bärlauchrisotto und Spargelspitzen, Saiblingsfilet aus Allgäuer Gewässern oder Vegetarisches wie Gemüsemaultaschen mit feinwürziger Füllung nach dem Rezept von Oma Zenta. Für Familien werden preiswerte Menüs angeboten. Zum Schlemmen sitzen Gäste in gemütlicher Runde auf der Terrasse mit unverstelltem Blick auf die weltberühmte Ottobeurer Basilika oder in einer der heimeligen Gaststuben. Diese bieten auch für Hochzeiten und andere Festivitäten einen idealen Rahmen. Zusätzlich steht ein Saal für bis zu 250 Personen zur Verfügung. Tipp für Heiratswillige: Sich nach dem Jawort in der Barockbasilika von der gesamten Hochzeitsgesellschaft in einer Hochzeitsprozession zum nahen „Hirsch" geleiten

lassen, wo Familie Hafenrichter und das freundliche Service-Team für einen unvergesslich schönen Tag sorgen!

Komfortable Zimmer & Seminarräume

Die vierundvierzig großen Zimmer und vier Suiten mit insgesamt rund hundert Betten und 3-Sterne-Superior-Standard lassen keine Wünsche offen: Helles Buchenparkett, sanfte Gold- und Rottöne sowie sandfarbener Marmor und natürlicher Schiefer in den Bädern verbreiten eine wohlige Atmosphäre. Klimaanlage, allergieneutrale und bandscheibengünstige Bettsysteme, Internet, Flachbild-TV, Safe, Haarfön, Handtuchwärmer, Kosmetikspiegel, WC/Dusche sind im Preis enthalten, ebenso die Benutzung von Lift, Sauna und Kneippanlage im Haus. Verschiedene Pauschalangebote verbinden den Aufenthalt mit kulturellen, kreativen und sportlichen Freizeitangeboten oder einem romantischen Candlelight-Dinner. Der Tagungs- und Seminarbereich in der ersten Etage ist von der Tiefgarage aus mit dem Lift erreichbar. Unter mehreren Tagungsräumen in unterschiedlichen Größen findet sich garantiert die perfekte Räumlichkeit. Zur sportlichen Entspannung bietet das Hotel Hirsch eine hauseigene Kegelbahn. Wer familiäre Gastlichkeit sucht und die ruhige Kneipp-Naturlandschaft Ottobeurens mit ihren interessanten Freizeitmöglichkeiten und kulturellen Angeboten schätzt, ist im Hotel Hirsch an der richtigen Adresse.

AKZENT Brauerei Hotel Hirsch*S**

Hafenrichter Gastro GmbH
Marktplatz 12, D-87724 Ottobeuren
Tel. +49 (0) 83 32 79 67 70
Fax +49 (0) 83 32 79 67 766
info@hirsch-ottobeuren.de
www.hirsch-ottobeuren.de

Hotel Am Mühlbach

Idyllisch gelegenes Hotel Garni für entspannte Urlaubstage

Unweit der berühmten Basilika in Ottobeuren, nur wenige Gehminuten von Ortszentrum und Kurpark entfernt, begrüßt Familie Heidelberger ihre Gäste im Hotel am Mühlbach. Bereits beim herzlichen Empfang in den lichtdurchfluteten Räumen stellt sich das Rundherum-Sorglos-Gefühl ein, das Gäste des idyllisch gelegenen Hotel Garni ab jetzt während ihres ganzen Aufenthaltes begleitet, denn um den Service im Haus kümmert sich die Chefin höchstpersönlich.
Nach dem Einchecken gelangt man

mit dem Lift und über großzügige Flure zu den Zimmern. Die zwanzig hellen Doppelzimmer sind mit Doppel- oder französischem Bett, einige zusätzlich mit Schlafsessel ausgestattet und bieten jeweils Raum für bis zu drei Personen. Dusche, Bad und WC, Flat-Kabel-TV, Telefon und zum Teil Balkon oder Terrasse sorgen für heimeligen Komfort. Hier – wie in allen Räumen des Hotels – überwiegen warme, sonnige Farben, die Lebensfreude vermitteln. Alle Zimmer sind zum ruhigen Innenhof hin gelegen, der Blick öffnet sich auf den romantischen Garten mit Goldfischteich und Mühlbach. Was gibt es Schöneres, als den Tag inmitten dieser herrlichen Naturkulisse bei einem Glas Wein auf dem Balkon ausklingen zu lassen? Am Morgen lockt das reichhaltige Allgäuer Landhausfrühstück an die einladend gedeckten Tische des Speiseraumes. Hier gibt es Zweiertische, an denen Gäste ungestört unter sich bleiben können. Bei warmen Temperaturen wird das Frühstück auch im Freien auf der gemütlichen Sonnenterrasse im Grünen serviert.

Wer möchte, besucht danach zu Fuß die berühmte barocke Basilika, golft

auf dem 18-Loch-Golfplatz vor historischer Kulisse oder erkundet die kulturträchtige und landschaftlich reizvolle Region rund um Ottobeuren zu Fuß, auf dem Rad oder mit dem Auto. Es gibt viel zu entdecken!

Wochenend- und Wochenpauschalen mit zwei bzw. fünf Übernachtungen, einem Begrüßungsdrink sowie kostenlosem WLAN und Parken in der abgeschlossenen Tiefgarage machen den Aufenthalt im Hotel am Mühlbach zu einem Vergnügen, das sich jeder leisten kann. Auch für einen kurzen Zwischenstopp – beispielsweise via Allgäu Airport Memmingen – ist das Hotel am Mühlbach sehr zu empfehlen. Wegen der Nähe zum Flughafen und zur Autobahn, aber vor allem wegen der Herzlichkeit der Gastgeber, dem zauberhaften Ambiente und dem Wohlbehagen, das man zu jeder Jahreszeit im Hotel am Mühlbach genießt. Familie Heidelberger freut sich auf ihre Gäste.

Hotel am Mühlbach

Hotel Garni, Luitpoldstraße 57
D-87724 Ottobeuren
Tel. +49 (0)8332 92 05-0
info@hotel-am-muehlbach.de
www.hotel-am-muehlbach.de

Westallgäuer Landschaft
(Bild Thomas Gretler)

Westallgäu

Sonnenbalkon zwischen Alpen und Bodensee

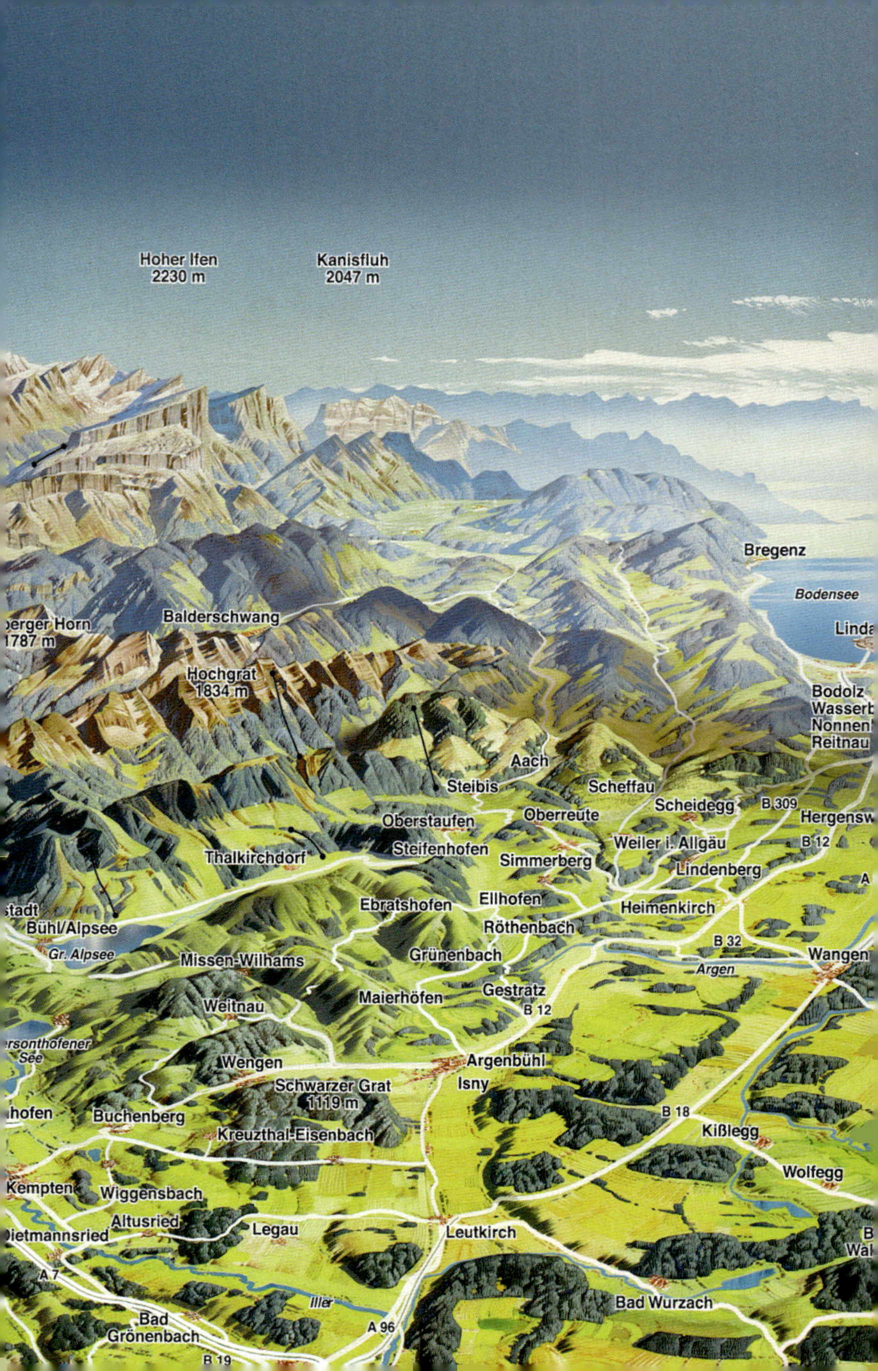

Hoher Ifen
2230 m
Kanisfluh
2047 m
Bregenz
Bodensee
Linda
berger Horn
1787 m
Balderschwang
Hochgrat
1834 m
Bodolz
Wasserb
Nonnen
Reitnau
Aach
Steibis
Scheffau
Scheidegg
B 309
Oberstaufen
Oberreute
Hergensw
Weiler i. Allgäu
B 12
Thalkirchdorf
Steifenhofen
Simmerberg
Lindenberg
A
Ellhofen
Ebratshofen
Heimenkirch
stadt
Bühl/Alpsee
Röthenbach
Gr. Alpsee
B 32
Grünenbach
Wangen
Missen-Wilhams
Argen
Gestratz
Maierhöfen
B 12
Weitnau
rsonthofener
See
Argenbühl
Wengen
Isny
Schwarzer Grat
1119 m
hofen
Buchenberg
B 18
Kißlegg
Kreuzthal-Eisenbach
Wolfegg
Kempten
Wiggensbach
Altusried
Legau
Leutkirch
ietmannsried
A 7
Iller
Bad Wurzach
Bad
Grönenbach
A 96
B 19

Das Westallgäu

Sonnenbalkon zwischen Alpen und Bodensee

Das Westallgäu ist eine Teilregion des Allgäus und ein Teil des Landkreises Lindau im Südwesten des Regierungsbezirks Schwaben in Bayern. Die Region in einer Höhenlage von 600 bis 1.000 Metern zeichnet sich durch ihre zentrale Lage aus. Österreich, Schweiz und der Bodensee sind nur wenige Kilometer entfernt. Bei einer Fahrt auf der B 308, der Deutschen Alpenstraße von Scheidegg nach Oberstaufen, bekommt man einen Eindruck von der Vielfalt und Schönheit der lieblichen Landschaft, immer mit dem Blick auf das überwältigende Panorama der Alpenkette.

Gute klimatische Bedingungen und eine überdurchschnittliche Sonnenscheindauer (bis 2.000 Stunden im Jahr) sorgen für erholsame Ferien in den Luftkurorten der Region, die ein breites Angebot an Kurkliniken und Wellnesseinrichtungen für Stressgeplagte bereithalten.

Für Familien empfiehlt sich ein erlebnisreicher, naturnaher Urlaub auf dem Bauernhof.

Die durch die Milchwirtschaft entstandene Westallgäuer Kulturlandschaft am Fuße des Gebirgszugs der Nagelfluhkette ist geprägt von saftigen Wiesen und Wäldern, sanften Hügeln, weiten Tälern, Moorseen, rauschenden Bächen, idyllischen Siedlungen und einsamen Weilern.

Simmerberg
(Bild Tourist-Information Weiler-Simmerberg)

Eistobel
(Bild Kemper)

Auf dem weitläufigen Wanderwegenetz der Region können Naturliebhaber seltene Pflanzen entdecken, romantische Schluchten erkunden und immer wieder auf den Höhen den herrlichen Fernblick genießen. Auf den informativen Westallgäuer Wasserwegen werden Wanderer zu stillen Seen, historischen Mühlen und tosenden Wasserfällen geführt. Besonders empfehlenswert ist die Wanderung durch den Eistobel bei Maierhöfen.

Im Winter können Wanderer und Langläufer die herrliche Schneelandschaft auf geräumten Wegen und auf über 250 km gespurten Loipen erkunden.

Das Allgäu ist bekannt für seinen hervorragenden Käse. Auf der Westallgäuer Käsestraße kann man in Sennereien und Gaststätten mehr über die Herstellung erfahren und viele leckere Sorten probieren. Im Westallgäuer Kräuterland werden in Kräutergärten wie beispielsweise dem Artemisia bei Stiefenhofen Kenntnisse über die Kraft der heimischen Heilpflanzen vermittelt. Bei einer Führung durch eine der

Allgäuer Wildkräuterfrauen lernen Teilnehmer die vielfältigen Verwendungsmöglichkeiten von Schafgarbe und anderen Kräutern kennen.

In den Westallgäuer Gasthöfen kann man viele regionale Schmankerl kosten: Kässpätzle und Krautkrapfen, Speckknödel und Brennter, Dampfnudeln, Flädlesuppe sowie leckere Kräuterspezialitäten.

Auch kulturell hat das Westallgäu eine Menge zu bieten. Prachtvolle Barockkirchen und zahlreiche Kapellen warten auf die Entdeckung durch kunsthistorisch interessierte Besucher.

Eine Reihe von Heimatmuseen vermitteln Eindrücke in das Leben der Landbewohner in früheren Jahrhunderten.

Die von den aktiven Ortsvereinen veranstalteten, beliebten traditionellen Brauchtumsfeste sowie Konzerte, Jahrmärkte und vieles mehr sorgen für abwechslungsreiche Unterhaltung im Jahreslauf.

Wichtige Adressen und Telefonnummern

LAG Regionalentwicklung Westallgäu - Bayerischer Bodensee e.V.
Bahnhofstraße 8
D - 88161 Lindenberg
Tel. +49 (0)8381 891 64-83
Fax +49 (0)8381 891 64-85
info@westallgaeu-bayerischerbodensee.de
www.westallgaeu-bayerischerbodensee.de

Alphornbläser
(Bild Gemeinde Stiefenhofen)

skywalk allgäu

Naturerlebnis aus der Vogelperspektive

Im Scheidegger Ortsteil Oberschwenden wartet in 1.000 m ü. M. ein besonderes Abenteuer auf erlebnishungrige Gäste. Der Baumwipfelpfad „skywalk allgäu" ist ein 540 m langer Panoramapfad in einer Höhe von bis zu 40 m mit einzigartiger Aussicht auf Bodensee, Alpenvorland und Alpen. Über eine Treppe, bequem mit dem Aufzug oder über einen sanft ansteigenden Weg mit Treppen und Podesten erreichen Besucher den Pfad in luftiger Höhe und können das unvergleichliche Erlebnis einer sicheren Wanderung zwischen Baumwipfeln genießen. Auch Familien mit Kinderwagen, gehbehinderte Menschen und Rollstuhlfahrer gelangen barrierefrei zum Pfad.

In Baumwipfelhöhe kann die Natur zu jeder Jahreszeit aus einer völlig neuen Perspektive erlebt werden. Da der Pfad in einer Hängebrückenkonstruktion errichtet wurde, kann er an wenigen Stellen leicht schaukeln. Wettergerechte Kleidung ist empfehlenswert. Auf dem skywalk gibt es keine Altersbeschränkungen, Kinder unter 10 Jahren dürfen jedoch nur in Begleitung Erwachsener den Pfad betreten. Der Pfad kann ganz bequem über Aufzug bzw. Treppe oder - für Abenteurer - auf dem „Interaktiven Pfad" mit Wackelbrücke und Röhrenrutsche verlassen werden.

Am Boden bietet der kinderwagen- und rollstuhlgeeignete Naturerlebnispfad mit verschiedenen Aktionsstationen ein unterhaltsames Walderlebnis. Der Trampelpfad für Entdecker führt über einen 820 m langen Holzhackschnitzelweg, festes Schuhwerk ist zu empfehlen. Besonders reizvoll ist der Barfusspfad. Hier kann man barfuss verschiedene natürliche Materialien ertasten. Auf dem Geschicklichkeitsparcours für Jugendliche und Erwachsene sind Gleichgewicht und Geschick gefragt. Für Kinder steht ein Abenteuerspielplatz zur Verfügung.

Im Selbstbedienungsrestaurant des Informationszentrums genießen Besucher leckere Speisen zu familienfreundlichen Preisen.

Die Eintrittskarte ist für einen Tagesaufenthalt gültig. Ein Besuch lohnt sich!

„skywalk allgäu" ist ganzjährig geöffnet: April - Okt. 10 - 18 Uhr, Nov. - März 11 - 17 Uhr. Witterungsbedingte Schließungen sind möglich.

skywalk allgäu
Oberschwenden 25
D-88175 Scheidegg
Tel. +49 (0)8381 896-1800
Fax +49 (0)8381 896-1813
info@skywalk-allgaeu.de
www.skywalk-allgaeu.de

Hier erhalten Sie die Leistungen der Allgäu-Walser-Card (siehe Seite 26)

Lindau

Tourismuszentrum am Bodensee

Lindau am Bodensee (rund 24.500 Einwohner) im Dreiländereck Deutschland-Österreich-Schweiz ist die südwestlichste Stadt Bayerns. Die historische Altstadt von Lindau auf der gleichnamigen Bodenseeinsel mit einer Fläche von 0,68 km^2 ist ein überaus beliebtes Urlaubs- und Ausflugsziel. Die Insel ist durch einen Eisenbahndamm und eine Straßenbrücke mit dem Festland verbunden. Mit den festländischen Stadtteilen Schachen, Aeschach, Reutin und Zech besitzt Lindau mehr als sieben Kilometer Bodenseeufer.

Die einmalige Lage am See mit freiem Blick auf die Alpen, die sehenswerte Altstadt, das vielfältige kulturelle Leben, das breitgefächerte gastronomische Angebot, attraktive Einkaufsgelegenheiten und die hervorragenden Freizeitmöglichkeiten vor allem für Wassersportler sorgen für abwechslungsreichen Aufenthalt.

Kurzer Blick ins Geschichtsbuch

Auf einem Höhenzug gegenüber der Insel wurden im 19. Jahrhundert römische Siedlungsspuren aus dem 2. Jahrhundert entdeckt und die Grundmauern einer Villa freigelegt.

Lindau wurde 882 erstmals urkundlich erwähnt. Der 950 gegründete Lindauer Markt wurde aus Si-

Hafeneinfahrt Lindau
(Bild Memorino)

cherheitsgründen ab 1079 auf die Insel verlegt. Durch den Handel mit Produkten aus dem nahegelegenen St. Gallen, dem Bregenzer Wald und dem westlichen Allgäu und die verkehrsgünstige Lage entwickelte sich eine aufblühende Siedlung, die auch im transalpinen Fernhandel zunehmend an Bedeutung gewann.

1275 erhielt Lindau die Rechte als Freie Reichsstadt. 1496/97 wurde ein Reichstag in Lindau abgehalten. Die befestigte Inselstadt blieb trotz Belagerungen während des 30-jährigen Krieges von Zerstörungen verschont.

Durch Handel und Beförderung mit eigener Bodenseeflotte wurde die Lindauer Bürgerschaft reich. Mit der Auflösung des Heiligen Römischen Reiches Deutscher Nation Anfang des 19. Jahrhunderts verlor Lindau seine Stadtprivilegien und wurde in das Königreich Bayern eingegliedert.

Sehenswürdigkeiten

Fußgängerzone Lindau
(Bild Böhringer)

Bei einem Rundgang durch die mittelalterlichen Gassen der malerischen Lindauer Altstadt entdeckt man viele gut erhaltene historische Gebäude.

Das Rathaus aus dem 15. Jahrhundert mit prächtig geschmückter Fassade beherbergt heute im Erdgeschoss die ehemalige reichsstädtische Bibliothek mit rund 23.000 wertvollen Bänden. Im ersten Stock kann man einen der schönsten gotischen Säle im Bodenseegebiet bewundern.

Das barocke „Haus zum Cavazzen" von 1729 gilt als das schönste Bürgerhaus am Bodensee. Hier ist das Stadtmuseum mit vielen Exponaten aus der Lindauer Stadtgeschichte mit einer einzigartigen Sammlung mechanischer Musikinstrumente untergebracht.

Die weltbekannte Hafeneinfahrt mit dem Leuchtturm und dem Bayerischen Löwen ist das Wahrzeichen Lindaus. Hier legen die Bodensee-Kursschiffe aus Bregenz, Rohrschach und Friedrichshafen an. Auf der Hafenpromenade mit zahlreichen Restaurantterrassen treffen sich Besucher aus aller Welt und genießen die Aussicht auf See und Berge.

Die Ursprünge der Katholischen Stiftskirche Münster Unserer Lieben Frau am Marktplatz gehen auf das Jahr 810 zurück. In ihrer heutigen Form wurde sie nach dem Stadtbrand von 1728 in den Jahren 1748-52 errichtet. Im Innenraum kann man die elegante Rokokoausstattung und die barocken Deckenmalereien bewundern.

Die evangelische Schwesterkirche der Stiftskirche, die Kirche St. Stephan aus dem 12. Jahrhundert weist ein 200 Jahre altes Gestühl auf.

Die Peterskirche am Schrannenplatz mit gut erhaltenen Fresken ist die älteste Kirche Lindaus. Sie wurde um das Jahr 1000 errichtet.

Rathaus
(Bild digital cat)

Mangturm (Bild Michael Vogt)

Die ehemalige 1380 fertiggestellte Barfüßerkirche beherbergt heute das Lindauer Stadttheater.

Neben dem Leuchtturm an der Hafeneinfahrt sind der Mangturm, der Pulverturm und der Diebsturm weitere beeindruckende Zeugen der Lindauer Geschichte.

Der Lindavia-Brunnen aus rotem Marmor am Reichsplatz wurde 1884 von König Ludwig II. eingeweiht.

Freizeit und Sport

Wassersport ist die bevorzugte Freizeitaktivität in Lindau. Bei gutem Wetter kann man zahlreiche Segel- und Ruderboote auf dem See beobachten. Lindau verfügt über das Erlebnishallenbad LIMARE und drei Freibäder. Das Strandbad Eichwald ist eines der größten und schönsten Bäder am See mit prachtvollem Blick auf die Schweizer Berge und einer spannenden 78 Meter langen Wasserrutschbahn.

Golf

Der Lindauer Golfplatz außerhalb der Insel gilt als einer der schönsten Europas.

Radfahren

Der 273 Kilometer lange Bodensee-Radweg ist Mitteleuropas berühmtester Fernradweg und bietet Radlervergnügen pur.

Veranstaltungen

Lindau als bedeutende Tagungs- und Kongressstadt empfängt jedes Jahr ca. 3.000 Teilnehmer bei den Psychotherapiewochen. Die Nobelpreisträgertagung findet ebenfalls jährlich statt.

Die große Segelregatta im Juni, das beliebte Stadtfest Mitte Juli, das traditionelle Lindauer Kinderfest mit über 350-jähriger Geschichte am Ende der Sommerferien und der Lindauer Jahrmarkt Anfang November sorgen neben zahlreichen hochwertigen kulturellen Veranstaltungen wie Konzerten und Ausstellungen für ein vielfältiges Veranstaltungsprogramm.

Wichtige Adressen und Telefonnummern

Lindau Tourismus u. Kongress GmbH
Lennart-Bernadotte-Haus
Alfred-Nobel-Platz 1
D-88131 Lindau
Tel. +49 (0)8382 26 00-30
Fax +49 (0)83 82 26 00-26
info@lindau-tourismus.de
www.lindau-tourismus.de

Lindenberg

Westallgäuer Sonnenmetropole mit Herz

Die geografische Lage von Lindenberg 750 bis 824 Meter ü.M. auf einem Höhenrücken zwischen Flachland und Alpenkamm macht einen der sonnenreichsten Orte Deutschlands zum idealen Ausgangspunkt für Ausflüge in die Region. Zum Bodensee - nach Lindau oder Bregenz - sind es nur ein paar Kilometer, die Alpen liegen vor der Haustür und das Oberallgäu mit den Königsschlössern ist nah. Von vielen Stellen aus kann man die herrliche Fernsicht genießen. Nordwärts führt der Weg zu den künstlerischen Kleinoden und den historischen Städten der oberschwäbischen Barockstraße. Die

Lindenberg
(Bild Thomas Gretler)

nebelfreie Stadt Lindenberg als Zentrum des Westallgäus begeistert Besucher mit ihrer heiteren Atmosphäre und ihren klimatischen Vorzügen. Themen wie Energieeinsparung und Klimaschutz werden hier wirkungsvoll umgesetzt. Aufgrund der vorzüglichen Luft ist Lindenberg seit 1922 als Luftkurort anerkannt. Die Innenstadt wurde fahrradfreundlich gestaltet, Plätze und Straßen sind mit Blumen geschmückt, Straßencafés, Biergärten und Grünflächen laden zum Verweilen ein. Zertifizierte „König-Kunde"-Geschäfte sowie gute Parkmöglichkeiten mit Gratisparken sorgen für einen entspannten Einkaufsbummel. Überall ist die Gastfreundlichkeit der rund 11.000 Einwohner spürbar. Man trifft sich auf kulturellen Veranstaltungen, in den gepflegten Gasthäusern und Restaurants oder bei einer anderen Freizeitaktivität in und um Lindenberg.

Kurzer Blick ins Geschichtsbuch

Die erste schriftliche Erwähnung Lindenbergs findet sich auf einer Besitzurkunde des Klosters St. Gallen: Zwei bedeutende Adelige schenkten im Jahr 857 Güter in „Lintiberc" dem Kloster St. Gallen. Danach gehörte Lindenberg bis zu den Napoleonischen Kriegen zu Österreich, ab 1805 zu Bayern. Bereits 1656 wurden Hüte aus Lindenberg verkauft. Im Jahr 1755 begann man, die Herstellung und den Vertrieb von Strohhüten zu organisieren.

Sehenswürdigkeiten

Hutmuseum (Bild Thomas Gretler)

Hutmuseum

Das Lindenberger Hutmuseum an der Kreuzung Bismarckstraße/Hauptstraße ist bayernweit das Einzige seiner Art und somit ein wahres Kleinod in der Museumswelt. Es zeigt die Entwicklung der Hutindustrie in der Bergstadt. Durch den blühenden Huthandel wurde Lindenberg zwischenzeitlich auch „Klein-Paris" genannt. Öffnungszeiten: Mittwoch 15:00 bis 17:30 Uhr, Sonntag 10:00 bis 12:00 Uhr (November bis Januar geschlossen, Informationen über Führungen unter Tel. +49(0)8381-803 28).

Hutmacherplatz

Am Hutmacherplatz steht neben einer von Michael Veit gestalteten Skulptur, die an die vielen Hutarbeiter der ortsansässigen Hutfabriken erinnert, auch Lindenbergs letzte Hutfabrik. Die berühmten Mayser-Hüte können im Laden erworben werden.

Stadtpfarrkirche St. Peter und Paul

Die Stadtpfarrkirche St. Peter und Paul ist ein imposanter neobarocker Kirchenbau mit Doppeltürmen und einer mächtigen Kuppel. Eingeweiht wurde der „Dom des Westallgäus" im Jahr 1914. Besonders sehenswert sind das gewaltige Langhausfresko des Lindenberger Malers Paul Keck sowie die Glasfenster in den Seitenschiffen nach Vorlagen des Kunstmalers Julius Exter.

Aureliuskirche

Die Aureliuskirche, Lindenbergs alte Pfarrkirche wurde 1660 nach der Zerstörung im 30-jährigen Krieg neu errichtet und Mitte des 18. Jahrhunderts erweitert und umgebaut. Mehrere Reliquienschreine diverser Heiliger (Aurelius, Theodor, Celestina, Benedicta) befinden sich in ihrem Inneren.

Stadtplatz und Rathaus

Der Stadtplatz wird von dem 1907 fertig gestellten neugotischen Rathaus und dem 1988 eingeweihten, vom Lindauer Bildhauer Hermann Gierer geschaffenen Brunnen dominiert.

Kultur, Feste und Veranstaltungen

Feste und Veranstaltungen wie der Lindenberger Huttag, das Internationales Käse- und Gourmetfest, die Kulturtage, das Parknacht-Festival, der Adventsmarkt, das Stadt- und Kinderfest, regelmäßige Theateraufführungen, klassische Konzerte, moderne Musik sowie Ausstellungen und Kleinkunstdarbietungen bieten Gästen und Einheimischen das ganze Jahr über ein abwechslungsreiches Kulturprogramm. Wochenmarkt (Samstag von 7 bis 12 Uhr) auf dem Stadtplatz.

Freizeit und Sport

Das Gebiet rund um Lindenberg ist ein wahres Wanderparadies. Zahlreiche Spazier- und Wanderwege führen durch die prachtvolle Natur. Es gibt leicht begehbare Wege für die ganze Familie und schwierigere Touren für konditionsstarke Wanderer. Halbtages- bzw. Tagestouren führen nach Lindau, Bregenz, zum Pfänder, über die Hausbachklamm zur Aussichtsterrasse Sulzberg oder einfach hinein in die Allgäuer Bergwelt.

Westallgäuer Wasserwege

27 Wanderungen mit engem Bezug zum Thema laden zum Entspannen, Erleben und Entdecken ein. Der Waldsee ist nicht nur seit Jahrhunderten ein beliebter Badesee (Eintritt kostenfrei), zusammen mit den angrenzenden Moorflächen bildet er auch einen wertvollen Lebensraum für seltene Tier- und Pflanzenarten. Der neugestaltete Moorlehrpfad am Waldsee bietet Interessantes aus Flora und Fauna für Jung und Alt.

Außerdem stehen 22 ausgeschilderte Nordic-Walking-Routen unterschiedlicher Schwierigkeitsgrade zur Verfügung.

Im Winter sind ca. 20 km der Wanderwege begehbar, insbesondere Richtung Waldsee und am Waldsee selbst. 25 km Doppel- und Vierspurloipen und rund 120 km Anschlussloipen im Verbund stehen für Anfänger und Fortgeschrittene zur Verfügung. Als besonderes Highlight gilt die 50 km lange „Superloipe“ vom Waldsee zum Alpsee.

Wichtige Adressen und Telefonnummern

Tourist Information
Stadtplatz 1
D-88161 Lindenberg i. Allgäu
Tel. +49 (0)8381 803-28
Fax +49 (0)8381 803-88
touristinformation@lindenberg.de
www.lindenberg.de

Waldseebad
(Bild Thomas Gretler)

Käserei Gebr. Baldauf

Die hohe Kunst der Allgäuer Käsemanufaktur

Das Käsen ist die älteste Methode, Milch haltbar zu machen. Erste Kenntnisse über die Käsegewinnung gehen vermutlich bis in die Steinzeit zurück. Im Allgäu wurde Käse bereits in der frühen Neuzeit auf den Bergalmen hergestellt. Um der steigenden Nachfrage durch bessere Transportwege gerecht zu werden, begann die gewerbliche Käseproduktion in Talsennereien. Der schmackhafte Baldauf-Käse wurde bald in ganz Deutschland bekannt.

150 Jahre Erfahrung

Im Jahre 1862 vermarktete Firmengründer Martin Baldauf aus Rohmilch hergestellten Allgäuer Emmentaler. Seine Söhne führten das Geschäft fort und fingen an, in Goßholz selber Käse herzustellen. 1904 wurde die Sennereigenossenschaft Hopfen gegründet, bei der Gebr. Baldauf noch heute erster und einziger Milchkäufer ist. Zu Spitzenzeiten lieferten über zwanzig Sennereien aus dem Allgäu ihre Milch an die Gebr. Baldauf. Heute sind davon noch die Sennereien Hopfen, Grünenbach und Gestratz übrig. Nach vielen Schicksalsschlägen begann Nachfolger Herbert Baldauf 1972 einen hochwertigen Bergkäse zu erzeugen und sicherte somit das Überleben des Traditionsunternehmens. Heute gibt es in den Käse-Läden Baldauf-Käskeller Weitnau, Käse-Hütte Isny, Käs- und Weinkeller Goßholz sowie in den Sennerei-Verkaufsläden Hopfen, Grünenbach und Gestratz neben Bergkäse verschiedene Käsesorten aus eigener Produktion, zudem ein Sortiment ausgesuchter Rohmilch-Spezialitäten aus Frankreich, Italien und der Schweiz. Die Firma Gebr. Baldauf GmbH & Co. KG ist seit fünf Generationen in Familienbesitz.

Vielfältiges Geschmackserlebnis

Baldauf-Käse hat bereits zahlreiche Medaillen gewonnen. Kein Wunder, die verschiedenen Sorten schmecken einfach köstlich! Für jeden Genießer gibt es den passenden Käse, beispielsweise pikant-würzigen Baldauf-Bärlauchkäse (DLG Goldmedaille 2012), Baldauf-Bergkäse von der Hochalpe, Baldauf-Wildblumenkäse mit einem Mantel aus Kräutern und Blüten oder Lindenberger Weinkäse, der eine Woche lang im kräftigen Rotweinbad schwimmt – und viele andere Sorten mehr. Übrigens: Bei allen Baldauf-Käsesorten kann man die Rinde mit verzehren!

Auch von Gourmet-Köchen wird Baldauf-Käse geschätzt. Christian Ribitzki, Küchenchef und Miteigentümer der „Eisbach Bar & Küche" in München, lieferte zahlreiche Ideen für das Baldauf-Käse-Kochbuch. Dem Leser wird neben verschiedenen Rezepten, von einfach bis anspruchsvoll, die ganze Welt des Käses offenbart. Von der richtigen Lagerung über die Kombination mit Weinen bis hin zu stilvollen Dekorationstipps bekommt man hilfreiche Informationen rund um das Thema Käse und Kochen.

Ein Besuch der Baldauf-Verkaufs- und Sennerei-Läden lohnt sich! Termine für eine Sennereiführung können mit der Sennerei Hopfen vereinbart werden. Adressen und Telefonnummern entnehmen Sie der Homepage

Gebr. Baldauf GmbH & Co. KG

Goßholz 5, D-88161 Lindenberg/Allg.
Tel. +49 (0)8381 89 02 10
Fax +49 (0)8381 89 02 55
info@baldauf-kaese.de
www.baldauf-kaese.de

Maierhöfen

Abseits vom Trubel – mitten im Leben

Im lieblichen Argental, etwa auf halber Strecke zwischen Lindau und Kempten, inmitten sanft geschwungener Hügel und umgeben von saftig grünen Wiesen, Weiden und Wäldern, liegt die idyllische Gemeinde Maierhöfen. Die herrliche Landschaft mit einmaligen Attraktionen wie dem Naturschutzgebiet Eistobel und dem höchsten Aussichtspunkt im Westallgäu - der 1.069 Meter hohen Riedholzer Kugel - lädt zu jeder Jahreszeit zum Wandern ein. Auf Rad- und Wandertouren kann man entlang der bekannten Allgäuer Käsestraße zahlreiche Naturschauspiele, kulturelle Highlights und kulinarische Spezialitäten genießen. Der staatlich anerkannte Erholungsort Maierhöfen bietet Ruhe und Überschaubarkeit und ist durch seine zentrale Lage zwischen Voralpengebiet und Bodenseenland idealer Ausgangspunkt für Tagesausflüge an den Bodensee, in die Allgäuer Bergwelt oder nach Österreich. Auch die Schweiz ist gerade mal eine Autostunde entfernt.

Maierhöfen
(Bild Bene 16)

Eistobel
(Bild Kemper)

Sehenswürdigkeiten

Das wildromantische Naturschutzgebiet Eistobel zwischen den Gemeinden Grünenbach und Maierhöfen fasziniert mit mächtigen Felsformationen, tosenden Wasserfällen und seiner überwältigenden Farbenpracht. Seltene Tier- und Pflanzenarten haben hier ihren Lebensraum gefunden. Von den Rastplätzen aus blicken Besucher auf das klare, blaugrün leuchtende Wasser, das sich in tiefen Gletschertöpfen sammelt. Im Sommer bilden Sandbänke kleine natürliche Strände für Sonnenhungrige. Naturkundliche, kulinarische oder geologische Führungen werden

Eistobel, Eissteg
(Bild Kemper)

in den Sommermonaten angeboten. Im Winter verwandelt sich der Eistobel in eine unvergesslich schöne Märchenlandschaft aus Eis und Schnee, deren bizarren Naturkunstwerken ein besonderer Zauber innezuwohnen scheint. Im Winter ist der Eistobel offiziell gesperrt, die Wege werden in dieser Zeit weder geräumt noch gestreut. Warme Kleidung und gute Wanderschuhe, am besten in Verbindung mit Steigeisen, sind ein Muss.

Freizeit und Sport

Sommer

Etwa 50 km markierte Wanderwege führen auf Berge und Anhöhen, darunter schöne Rundwege und herrliche Routen für Mountainbiker.

Winter

30 km geräumtes Winterwanderwegenetz, 20 km Loipen, 2 Skilifte (einer mit Flutlicht), Rodelhang, Skischule

und Schneeschuhwandern: Skifahrer, Snowboarder und nordisch orientierte Gäste jeden Alters kommen auf dem ausgedehnten Loipennetz sowie an den Skiliften Flucken und Iberg voll auf ihre Kosten.

Kultur und Tradition

Der ca. 5 km lange Skulpturenweg in Maierhöfen ist ein Rundweg mit Skulpturen und Textstelen, die von Künstlern in einem Symposium geschaffen wur-

Skulpturenweg
(Bild Gemeinde Maierhöfen)

den. Bildhauerkunst in Stein, Holz und Metall sowie Literatur treten hier mit der Voralpenlandschaft in Verbindung.

Die Viehscheid im September ist der jährliche Höhepunkt in Maierhöfen. Auf der längsten Treiberstrecke (35 km) im Allgäu werden die Tiere auf den Scheidplatz getrieben. Urlaubsgäste können auch die schöne Tradition des Alphornblasens hautnah miterleben.

Wichtige Adressen und Telefonnummern

Gästeamt Maierhöfen
Brunnenweg 2
D-88167 Maierhöfen
Tel. +49(0)8383 980-40
Fax +49(0)8383 980-42
info@maierhoefen.de
www.maierhoefen.de
Öffnungszeiten: Montag, Mittwoch bis Freitag 08:00 bis 12:15 Uhr, Dienstag: 14:00 bis 16:30 Uhr

Oberreute

Gastfreundlicher Luftkurort zwischen Bodensee und Alpen

Im Westallgäu, direkt an der Deutschen Alpenstraße und eingebettet in die hügelige Landschaft mit Wiesen, Hochmooren, Tobeln und Wäldern, liegt der staatlich anerkannte Luftkurort Oberreute 800 bis 1.041 Metern ü.M. auf einer Sonnenterrasse am Hochsträß-Rücken zwischen Bodensee und Alpen, unmittelbar an der Grenze zu Österreich. Ob Blütenpracht im Frühjahr und Sommer, klare, nebelfreie Herbsttage oder sonnenreiche Wintertage - die stimmungsvolle Naturlandschaft hat zu allen Jahreszeiten ihren Reiz.

Oberreute bietet ideale Wander- und Ausflugsmöglichkeiten für die ganze Familie. Auf Besucher warten naturbelassene Pfade, schöne Schlucht- und Auwälder sowie zahlreiche Kaskaden. Die Wege entlang der Hausbachklamm lassen eine Wanderung schnell zur abenteuerlichen Naturkundeexpedition werden. Ob bei gemütlichen Spaziergängen oder ausgedehnten Touren – der Wanderbegeisterte wird durch den herrlichen Ausblick auf die Berge belohnt. Doch nicht nur das Wanderangebot trägt dazu bei, dass Oberreute bei seinen Gästen so beliebt ist, auch die Gastfreundschaft der knapp 1700 Einwohner von Oberreute, das abwechslungsreiche Kinderprogramm und die heimelige Atmosphäre des Ortes sind legendär, ganz nach dem Motto: „Du kommst als Gast und gehst als Freund"

Kurzer Blick ins Geschichtsbuch

Oberreute entstand Ende des 18. Jahrhunderts. Damals war der Ort Teil der österreichischen Herrschaft Bregenz-Hohenegg. Seit 1805 gehört er zu Bayern.

Oberreute
(Bild Gästeamt Oberreute)

Sehenswürdigkeiten

Im ersten Stock des Rathauses werden in der Heimatstube Zeugnisse aus Geschichte, Handwerk und Kultur von der Vergangenheit bis heute präsentiert. Öffnungszeiten: Jeden 1. Sonntag im Monat von 10:00 bis 12:00 Uhr, jeden Donnerstag von 16:00 bis 18:00 Uhr und nach Absprache. Geschlossen von 1. November bis 1. Mai, außer in der Weihnachtszeit.

Im Skimuseum zeigt eine Sammlung mit mehr als 300 Exponaten Interessantes rund um das Thema Ski- und Wintersport. Öffnungszeiten: Montag bis Freitag 8:30 bis 12:00 Uhr und 13:30 bis 16:30 Uhr, Juli und August auch samstags von 9:00 bis 11:00 Uhr. Von Mitte November bis Mitte Dezember Montag bis Freitag von 8:30 bis 12:00 Uhr.

Die Pfarrkirche St. Martin wurde 1797 errichtet, die Pläne für den frühklassizistischen Saalbau mit halbrund geschlossenem Chor lieferte der Lindenberger Baumeister Georg Specht (1721-1803).

Freizeit und Sport

Auf dem rund 40 km langen ausgeschilderten Wanderwegenetz können Spaziergänger, Wanderer und Nordic-Walker die faszinierend schöne Landschaft genießen, zum Beispiel auf einer Wanderung durch die Hausbachklamm, auf dem Grenzerpfad Oberreute oder ins Wildrosenmoos Hochsträß. Für Abwechslung sorgen

Hausbachklamm (Bild Gästeamt Oberreute)

das beheizte Freibad, Tennis, Kegeln, Reiten, organisierte Käsereibesichtigungen oder Radeln auf der Westallgäuer Käsestraße. Skisportlern stehen im Winter 25 km Langlaufloipen zur Verfügung. Durch das grenz- und ortsüberschreitende Loipennetz wird der Winterspaß auf einige hundert Kilometer erweitert. Auf gepflegten Winterwegen kann man durch die herrliche Winterlandschaft wandern.

Kultur und Veranstaltungen

Viele Vereine tragen zum kulturellen Leben bei. Allgäuer Traditionen werden den Gästen auf Heimatabenden, Konzerten und Festen nahe gebracht.

Wichtige Adressen und Telefonnummern

Gästeamt Oberreute
Hauptstr.34
D-88179 Oberreute
Tel. +49 (0)8387 12 33
Fax +49 (0)8387 87 07
gaesteamt@oberreute.de
www.oberreute.de

Scheidegg

Sonnenterrasse über dem Bodensee

Die Marktgemeinde Scheidegg ist die Sonnenterrasse über dem Bodensee und liegt mit ihren rund 4.300 Einwohnern im Westallgäu in 600 bis 1.000 Metern Höhe auf dem Pfänder-Bergrücken, der sich oberhalb von Bregenz bis ins Westallgäu hinein erstreckt. Die unverwechselbare Landschaft mit dem wohltuenden Heilklima im Dreiländereck Deutschland – Österreich – Schweiz, zwischen Bodensee und den beeindruckenden Gipfeln der Allgäuer, Vorarlberger und Schweizer Alpen, ist wie geschaffen für einen Kur-, Erholungs- oder Aktivaufenthalt.

Mehrfach ausgezeichneter Kurort

Scheidegg war 2012 nach Feststellungen des Deutschen Wetterdienstes zum wiederholten Mal „Sonnigster Ort Deutschlands“. 2002 erhielt die

Gemeinde das Prädikat „Heilklimatischer Kurort Premium-Class“ und 2006 das Prädikat „Kneippkurort Premium-Class“ – als einer von nur siebzehn Orten deutschlandweit. Voraussetzungen für die Prädikatisierungen sind neben hervorragenden klimatischen Verhältnissen ein Plus an Urlaubs- und Umweltqualität sowie besondere touristische oder der Gesundheit förderliche Zusatzleistungen, beispielsweise nach Leistungsgraden angelegte Wege für sogenannte Terrainkuren. Inmitten der intakten Natur kann man sich – auf Wunsch unter fachmedizinischer Betreuung – mit verschiedenen Kuranwendungen entspannen und erholen. Ob Kneipp- oder Schrothkur, heilsame Moorschlamm- oder Molke-Anwendungen, ob ambulante Badekur, stationärer Aufenthalt oder Mutter-Kind-Kur – Scheidegg hat eine sehr lange Tradition und viel Erfahrung im Gesundheits- und Wellness-Bereich. Von Sanatorien über Kurkliniken bis hin zu pauschalen Wohlfühlangeboten steht Gästen alles zur Verfügung, was Körper und Seele gut tut. Für Nachhaltigkeit und Klimaschutz steht der EUROPEAN ENERGY AWARD® (eea), ein europäisches Qualitäts-

Scheidegg
(Bild Lindenberger)

managementsystem zur nachhaltigen Umsetzung der kommunalen Energie- und Klimaschutzplanung. Scheidegg wurde aufgrund seiner vorbildlichen Klimaschutz-Maßnahmen im November 2012 auditiert und durch die beiden Staatsminister Dr. Marcel Huber und Thomas Kreuzer mit dem Preis ausgezeichnet. Aus der Hand von Staatsminister Huber erhielt Scheidegg als einer von zehn Orten im Allgäu das Qualitätssiegel „Gesundheitsregion Bayern". Im Jahr 1990 erhielt die Marktgemeinde einen Preis im Wettbewerb „Familienferien" des Bundesministeriums für Jugend und Familie.

Vorreiter in Sachen glutenfreie Ernährung

Glutenfreie Backwaren (Bild Scheidegg-Tourismus, W. Kleiner)

Als erste Gemeinde weltweit bietet Scheidegg ein Rundum-Sorglos-Paket für Gäste, die an Zöliakie erkrankt sind. Im Mittelpunkt des Angebots steht das Gesundheitsmanagement in der Tourist-Information mit ihrem Informations- und Beratungsangebot zu glutenfreier Ernährung. Eine Gesundheitsmanagerin sowie kompetente Fachkräfte und Zöliakie-Betroffene, Gastgeber und Gastronomen stehen mit Rat und Tat in allen Belangen zur Seite, so dass Zöliakie-Betroffene – genauso wie alle anderen Gäste – einen sorglosen und kulinarisch abwechslungsreichen Urlaub in Scheidegg verbringen können. Besonders Neudiagnostizierte profitieren von den wertvollen Tipps – auch für zu Hause. Für sein Glutenfrei-Angebot wurde Scheidegg von der Bayern Tourismus Marketing GmbH mit dem „Bayerischen Innovationspreis im Tourismus 2011" ausgezeichnet und war 2010 für den Deutschen Tourismuspreis des Deutschen Tourismusverbandes nominiert.

In der traumhaften Landschaft, nur zwanzig Kilometer vom Bodensee entfernt, mit weitem Panoramablick auf die Berggipfel, fühlen sich Familien, Einzelreisende, Aktivurlauber, Erholungssuchende und Kurgäste zu allen Jahreszeiten wohl. Unterbringungsmöglichkeiten gibt es in allen Kategorien vom Hotel bis zum Privatzimmer und von der Ferienwohnung bis zum Wohnmobilstellplatz.

Kurzer Blick ins Geschichtsbuch

Die Besiedelung des Gebietes um Scheidegg erfolgte wahrscheinlich im 6. und 7. Jahrhundert durch die Alemannen. Bis 1481 gehörte Scheidegg zu Weiler und wurde erstmals urkundlich 1255 in St. Gallen erwähnt. 1296 wurde der Ort an Graf Hugo von Bregenz veräußert. Das 1571 von Habsburg erworbene Gebiet gehörte bis zum Preßburger Frieden im Jahre 1806 zu Vorarlberg und wurde danach bayerisch. Die Tradition Scheideggs als Kur- und Erholungsort reicht bis Anfang des 20. Jahrhunderts zurück, als nach dem Bau der Eisenbahnstrecke von Röthenbach nach Scheidegg im Jahr 1901 die ersten Sommerfrischler nach Scheidegg kamen.

Pfarrkirche St. Gallus
(Bild Scheidegg-Tourismus)

Sehenswürdigkeiten

Die Pfarrkirche St. Gallus wurde 1797/98 neu errichtet. Der Kirchturm entstand 1823-25. In den Jahren 1886-89 wurde die Kirche im Rokokostil restauriert. Neben eindrucksvollen Gemälden des Kunstmalers Ludwig Glötzle aus München ist die prächtige Orgel aus der weltberühmten Steinmeyerschen Orgelbauanstalt zu Öttingen sehenswert. Im Ort sind auffallend schöne Schindelhäuser mit Blumenschmuck und Bauerngärten zu bewundern, die etwa zwischen 1870 und 1915 erbaut wurden. Die zahlreichen Kapellen der Region sind durch ökumenische Kapellenwege und den Kneipp-Rundwanderweg miteinander verbunden.

Landschaflicher Kurpark
(Bild Scheidegg-Tourismus, T. Gretler)

Brauchtum
(Bild Scheidegg-Tourismus, T. Gretler)

Museen

Sehenswertes aus der guten alten Zeit, wie eine echte Schmiede, ein Tante-Emma-Laden, Informationen über alte Berufe wie Küfer, Korbmacher, Wachszieher, Schindelmacher, eine historische Schulstube von 1930 sowie eine komplette Wohnung um 1900: Auf fünf Etagen mit insgesamt 25 Abteilungen bietet das Handwerkermuseum „Heimathaus" liebevoll zusammengetragene Raritäten zur Heimatgeschichte. Öffnungszeiten (nur Führungen): jeden Mittwoch 10:00 Uhr, jeden 1. u. 3. Sonntag eines Monats 10:00 Uhr. Bei Beginn der Führung schließt das Museum. Eine Führung dauert ca. 1 ½ Stunden, Ende der Führung ist gegen 12:00 Uhr.

Kunst und Kultur

Die Kurkonzerte finden an den Sonntagvormittagen von Mai bis September statt, von Juni bis August zusätzlich auch an den Mittwochabenden. Außerdem werden Allgäuer Dorfabende vom Kur- und Verkehrsverein Scheidegg angeboten. Der Heimat- und Theaterverein sowie der Heimat- und Trachtenverein Edelweiß sorgen mit vergnüglichen Aufführungen für Unterhaltung.

Die Veranstaltungen finden von Ostern bis Oktober und an Weihnachten statt. Karten an der Abendkasse oder als Reservierung über das Scheidegg-Tourismus-Büro. Seit 2011 erfreut sich auch die Vortragsreihe „Kunst und Spiritualität" einer steigenden Beliebtheit.

Feste und Veranstaltungen

Ganzjährig werden von den örtlichen Vereinen zahlreiche Feste veranstaltet, zum Beispiel Markt- oder Feuerwehrfest, Kinderfest, Johannisfeuer, Museumstag mit Regionalmarkt und verkaufsoffenem Sonntag, die Open-Air-Party „Alm on Air", Christkindlmarkt und viele mehr.

Volkstümliche Bräuche

Jedes Jahr zur Faschingszeit verwandelt die Narrenzunft Scheidegg den Ort in eine Hochburg der Schwäbisch-Alemannischen Fasnacht. Am „Gumpigen Donnerstag" rüsten sich die Narren zum Sturm auf das Rathaus. Höhepunkt ist der große traditionelle Umzug, an dem sich jährlich über 3.000 Masken- und „Häs"(Faschingskostüm)träger aus ganz Oberschwaben, dem Schwarzwald, dem Bodenseekreis und dem Neckargäu beteiligen. Wie in allen Gemeinden des Allgäus wird auch in Scheidegg und Scheffau der Brauch des Maibaumaufstellens gepflegt. Ein Höhepunkt im Allgäuer Spätsommer ist der Viehscheid, die Heimkehr der festlich geschmückten Tiere von der Alp. Jedes Jahr am zweiten Oktobersonntag treffen sich Reiterzüge aus der Umgebung zum Wendelinsritt vor der Wendelinskapelle in Kinberg. Es ist ein prächtiges Bild, wenn die geschmückten Haflinger in einer Prozession Seite an Seite zur Kapelle ziehen und dort den Segen erhalten. Genaue Termine im Veranstaltungskalender unter www.scheidegg.de.

Kinderspaß
(Bild Scheidegg-Tourismus, W. Kleiner)

Freizeit und Sport

Eines der schönsten Geotope Bayerns ist die wildromantische Rohrachschlucht, ein 200 Meter tief gelegenes Naturschutzgebiet. Von dort kann man von mehreren Aussichtspunkten aus die Scheidegger Wasserfälle bestaunen, deren Wasser sich über zwei mächtige Gesteinsstufen – Zeitzeugen zweier Eiszeiten – hinab in die Tiefe stürzt. Die Freizeitanlage „Scheidegger Wasserfälle" bietet neben dem faszinierenden Naturschauspiel weitere Attraktionen für die ganze Familie: Streichelzoo und Wasserspielplatz sind ein Paradies für Kinder, der Kiosk sorgt für das leibliche Wohl. 2004 wurden die Scheidegger Wasserfälle mit dem Gütesiegel „Bayerns schönste Geotope – ein Projekt des Umweltministeriums" ausgezeichnet. Freunde der Botanik können dort noch seltene Pflanzen und Blumen bewundern. Wanderer finden die Wasserfälle über die Bräuhausstraße und den markierten Wanderweg bis Rickenbach (Parkplatz). Autofahrer können die Wasserfälle über die B 308 (Richtung Lindau) nach der Ortschaft Gretenmühle erreichen. Öffnungszeiten: je nach Witterung täglich von 9:00 bis 19:00 Uhr, in den Sommermonaten länger.

Badespaß

Das Naturbecken des Alpenfreibades wird von Quellwasser gespeist und bietet eine fantastische Aussicht auf die Berge. Eine große Liegewiese, beheizbare Kinderbecken mit Rutsche, Bistro, Spielplatz, Tischtennisanlage und mehr sorgen für unbeschwertes Sommervergnügen. Öffnungszeiten: täglich von 9:00 bis 19:00 Uhr (bei entsprechender Witterung). Von Scheidegg in Richtung Scheffau, ca. 1 km nach dem Ortsausgang links.

Baumwipfelpfad

„skywalk allgäu" heißt der Baumwipfelpfad im Ortsteil Oberschwenden, und wirklich – in Baumwipfelhöhe knapp 1.000 Meter über dem Meeresspiegel ist es ein Gefühl, als würde man den Himmel durchqueren! Außer dem barrierefrei zugänglichen Baumwipfelpfad mit phantastischem Ausblick über den Bodensee, die Alpen und das Alpenvorland gibt es einen flachen Naturerlebnispfad, einen Barfußpfad sowie ein Restaurant mit Souvenirshop. Öffnungszeiten: je nach Witterung ganzjährig geöffnet. April bis Oktober 10:00 bis 18:00 Uhr, November bis März 11:00 bis 17:00 Uhr.

Reptilienzoo

Im Scheidegger Reptilienzoo tummeln sich einheimische und exotische Reptilienarten wie Echsen, Spinnen, Schlangen, Nattern, Salamander und Schildkröten, von denen man während der Führung allerhand Interessantes erfährt, lustige Geschichten inklusive. Öffnungszeiten: April bis September 10:00 bis 18:00 Uhr, Februar/März und Oktober/November 10:00 bis 17:00 Uhr. Noch mehr Tiere gibt es auf dem Ponyhof zwischen Scheidegg und Scheffau, einem Kinderparadies mit Ponyreiten, Streichelzoo, Spielscheune und Abenteuerspielplatz. Erwachsene genießen die vergnügliche Auszeit auf der sonnigen Terrasse bei Kaffee und hausgemachtem Kuchen. Öffnungszeiten: je nach Witterung ganzjährig, täglich von 13:00 bis 17:00 Uhr.

Alpenfreibad
(Bild Scheidegg-Tourismus, T. Gretler)

Wandern

Die Gegend rund um Scheidegg und Scheffau ist ein wahres Wanderparadies. Vom gemütlichen Spaziergang entlang blühender Wiesen über Wanderungen auf einsamen Waldwegen mit wilden Gewässern bis hin zu anspruchsvollen Bergtouren im nahen Hochgebirge eröffnen sich begeisterten Wanderern immer wieder neue, faszinierende Einblicke in die Natur. Urige Hütten und gemütliche Gasthäuser auf den Wegen laden zur Einkehr ein. Besonders beliebt sind Wildkräuterwanderungen von Mai bis Oktober und die einmal im Jahr stattfindende Scheidegger Aktivwoche des Scheidegg-Tourismus. Details zu jeweilig aktuellen Terminen sind bei Scheidegg-Tourismus (Tel. 08381 895 55 oder per E-Mail unter info@scheidegg.de) erhältlich. Dort gibt man auch gerne Auskunft zu den aktuellen Terminen der Scheidegger Heilwochen: Zu bestimmten Terminen in der Zeit von März bis November eines Jahres können Interessierte im Kraftort Scheidegg etwas über das Medizinrad und ihr persönliches Krafttier erfahren oder auch an einer Schwitzhütte und besonderen Zeremonien teilnehmen.

Durch Scheidegg führt der Jakobus-Pilgerweg. Pilger können im Pilgerzentrum übernachten, inklusive Frühstück. Öffnungszeiten: von April bis Oktober täglich ab 16:30 Uhr geöffnet, in den Wintermonaten auf Anfrage. Informationen zu Angeboten wie dem Schnupperpilgern oder dem Samstagspilgern sind bei Scheidegg-Tourismus erhältlich.

Kapellenweg

Ökum. Hubertuskapelle
(Bild Scheidegg-Tourismus)

In der Region Scheidegg gibt es 16 Kapellen, die durch einen kleinen und großen ökumenischen Kapellenweg und den Kneipprundwanderweg miteinander verbunden sind. Es sind „Wege für Leib und Seele" mit vielen Ruhplätzen, die zum Verweilen und zur inneren Einkehr einladen. Der kleine ökumenische Kapellenweg ist ca. 2,7 km lang und führt an sechs Kapellen vorbei, auf dem großen ökumenischen Kapellenweg kann man auf ca. 21,7 Kilometern Länge insgesamt 16 Kirchen und Kapellen bestaunen. Auf dem ca. 14 km langen Kneipprundwanderweg und Witzeweg bekommen Wanderer auf Informationstafeln Empfehlungen und Lebensweisheiten des Pfarrers Kneipp zur gesunden Lebensweise geboten, außerdem entlocken Tafeln mit Witzen, Sprüchen und Anekdoten so manchem Leser ein ebenso gesundheitsförderndes Lachen.

Lindenberg
i. Allgäu (762)
Hölzlers
Widdum
Rappenfluh
777
Allmannsried
(810)
806
784
Weg nach Lindenberg
Ost-Kinberg
(820)
Lötz
(790)
775
Gretenmühle
(740)
B 308
Haus
(780)
Deutsche Alpenstraße
B 308
736
833
Bieslings
(760)
Ricken-
bach
(740)
744
Markt
SCHEIDEGG
(803)
Buflingsried
(810)
Böser-
scheidegg
(760)
Ried
(760)
665
Aizen-
reute
(800)
815
807
Schmalz-
grube
866
Kapfreute
Bux
Schalken-
ried
(750)
Forsten-
häuser
(740)
Altenburg
(690)
Burgmühle
610
811
Diethen
Reute
Unterschwenden
(910)
Bärfallen
Ablers
(750)
Rorgenmoos
Forst
(790)
Eben-
schwand
(860)
Bron-
schwand
749
Ruhmühle
(700)
Buchenbühl
(710)
713
583
Denzenmühle
(750)
Ober-
buchenbühl
(740)
950
Greifen
Häuslings
(730)
Gaisgau
Leintobel
(690)
745
Ober-
stein
(840)
911
Unter-
stein
(760)
Hagspiel
(740)
681
Siebers
(620)
Salmers
(600)
726
Lindenau
(720)
Bühl
(720)
Ellersreute
Mittelfilz
687
Eyen-
bach
(590)
Haslach
(700)
Schirpfentobel
612
ÖSTERREICH
Katzen-
steg
Unterdreienau
(580)
ÖSTERREICH
Wart
Hirsch-
bergsau
(677)
678
SCHEFFAU
(660)
Neuhaus
(600)
4 km
2 km
2,5 km
1 km
2 km
2,7 km
2 km
1,5 km
2 km

Golf

Golf in Scheidegg
(Bild Scheidegg-Tourismus, W. Kleiner)

Eine gute Nachricht für Golfsportler: Inmitten der Scheidegger Sonnenterrasse erstreckt sich im Halbkreis um Buflingsried die 9-Loch-Golfanlage des Golfclubs Scheidegg.

Nordic Walking

Der Nordic-Fitness-Sports-Park Westallgäu verbindet die sechs Gemeinden Scheidegg, Heimenkirch, Lindenberg, Oberreute, Stiefenhofen und Weiler-Simmerberg-Ellhofen auf rund 150 km Länge mit Anschlussmöglichkeit nach Oberstaufen (88 km Wegenetz). 22 ausgeschilderte Nordic-Walking-Routen unterschiedlicher Schwierigkeitsgrade in der herrlichen Landschaft des Allgäus stehen zur Verfügung.

Radfahren

Auch für Radler ist das Scheidegger Land perfekt – es reicht über das Allgäu hinaus bis in den Bregenzerwald und zum Bodensee und bietet Radtouren in allen Schwierigkeitsgraden. Zur Rückkehr können öffentliche Verkehrsmittel wie Bus und Bahn genutzt werden. In Scheidegg gibt es einen E-Bike-Verleih. Sehr beliebt sind auch die geführten Radtouren.

Wintersport

Als Westallgäuer Mittelpunkt für den Skilanglauf bietet Scheidegg ein Langlaufzentrum mit einem Loipenverbund von weit über 100 Kilometer Länge, das im Skiatlas mit vier „ADAC-Schnee-Sternen" als Top-Gebiet bewertet wurde. Allein die „Superloipe Waldsee-Alpsee" ist fast 50 km lang. Das hügelige Gelände – ohne große Steigungen und Abfahrten – ist für den Langlauf bestens geeignet. Winterfreuden versprechen außerdem Winterwanderwege, hervorragend präparierte Skipisten für jeden Schwierigkeitsgrad, Skilifte wie der Luggi-Leitner-Lift, Rodelbahnen und eine Natureisbahn. Wintersportgeräte können ausgeliehen werden.

Baumwipfelpfad
(Bild Scheidegg Tourismus, T. Gretler)

Kinderski
(Bild Scheidegg-Tourismus, W. Kleiner)

Essen und Trinken

Essen hält Leib und Seele zusammen. In Scheidegg kommen frische Produkte aus der Region auf den Tisch. Im Allgäu wachsen beispielsweise unzählige heimische Kräuterarten, die sich in den kulinarischen Köstlichkeiten der kreativen Scheidegger Gastronomie wiederfinden. Und natürlich der berühmte Allgäuer Käse. Hierfür lohnt sich ein Besuch in der Dorfsennerei Böserscheidegg (Böserscheidegg 12). Neben einer großen Auswahl an Käse, Milchprodukten, Eiern und vielen anderen heimischen Erzeugnissen von glücklichen Allgäuer Vier- und Zweibeinern werden vormittags auch Führungen durch die Sennerei mit Käseprobe angeboten (Anmeldung: Tel. 08381 895-55).

Wichtige Adressen und Telefonnummern

Scheidegg Tourismus
Rathausplatz 8
D-88175 Scheidegg im Allgäu
Tel. +49 (0)8381 895-55
Fax +49 (0)8381 895-50
info@scheidegg.de
www.scheidegg.de

Landschaft um Scheidegg
(Bild Scheidegg-Tourismus, W. Kleiner)

Einkaufen

Baldauf Käse

Über 20 verschiedene Baldauf-Käse-Köstlichkeiten sowie ein großes Sortiment ausgesuchter Rohmilchspezialitäten aus Frankreich, Italien und der Schweiz gibt es in den Baldauf-Käseläden in Weitnau, Isny und Goßholz/Lindenberg sowie den Sennerei-Verkaufsstellen Hopfen, Grünenbach, Diepolz und Gstratz. Adressen, Telefonnummern u. Öffnungszeiten der einzelnen Läden auf der Homepage. Gebr. Baldauf GmbH & Co. KG, Goßholz 5, D-88161 Lindenberg/Allgäu, Tel. +49 (0)8381 89 02 10, Fax +49 (0)8381 89 02 55, info@baldauf-kaese.de, www.baldauf-kaese.de

Im Steinkreis

Shoppen macht Spaß – vor allem „Im Steinkreis" mitten in Scheidegg, Deutschlands sonnenreichstem Ort. Neben Edelsteinschmuck gibt es Kunsthandwerk aus heimischer Produktion, eine große Auswahl an Teesorten und Räuchermischungen, Gartendekorationen und vieles mehr. Der Laden ist eine Reise wert!
Im Steinkreis, Risto & Annette Grübnau, Zollstraße 6, D-88175 Scheidegg, Tel. +49 (0)8381 40 54 441, info@im-steinkreis-scheidegg.de, www.im-steinkreis-scheidegg.de

(Bild Scheidegg-Tourismus, W. Kleiner)

Essen und Trinken

Kurhaus Scheidegg

Restaurant-Café mit herrlicher Seeterrasse am Weiher, Extra: glutenfreie Speisekarte, hausgemachte Torten und Kuchen, auch zum Mitnehmen. Spielmöglichkeit für Kinder. Saal für Veranstaltung bis zu 600 Personen. Pauschalangebote für Bus- und Gruppenreisende. Im Außenbereich Wasserspielplatz, Kneippbecken, Minigolfanlage, Wohnmobilstellplatz.
Kurhaus Scheidegg Gastronomie GmbH, Am Hammerweiher 1, D-88175 Scheidegg/Westallgäu, Tel. +49 (0)8381 30 55, Fax +49 (0)8381 89 06 56, info@kurhausgastro-scheidegg.de, www.kurhausgastro-scheidegg.de

Übernachten

Hotel Allgäu Garni

Drei-Sterne- Hotel Allgäu Garni in sonniger Lage nahe des Bodensees D/CH/A. Ein-, Zwei-, und Dreibettzimmer, komfortabel und gemütlich mit Dusche, WC, Fön, TV, Radio, Safe und WIFI. Zwei Ferienwohnungen. Wunderschöner Garten mit Liegewiese, herrliche Aussicht. Kleine Wellness-Oase im Haus (Sauna, Massage).
Hotel Allgäu***Garni, Familie Rieger, Am Brunnenbühl 11, D-88175 Scheidegg/Westallgäu, Tel. +49(0)8381 9 25 62-0, Fax +49(0)8381 9 25 62-50, info@hotel-allgaeu-garni.de, www.hotel-allgaeu-garni.de

Gäste des Hotels Allgäu Garni in Scheidegg sind begeistert von der familiären Atmosphäre und dem ganz persönlichen freundlichen Service, die das Drei-Sterne-Haus zu einer Erholungsoase machen. Allein schon durch die traumhafte Lage auf dem Pfänderrükken in Bodenseenähe fühlt man sich augenblicklich in Ferienstimmung versetzt. Der Blick vom Hotel aus erstreckt sich über malerische Allgäuer Wiesen bis hin zu den Bergen. Herrlich ruhig ist es hier, nur wenige Schritte vom Zentrum des Kurortes Scheidegg entfernt. Tschüss Alltag, willkommen im Urlaub! Die sympathischen Gastgeber Gerlinde und Knut Rieger sorgen mit Enthusiasmus für das Wohlergehen ihrer Gäste. Alles in dem gediegenen Nichtraucher-Hotel ist penibel sauber und adrett. Die großzügigen Zimmer sind behaglich eingerichtet und komfortabel ausgestattet. In den Einzelzimmern gibt es eine Tagesliege, auf der man wunderbar lesen und tagträumen kann. Neben Einzel-, Doppel- und Dreibettzimmern stehen eine Ferienwohnung und ein Einzimmerappartement zur Verfügung. Das Panorama vom Balkon ist einzigartig. Morgens weckt das leckere Frühstücksbüfett auf der Sonnenterrasse die Lebensgeister, abends werden kleine warme Gerichte und erlesene Getränke im gemütlichen Vesperstüble serviert. Der naturnah angelegte Garten bietet Outdoor-Spiele und eine traumhafte Liegewiese zum Entspannen. Im Hotel können Gäste saunieren oder das kleine Wellness-Massageangebot nutzen – besonders wohltuend nach einem ereignisreichen Tag in der zauberhaften Umgebung des Dreiländerecks Deutschland, Österreich und Schweiz.

Hotel Allgäu*Garni**

Familie Rieger
Am Brunnenbühl 11
D-88175 Scheidegg/Westallgäu
Tel. +49(0)8381 9 25 62-0
Fax +49(0)8381 9 25 62-50
info@hotel-allgaeu-garni.de
www.hotel-allgaeu-garni.de

Kurhaus Scheidegg – Restaurant-Café

Kulinarische Genießeroase in schönster Naturlandschaft

Das Kurhaus Scheidegg liegt idyllisch inmitten grüner Wiesen an einem kleinen Weiher. Beim Betreten des Hauses fällt einem sogleich die einladende Atmosphäre auf. Kein Wunder, denn die Betreiberinnen, Frau Kirchberger und Frau Rullo, verbreiten mit ihrer charmanten Art gute Stimmung im ganzen Haus. Und sie sind Urheberinnen zahlreicher Ideen, die täglich im Kurhaus Scheidegg erfolgreich umgesetzt werden. Während Frau Kirchberger mit ihrem freundlichen Serviceteam den Aufenthalt der Gäste so angenehm wie möglich gestaltet, zaubert Frau Rullo mit ihrer Küchenmannschaft kulinarische Köstlichkeiten, die sich auch Zöliakie-Betroffene schmecken lassen können.

Glutenfreie Speisen

Serviert wird das leckere Essen im gemütlich eingerichteten Restaurant. Von Allgäuer Kässpatzen über Pizza bis hin zum Kurhaus-Grillteller sind 90% der Gerichte glutenfrei. Es gibt sogar eine Extra-Karte für glutenfreie Speisen. Zum Kaffee oder Tee haben Kuchenfreunde die Wahl aus dem reichhaltigen Angebot: Soll es ein Obstkuchen sein oder vielleicht eine Cremetorte? Die hausgemachten Kreationen sehen nicht nur appetitlich aus, sie schmecken so köstlich, dass der Torten- und Kuchen-Mitnahme- und Bestellservice von den Gästen genutzt wird. Für Geburtstage, Hochzeiten, oder einfach so.

Schlemmen und feiern am Hammerweiher

Vom Restaurant aus blickt man auf die herrliche Landschaft rundherum. Für Kinder ist eine kleine Spiel- und Leseecke

im Foyer eingerichtet, so dass Eltern ihren Kaffee und Kuchen oder das Essen mit einem Gläschen Wein in Ruhe genießen können. Im Sommer sitzen Gäste am liebsten auf der einzigartig gestalteten Seeterrasse über dem Weiher. Hier finden regelmäßig Grillabende statt und man kann bei Speis und Trank die Seele baumeln lassen und sich des Lebens freuen.

Die Räumlichkeiten des Kurhauses bieten den perfekten Rahmen für unterschiedliche Veranstaltungen wie Hochzeiten, Geburtstage, Firmenjubiläen, Seminare oder Konzerte. Es gibt einen Saal mit Bühne inklusive moderner technischer Ausstattung, der größentechnisch problemlos an die jeweilige Situation angepasst werden kann und insgesamt bis zu ca. sechshundert Personen Platz bietet.

Am zweiten Sonntag im Monat findet immer ein Brunch von 10:00 bis 14:00 Uhr statt, selbstverständlich auch glutenfrei. Am, dritten Sonntag im Monat veranstaltet das Kurhaus-Team von 14:30 bis 17:30 Uhr einen Tanztee mit Livemusik.

Ausflug ins Grüne

Neben dem Kurhaus Scheidegg beginnt das wunderschön ausgebaute Wander- und Radfahrnetz. Überhaupt, die Gegend ist aufgrund der zahlreichen Freizeitmöglichkeiten wie geschaffen für Gruppenausflüge. Das Kurhaus bietet entsprechende Pauschalangebote, großzügige Busparkplätze und einen Super-Sonderservice: Anhand der Speisekarte kann schon im Bus die Bestellung telefonisch aufgegeben werden, so dass das Essen bei Ankunft im Kurhaus Scheidegg bereits auf dem Tisch steht. Durch die Barrierefreiheit ist das Kurhaus auch Ziel für spezielle Gruppenangebote. So geht entspanntes Reisen!

Öffnungszeiten: Sommer (bis 30. Sept): Fr. bis Di 9:00–21:30 Uhr, warme Küche durchgehend von 11:30–20:30 Uhr. Winter (bis 30. April): Fr. bis Di. 9:00–19:00 Uhr, warme Küche durchgehend von 11:30 – 18:30 Uhr.

Ruhetage: Mittwoch und Donnerstag.

Kurhaus Scheidegg
Gastronomie GmbH

Am Hammerweiher 1
D-88175 Scheidegg/Westallgäu
Tel. +49 (0)8381 30 55
Fax +49 (0)8381 89 06 56
info@kurhausgastro-scheidegg.de
www.kurhausgastro-scheidegg.de

„Im Steinkreis" Scheidegg

Kultiger Laden für Schatzsucher

Steinkreise gelten als mythische Kraftorte. Menschen sind seit jeher fasziniert von der magischen Ausstrahlung dieser sagenumwobenen Kultstätten. „Im Steinkreis", einem 200 qm großen Geschenke-Laden mitten in Deutschlands sonnenreichster Gemeinde Scheidegg, sorgen nach altem Brauch und überliefertem Wissen selbst hergestellte und ausgesuchte Kunsthandwerke für positive Energie. Die sympathischen Geschäftsinhaber Annette und Risto Grübnau haben für ihre Kunden ein kleines Paradies geschaffen.

Einzigartige Geschenke aus Naturmaterialien

„Im Steinkreis" ist viel Raum für Muße und Entspannung: Die drei ineinander übergehenden Verkaufsräume gleichen einer Schatztruhe und laden ein, sich nach Herzenslust umzuschauen. Überall entdeckt man zauberhafte Kostbarkeiten, wie beispielsweise kleine Zwerge in urigen Holzhäuschen, gedrechselte Pilze und Kerzenständer aus dem Holz heimischer Obstbäume, Treibholzkunstwerke, individuell nach Körpermaß hergestellte Steckstühle, Elfenlichter, Eulen- und Kräuterkissen, schicke handgefertigte Wollhüte und vieles mehr.

In der „Rostlaube" stehen entflammbare Feuerschalen und ausgefallene bepflanzbare Metallobjekte im Rostdesign.

Gutes für die Seele

Logisch, dass es „Im Steinkreis" auch eine große Auswahl an Steinen in allen Farben und Arten gibt. Sie erfreuen das Gemüt und sind eine wahre Augenweide, egal ob roh, getrommelt, gebohrt, geschliffen oder liebevoll zu handgeknüpftem Edelsteinschmuck verarbeitet. Kleinode, wie zum „Steinkreis" geknüpfte Armbänder oder Halsketten, sind liebevolle Geschenke für andere wie für sich selbst. „Meine Arbeit erfüllt mich mit Freude", sagt Annette Grübnau, „und Freude vermehrt sich, wenn man sie teilt". Selbstverständlich werden die heimischen Kräuter für die duftenden Räuchermischungen selbst gesammelt, nebenbei herzgesunde Zirbelkieferkissen und entspannende Augenkissen genäht sowie wohltuende Tees mit kostenlosen Rezeptkarten bestückt. Im Winter erwärmt ein echtes Kaminfeuer den gesamten Laden und im gemütlich eingerichteten „Hexenstübchen", dessen Dekoration an die Zauberwelt des Harry Potter erinnert, verbirgt sich sogar ein kleines Geheimnis – einfach danach fragen! Eines steht fest: Kunden halten sich gerne „Im Steinkreis" auf - und kommen nicht nur mit einem Lächeln im Gesicht wieder heraus.

Öffnungszeiten: Montag bis Samstag 10:00 bis 12:30 Uhr, Montag bis Freitag 14:30 bis 18:00 Uhr.

Nach dem Shoppen erreicht man innerhalb kürzester Zeit mit dem Auto das nur 15 Kilometer entfernte Lindau oder andere beliebte Ausflugsziele in Deutschland, Österreich und der Schweiz.

Im Steinkreis
Annette & Risto Grübnau
Zollstraße 6, D-88175 Scheidegg
Tel. +49 (0)8381 40 54 441
info@im-steinkreis-scheidegg.de
www.im-steinkreis-scheidegg.de

Stiefenhofen

Das Kräuterdorf

Das Dorf Stiefenhofen (1800 Einwohner) im Allgäu nahe Oberstaufen besteht aus den Ortsteilen Stiefenhofen, Balzhofen, Genhofen, Hahnschenkel, Harbartshofen, Hopfen, Mittelhofen, Ober-und Unterthalhofen und Wolfsried. Das „Kräuterdorf" inmitten saftiger Wiesen und sanfter Hügel widmet sich der Welt der Heilpflanzen mit einer Fülle von Angeboten, vom Urlaub auf dem Kräuterlandhof bis zu Kräuterführungen. In Hopfen erfreut der Kräutergarten Artemisia die Besucher. Durch die nahegelegene Bundesstraße 308 (Deutsche Alpenstraße) bieten sich günstige Ausflugsmöglichkeiten zu den Allgäuer Zielen und zum Bodensee. Die zahlreichen Angebote für Urlaub auf dem Bauernhof sind für einen erholsamen, erlebnisreichen Familienurlaub mit Kindern ideal geeignet.

Zu den Höhepunkten im Jahreslauf gehört der festliche Martinsritt von Stiefenhofen nach Hopfen im November.

Im Jahr 868 wird erstmals in einer St. Galler Urkunde der Ort Stoufun erwähnt. Der Ort gehörte seit dem Mittelalter zur österreichischen Herrschaft Bregenz-Hohenegg. Seit 1805 gehört Stiefenhofen zu Bayern.

Sehenswürdigkeiten

Bei Wanderungen im Gemeindegebiet fallen die zahlreichen Kapellen auf. Die bedeutendste ist die Kapelle St. Stephan in Genhofen aus dem 15. Jahrhundert mit hochwertigen spätgotischen Schreinaltären und weiteren prächtigen Kunstwerken. Einige Dutzend Hufeisen verzieren die Tür zur Sakristei.

Freizeit und Sport

Die idyllische Umgebung von Stiefenhofen lädt zu genussvollen Wanderungen ein mit schönen Ausblikken auf Hochgrat und Säntis. Der Bayrisch-Schwäbische-Jakobusweg führt durch das Gemeindegebiet. Im Winter begeistern 20 abwechslungsreiche Loipenkilometer von mittel bis schwierig Freunde des Langlaufs.

Wichtige Adressen und Telefonnummern

Gästeamt Stiefenhofen
Hauptstr. 17, D-88167 Stiefenhofen
Tel. +49 (0)8383 7200
Fax +49 (0)8383 92 13 02
gaesteamt@stiefenhofen.de
www.stiefenhofen.de

Stiefenhofen
(Bild Gästeamt Stiefenhfofen)

Kräuterbeet
(Bild Gästeamt Stiefenhofen)

Einkaufen

Artemisia - Allgäuer Kräutergarten

Bioland-Hofladen mit großer Auswahl an Tee- und Räuchermischungen, Gewürzen, Naturkosmetik, Büchern und vielem mehr, teilweise auch im Internet-Shop erhältlich. Ab April Kräuter-, Heil- und Gewürzpflanzen-Verkauf in der Hof-Gärtnerei. Öffnungszeiten: Mittwoch bis Sonntag von 12:00 bis 18:00 Uhr. Artemisia - Allgäuer Kräutergarten, Hopfen 29, D-88167 Stiefenhofen, Tel. +49 (0)8386 96 50 10, Fax +49 (0)8386 96 15 20, info@artemisia.de, www.artemisia.de

Essen und Trinken

Landgasthaus Rössle***S

Neben typischen regionalen Leckerbissen werden Fisch- und Saisonspezialitäten in verschiedenen Variationen schmackhaft und frisch zubereitet. Mehrfach empfohlenes Feinschmecker-Restaurant für Jedermann. Biergarten, hauseigener Kräutergarten. Nichtraucher-Restaurant, Kinder-, Motorradfahrer- und Radfahrerfreundlich. Landgasthaus Rössle***S, Familie Kulmus, Hauptstraße 14, D-88167 Stiefenhofen, Tel. +49 (0)8383 92 09-0, Fax +49 (0)8383 92 09 49, info@roessle.net, www.roessle.net

Artemisia - Allgäuer Kräutergarten

Selbstgebackener Kuchen, Tee aus selbstangebauten Kräutern und SALUPPE – Salat und Suppe - aus einheimischen Bio-Produkten sind ein Genuss! Gemütliche Teestube mit Sonnenterrasse und begehbarem Bioland-Kräutergarten. Öffnungszeiten: Mittwoch bis Sonntag von 12:00 bis 18:00 Uhr. Artemisia - Allgäuer Kräutergarten, Hopfen 29, D-88167 Stiefenhofen, Tel. +49 (0)8386 96 50 10, Fax +49 (0)8386 96 15 20, info@artemisia.de, www.artemisia.de

Artemisia **Wohltat für Leib und Seele**
Allgäuer Kräutergarten

Alles ist miteinander verbunden - dies erkennen Besucher des Biolandhofes Artemisia, benannt nach der Heil und Leben spendenden Erdenmutter Artemis, unmittelbar. Hier verschmelzen Wetter, Erde, Pflanzen, Tiere und Menschen zu einer lebendigen Einheit und schaffen gemeinsam Neues. Wer auf dem großen Gartengelände vorbei an duftenden Kräutern und Blumen wandelt, stößt dabei immer wieder auf kleine, liebevoll eingerichtete Kraftorte, die zur Besinnung einladen. Im Rahmen verschiedener Veranstaltungen rund um die Themen Natur und Spiritualität kann man die heilsame Atmosphäre des Gartens gemeinsam mit anderen Naturfreunden besonders intensiv genießen.

Apropos Genuss:

In der heimeligen Teestube und auf der Sonnenterrasse serviert das Artemisia-Team köstlichen selbstgebackenen Kuchen, wohltuenden Tee aus Artemisia-Kräutern und am Wochenende Achtung, sehr lecker! - „Saluppe", Salat und Suppe aus einheimischen, biologisch angebauten Produkten. Nebenan im Hofladen gibt es die hauseigenen Teemischungen zu kaufen, außerdem Räucherkräuter, Naturkosmetik, Gewürze, Bücher und vieles mehr.

Ab April jeden Jahres bietet die Hof-Gärtnerei über dreihundert verschiedene, sorgfältig nach den Richtlinien des ökologischen Landbaus aufgezogene Kräuter-, Heil- und Gewürzpflanzen zum Verkauf an – ein Stück Artemisia zum Mitnehmen.

Öffnungszeiten:

Der Garten ist immer geöffnet, ansonsten Mittwoch bis Sonntag von 12:00 bis 18:00 Uhr.

Artemisia Allgäuer Kräutergarten
Hopfen 29
D-88167
Stiefenhofen
info@artemisia.de
www.artemisia.de
Tel. +49 (0)8386 96 50 10
Fax +49 (0)8386 96 15 20

***S

Landgasthaus Rössle

Grüß Gott beim Kräuterwirt

Der Weg in das idyllische Örtchen Stiefenhofen bei Oberstaufen ist keinem Feinschmecker zu weit, denn hier, im Landgasthaus Rössle, kreiert Kräuterkoch Axel Kulmus seine legendären Allgäu-schwäbischen Gerichte, verfeinert mit Kräutern aus dem hauseigenen Kräutergarten.

Die Küche und der Service genießen einen ausgezeichneten Ruf, das Nichtraucher-Restaurant wird von Guide Michelin, Feinschmecker und Vartha empfohlen. Neben typischen

regionalen Gerichten findet man auf der Speisekarte kreative, jahreszeitlich wechselnde Eigenkreationen. Sie duften köstlich, sehen wunderschön aus und schmecken traumhaft gut. Ob Lammkarree mit Bärlauchkruste oder Lachsforellennockerln an buntem Wildkräutersalat, ob Desserts wie Heu-Panna-Cotta im Baumkuchenmantel oder Thymian-Zitronensorbet – beim Schlemmen werden alle Sinne angesprochen. Dabei geht es ausgesprochen gemütlich zu in den urigen Gaststuben des historischen Gasthofs aus dem 17. Jahrhundert. Jung und Alt, Motorradfahrer und Gourmets,

Geschäftsleute und Verliebte genießen die einzigartige Atmosphäre – bei schönem Wetter auch im sonnigen Biergarten mit angrenzendem Kräuterlehrgarten.

Restaurant-Öffnungszeiten:

Täglich von 11:30 bis 14:00 Uhr und von 17:30 bis 21:00 Uhr.
Mo. bis Fr. von 14:15 bis 17:00 Uhr geschlossen. Mittwoch Ruhetag.
Für Genussurlaube und Spezialarrangements stehen komfortabel eingerichtete Zimmer zur Verfügung.
Ein Tagungsraum für bis zu zwanzig Personen ist im Hotel vorhanden.

Landgasthaus Rössle***S
Familie Kulmus
Hauptstraße 14
D-88167 Stiefenhofen
info@roessle.net
www.roessle.net
Tel. +49 (0)8383 92 09-0
Fax +49 (0)8383 92 09-49

Wasserburg am Bodensee

halb Insel, ganz besonders

Wasserburg
(Bild Wolfgang Schneider)

Der staatlich anerkannte Luftkurort Wasserburg (rund 3530 Einwohner) ist eine bayerische Gemeinde am Nordufer des Bodensees fünf Kilometer westlich der Kreisstadt Lindau. Die nahegelegene B 31 von Friedrichshafen nach Lindau garantiert leichte Erreichbarkeit und günstige Ausflugsmöglichkeiten ins Allgäu, nach Österreich und in die Schweiz. Wasserburg wurde 784 erstmals in einer Urkunde des Klosters St. Gallen erwähnt. Nach wechselnden Besitzverhältnissen im Lauf der Jahrhunderte kam Wasserburg 1806 zum Königreich Bayern. Der berühmte Schriftsteller Martin Walser wurde 1927 in Wasserburg geboren.

Sehenswürdigkeiten

Mittelpunkt von Wasserburg ist die malerische Halbinsel mit Schiffsanlegestelle, Hafen sowie dem Renaissanceschloss Wasserburg aus dem 16. Jahrhundert mit Hotel und Restaurant.

Die Katholische Pfarrkirche St. Georg geht in seinen Ursprüngen bis auf das Jahr 784 zurück. Im Innenraum kann man einen barocken Hochaltar und bemerkenswerte Deckenfresken mit Motiven aus der Wasserburger Geschichte bewundern, die 1919 entstanden.

Im Malhaus, dem früheren Gerichtshaus aus dem Jahre 1597, ist heute ein Heimatmuseum untergebracht.

Freizeit und Sport

Mit dem Fahrrad oder in Wanderschuhen lässt sich Wasserburgs Umland aktiv erkunden. Vom Antoniusberg mit der Antoniuskapelle eröffnet sich ein atemberaubender Ausblick auf den Bodensee sowie die nahe gelegene Bergwelt.

Auf den Spazier- und Wanderwegen können Wanderer und Naturfreunde sich zu jeder Jahreszeit von der vielfältigen Kulturlandschaft verzaubern lassen.

Die Obstblüte im Frühjahr taucht Wasserburg in ein buntes Farbenmeer, im Sommer reifen in den Weinbergen die Trauben für den fruchtigen Wasserburger Seewein heran, im Herbst warten verführerisch duftende Äpfel darauf geerntet zu werden, und im Winter erhebt sich der mit zartem glitzernden Schnee bedeckte Zwiebelkirchturm über die altehrwürdigen Festungsmauern.

Die Wasserburger Naturschutzgebiete Bichelweiher, Mittelseemoos und Wasserburger Bucht mit seltenen Pflanzen und Tieren laden zu einer Erkundungstour ein. Wassersport aller Art wird in Wasserburg großgeschrieben.

Die Gemeinde verfügt über ein Strandbad mit Naturbadestrand, großer Liegewiese und beheiztem Schwimmbecken, einen Bootsverleih und eine Segelschule. Ein Ausflug mit dem Bodenseedampfer macht den Urlaub am See zu einem besonderen und grenzenlosen Vergnügen.

Essen und Trinken

Die Wasserburger Gastronomie zeichnet sich durch stimmungsvolles Ambiente, Gastfreundschaft und gute Küche aus. Dabei legen die Wirte besonderen Wert auf regionale Produkte. In den Hofläden der Obstbauern oder auf dem beschaulichen Wasserburger Abendmarkt versorgen sich Gäste direkt mit den heimischen Köstlichkeiten. Das Angebot reicht von fangfrischem Bodenseefisch über erntefrische Äpfel, Birnen, Erdbeeren, Zwetschgen, Kirschen und Gemüse bis hin zu köstlichen Seeweinen, aromatischen Edelbränden und feinen Likören aus hofeigenen Brennereien.

Wichtige Adressen und Telefonnummern

Tourist-Information
Lindenplatz 1
D-88142 Wasserburg (B)
Tel. +49 (0)8382 88 74 74
tourist-info@wasserburg-bodensee.de
www.wasserburg-bodensee.de

Antoniuskapelle
(Bild Wolfgang Schneider)

Weiler-Simmerberg

Idyllische Marktgemeinde zwischen Alpen und Bodensee

Der Markt Weiler-Simmerberg (ca. 6430 Einwohner) in der sanften Hügellandschaft 25 km nordöstlich vom Bodensee besteht neben den drei Hauptorten Weiler, Simmerberg und Ellhofen aus zahlreichen Weilern. Der Hauptort Weiler im Tal der Rothach auf 632 Metern ist eingebettet in Wiesen und Wälder. Die höhergelegenen Ortsteile Simmerberg und Ellhofen bieten eine prachtvolle Aussicht von den Allgäuer Alpen bis zum Schweizer Säntis-Massiv.

Das vom Bodensee beeinflusste milde Reizklima und die herrliche Umgebung schaffen ideale Voraussetzungen für einen erholsamen Urlaub. Die günstige Verkehrslage an der Deutschen Alpenstraße bietet vielfältige Ausflugsmöglichkeiten zum Bodensee und den attraktiven Allgäuer Zielen. Ein breites Angebot an Freizeitmöglichkeiten, gastfreundliche Unterkünfte und gemütliche Wirtshäuser sorgen für zufriedene Feriengäste. Sehr beliebt bei Familien mit Kindern ist ein erlebnisreicher Urlaub auf dem Bauernhof.

Sehenswürdigkeiten

Weiler verfügt mit dem Kirchplatz über einen der schönsten Marktplätze im Allgäu.

Ein Besuch des Westallgäuer Heimatmuseums und des Kornhausmuseums in Weiler lohnt sich immer. In liebevoll gestalteten Räumen werden Bürger- und Bauernstuben des Westallgäus

aus den vergangenen Jahrhunderten gezeigt mit Gegenständen des täglichen Gebrauchs, Kunstwerken und Dokumenten. Das Kornhaus hat auch wechselnde Ausstellungen einheimischer Künstler im Programm.

Wanderer können im Gemeindegebiet einige Naturdenkmäler bewundern. Die 3 km lange Hausbachklamm imponiert durch wunderschöne Auswaschungen und Strudeltöpfe.

Nordöstlich von Weiler beeindruckt der Erratische Block, der größte Eiszeitfindling Europas.

Spektakulär ist der Anblick des Enschensteins, ein Nagelfluhfelsen mit bis zu 20 Meter hohen senkrechten Wänden.

Freizeit und Sport

Wanderer finden ein gut ausgebautes Netz von Wanderwegen in der herrlichen Umgebung vor. Für sportlich Interessierte stehen Tennis, Squash, eine Golfkompaktanlage und ein Schwimmbad zur Verfügung.

Im Winter ist Bewegung in der kristallklaren Luft ein besonderes Vergnügen. Mehrere Skilifte mit einfachen Abfahrten und 60 km gepflegte Skilanglaufloipen für Skiwanderer sorgen für ungetrübten Freizeitspaß. Anspruchsvolle Wintersportler nutzen die nahegelegenen Skigebiete der Allgäuer Hochalpen.

Veranstaltungen

Nähere Informationen über das vielfältige Kulturangebot mit Bauerntheater, Konzerten und Festen findet man im Veranstaltungskalender der Tourist-Information.

Wichtige Adressen und Telefonnummern

Tourist-Information
Markt Weiler-Simmerberg
Hauptstraße 14
D-88171 Weiler im Allgäu
Tel. +49 (0) 8387 3 91-50
Fax +49 (0) 8387 3 91-53
info@weiler-tourismus.de
www.weiler-tourismus.de

Weiler-Simmerberg
(Bilder Tourist-Information Weiler-Simmerberg)

Strickwarenfabrik Binder-Rist

Werksverkäufe erfreuen sich zunehmender Beliebtheit. So auch die **Strickwarenfabrik Binder-Rist** in dem erhabenen, zum 100. Geburtstag sanierten Jugendstilgebäude in Weiler/Simmerberg: Dieses Familienunternehmen legt außerordentlich großen Wert auf qualitativ hochwertige Ware zu einem fairen Preis. Kunden, die ebenso denken und dafür gerne auf die großen Markennamen verzichten, werden sich folglich hier äußerst wohl fühlen beim Stöbern in den Auslagen. Dabei ist das Angebot auf das Wesentliche reduziert: Strickwaren für Damen und Herren eben – wie der Name schon sagt.

Allerdings finden Sie sämtliche Artikel – im Gegensatz zu den überladenen Konsumtempeln in den Städten – hier in einer übersichtlichen, sachlichen und ehrlichen Präsentation vor. So, wie es sich für einen waschechten Fabrikverkauf gehört. Und wo sonst wird Ihnen nach einem geglückten Einkauf vom kompetenten, freundlichen und hilfsbereiten Personal noch eine Tasse Kaffee angeboten? Oder Ihnen – falls das Objekt Ihrer Begierde dann doch nicht gleich hundertprozentig sitzt, ein qualifizierter Änderungsservice gleich mit offeriert?
Sie sehen: Einkaufen kann nicht nur Spaß machen – Einkaufen kann auch, so wie hier in der Strickwarenfabrik Binder-Rist, zu einem wunderschönen Erlebnis werden!

Öffnungszeiten:
Di, Do, Fr 9.00-12.00 Uhr und 14.00-18.00 Uhr.

Strickwarenfabrik Binder-Rist

Jakob-Lang-Str. 2, 88171 Weiler/Simmerberg, Tel. 08387/1023, Fax: 3661

Modelle mit enormem Preisvorteil

Hutfabrik Seeberger

Seeberger Hüte setzen seit 1890 in der vierten Generation Maßstäbe. Die Firmenphilosophie besagt, dass einem breit gefächerten Kundenkreis Hüte, Mützen und Accessoires in höchster Qualität und trendbewusstem Design inklusive exzellentem Service geboten wird. Motivierte und engagierte Mitarbeiter und modernste Infrastruktur stehen hinter dem guten Namen. Die vielfältigen natürlichen Materialien und die sorgfältige Verarbeitung machen aus jedem Hut ein hochwertiges, individuelles Produkt mit hervorragen den Trageeigenschaften. Die über 120-jährige Erfahrung in der eigenen Fabrikation ist Garant für erstklassige Ware. Alle Produkte unterliegen strengsten Qualitätskontrollen. Das Factory Outlet bietet ein äußerst reichhaltiges und attraktives Sortiment hochwertiger Kopfbedeckungen, wo jeder Kunde stets sein ganz besonderes Modell mit enormen Preisvorteil findet.

Hutfabrik Seeberger GmbH & Co. KG
Alois-von-Brinz-Str. 26, D-88171 Weiler-Simmerberg
Tel. +49 (0)8387/92 32-46, Fax +49 (0)8387/92 32-32
info@seeberger-hats.com, www.seeberger-hats.com

Öffnungszeiten Fabrikverkauf:
Mo. bis Fr. 10 bis 18 Uhr.
Sa. 10.00 bis 16.00 Uhr.

Sulzberg (Bregenzerwald)

Gastfreundlicher Aussichtsbalkon

Sulzberg
(Bild Tourismusbüro Sulzberg)

Sulzberg im Bregenzerwald (1860 Einwohner) an der Grenze zum Allgäu liegt auf einem plateauähnlichen Bergrücken in rund 1000 Metern über dem Meer. Der schöne Dorfplatz ist eine große Aussichtsterrasse mit herrlichem Blick über das Tal hinweg auf die Berge des Bregenzerwaldes, der Allgäuer und Schweizer Alpen. Die außergewöhnliche Lage des Ortes macht Sulzberg zu einem hervorragenden Ausflugsziel und Urlaubsort mit gesundem Höhenreizklima. Bergwanderer erfreuen sich an den wunderbaren Höhenwanderwegen, die von Sulzberg ausgehen. Auch im Winter kommen Sportbegeisterte auf den Langlaufloipen und Pisten auf ihre Kosten.

Sulzberg wurde mehrfach ausgezeichnet: 1995 schönster Dorfplatz Vorarlbergs und 1998 Vorarlbergs schönstes Blumendorf. Die gemütlichen Gasthäuser und die herzliche Gastfreundschaft tragen zur Beliebtheit von Sulzberg bei Feriengästen und Ausflüglern bei.

Das Dorf war lange eine Siedlung mit verstreut liegenden Bauernhöfen. Ende des 18.Jahrhunderts entstand der Ortskern auf der Anhöhe des Bergrückens mit der weithin sichtbaren, sehenswerten Pfarrkirche aus dem 19. Jahrhundert. Die Gemeinde beherbergt eine stattliche Anzahl an Kirchen und Kapellen. Neben zwei Pfarrkirchen gibt es 13 meist denkmalgeschützte Kapellen, von denen die Kapelle St. Leonhard von 1497 von großem kunsthistorischen Interesse ist. Die traditionellen Feste im Jahreslauf wie die Fronleichnamsprozession und der „Kathrinenmarkt“ im November sind bei Gästen sehr beliebt.

Sulzberg ist mit gut ausgebauten Straßen aus vier Richtungen leicht zu erreichen. Eine Buslinie verbindet Sulzberg mit den nächstgelegenen Bahnhöfen in Bregenz (22 km) und Oberstaufen (15 km).

Wichtige Adressen und Telefonnummern

Tourismusbüro
Dorf 1, A-6934 Sulzberg
Tel. +43 (0)5516 22 13-10
Fax +43 (0)5516 22 13-2
tourismus@sulzberg.at
www.sulzberg.at

Gasthof Ochsen

In Sulzberg, der nördlichsten Gemeinde des traumhaft schönen Bregenzerwaldes unweit des Bodensees, steht auf 1015 Metern ü. M. das Hotel-Restaurant Ochsen. Der Panoramablick von hier aus auf die Bregenzer und Allgäuer Bergwelt ist einzigartig. An manchen Tagen scheinen die Gipfel zum Greifen nah, fast so, als sei man auf dem Dach der Welt. In dieser wunderbaren Landschaft hat Familie Schmuck mit ihrem Gasthof Ochsen einen Ort zum Verweilen und Genießen geschaffen. Auf der Sonnenterrasse und in den gemütlichen Gaststuben werden vom charmanten Ochsen-Team frische Gerichte aus vorwiegend regionalen Produkten serviert. „Wir legen größten Wert auf qualitativ hochwertige Produkte mit Herkunftsgarantie", sagt Gastwirt Günter Schmuck. Der Gasthof Ochsen wurde mit dem AMA-Gastrosiegel vom Kuratorium „Kulinarisches Erbe" ausgezeichnet. Ob Sulzberger Käserahmsuppe, Seezunge in der Olivenkruste oder Topfenstrudel – die modern interpretierten Spezialitäten aus der bodenständigen Küche locken Genießer von überall her nach Sulzberg.

Die Gasträume sind idealer Rahmen für Feiern, Seminare und Ausflüge bis zu 120 Personen. (Restaurant Montag und Dienstag geschlossen, außer an Feiertagen).
In den behaglichen, komfortabel ausgestatteten Gästezimmern und Appartements des „Ochsen" fühlen Gäste sich wie zu Hause. Der perfekte Urlaubstag beginnt mit einem reichhaltigen Frühstücksbüffet und endet wohlig entspannt in der hauseigenen

Wellnessoase. Für Abwechslung sorgen regelmäßige Veranstaltungen mit Hausmusik und Tanz.

Gasthof Ochsen
Familie Schmuck
Dorf 5, A-6934 Sulzberg
Tel. +43 (0)5516 21 14
Fax +43 (0)5516 21 14 4
gasthof@ochsen.at, www.ochsen.at

Siggenhauser Weiher bei Amtzell
(Bild Marcus Veser)

Württembergisches Allgäu

Beliebte Ferienregion in reizvoller Kulturlandschaft

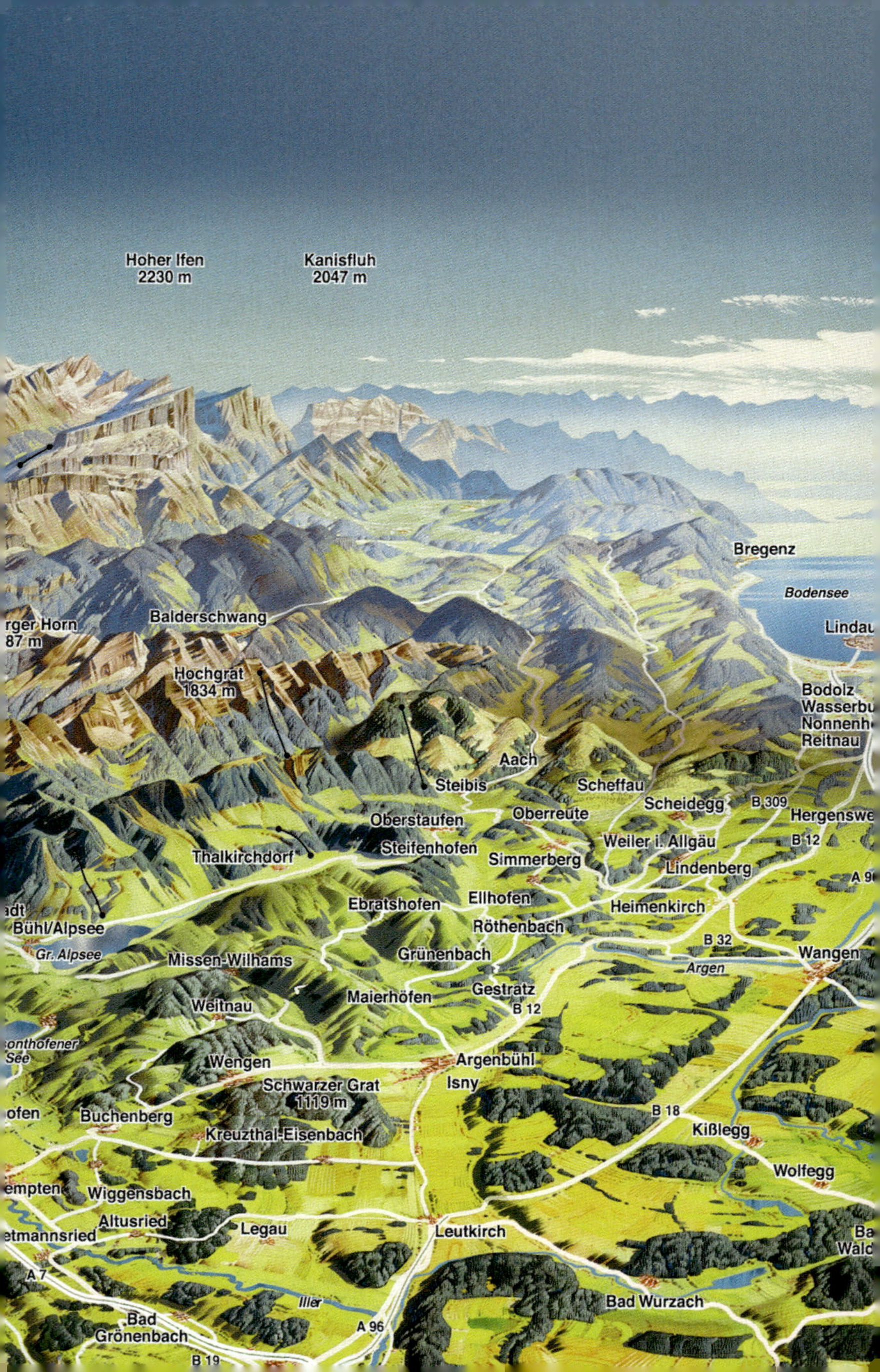

Hoher Ifen
2230 m
Kanisfluh
2047 m
Bregenz
Bodensee
Lindau
rger Horn
87 m
Balderschwang
Hochgrat
1834 m
Bodolz
Wasserbu
Nonnenh
Reitnau
Aach
Steibis
Scheffau
Scheidegg
B 309
Oberstaufen
Oberreute
Hergenswe
Weiler i. Allgäu
B 12
Thalkirchdorf
Steifenhofen
Simmerberg
Lindenberg
A 9
Ebratshofen
Ellhofen
Heimenkirch
adt
Bühl/Alpsee
Röthenbach
Gr. Alpsee
B 32
Missen-Wilhams
Grünenbach
Wangen
Argen
Weitnau
Maierhöfen
Gestratz
B 12
onthofener
See
Wengen
Argenbühl
Isny
Schwarzer Grat
1119 m
ofen
Buchenberg
B 18
Kißlegg
Kreuzthal-Eisenbach
Wolfegg
empten
Wiggensbach
Altusried
Legau
Ba
Wald
etmannsried
Leutkirch
A 7
Iller
Bad Wurzach
Bad
Grönenbach
A 96
B 19

Württembergisches Allgäu

Beliebte Ferienregion in reizvoller Kulturlandschaft

Die herrliche Landschaft des Allgäus kann man nicht nur in Bayern genießen, ein Teil gehört zum Südosten von Baden-Württemberg. Den östlichen Teil des Landkreises Ravensburg nennt man das Württembergische Allgäu, eine liebliche Voralpenlandschaft, die alles bietet, was man sich von einem gelungenen Urlaub wünscht.

Hier finden Feriengäste malerische historische Orte mit vielfältigem kulturellem Angebot und eine zauberhafte Landschaft mit Hügeln, Wäldern, Wiesen und Seen. Für Naturliebhaber gibt es in den Naturschutzgebieten der Region wie dem Wurzacher Ried, dem größten intakten Hochmoor Mitteleuropas mit faszinierender Fauna und Flora, viel zu entdecken. Rund 1.000 km beschilderte Wanderwege bieten reichlich Gelegenheit für genussvolle Wanderungen vom gemütlichen Spaziergang bis zur anspruchsvolleren Tour auf den Schwarzen Grat, dem höchsten Berg Württembergs, der mit 1.118 m ü. M. einen prachtvollen Fernblick auf die Alpenkette und den Bodensee ermöglicht. Verschiedene Themenwege wie „Auf den Spuren der Glasmacher" zwischen Leutkirch und Isny vermitteln auf Schautafeln längs des Weges

Landschaft bei Leutirch
(Bild Touristinfo Leutkirch)

Alpenpanorama Isny
(Bild Büro f. Tourismus Isny)

Wissenswertes über Land und Einwohner. Im Winter bieten präparierte Loipen schöne Touren für Langläufer durch die malerische Schneelandschaft.

Die A 96 von Memmingen nach Lindau und die günstige Lage der Region ermöglichen zahlreiche Ausflüge zu den nahegelegenen, attraktiven Zielen am Bodensee, in den Allgäuer Alpen und in Österreich und der Schweiz.

Kapelle bei Wolfegg
(Bild Wolfegg Information)

In den idyllischen Orten und Dörfern finden Urlauber Hotels jeder Kategorie und ein breit gefächertes gastronomisches Angebot mit schwäbischen und Allgäuer Spezialitäten für jeden Geschmack. Kureinrichtungen und Wellnessangebote sind in den Luftkurorten ebenfalls reichlich vorahnden. Vielfältige Freizeit- und Sporteinrichtungen sorgen zusätzlich für Abwechslung. An heißen Tagen laden viele Naturbadeseen und Freibäder zum Badevergnügen ein.

Kunsthistorisch interessierte Besucher sind begeistert von den zahllosen Sehenswürdigkeiten, die die Region an der Oberschwäbischen Barockstraße zu bieten hat. Historische Altstädte mit romantischen Gassen, prachtvolle Schlösser, zahlreiche Kirchen mit barocker Pracht und interessante Museen mit unterschiedlichen Exponaten wie das bekannte Automuseum in Wolfegg zeugen von der Vielfalt des Angebots. Die abwechslungsreichen Jahresveranstaltungsprogramme bieten mit beliebten Brauchtumsfesten, Konzerten, Märkten und vielem mehr Unterhaltung und Spaß für jedermann.

Rathaus Wangen
(Bild Tourist Info Wangen)

Wichtige Adressen und Telefonnummern

Ferienregion Allgäu-Bodensee
Bindstr.10
D-88239 Wangen im Allgäu
Tel. +49 (0)7522 742 11
Fax +49 (0)7522 742 14
www.ferienregion-allgaeu.de

Schloss Wurzach
(Bild Bad Wurzach Info)

Bad Wurzach

Natur und Kultur vereint

Wurzacher Schloss
(Bild Bad Wurzach Info)

Die kleine Kurstadt Bad Wurzach (ca. 14.400 Einwohner) in Oberschwaben ist das älteste Moorbad Baden Württembergs. Sie besteht aus der Kernstadt und den in den 1970er Jahren eingemeindeten Ortsteilen Arnach, Dietmanns, Eintürnen, Gospoldshofen, Haidgau, Hauerz, Seibranz, Unterschwarzach, Wengenreute und Ziegelbach.

Das beschauliche Städtchen eignet sich mit seinen vielen Kur- und Gesundheitseinrichtungen hervorragend für einen Wellnessurlaub mit Moor- und Thermalbädern.

Durch die Lage an der B 465 von Biberach nach Leutkirch ist Bad Wurzach leicht erreichbar und bietet gute Ausflugsmöglichkeiten Richtung Bodensee und zu den attraktiven Allgäuer Zielen. Bad Wurzach liegt an der an Sehenswürdigkeiten reichen Schwäbischen Bäderstraße und an der Oberschwäbischen Barockstraße.

Kurzer Blick ins Geschichtsbuch

Wurzach wurde 1273 erstmals urkundlich erwähnt und erhielt bereits 1333 die Stadtrechte.

1515 wurde das Frauenkloster Maria Rosengarten gegründet. Nach wechselvoller Geschichte mit Kriegen und Seuchen kam Wurzach 1806 unter württembergische Landeshoheit.

Während des Befreiungskrieges 1813/14 wurden in Wurzach über 35.000 Soldaten verpflegt, das Leprosenhaus diente 4.000 Mann als Lazarett. 1936 wurden die ersten Moorbäder im Kloster Maria Rosengarten verabreicht.

Sehenswürdigkeiten

Das Bad Wurzacher Schloss beeindruckt durch ein bedeutendes, elegant geschwungenes Barocktreppenhaus und einem schönen Deckengemälde aus den 1720er Jahren.

Sehenswert ist ebenfalls die Rokoko Hauskapelle des ehemaligen Klosters Maria Rosengarten von 1763. „Die schönste Hauskapelle der Welt" ist wegen Renovierung voraussichtlich erst ab 2015 wieder geöffnet.

Die Wallfahrtskirche auf dem Bad Wurzacher Gottesberg von 1709 mit der Heilig-Blut-Reliquie ist am zweiten Freitag im Juli Ziel der Reiterprozession „Blutritt". Die zweitgrößte Reiterprozession Mitteleuropas zieht jährlich ca. 15.000 Besucher an.

Die Bad Wurzacher Pfarrkirche St. Verena von 1777 prägt mit ihrer imposanten Turmfassade das Stadtbild. Das prächtige Deckenfresko im Langhaus ist ein Meisterwerk des Malers Andreas Brugger.

Die Besichtigung des Oberschwäbischen Torfmuseums in Oberried mit dem Lehrpfad „Auf den Spuren der Torfstecher" kann mit einer gemütlichen Fahrt mit dem historischen „Torfbähnle" ins Ried verbunden werden.

Torflehrpfad
(Bild Bad Wurzach Info)

Das neu eröffnete Naturschutzzentrum im Rosengarten zieht mit der Ausstellung „MOOR EXTREM" viele Besucher an.

Freizeit und Sport

Die Gesundheitsoase VITALIUM bietet Thermalbad, großzügige Saunalandschaft und ein Wohlfühlhaus für erholsame Wellnessanwendungen. Spaß und Erholung für die ganze Familie findet man im Hallen- und Freibad am Riedpark.

Riedsee
(Bild Bad Wurzach Info)

200 km gepflegte Wanderwege in und um das mit dem Europa-Diplom ausgezeichnete Naturschutzgebiet des Wurzacher Rieds, dem größten noch intakten Hochmoorgebiet Europas, lassen das Herz von Naturfreunden höher schlagen. Die Wanderung auf den 791 m hohen Wachbühl wird bei klarem Wetter mit herrlicher Fernsicht auf die Alpenkette belohnt.

Ein erholsamer Spaziergang im Kurpark und ein gemütlicher Einkaufsbummel in der Innenstadt mit zahlreichen Geschäften gehören ins Programm eines Besuches in Bad Wurzach. Das Bad Wurzacher Veranstaltungsprogramm bietet kulturelle Vielfalt mit Konzerten, Führungen und Ausstellungen.

Wichtige Adressen und Telefonnummern

Bad Wurzach Info
Rosengarten 1
D-88410 Bad Wurzach
Tel. +49 (0)7564 30 21 50
Fax +49 (0)7564 30 21 54
info@bad-wurzach.de
www.bad-wurzach.de

Isny

Malerische Stadt in reizvoller Landschaft

Isny im Allgäu (ca. 14.000 Einwohner) im äußersten Südosten von Baden-Württemberg besteht aus der Stadt Isny und den im Jahre 1972 eingemeindeten Ortschaften Beuren, Großholzleute, Neutrauchburg und Rohrdorf. Die klimatisch begünstigte Stadt am Fuße des Mittelgebirgszuges Adelegg mit dem Schwarzen Grat (1.118 m ü. M.) als dem höchsten Berg Württembergs ist eine der sonnenreichsten Städte Deutschlands mit ca. 2.300 Sonnenstunden im Jahr. Dank des nebelfreien Reizklimas mit hoher Luftreinheit tragen Isny und Neutrauchburg das Prädikat „Heilklimatischer Kurort".

Die lebendige Stadt in ca. 700 m ü. M., umgeben von malerischen Dörfern in idyllischer Hügel- und Seenlandschaft, ist der ideale Ort für Kur, Erholung und Freizeit. Die ausgebaute touristische Infrastruktur bietet zahlreiche Möglichkeiten für Wellness-Urlaub, Aktiv-Urlaub und Familienferien zu jeder Jahreszeit. Besucher schätzen die reizvolle historische Innenstadt, attraktive Geschäfte in der Fußgängerzone, die vielfältige Gastronomie und das rege kulturelle Leben in Isny.

Die verkehrsgünstige Lage an der B 12 von Kempten nach Lindau eröffnet attraktive Ausflugsmöglichkeiten zum Bodensee und den Allgäuer Alpen.

Kurzer Blick ins Geschichtsbuch

Schon zu spätrömischer Zeit gab es im Stadtgebiet ein römisches Kastell an der Straße von Kempten nach Bregenz. Isny wurde 1043 gegründet. Im 12. Jahrhundert erhielt die Siedlung, die um das Kloster St. Georg entstanden war, das Stadt- und Marktrecht. 1365 erkaufte sich Isny die Rechte

Mittelalterliche Stadtanlage
(Bild Büro für Tourismus Isny)

Mittelalterliches Oval
(Bild Büro für Tourismus Isny)

einer Freien Reichsstadt. Anfang des 19. Jahrhunderts wurde die Stadt an das Königreich Württemberg angegliedert.

Sehenswürdigkeiten

Historischer Stadtrundgang

Bei einem Rundgang durch die Altstadt können Besucher eine Reihe von historischen Gebäuden bewundern. Große Teile der Stadtmauer mit Türmen und Toren sind erhalten geblieben. Das von 1682 bis 1687 im frühbarocken Stil umgebaute Rathaus mit prachtvollem Fayence-Kachelofen spiegelt Reichtum und Kultur früherer Zeiten.

Die ehemalige Klosterkirche St. Georg und Jakobus wurde nach einem Brand 1631 neu erbaut. Der im 18. Jahrhundert gestaltete Innenraum im Rokoko- und Barockstil enthält wertvolle Deckenfresken und Altäre.

Die dreischiffige Pfeilerbasilika der Nikolaikirche aus dem 13. Jahrhundert besitzt einen spätgotischen Chor mit Steinrippengewölbe. Im Turm über der Sakristei ist die „Prädikantenbibliothek" aus dem 15. Jahrhundert mit zahlreichen wertvollen Handschriften und Druckwerken untergebracht.

Das Museum am Mühlturm zur Stadtgeschichte zeigt Spezialausstellungen zum Flachsanbau und Weberei. In der Münzwerkstatt wird die Münzgeschichte der Stadt dokumentiert.

Im Wassertormuseum sind Ausstellungen zur Feuerwehrgeschichte, eine komplett eingerichtete historische Schumacherwerkstatt und eine Türmerwohnung zu sehen.

Kunsthalle im Schloss
(Bild Büro für Tourismus Isny)

Das aus einem Kloster aus dem 11. Jahrhundert entstandene sogenannte „Schloss" beherbergt in der Kunsthalle eine ständige Ausstellung mit Werken des Malers Friedrich Hechelmann.

Freizeit und Sport

In der reizvollen Landschaft rund um Isny mit mehreren Natur- und Landschaftsschutzgebieten wie dem Bodenmöser Moorkomplex finden Naturliebhaber zahlreiche Möglichkeiten für genussvolle Wanderungen. Besonders lohnend ist die abenteuerliche Wanderung durch das Naturschutzgebiet des Eistobels sieben Kilometer südlich von Isny.

Der Schwarzer Grat Erlebnisweg führt auf gut befestigten Waldwegen in zwei Varianten (6,8 km und 10,8 km) auf dem Gebirgszug der Adelegg zum Schwarzen Grat. Schautafeln längs des Weges vermitteln interessante Informationen über Landschaftsgeschichte, Beginn des Skitourismus und das harte Leben der Holzarbeiter in früheren Zeiten. Höhepunkt ist die Besteigung des 28 Meter hohen Aussichtsturms auf dem Gipfel mit prächtigen Ausblicken auf Alpen und Bodensee.

Zahlreiche Freizeiteinrichtungen in Stadt und Umgebung sorgen für vielfältige Möglichkeiten für aktive Freizeitgestaltung: Frei- und Hallenbäder, Sportstätten, Minigolf und vieles mehr.

Im Winter genießen Wanderer und Langläufer die herrliche Schneelandschaft auf vielen Kilometern gebahnter Wege und Loipen.

Veranstaltungen

Brauchtumsveranstaltungen und Feste wie das Kinderfest am zweiten Juliwochenende, das Isny-Oper-Festival Mitte Juli und das Theaterfestival Anfang August sorgen neben vielen anderen Veranstaltungen für unterhaltsame Abwechslung im Jahreslauf.

Wichtige Adressen und Telefonnummern

Büro für Tourismus
Unterer Grabenweg 18
D-88316 Isny im Allgäu
Tel. +49 (0)7562 975 63-0
Fax +49 (0)7562 975 63-14
info@isny-tourismus.de
www.isny.de

Wandern um Isny
(Bild Büro für Tourismus Isny)

Übernachten

Komfortzimmer, Studios und Suiten mit Dusche/WC oder Bad/WC, TV, Telefon (DSL), Minibar, Zimmersafe und überwiegend Südbalkon, herrliches Bergpanorama. Auf Wunsch Kinderbetreuung. Spielzimmer, Spielplatz, Wildgehege. Bade-, Vital- und Saunalandschaft im Haus, großes Wellness-Angebot. Pauschalangebote sowie Wochenendaktionen buchbar.
Berghotel Jägerhof****Superior, Familie Helmut Aurenz, Jägerhof 1, D – 88316 Isny/Allgäu, Tel. +49(0)7562 77-0, Fax +49(0)7562 77-202, info@berghotel-jaegerhof.de, www.berghotel-jaegerhof.de

Aussichtsturm Schwarzer Grat
(Bild Büro für Tourismus Isny)

****S

Berghotel Jägerhof

Elegantes Landhausambiente in herrlicher Lage

Unbeschwerte Tage und Stunden in anspruchsvollem Ambiente außerhalb von Isny: Das auf einem Südplateau am Hang gelegene Berghotel Jägerhof bietet seinen Gästen neben behaglichem Vier-Sterne-Superior-Komfort und gutem Essen einen traumhaften Ausblick vom Allgäu über den Bregenzer Wald bis hin zu den schneebedeckten Gipfeln der Schweizer Alpen. Die besinnliche Nähe zur Natur wird intensiviert durch das hauseigene Wildgehege unmittelbar zu Füßen des Jägerhofs.

Zuhause im Urlaub

Seit über sechzig Jahren gibt es das Berghotel Jägerhof, umrahmt von gepflegten Grünanlagen. Wegen der gelungenen Verbindung von herzlicher Gastfreundschaft, gemütlicher Eleganz und heiterer, ungezwungener Atmosphäre kommen Gäste bis heute gerne hierher, um den Alltagsstress hinter sich zu lassen. Die Erholung beginnt bereits bei der Ankunft: Im großzügigen Foyer angekommen, werden Gäste mit einem freundlichen „Grüß Gott" willkommen geheißen. Alle Komfortzimmer, Studios und Suiten im Jägerhof sind gemütlich eingerichtet und verfügen überwiegend über einen Südbalkon mit Blick auf das unvergleichliche Bergpanorama. Für besonderen Komfort liegen Fön, Bademäntel (mit Badeschlappen) und Saunatücher bereit. Auch Kinder fühlen sich im Jägerhof schnell wie zu Hause und sind hellauf begeistert über den Kinderspielplatz und das Spielzimmer. Für Betreuung und Babysitter wird auf Wunsch gesorgt. Wohlgefühl von Kopf bis Fuß erleben Gäste in der Jägerhof-Therme. Die weitläufige Bade-, Vital- und Saunalandschaft lässt keine Wünsche offen und lädt zum entspannenden Aufenthalt ein.

Kulinarische Freuden

Feinschmecker werden von der kreativen Küche des Jägerhofs mit internationalen Köstlichkeiten und erlesenen Weinen verwöhnt. Das 5-Gänge-Menü oder die reichhaltigen Spezialitätenbüffets sind beliebt, ebenso wie die schmackhaften Gerichte aus der abwechslungsreichen Speisekarte. Serviert wird in den verschiedenen Gaststuben mit Jagdatmosphäre, Wintergartenflair oder rustikal-ländlichem Ambiente, bei gutem Wetter gerne auf der wunderschönen Sonnenterrasse. Im Winter verwandelt sich die Empfangshalle bei Pianomusik und knisterndem Kaminfeuer in ein Kommunikationszentrum mit urgemütlicher Teestubenatmosphäre.

Seminare, Tagungen und Familienfeiern

Der Jägerhof mit seinen hellen Tagungsräumen und moderner technischer Ausstattung wie W-Lan eignet sich perfekt für Tagungen und Seminare. Für Hochzeits-, Familien- und Jubiläumsfeiern bietet der neue Stadl Platz für bis zu 165 Personen. Die einzigartige Atmosphäre in dem lichtdurchfluteten Raum macht jede Feier zu einem besonderen Erlebnis. Die Flügeltüren können nach Bedarf geöffnet werden. Panoramaterrasse und Vorplatz eignen sich vorzüglich für ein Empfangsbüffet.

Das Highlight im Stadl ist die Moorhütte mit rustikaler Bar. Sie ist separat nutzbar und bietet Raum für ca. 26 bis 28 Personen. Durch ein großes Scheunentor kann die Moorhütte zum Stadl hin geöffnet werden.

Berghotel Jägerhof**S**

Familie Helmut Aurenz
Jägerhof 1, D, 88316 Isny/Allgäu
Tel. +49(0)7562 77-0
Fax +49(0)7562 77-202
info@berghotel-jaegerhof.de
www.berghotel-jaegerhof.de

Kißlegg

Schlösser und Seen

Das Neue Schloss
(Bild: Gästebüro Kißlegg)

Der Luftkurort Kißlegg (ca. 8.600 Einwohner) im Landkreis Ravensburg besteht aus den Ortsteilen Emmelhofen, Immenried, Kißlegg, Sommersried, Waltershofen und Wiggenreute.

Der reizvolle Ort mit vielen kunsthistorischen Schätzen und gastfreundlichen Gasthöfen ist umgeben von einer idyllischen Landschaft mit vielen Seen und Naturschutzgebieten.

Die Gemeinde mit einem Bahnknotenpunkt und einem Anschluss an die A 96 von Memmingen nach Lindau ist leicht erreichbar und bietet gute Ausflugsmöglichkeiten.

Kurzer Blick ins Geschichtsbuch

Münzfunde weisen auf eine Besiedlung bereits zur Römerzeit hin. Kißlegg wurde 824 erstmals urkundlich erwähnt und erhielt 1394 das Marktrecht. 1806 kam Kißlegg zum Königreich Württemberg.

Sehenswürdigkeiten

Kißlegg besitzt zwei Schlösser und mehr als 30 sehenswerte Kapellen.

Das Alte Schloss aus dem Jahr 1570 enthält eine barocke Innenausstattung und sehenswerte Renaissance-Malereien.

Das Neue Schloss von 1727 beeindruckt mit einem Schlosspark im englischen Stil, acht lebensgroßen Sybillenfiguren von Joseph Anton Feuchtmayer im großzügig mit Stuck versehenen Haupttreppenhaus und zahlreichen Wandmalereien in prächtigen Festsälen.Seit 2005 zeigt das Museum Rudolf Wachter im Schloss zeitgenössische Skulpturen.

Durch den Umbau einer gotischen Vorgängerkirche entstand 1738 mit der Pfarrkirche St. Gallus und Ulrich eine der schönsten Barockkirchen der Region mit einem beeindruckenden Tonnengewölbe. Sie enthält eine Muttergottes von 1623, eine prachtvolle barocke Kanzel und zahlreiche Grabmäler. Weithin bekannt ist der wertvolle Silberschatz des Augsburger Silberschmieds Hans Christoph Mäderl, der in der Kirche aufbewahrt wird.

Das Naturdenkmal Heiliger Stein im Wald bei Waltershofen ist einen Besuch wert. Das Gewicht des Gneisblocks aus der Würmeiszeit wird auf etwa 39 Tonnen geschätzt.

Freizeit und Sport

Die Umgebung von Kißlegg ist ein Paradies für Wanderer, Radfahrer, Naturliebhaber und Wasserfreunde. Auf zahlreichen Wanderwegen kann man die vielfältige Landschaft der Naturschutzgebiete mit Seen, Mooren und Riedlandschaften erkunden. Im Riedgebiet zwischen Immenried und Eintürnen mit den sieben idyllisch gelegenen Weihern und Seen können Erholungssuchende Ruhe, Entspannung und einmalige Naturerlebnisse genießen.

Die vielen Drumlins, mit Gras bewachsene Hügel aus der Eiszeit, bieten großartige Ausblicke auf die Alpenkette. An heißen Tagen sorgt das Strandbad Oberseefür willkommene Abkühlung und Badespaß.

Veranstaltungen

Kulturfreunde freuen sich über das reichhaltige Kißlegger Veranstaltungsprogramm.

Im Neuen Schloss finden Ausstellungen, Konzerte, Feste und vieles mehr statt.

Das Schloss- und Straßenfest im Juli mit großem Flohmarkt, abwechslungsreichem Bühnenprogramm und vielfältigen gastronomischen Angeboten zieht jedes Jahr zahlreiche Besucher an.

Wichtige Adressen und Telefonnummern

Gäste- und Bürgerbüro
Neues Schloss
D-88353 Kißlegg
Tel. +49 (0)7563 93 61 42
Fax +49 (0)7563 93 61 99
tourist@kisslegg.de
www.kisslegg.de

Leutkirch

Beschauliche Stadt mit Charme

Die Große Kreisstadt Leutkirch (rund 23.000 Einwohner) im Württembergischen Allgäu zwischen Memmingen und Wangen besteht aus der Kernstadt und den 1972 eingegliederten Gemeinden Diepoldshofen, Friesenhofen, Gebrazhofen, Herlazhofen, Hofs, Reichenhofen, Winterstetten und Wuchzenhofen. Leutkirch liegt am nördlichen Ende des Mittelgebirgszuges der Adelegg, dem nördlichsten Ausläufer der Alpen und wird von der Eschach durchflossen.

Die Nähe der A 96 von Memmingen nach Lindau sorgt für schnelle Erreichbarkeit und für gute Ausflugsmöglichkeiten vor allem Richtung Bodensee.

Die Verbindung von sehenswerter Altstadt, traditionellem Brauchtum, vielfältigen Freizeitangeboten, gastfreundlichen Wirtshäusern und reizvoller Umgebungslandschaft macht Leutkirch zu einem beliebten Urlaubsziel.

Kurzer Blick ins Geschichtsbuch

Leutkirch wurde im Jahr 766 erstmals in einer St. Galler Urkunde erwähnt. Die aus dem Zusammenwachsen der Dörfer Ufhofen und Mittelhofen entstandene Marktsiedlung erhielt 1293 das Stadtrecht. 1397 wurde Leutkirch Freie Reichsstadt. Leinwandweberei und Leinwandhandel waren in den folgenden Jahrhunderten das Hauptgewerbe der Stadt. Leutkirch wurde 1803 durch Napoleons Verwaltungsreformen zunächst bayrisch, ab 1810 gehörte die Stadt zum Königreich Württemberg.

Sehenswürdigkeiten

Die malerische historische Altstadt ist im Wesentlichen erhalten geblieben und steht unter Denkmalschutz. Prunkstück des barocken Rathauses von 1741 ist der historische Ratssaal

Schloss Zeil
(Bild Touristinfo Leutkirch,Schmidsfelden)

mit figürlichem Deckenstuck. Das Gotische Haus von 1379 in der Marktstraße gehört zu den bedeutendsten Denkmälern Württembergs.

Der Ursprung der Stadtpfarrkirche Sankt Martin als Leutekirche stammt aus dem Jahre 848, ihre heutige Gestalt erhielt die spätgotische Hallenkirche im Jahr 1519.

Das imposante Renaissance-Schloss Zeil auf einer Anhöhe nahe Leutkirch ist einen Besuch wert. Der weitläufige Schlossgarten mit prachtvollem Panoramablick sowie die Schlosskirche sind öffentlich zugänglich.

Das komplett erhaltene Glasmacherdorf Schmidsfelden mit Glasmuseum ist eines der bedeutendsten Ausflugsziele in der Region.

Das Museum im Bock in der Altstadt von Leutkirch dokumentiert liebevoll die Geschichte Leutkirchs sowie Volkskunst und Handwerk.

Freizeit und Sport

Die abwechslungsreiche Landschaft rund um Leutkirch mit sanften Hügeln, beschaulichen Wäldern, saftigen Wiesen, wilden Schluchten und stillen Weihern eignet sich hervorragend für Wanderungen und Radtouren. Auf 156 km beschilderten Wanderwegen und 220 km Radwegen findet jeder die geeignete Tour. Dreizehn beschilderte Rundwanderwege führen, oft begleitet von romantischen Bachläufen, erlebnisreich durch die herrliche Landschaft mit häufigen Panoramablicken zur Alpenkette. Eine gelungene Verbindung von Natur und Kultur bietet der 20 km lange Radrundweg „Kapellenland" nach Merazhofen, wobei zwölf Kapellen besichtigt werden können.

Zahlreiche Freizeiteinrichtungen in und um Leutkirch bieten vielfältige Möglichkeiten zur aktiven Freizeitgestaltung: Nordic-Walking-Parcours, Naturfreibad, Moorfreibad, Kneippbad, Tennisplätze, Sportanlagen und Naturlehrpfade.

Im Winter sorgen 26 beschilderte Loipen für eine große Auswahl an genussvollen Touren für Langläufer.

Veranstaltungen

Der Leutkircher Veranstaltungskalender spiegelt ein vielgestaltiges kulturelles Leben. Konzerte aller Art, Kunstausstellungen, Brauchtumsfeste und Märkte sorgen für unterhaltsame Abwechslung im Jahreslauf.

Wichtige Adressen und Telefonnummern

Touristinfo Leutkirch
Marktstraße 32
D-88299 Leutlirch
Tel. +49 (0)7561 87-154
Fax +49 (0)7561 87-5186
touristinfo@leutkirch.de
www.leutkirch.de

Wangen im Allgäu

Touristisches Zentrum mit historischer Altstadt

Die Stadt Wangen im Allgäu (ca. 27.460 Einwohner) im Südosten Baden-Württembergs besteht aus der Stadt und den in den 1970er Jahren eingegliederten Gemeinden Deuchelried, Karsee, Leupolz, Neuravensburg, Niederwangen und Schomburg. Der nebelfreien Lage in 550 m ü. NN im Westallgäuer Hügelland verdankt Wangen das 1974 verliehene Prädikat „Luftkurort". Als kulturelles Zentrum des Württembergischen Allgäus mit wunderschöner Altstadt, reizvoller Umgebung und vielseitigen Freizeitangeboten ist Wangen im Allgäu ein lohnendes Ziel für Besucher und Feriengäste.

Wangen
(Bild Tourist Info Wangen)

Die verkehrsgünstige Lage mit Anschluss an die A 96 von München nach Lindau und an die B 12 von Kempten nach Lindau sorgt für hervorragende Ausflugsmöglichkeiten, vor allem an den nahegelegenen Bodensee.

Kurzer Blick ins Geschichtsbuch

Die alemannische Siedlung Wangen wurde 815 in einer Schenkungsurkunde des Klosters St. Gallen als Wangun erstmals erwähnt. Die Siedlung wurde ständig erweitert und erhielt im 13. Jahrhundert Markt- und Stadtrecht. 1286 wurde der Status als Freie Reichsstadt durch Rudolf von Habsburg besiegelt. Die Lage als Knotenpunkt der Straßen von Ravensburg, Lindau, Leutkirch und Isny begünstigte Handel und wirtschaftliche Entwicklung der Stadt.

Wangen verlor Anfang des 19. Jahrhundert durch die Verwaltungsreformen Napoleons die Unabhängigkeit und gehörte zunächst zu Bayern, bis 1810 das Königreich Württemberg die Oberhoheit über die Stadt übernahm.

Sehenswürdigkeiten

Die denkmalgeschützte, malerische Altstadt weist mit den historischen Gebäuden, Türmen und Toren, der ehemaligen Stadtmauer und zahlreichen Brunnen eines der schönsten Straßenbilder in Süddeutschland auf. Bei einem Spaziergang durch die Stadt gibt es viel zu entdecken. Zunächst beeindrucken die reich bemalten imposanten Stadttore St. Martins-Tor und Frauentor, die ihre heutige Form im Jahre 1608 erhielten.

Vom Frauentor führt die prachtvolle Herrenstraße zum großen Marktplatz, Mittelpunkt der Stadt und beliebter Treffpunkt. Das Rathaus am Marktplatz aus dem 15. Jahrhundert wird von einer prächtigen Barockfassade aus dem Jahre 1721 verziert.

Die Oberstadtkirche St. Martin am Marktplatz gehört zu den ältesten Gebäuden der Stadt.

Bereits im 9. Jahrhundert stand hier eine Kirche, die im Lauf der Jahrhunderte mehrfach um- und ausgebaut wurde.

Die Rochuskapelle vom Ende des 16. Jahrhunderts im Stadtpark bezaubert durch 66 bemalte Tafeln in Form einer Bilderbibel an der Holzdecke.

Das Heimatmuseum in der Eselmühle zeigt Leben und Arbeit der Wangener Bürger in früheren Zeiten.In einer besonderen Sammlung sind mechanische Musikinstrumente ausgestellt. Das Käsereimuseum und das interessante Eichendorff- und Gustav-Freytag-Museum sind durch den Eingang im Heimatmuseum zu erreichen.
Infos über Öffnungszeiten bei der Tourist-Information.

Rathaus
(Bild Tourist Info Wangen)

Freizeit und Sport

Das Stadtgebiet weist zehn Naturschutzgebiete sowie sieben Landschaftsschutzgebiete mit Moorlandschaften, Wäldern und Weihern auf. Für Naturliebhaber und Wanderfreunde gibt es auf den markierten-Wegen viel zu entdecken, großartige Fernblicke inklusive. Von besonderem Interesse sind die informativen, unterhaltsamen Themenwanderwege wie der Bienenlehrpfad an der Argen, der Geologische Lehrpfad, der Naturlehrpfad Fronwiesen und der Skulpturenweg Karsee.

Veranstaltungen

Beliebte Brauchtumsfeste wie das Kinder- und Heimatfest im Juli ziehen zahlreiche Besucher an. Für kulturelle Veranstaltungen stehen in Wangen die Stadthalle sowie der Mehrzwecksaal in der Hägeschmiede zur Verfügung. Die vielfältigen Programme bieten Kleinkunstabende, Konzerte, Theater, Vorträge und Tanzveranstaltungen.

Ende September werden in Zusammenarbeit mit dem Kulturwerk Schlesien die „Wangener Gespräche" mit der Verleihung des Eichendorff-Literaturpreises durchgeführt.

Wichtige Adressen und Telefonnummern

Tourist Information
Bindstr. 10
D-88239 Wangen
Tel. +49 (0)7522 74-211
Fax +49 (0)7522 74-214
tourist@wangen.de
www.wangen.de

(Bild Tourist Info Wangen)

Essen und Trinken

(Bild Tourist Info Wangen)

Hotel Mohren-Post

Leckere schwäbische und internationale Spezialitäten in gemütlicher Atmosphäre. Außenterrasse in einer der schönsten historischen Straßen Wangens. Großes Kuchenangebot. Reichhaltiges Frühstücksbuffet tgl. ab 7:30 Uhr, warme Küche ab 11:45 Uhr. Hotel Mohren-Post, Herrenstraße 27, D-88239 Wangen, Tel. +49 (0)7522 97 84 949, Fax +49 (0)7522 93 19 420, info@hotel-mohren-post.de, www.hotel-mohren-post.de

Übernachten

Hotel Alte Post

Stilvoll elegante Zimmer, komfortable Einrichtung mit antiken Möbeln, Bad/Dusche, WC, Direktwahl-Telefon, Radio, SAT-TV, Laptopanschluss sowie kostenlosem WLAN. Sehr freundlicher, familiärer Service, hervorragende Küche. Fernsehraum, Lesezimmer, Garagen vorhanden. Hotel Alte Post, Gisela E. Veile, Postplatz 2, D-88329 Wangen, Tel. +49-(0)7522 97 56-0, Fax +49 (0)7522 22 60-4, altepost@t-online.de, www.hotel-alte-post-wangen.de

Hotel Mohren-Post

Komfortable Einzel-,Doppel-, Luxus- und Familienzimmer mit 3-Sterne-Standard, jeweils inkl. eigenes Bad/WC, Flachbild-TV, kostenfreies WLAN. Reichhaltiges Frühstücksbuffet. Hotel Mohren-Post, Herrenstraße 27, D-88239 Wangen, Tel. +49 (0)7522 97 84 949, Fax +49 (0)7522 93 19 420, info@hotel-mohren-post.de, www.hotel-mohren-post.de

Hotel Alte Post

Stilvolles Hotel mit Charme

Die „Alte Post“ ist das ideale Zuhause auf Reisen. Hier hat Gastlichkeit Tradition. Ruhig und zentral mitten im Herzen der Altstadt an der heutigen Fußgängerzone gelegen, diente das 1409 erbaute Gebäude zur Postkutschenzeit der Thurn und Taxis als städtischer Marstall. Hier rasteten die Reisenden und wechselten ihre Pferde. Auch heute noch ist in den stilvoll eingerichteten Räumlichkeiten das fürstliche Flair spürbar. Helle, mit antiken Möbeln behaglich eingerichtete Zimmer laden zum Verweilen ein. Sie bieten Gästen außer modernem Komfort inklusive kostenlosem WLAN eine faszinierend nostalgisch-romantische Atmosphäre, die das Hotel Alte Post zu einem besonderen Kleinod im württembergischen Allgäu macht.

Das hauseigene Restaurant ist bekannt für seine regionalen Spezialitäten und New Cuisine-Gerichte aus marktfrischen Zutaten. Die kulinarischen Köstlichkeiten werden in familiärem Ambiente auf hübsch dekorierten Tischen serviert. Es gibt mehrere festliche Räume, die wie geschaffen sind für Bankette, Gesellschaften, Konferenzen und Familienfeiern bis zu fünfunddreißig Personen. Außerdem stehen ein gemütliches Lesezimmer, ein Fernsehraum und Garagen zur Verfügung. Das Hotel Alte Post ist optimaler Ausgangspunkt für einen Spaziergang durch die südländisch geprägte Altstadt Wangens. Der Luftkurort und seine Umgebung bieten Erholungssuchenden zahlreiche Sport- und Freizeitmöglichkeiten.

Hotel Alte Post
Gisela E. Veile
Postplatz 2, D-88329 Wangen
Tel. +49 (0)7522 97 56-0
Fax +49 (0)7522 22 60-4
altepost@t-online.de
www.hotel-alte-post-wangen.de

Hotel Mohren-Post

Nichtraucherhotel und gemütliches Gasthaus-Café

In einer der schönsten Straßen der historischen Altstadt von Wangen steht das Traditionshaus Hotel Mohren-Post. 2011 hat das Nichtraucherhotel nach einjähriger Totalrenovierung neu er-

öffnet und ist mit seinem hauseigenen Gasthaus-Café beliebter Treffpunkt bei Jung und Alt. Sehen und gesehen werden – was gibt es Schöneres, als bei Kaffee und köstlichem Kuchen draußen auf der Terrasse in der Sonne zu sitzen und die Seele baumeln zu lassen? Im Gasthaus verbreiten der traditionelle Kachelofen sowie die Inneneinrichtung aus Holz und Leder eine heimelige Atmosphäre, in der man sich gerne mit schwäbischen oder internationalen Spezialitäten aus der Küche verwöhnen lässt. Die Mohren-Post ist ein sehr beliebtes Café-Restaurant mit viel gelobter Küche. Speisen werden auch nachmittags serviert. Übernachtungsgäste können sich auf einen erholsamen Aufenthalt im 3-Sterne-Bereich freuen: Sämtliche Einzel-, Doppel-, Luxus- und Familienzimmer sind gemütlich und komfortabel eingerichtet – eigenes Bad, Flachbild-TV sowie kostenfreies WLAN inklusive. **Tipp:** Jeden Morgen treffen sich Einheimische und Hotelgäste am reichhaltigen Frühstückbuffet, das bis elf Uhr angeboten wird. Herzlich begrüßt vom freundlichen Service-Personal beginnt so ein wundervoller neuer Tag im Hotel Mohren-Post.

Hotel Mohren-Post

Herrenstr. 27, D-88239 Wangen
Tel. +49 (0)7522 97 84 949 (Hotel)
oder +49 (0)7522 93 19 419 (Gasthaus)
Fax +49 (0)7522 93 19 420
info@hotel-mohren-post.de
www.hotel-mohren-post.de

Wolfegg

Kurort und barocke Residenz

Die Gemeinde Wolfegg (rund 3.400 Einwohner) an der Oberschwäbischen Barockstraße im Süden Baden-Württembergs besteht neben dem Heilklimatischen Kurort Wolfegg aus den Ortsteilen Alttann, Wassers, Rötenbach und Molpertshausen.

Der liebenswerte Kurort in der reizvollen, hügeligen Voralpenlandschaft mit Dutzenden Seen und Weihern zeichnet sich durch ein außergewöhnlich vielseitiges kulturelles Angebot aus.

Die Verbindung von Kultur und Natur und die gemütlichen Gasthäuser mit sprichwörtlicher oberschwäbischer Gastlichkeit machen Wolfegg zu einem attraktiven Ferien- und Ausflugsziel. Umrahmt von den nahegelegenen Orten Ravensburg, Bad Waldsee, Bad Wurzach, Leutkirch und Wangen ist Wolfegg leicht erreichbar.

Kurzer Blick ins Geschichtsbuch

Rötenbach als ältester Teilort wurde 861 erstmals urkundlich erwähnt, Wolfegg selbst wurde erstmals im Jahre 1275 genannt. Die Geschichte der Gemeinde ist eng mit der Geschichte von Schloss Wolfegg verknüpft. In seiner heutigen Form geht das Schlossgebäude auf das Jahr 1583 zurück. Während des Dreißigjährigen Krieges wurde Wolfegg fast vollständig zerstört.

Durch den Reichsdeputationshauptschluss Anfang des 19.Jahrhunderts kam Wolfegg zum Königreich Württemberg.

Sehenswürdigkeiten

Das Stadtbild der barocken Residenz wird geprägt vom Schloss Wolfegg.

Schloss Wolfegg
(Bild Wolfegg Information)

Das von der fürstlichen Familie bewohnte Schloss wird nur zweimal jährlich zu den internationalen Konzertreihen geöffnet, dann werden auch Führungen angeboten.

In zwei Nebengebäuden des Schlosses befindet sich auf 3.000 m² Ausstellungsfläche das Automobilmuseum von Fritz B. Busch. Das Oldtimer-Paradies zeigt mit rund 200 Automobilen, Motorrädern und Traktoren anschaulich die Geschichte der Motorisierung.

Automobilmuseum (Bild Wolfegg Information)

Die prächtige, barocke Pfarrkirche St. Katharina aus dem Jahre 1736 ist mit sehenswertem Stuck, Fresken, Altarbilden und einer beeindruckenden Barockorgel ausgestattet.

Das Bauernhausmuseum vermittelt in 15 historischen Gebäuden die Geschichte der Lebens-, Wohn- und Arbeitsbedingungen der Landbevölkerung in früheren Zeiten.

Ein Besuch der Loretokapelle von 1668 auf einem Hügel außerhalb des Ortes lohnt sich nicht zuletzt wegen der überwältigenden Fernsicht auf die Alpenkette.

Freizeit und Sport

Wanderfreunde finden in Wolfegg 80 km Wanderwege und wunderschöne ausgeschilderte Rundwanderwege unterschiedlicher Länge in herrlicher, vielfältiger Naturlandschaft mit schattigen Wäldern, blühenden Wiesen und stillen Seen. Eine Rast auf einem der zahlreichen Hügel, den eiszeitlichen Drumlins, bietet großartige Ausblicke in die weite Landschaft.

Im Winter freuen sich Langläufer auf auf 30 km gespurte Loipen in der romantischen Schneelandschaft.

Veranstaltungen

Wolfegg ist weithin bekannt für seine hochwertigen klassischen Konzertzyklen. Die Internationalen Wolfegger Konzerte, die Internationalen Festspiele Baden-Württemberg und die Wolfegger Wintermusik ziehen zahlreiche Besucher an.

100 aktive Vereine garantieren ein abwechslungsreiches Jahresveranstaltungsprogramm mit Brauchtumsfesten, Bauerntheater und Sportveranstaltungen.

Wichtige Adressen und Telefonnummern

Wolfegg Information
Rötenbacher Straße 13
D-88364 Wolfegg
Tel. +49 (0)7527 96 01-51
Fax +49 (0)7527 96 01-708
wolfegg.info@wolfegg.de
www.wolfegg.de

Sachwortverzeichnis

Allgäuer Seenland 396

Allgäu-Walser-Card 26

Alpe 296, 297, 385

Alpenblumengarten 204

Alpenwildpark 392

Alpsee-Coaster 244

Angeln 425

Badespaß 51, 122, 141, 210, 256, 303, 447, 522

Ballonfahren 434, 446

Bergbahn 226, 238, 276, 281, 336, 338, 386, 394

Bergschule 45

Bergwerk 302

Burg 139, 178, 201, 208

Cambodunum 255

Camping 72, 116, 160, 162, 251

Canjoning 224

Einkaufen 36, 81, 83, 171, 185, 246, 250, 257, 258, 276, 294, 295, 293, 341, 347, 348, 363, 370, 378, 390, 439, 508, 528, 532, 542, 543

Eisklettern 431

Erzgrube 302

Eistobel 496, 511, 512

Essen und Trinken 52, 53, 67, 70, 88, 89, 108, 109, 112, 113, 146, 154, 157, 171, 184, 186, 190, 259, 260, 276, 285, 286, 287, 288, 289, 290, 291, 304, 312, 313, 318, 319, 323, 324, 326, 341, 347, 349, 358, 359, 367, 370, 372, 373, 401, 402, 404, 438, 456, 466, 487, 488, 528, 530, 535, 537, 545, 558, 567, 568, 569

Fahrradfahren 142, 165, 176, 207, 220, 303, 422

Ferienhof 196, 197, 262, 327

Festspiele 268

Flugplatz 315

Freilichtbühne 217

Geierwally 217

Golf 259, 261, 335, 340, 370, 379, 503, 526

Heilige Crescentia 99

Historischer Dorfplatz 540

Hutmuseum 506

Hutverkauf 543

Jugendherberge 351

Klettern 45, 191, 220, 242, 422

Kneipp 475, 477, 483

KönigsCard 31

Kräuterwanderung 535, 536

Langlaufen 276, 280, 432

Mountainbike 327, 401, 505, 454, 422

Museum 49, 102, 103, 122, 136, 139, 208, 209, 254, 485, 506

Naturpark 200,216

Radio 248

Rafting 222, 224

Regionale Verkehrsmittel 236

Reptilienzoo 523

Ritterspiele 202

Rodeln 283, 431

Schifffahrt 68

Schloss 64, 67, 151, 153, 155, 165, 182, 186, 560, 562

Schrothkur 336

Skilift 130, 228, 357, 362, 370, 375, 401, 406

Skischule 273, 280

Skylinepark 30

Tänzelfest 104, 106

Therme 210

Übernachten 53, 67, 70, 76, 78, 81, 86, 88, 89, 108, 109, 112, 113, 114, 125, 132, 144, 146, 147, 154, 156, 157, 158, 172, 184, 186, 190, 227, 259, 278, 284, 285, 286, 287, 288, 289, 292, 301, 304, 208, 318, 319, 323, 325, 342, 347, 350, 351, 359, 371, 372, 373, 383, 390, 391, 401, 402, 438, 440, 449, 456, 462, 463, 464, 465, 487, 488, 491, 528, 529, 557, 558, 567, 568, 569

Waldseilgarten 141

Wandern 50, 129, 142, 149, 165, 205, 206, 218, 256, 303, 345, 420, 443, 454, 523

Zugspitze 226

Hausbach in Weiler im Allgäu
(Bild Tourist-Information Weiler-Simmerberg)

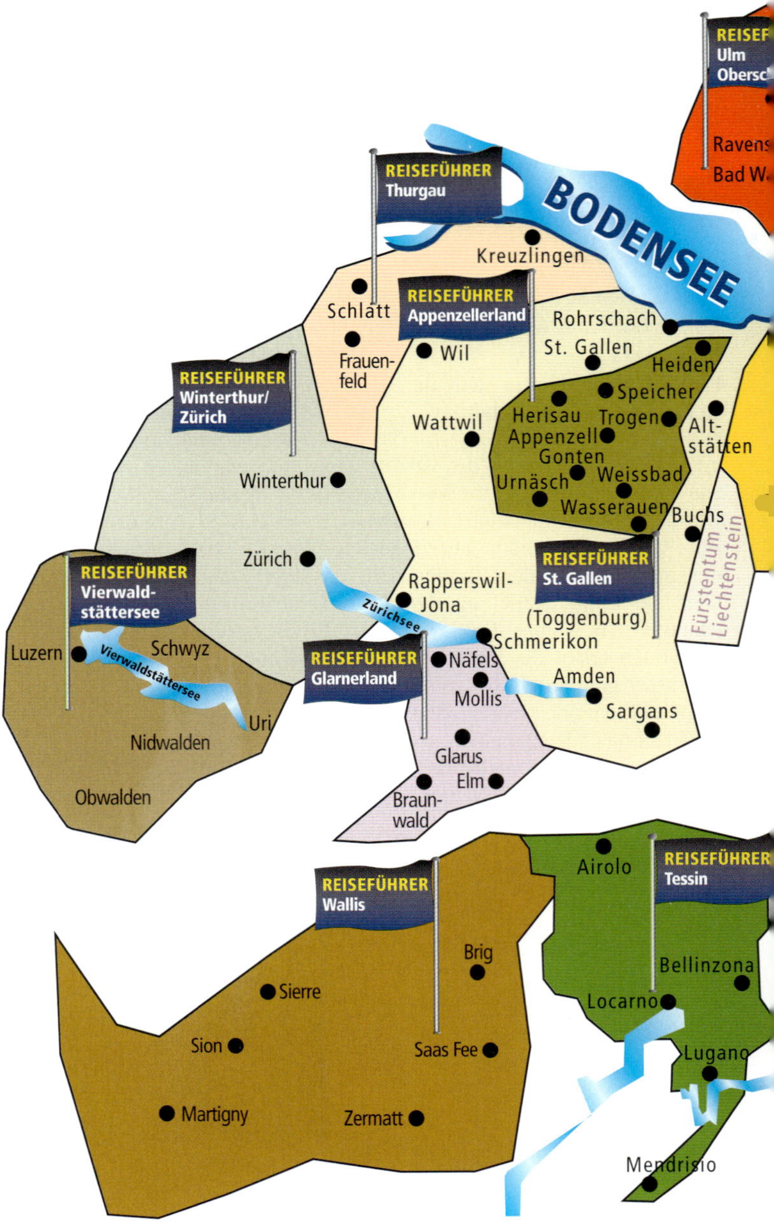

REISEFÜHRER
Ulm
Obersc
Ravens
Bad W
BODENSEE
REISEFÜHRER
Thurgau
Kreuzlingen
Schlatt
Frauen-
feld
REISEFÜHRER
Appenzellerland
Wil
Rohrschach
St. Gallen
Heiden
Speicher
Herisau
Trogen
Alt-
stätten
Appenzell
Gonten
Weissbad
Urnäsch
Wasserauen
Buchs
Wattwil
REISEFÜHRER
Winterthur/
Zürich
Winterthur
Zürich
Rapperswil-
Jona
Zürichsee
REISEFÜHRER
St. Gallen
(Toggenburg)
Fürstentum
Liechtenstein
Schmerikon
REISEFÜHRER
Vierwald-
stättersee
Luzern
Vierwaldstättersee
Schwyz
Uri
Nidwalden
Obwalden
REISEFÜHRER
Glarnerland
Näfels
Mollis
Amden
Sargans
Glarus
Elm
Braun-
wald
REISEFÜHRER
Wallis
Brig
Sierre
Sion
Saas Fee
Martigny
Zermatt
Airolo
REISEFÜHRER
Tessin
Bellinzona
Locarno
Lugano
Mendrisio

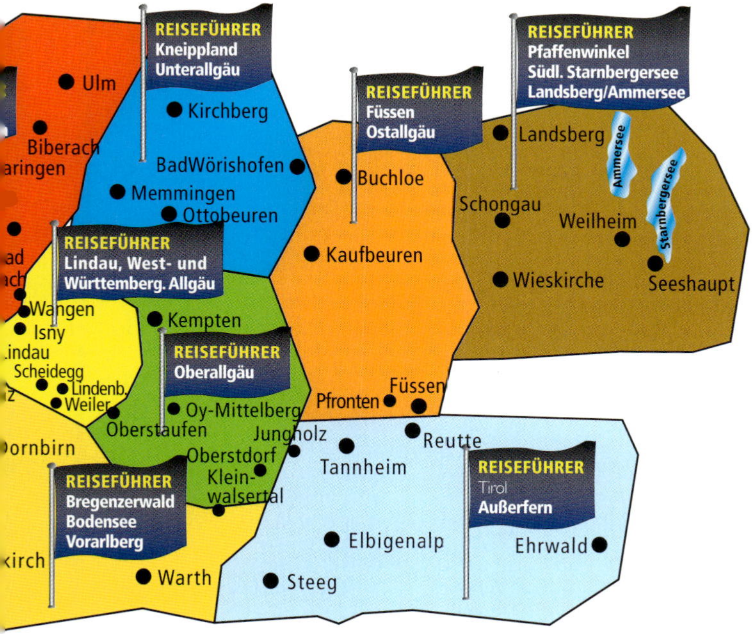

reisen... erleben... genießen...

Reiseführer

ÜBERSICHT

Ausführliche Beschreibungen, zahlreiche Fotos, Übersichtskarten

Übersichtspläne

Reiseführer...

Beschreibung

- **Panoramakarten** • **Übersichtskarten** • **Straßenkarten**

- **Geschichtliches**
  Interessantes aus längst vergangenen Tagen
- **Sehenswertes**
  Sehenswürdigkeiten, Museen, offizielle Führungen, Ruhepunkte (GärtenParks, Aussichtspunkte)
- **Kulturelles** – Ausstellungen, Bibliotheken, Festivals, Galerien, Kinos, Konzerte, Theater
- **Feste + Feiern – ein Blick in den Jahreslauf**
- **Bergbahnen & Schifffahrt**
- **Kurioses und Originelles**
- **Freizeit- und Sportmöglichkeiten**
  • Im Sommer • Im Winter • Ganzjährig
- **Wandern** Vom leichten Spaziergang bis zur ausgiebigen Genusswanderung
- **Hütten / Almen / Alpen**
- **Radfahren** Mit dem Fahrrad durch die Stadt
  Radwandertipps im Umland

Karten

zahlreiche Farbfotos

...im handlichen Taschenbuchformat

der Gesamtregion

• Highlights • Land & Leute • Brauchtum • Begegnungen

- **Gesund und Vital**
  Wellness-Urlaub und Traumkuren in der Region
- **Einkaufen** – Wo kauft man was?
- **Ausgewählte Dienstleister** –
  Wo wird uns das Leben erleichtert?
  Wer nimmt uns welche Arbeiten ab?
- **Kulinarisches** – Von der klassischen bayerisch-schwäbischen Küche bis zu internationalen Schmankerln, Cafés, Biergärten und vieles mehr
- **Ausgehen am Abend** – Tolle Tipps für Nachtschwärmer
- **Traumhaft schlafen** – Vom Luxushotel über die Pension bis zur Jugendherberge
- **Der gute Tipp** – Besonderes und Einzigartiges
- **Praktische Tipps/Wissenswertes von A–Z**
- **Ausflugsziele in der näheren Umgebung** –
  Highlights außerhalb der vorgestellten Region –
  alle in weniger als einer Stunde erreichbar

Auswahl aus dem Verlagsprogramm

380 Seiten
ISBN 3-934739-43-1
Neu: Frühjahr 2012

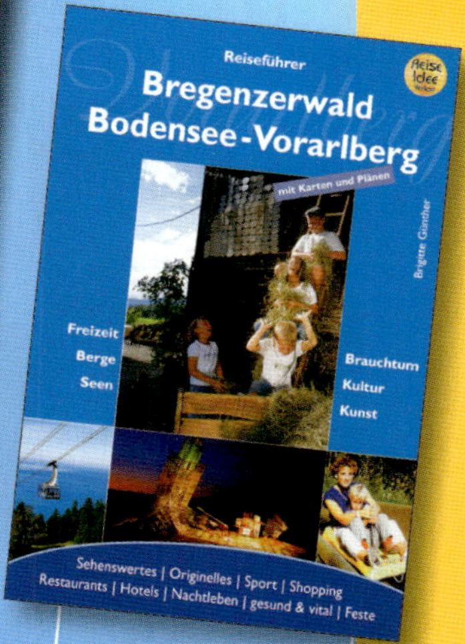

324 Seiten
ISBN 3-934739-17-2

Ca. 244 Seiten
ISBN 3-934739-29-6

288 Seiten
ISBN 3-934739-21-0

408 Seiten

ISBN 3-934739-38-3

650 Seiten

ISBN 3-934739-33-8

650 Seiten

ISBN 3-934739-36-9

ab 2014

650 Seiten

ISBN 3-934739-37-6

Auswahl aus dem Verlagsprogramm

852 Seiten, 2 Bände 1 Preis
ISBN 3-934739-33-8
Neu: Frühjahr 2014

480 Seiten
ISBN 3-934739-32-1

1088 Seiten, 2 Bände 1Preis
ISBN 3-934739-42-3

520 Seiten
ISBN 3-934739-40-7

Bergsicht im südlichen Allgäu
(Bild Tourismusgemeinschaft Südliches Allgäu)